学前教育
实用政策法律 上

主编 马雷军

顾问 杨润勇

编委 （以姓氏笔画为序）

马毅飞　王许人　王建洲　刘晓楠　李　竹

郄　芳　周文娟　赵小红　郭潇莹　鲁　幽

世界图书出版公司

图书在版编目（CIP）数据

学前教育实用政策法律 / 马雷军主编. -- 北京：世界图书出版公司, 2021.8
 ISBN 978-7-5192-8644-6

Ⅰ.①学… Ⅱ.①马… Ⅲ.①学前教育—教育政策—中国②学前教育—教育法—中国 Ⅳ.①G619.20②D922.16

中国版本图书馆CIP数据核字(2021)第103692号

书　　　名	学前教育实用政策法律
（汉语拼音）	XUEQIAN JIAOYU SHIYONG ZHENGCE FALU
主　　　编	马雷军
总　策　划	吴　迪
责　任　编　辑	滕伟喆
装　帧　设　计	赵廷宏
出　版　发　行	世界图书出版公司长春有限公司
地　　　址	吉林省长春市春城大街789号
邮　　　编	130062
电　　　话	0431-86805551（发行）　　0431-86805562（编辑）
网　　　址	http://www.wpcdb.com.cn
邮　　　箱	DBSJ@163.com
经　　　销	各地新华书店
印　　　刷	保定市铭泰达印刷有限公司
开　　　本	787 mm × 1092 mm　1/16
印　　　张	38.5
字　　　数	754千字
印　　　数	1—5 000
版　　　次	2021年8月第1版　2021年8月第1次印刷
国　际　书　号	ISBN 978-7-5192-8644-6
定　　　价	128.00元（全3册）

版权所有　翻印必究

（如有印装错误，请与出版社联系）

编写说明

改革开放以来，我国学前教育取得了长足的进展。学前教育健康、持续地发展，离不开法治的保障。根据十三届全国人大常委会立法规划，"学前教育法"纳入立法规划的一类立法项目，拟在十三届全国人大常委会任期内提请审议。除了即将出台的"学前教育法"，当前还有大量涉及学前教育的法律法规和相关政策文件，这些法律法规和政策文件已经初步建立起了我国学前教育的政策法律体系。

学前教育的发展必须坚持依法治教的基本方向，这就要求各级教育行政部门和幼儿园等学前教育机构必须遵守国家和地方关于学前教育的各项规定，必须依法行政，必须依法办园。基于此，我们编撰了我国现行学前教育相关的法律法规和政策文件，以期帮助各级教育行政部门和学前教育机构更好地学习、贯彻相关的要求，提升学前教育的办学质量，加快我国学前教育现代化的进程，满足人民群众日益提升的对学前教育的需求，破解"入园难、入园贵、入园不安全"等人民群众日益关切的问题。同时，本书也可以作为学前教育研究人员的重要参考资料。

目 录

学前教育相关法律 ··· 1

- 中华人民共和国教育法 ··· 2
- 中华人民共和国教师法 ·· 16
- 中华人民共和国民办教育促进法 ·· 23
- 中华人民共和国未成年人保护法 ·· 33
- 中华人民共和国母婴保健法 ··· 43
- 中华人民共和国民办教育促进法实施条例 ······························· 49

学前教育相关行政法规 ··· 59

- 幼儿园管理条例 ··· 60
- 教师资格条例 ·· 65
- 残疾人教育条例 ··· 70
- 中华人民共和国中外合作办学条例 ··· 80
- 校车安全管理条例 ··· 92
- 教育督导条例 ·· 103
- 艾滋病防治条例（节选） ··· 108

学前教育相关综合政策 ··· 109

- 国务院办公厅关于促进3岁以下婴幼儿照护服务发展的指导意见 ··· 110
- 中共中央 国务院关于学前教育深化改革规范发展的若干意见 ··· 116

- 教育部办公厅关于严禁商业广告、商业活动进入中
  小学校和幼儿园的紧急通知·················· 127
- 财政部 教育部关于印发《中央财政支持学前教育发
  展资金管理办法》的通知····················· 129
- 中央财政支持学前教育发展资金管理办法··············· 130
- 教育部等四部门关于实施第三期学前教育行动计划的意见······ 134
- 幼儿园工作规程······························· 139
- 教育部 国家发展改革委 财政部关于实施第二期学前
  教育三年行动计划的意见····················· 151
- 国务院关于当前发展学前教育的若干意见··············· 156
- 国务院办公厅转发教育部等部门（单位）关于幼儿
  教育改革与发展指导意见的通知·················· 162
- 教育行政处罚暂行实施办法······················· 169
- 关于颁发《学前班工作评估指导要点》的通知············ 177
- 关于改进和加强学前班管理的意见···················· 180
- 国务院办公厅转发国家教委等部门关于加强幼儿教育
  工作意见的通知·························· 184

学前教育机构设置相关政策·························· 191

- 国务院办公厅关于开展城镇小区配套幼儿园治理工作的通知····· 192
- 教育部关于贯彻执行《幼儿园建设标准》的通知··········· 195
- 住房城乡建设部关于发布行业标准··················· 196
- 财政部 教育部关于印发《中央财政支持学前教育发
  展资金管理办法》的通知····················· 197
- 教育部办公厅关于公办幼儿园能否承包的问题的复函········· 203
- 中华人民共和国中外合作办学条例实施办法·············· 205
- 民办非企业单位登记暂行办法····················· 216
- 国家教委、计委、民政部、建设部、经贸委、全国
  总工会、妇联《关于企业办幼儿园的若干意见》········ 223
- 国家教育委员会、建设部关于印发《城市幼儿园建筑
  面积定额（试行）》的通知·················· 225

- 教育委员会国家关于发展农村幼儿教育的几点意见……………… 234

学前教育师资建设相关政策……………………………………… 239

- 教育部等七部门印发《关于加强和改进新时代师德师风建设的意见》的通知………………………………… 240
- 教育部关于印发《幼儿园教师违反职业道德行为处理办法》的通知…………………………………………… 247
- 教育部关于印发《新时代高校教师职业行为十项准则》《新时代中小学教师职业行为十项准则》《新时代幼儿园教师职业行为十项准则》的通知（节选）……………… 251
- 新时代幼儿园教师职业行为十项准则………………………… 253
- 教育部办公厅关于各地出台公办幼儿园教职工编制标准情况的通报…………………………………………… 255
- 财政部 教育部关于印发《中小学幼儿园教师国家级培训计划专项资金管理办法》的通知………………… 258
- 教育部 财政部关于改革实施中小学幼儿园教师国家级培训计划的通知……………………………………… 262
- 教育部关于印发《普通高中校长专业标准》《中等职业学校校长专业标准》《幼儿园园长专业标准》的通知（节选） 273
- 教育部关于成立教育部高等学校幼儿园教师培养等教学指导委员会的通知………………………………… 279
- 教育部关于印发《幼儿园教职工配备标准（暂行）》的通知…… 281
- 教育部中央编办财政部人力资源和社会保障部关于加强幼儿园教师队伍建设的意见…………………………… 284
- 教育部关于印发《幼儿园教师专业标准（试行）》《小学教师专业标准（试行）》和《中学教师专业标准（试行）》的通知（节选）……………………………… 287
- 幼儿园教师专业标准（试行）………………………………… 289
- 学校教职工代表大会规定……………………………………… 293

学前教育内部管理相关政策 299

- 国家教育委员会关于开展幼儿园园长岗位培训工作的意见 …… 300
- 教育部办公厅关于开展幼儿园"小学化"专项治理工作的通知… 305
- 教育部关于印发《3—6岁儿童学习与发展指南》的通知 …… 308
- 3—6岁儿童学习与发展指南 …… 310
- 教育部关于在中小学幼儿园广泛深入开展节约教育的意见 …… 342
- 卫生部关于印发《托儿所幼儿园卫生保健工作规范》的通知 …… 344
- 托儿所幼儿园卫生保健工作规范 …… 345
- 教育部关于建立中小学幼儿园家长委员会的指导意见 …… 378
- 国家发展改革委教育部财政部关于印发《幼儿园收费管理暂行办法》的通知 …… 381
- 教育部关于规范幼儿园保育教育工作防止和纠正"小学化"现象的通知 …… 385
- 教育部关于印发《幼儿园教育指导纲要（试行）》的通知 …… 387

学前教育行政管理相关政策 399

- 教育部关于印发《县域学前教育普及普惠督导评估办法》的通知 400
- 教育部关于印发《幼儿园责任督学挂牌督导办法》的通知 …… 406
- 教育部办公厅关于各地建立完善学前教育、普通高中和特殊教育经费投入机制情况的通报 …… 409
- 教育部关于印发《幼儿园办园行为督导评估办法》的通知 …… 412
- 国务院教育督导委员会办公室关于印发《中小学（幼儿园）安全工作专项督导暂行办法》的通知 …… 417
- 教育部关于印发《学前教育督导评估暂行办法》的通知 …… 423
- 财政部 教育部关于加大财政投入支持学前教育发展的通知 …… 436
- 财政部 教育部关于建立学前教育资助制度的意见 …… 444

学前教育安全管理相关政策 447

- 国务院教育督导委员会办公室关于进一步加强中小学（幼儿园）安全工作的紧急通知 …… 448

- 教育部等五部门关于完善安全事故处理机制维护学校
  教育教学秩序的意见 ………………………………………………… 450
- 学校食品安全与营养健康管理规定 ………………………………… 456
- 教育部办公厅关于进一步加强中小学（幼儿园）预
  防性侵害学生工作的通知 …………………………………………… 469
- 国务院教育督导委员会办公室关于加强中小学
  （幼儿园）冬季安全工作的通知 …………………………………… 472
- 国务院教育督导委员会办公室关于进一步加强中小
  学（幼儿园）安全工作的紧急通知 ………………………………… 474
- 市场监管总局办公厅关于加强秋季开学学校和幼儿园
  食品安全监管工作的通知 …………………………………………… 476
- 最高人民检察院关于依法惩治侵害幼儿园儿童犯罪
  全面维护儿童权益的通知 …………………………………………… 479
- 国务院教育督导委员会办公室关于开展幼儿园规范
  办园行为专项督导检查的紧急通知 ………………………………… 482
- 教育部办公厅关于加强中小学（幼儿园）周边安全
  风险防控工作的紧急通知 …………………………………………… 484
- 教育部关于开展中小学（幼儿园）校车安全隐患排
  查整治工作的紧急通知 ……………………………………………… 486
- 国务院办公厅关于加强中小学幼儿园安全风险防控体
  系建设的意见 ………………………………………………………… 488
- 国务院教育督导委员会办公室关于加强中小学
  （幼儿园）安全工作的紧急通知 …………………………………… 496
- 食品药品监管总局 教育部关于进一步加强中小学校
  和幼儿园食品安全监督管理工作的通知 …………………………… 498
- 教育部 公安部关于加强中小学幼儿园消防安全管理工作的意见 500
- 公安部办公厅、教育部办公厅关于印发《中小学幼
  儿园安全防范工作规范（试行）》的通知 ………………………… 503
- 最高人民法院 最高人民检察院 公安部 民政部关于
  依法处理监护人侵害未成年人权益行为若干问题的意见 ………… 509
- 关于依法处理监护人侵害未成年人权益行为若干问题的意见 …… 510

- 教育部办公厅关于印发《中小学幼儿园应急疏散演练指南》的通知 …… 519
- 中小学幼儿园应急疏散演练指南 …… 520
- 教育部办公厅关于中小学幼儿园安全工作2013年第1号预警通知 …… 528
- 教育部办公厅关于近期连续发生数起幼儿园幼儿被遗忘在接送车内导致死亡事故的情况通报 …… 530
- 托儿所幼儿园卫生保健管理办法 …… 532
- 教育部办公厅关于做好新学年中小学幼儿园安全工作的通知 …… 537
- 中央社会治安综合治理委员会办公室、教育部、公安部关于进一步加强学校幼儿园安全防范工作建立健全长效工作机制的意见 …… 539
- 教育部办公厅关于做好雨季中小学幼儿园安全工作的通知 …… 545
- 最高人民法院关于充分发挥审判职能作用切实维护学校、幼儿园及周边安全的通知 …… 547
- 教育部办公厅关于做好冬季中小学幼儿园安全工作的通知 …… 550
- 中小学幼儿园安全管理办法 …… 552
- 教育部关于印发《关于进一步做好中小学幼儿园安全工作六条措施》的通知 …… 563
- 教育部办公厅关于加强中小学幼儿园校车安全管理的紧急通知 …… 565
- 建设部关于切实加强中小学幼儿园安全管理工作的通知 …… 567
- 教育部关于进一步加强幼儿园安全工作的紧急通知 …… 570
- 学生伤害事故处理办法 …… 572
- 机关、团体、企业、事业单位消防安全管理规定 …… 579

学前教育相关法律

中华人民共和国教育法

（1995年3月18日第八届全国人民代表大会第三次会议通过 根据2009年8月27日第十一届全国人民代表大会常务委员会第十次会议《关于修改部分法律的决定》第一次修正 根据2015年12月27日第十二届全国人民代表大会常务委员会第十八次会议《关于修改〈中华人民共和国教育法〉的决定》第二次修正 根据2021年4月29日第十三届全国人民代表大会常务委员会第二十八次会议《关于修改〈中华人民共和国教育法〉的决定》第三次修正）

第一章 总 则

第一条 为了发展教育事业，提高全民族的素质，促进社会主义物质文明和精神文明建设，根据宪法，制定本法。

第二条 在中华人民共和国境内的各级各类教育，适用本法。

第三条 国家坚持中国共产党的领导，坚持以马克思列宁主义、毛泽东思想、邓小平理论、"三个代表"重要思想、科学发展观、习近平新时代中国特色社会主义思想为指导，遵循宪法确定的基本原则，发展社会主义的教育事业。

第四条 教育是社会主义现代化建设的基础，对提高人民综合素质、促进人的全面发展、增强中华民族创新创造活力、实现中华民族伟大复兴具有决定性意义，国家保障教育事业优先发展。

全社会应当关心和支持教育事业的发展。

全社会应当尊重教师。

第五条 教育必须为社会主义现代化建设服务、为人民服务，必须与生产劳动和社会实践相结合，培养德智体美劳全面发展的社会主义建设者和接班人。

第六条 教育应当坚持立德树人，对受教育者加强社会主义核心价值观教育，增强受教育者的社会责任感、创新精神和实践能力。

国家在受教育者中进行爱国主义、集体主义、中国特色社会主义的教育，进行理想、道德、纪律、法治、国防和民族团结的教育。

第七条 教育应当继承和弘扬中华优秀传统文化、革命文化、社会主义先进文化，吸收人类文明发展的一切优秀成果。

第八条 教育活动必须符合国家和社会公共利益。

国家实行教育与宗教相分离。任何组织和个人不得利用宗教进行妨碍国家教育制度的活动。

第九条 中华人民共和国公民有受教育的权利和义务。

公民不分民族、种族、性别、职业、财产状况、宗教信仰等，依法享有平等的受教育机会。

第十条 国家根据各少数民族的特点和需要，帮助各少数民族地区发展教育事业。

国家扶持边远贫困地区发展教育事业。

国家扶持和发展残疾人教育事业。

第十一条 国家适应社会主义市场经济发展和社会进步的需要，推进教育改革，推动各级各类教育协调发展、衔接融通，完善现代国民教育体系，健全终身教育体系，提高教育现代化水平。

国家采取措施促进教育公平，推动教育均衡发展。

国家支持、鼓励和组织教育科学研究，推广教育科学研究成果，促进教育质量提高。

第十二条 国家通用语言文字为学校及其他教育机构的基本教育教学语言文字，学校及其他教育机构应当使用国家通用语言文字进行教育教学。

民族自治地方以少数民族学生为主的学校及其他教育机构，从实际出发，使用国家通用语言文字和本民族或者当地民族通用的语言文字实施双语教育。

国家采取措施，为少数民族学生为主的学校及其他教育机构实施双语教育提供条件和支持。

第十三条 国家对发展教育事业做出突出贡献的组织和个人，给予奖励。

第十四条 国务院和地方各级人民政府根据分级管理、分工负责的原则，领导和管理教育工作。

中等及中等以下教育在国务院领导下，由地方人民政府管理。

高等教育由国务院和省、自治区、直辖市人民政府管理。

第十五条 国务院教育行政部门主管全国教育工作，统筹规划、协调管理全国的教育事业。

县级以上地方各级人民政府教育行政部门主管本行政区域内的教育工作。

县级以上各级人民政府其他有关部门在各自的职责范围内，负责有关的教育工作。

第十六条 国务院和县级以上地方各级人民政府应当向本级人民代表大会或者其常务委员会报告教育工作和教育经费预算、决算情况，接受监督。

第二章 教育基本制度

第十七条 国家实行学前教育、初等教育、中等教育、高等教育的学校教育制度。

国家建立科学的学制系统。学制系统内的学校和其他教育机构的设置、教育形式、修业年限、招生对象、培养目标等，由国务院或者由国务院授权教育行政部门规定。

第十八条 国家制定学前教育标准，加快普及学前教育，构建覆盖城乡，特别是农村的学前教育公共服务体系。

各级人民政府应当采取措施，为适龄儿童接受学前教育提供条件和支持。

第十九条 国家实行九年制义务教育制度。

各级人民政府采取各种措施保障适龄儿童、少年就学。

适龄儿童、少年的父母或者其他监护人以及有关社会组织和个人有义务使适龄儿童、少年接受并完成规定年限的义务教育。

第二十条 国家实行职业教育制度和继续教育制度。

各级人民政府、有关行政部门和行业组织以及企业事业组织应当采取措施，发展并保障公民接受职业学校教育或者各种形式的职业培训。

国家鼓励发展多种形式的继续教育，使公民接受适当形式的政治、经济、文化、科学、技术、业务等方面的教育，促进不同类型学习成果的互认和衔接，推动全民终身学习。

第二十一条 国家实行国家教育考试制度。

国家教育考试由国务院教育行政部门确定种类，并由国家批准的实施教育考试的机构承办。

第二十二条 国家实行学业证书制度。

经国家批准设立或者认可的学校及其他教育机构按照国家有关规定，颁发学历证书或者其他学业证书。

第二十三条 国家实行学位制度。

学位授予单位依法对达到一定学术水平或者专业技术水平的人员授予相应的学位，颁发学位证书。

第二十四条 各级人民政府、基层群众性自治组织和企业事业组织应当采取各种措施，开展扫除文盲的教育工作。

按照国家规定具有接受扫除文盲教育能力的公民，应当接受扫除文盲的教育。

第二十五条 国家实行教育督导制度和学校及其他教育机构教育评估制度。

第三章 学校及其他教育机构

第二十六条 国家制定教育发展规划，并举办学校及其他教育机构。

国家鼓励企业事业组织、社会团体、其他社会组织及公民个人依法举办学校及其他教育机构。

国家举办学校及其他教育机构，应当坚持勤俭节约的原则。

以财政性经费、捐赠资产举办或者参与举办的学校及其他教育机构不得设立为营利性组织。

第二十七条 设立学校及其他教育机构，必须具备下列基本条件：

（一）有组织机构和章程；

（二）有合格的教师；

（三）有符合规定标准的教学场所及设施、设备等；

（四）有必备的办学资金和稳定的经费来源。

第二十八条 学校及其他教育机构的设立、变更和终止，应当按照国家有关规定办理审核、批准、注册或者备案手续。

第二十九条 学校及其他教育机构行使下列权利：

（一）按照章程自主管理；

（二）组织实施教育教学活动；

（三）招收学生或者其他受教育者；

（四）对受教育者进行学籍管理，实施奖励或者处分；

（五）对受教育者颁发相应的学业证书；

（六）聘任教师及其他职工，实施奖励或者处分；

（七）管理、使用本单位的设施和经费；

（八）拒绝任何组织和个人对教育教学活动的非法干涉；

（九）法律、法规规定的其他权利。

国家保护学校及其他教育机构的合法权益不受侵犯。

第三十条 学校及其他教育机构应当履行下列义务：

（一）遵守法律、法规；

（二）贯彻国家的教育方针，执行国家教育教学标准，保证教育教学质量；

（三）维护受教育者、教师及其他职工的合法权益；

（四）以适当方式为受教育者及其监护人了解受教育者的学业成绩及其他有关情况提供便利；

（五）遵照国家有关规定收取费用并公开收费项目；

（六）依法接受监督。

第三十一条 学校及其他教育机构的举办者按照国家有关规定，确定其所举办的学校或者其他教育机构的管理体制。

学校及其他教育机构的校长或者主要行政负责人必须由具有中华人民共和国国籍、在中国境内定居、并具备国家规定任职条件的公民担任，其任免按照国家有关规定办理。学校的教学及其他行政管理，由校长负责。

学校及其他教育机构应当按照国家有关规定，通过以教师为主体的教职工代表大会等组织形式，保障教职工参与民主管理和监督。

第三十二条 学校及其他教育机构具备法人条件的，自批准设立或者登记注册之日起取得法人资格。

学校及其他教育机构在民事活动中依法享有民事权利，承担民事责任。

学校及其他教育机构中的国有资产属于国家所有。

学校及其他教育机构兴办的校办产业独立承担民事责任。

第四章　教师和其他教育工作者

第三十三条 教师享有法律规定的权利，履行法律规定的义务，忠诚于人民的教育事业。

第三十四条 国家保护教师的合法权益，改善教师的工作条件和生活条件，提高教师的社会地位。

教师的工资报酬、福利待遇，依照法律、法规的规定办理。

第三十五条 国家实行教师资格、职务、聘任制度，通过考核、奖励、培养和培训，提高教师素质，加强教师队伍建设。

第三十六条 学校及其他教育机构中的管理人员，实行教育职员制度。

学校及其他教育机构中的教学辅助人员和其他专业技术人员，实行专业技术职务聘任制度。

第五章　受教育者

第三十七条 受教育者在入学、升学、就业等方面依法享有平等权利。

学校和有关行政部门应当按照国家有关规定，保障女子在入学、升学、就业、授予学位、派出留学等方面享有同男子平等的权利。

第三十八条 国家、社会对符合入学条件、家庭经济困难的儿童、少年、青年，提供各种形式的资助。

第三十九条 国家、社会、学校及其他教育机构应当根据残疾人身心特性和需要实施教育，并为其提供帮助和便利。

第四十条 国家、社会、家庭、学校及其他教育机构应当为有违法犯罪行为的未成年人接受教育创造条件。

第四十一条 从业人员有依法接受职业培训和继续教育的权利和义务。

国家机关、企业事业组织和其他社会组织，应当为本单位职工的学习和培训提供条件和便利。

第四十二条 国家鼓励学校及其他教育机构、社会组织采取措施，为公民接受终身教育创造条件。

第四十三条 受教育者享有下列权利：

（一）参加教育教学计划安排的各种活动，使用教育教学设施、设备、图书资料；

（二）按照国家有关规定获得奖学金、贷学金、助学金；

（三）在学业成绩和品行上获得公正评价，完成规定的学业后获得相应的学业证书、学位证书；

（四）对学校给予的处分不服向有关部门提出申诉，对学校、教师侵犯其人身权、财产权等合法权益，提出申诉或者依法提起诉讼；

（五）法律、法规规定的其他权利。

第四十四条 受教育者应当履行下列义务：

（一）遵守法律、法规；

（二）遵守学生行为规范，尊敬师长，养成良好的思想品德和行为习惯；

（三）努力学习，完成规定的学习任务；

（四）遵守所在学校或者其他教育机构的管理制度。

第四十五条 教育、体育、卫生行政部门和学校及其他教育机构应当完善体育、卫生保健设施，保护学生的身心健康。

第六章 教育与社会

第四十六条 国家机关、军队、企业事业组织、社会团体及其他社会组织和个人，应当依法为儿童、少年、青年学生的身心健康成长创造良好的社会环境。

第四十七条 国家鼓励企业事业组织、社会团体及其他社会组织同高等学校、中等职业学校在教学、科研、技术开发和推广等方面进行多种形式的合作。

企业事业组织、社会团体及其他社会组织和个人，可以通过适当形式，支持学校的建设，参与学校管理。

第四十八条 国家机关、军队、企业事业组织及其他社会组织应当为学校组织的学生实习、社会实践活动提供帮助和便利。

第四十九条 学校及其他教育机构在不影响正常教育教学活动的前提下，应当积极参加当地的社会公益活动。

第五十条 未成年人的父母或者其他监护人应当为其未成年子女或者其他被监护人受教育提供必要条件。

未成年人的父母或者其他监护人应当配合学校及其他教育机构，对其未成年子女或者其他被监护人进行教育。

学校、教师可以对学生家长提供家庭教育指导。

第五十一条 图书馆、博物馆、科技馆、文化馆、美术馆、体育馆（场）等社会公共文化体育设施，以及历史文化古迹和革命纪念馆（地），应当对教师、学生实行优待，为受教育者接受教育提供便利。

广播、电视台（站）应当开设教育节目，促进受教育者思想品德、文化和科学技术素质的提高。

第五十二条 国家、社会建立和发展对未成年人进行校外教育的设施。

学校及其他教育机构应当同基层群众性自治组织、企业事业组织、社会团体相互配合，加强对未成年人的校外教育工作。

第五十三条 国家鼓励社会团体、社会文化机构及其他社会组织和个人开展有益于受教育者身心健康的社会文化教育活动。

第七章 教育投入与条件保障

第五十四条 国家建立以财政拨款为主、其他多种渠道筹措教育经费为辅的体制，逐步增加对教育的投入，保证国家举办的学校教育经费的稳定来源。

企业事业组织、社会团体及其他社会组织和个人依法举办的学校及其他教育机构，办学经费由举办者负责筹措，各级人民政府可以给予适当支持。

第五十五条 国家财政性教育经费支出占国民生产总值的比例应当随着国民经济的发展和财政收入的增长逐步提高。具体比例和实施步骤由国务院规定。

全国各级财政支出总额中教育经费所占比例应当随着国民经济的发展逐步提高。

第五十六条 各级人民政府的教育经费支出，按照事权和财权相统一的原则，在财政预算中单独列项。

各级人民政府教育财政拨款的增长应当高于财政经常性收入的增长，并使按在校学生人数平均的教育费用逐步增长，保证教师工资和学生人均公用经费逐步增长。

第五十七条 国务院及县级以上地方各级人民政府应当设立教育专项资金，重点扶持边远贫困地区、少数民族地区实施义务教育。

第五十八条 税务机关依法足额征收教育费附加，由教育行政部门统筹管理，主要用于实施义务教育。

省、自治区、直辖市人民政府根据国务院的有关规定，可以决定开征用于教育的地方附加费，专款专用。

第五十九条 国家采取优惠措施，鼓励和扶持学校在不影响正常教育教学的前提下开展勤工俭学和社会服务，兴办校办产业。

第六十条 国家鼓励境内、境外社会组织和个人捐资助学。

第六十一条 国家财政性教育经费、社会组织和个人对教育的捐赠，必须用于教育，不得挪用、克扣。

第六十二条 国家鼓励运用金融、信贷手段，支持教育事业的发展。

第六十三条 各级人民政府及其教育行政部门应当加强对学校及其他教育机构教育经费的监督管理，提高教育投资效益。

第六十四条 地方各级人民政府及其有关行政部门必须把学校的基本建设纳入城乡建设规划，统筹安排学校的基本建设用地及所需物资，按照国家有关规定实行优先、优惠政策。

第六十五条 各级人民政府对教科书及教学用图书资料的出版发行，对教学仪器、设备的生产和供应，对用于学校教育教学和科学研究的图书资料、教学仪器、设备的进口，按照国家有关规定实行优先、优惠政策。

第六十六条 国家推进教育信息化，加快教育信息基础设施建设，利用信息技术促进优质教育资源普及共享，提高教育教学水平和教育管理水平。

县级以上人民政府及其有关部门应当发展教育信息技术和其他现代化教学方式，有关行政部门应当优先安排，给予扶持。

国家鼓励学校及其他教育机构推广运用现代化教学方式。

第八章 教育对外交流与合作

第六十七条 国家鼓励开展教育对外交流与合作，支持学校及其他教育机构引进优质教育资源，依法开展中外合作办学，发展国际教育服务，培养国际化人才。

教育对外交流与合作坚持独立自主、平等互利、相互尊重的原则，不得违反中国法律，不得损害国家主权、安全和社会公共利益。

第六十八条 中国境内公民出国留学、研究、进行学术交流或者任教，依照国家有关规定办理。

第六十九条 中国境外个人符合国家规定的条件并办理有关手续后，可以进入中国境内学校及其他教育机构学习、研究、进行学术交流或者任教，其合法权益受国家保护。

第七十条 中国对境外教育机构颁发的学位证书、学历证书及其他学业证书的承认，依照中华人民共和国缔结或者加入的国际条约办理，或者按照国家有关规定办理。

第九章　法律责任

第七十一条 违反国家有关规定，不按照预算核拨教育经费的，由同级人民政府限期核拨；情节严重的，对直接负责的主管人员和其他直接责任人员，依法给予处分。

违反国家财政制度、财务制度，挪用、克扣教育经费的，由上级机关责令限期归还被挪用、克扣的经费，并对直接负责的主管人员和其他直接责任人员，依法给予处分；构成犯罪的，依法追究刑事责任。

第七十二条 结伙斗殴、寻衅滋事，扰乱学校及其他教育机构教育教学秩序或者破坏校舍、场地及其他财产的，由公安机关给予治安管理处罚；构成犯罪的，依法追究刑事责任。

侵占学校及其他教育机构的校舍、场地及其他财产的，依法承担民事责任。

第七十三条 明知校舍或者教育教学设施有危险，而不采取措施，造成人员伤亡或者重大财产损失的，对直接负责的主管人员和其他直接责任人员，依法追究刑事责任。

第七十四条 违反国家有关规定，向学校或者其他教育机构收取费用的，由政府责令退还所收费用；对直接负责的主管人员和其他直接责任人员，依法给予处分。

第七十五条 违反国家有关规定，举办学校或者其他教育机构的，由教育行政部门或者其他有关行政部门予以撤销；有违法所得的，没收违法所得；对直接负责的主管人员和其他直接责任人员，依法给予处分。

第七十六条 学校或者其他教育机构违反国家有关规定招收学生的，由教育行政部门或者其他有关行政部门责令退回招收的学生，退还所收费用；对学校、其他教育机构给予警告，可以处违法所得五倍以下罚款；情节严重的，责令停止相关招生资格一年以上三年以下，直至撤销招生资格、吊销办学许可证；对直接负责的主管人员和其他直接责任人员，依法给予处分；构成犯罪的，依法追究刑事责任。

第七十七条 在招收学生工作中滥用职权、玩忽职守、徇私舞弊的，由教育行政部门或者其他有关行政部门责令退回招收的不符合入学条件的人员；对直接负责的主管人员和其他直接责任人员，依法给予处分；构成犯罪的，依法追究刑事责任。

盗用、冒用他人身份，顶替他人取得的入学资格的，由教育行政部门或者其他有关行政部门责令撤销入学资格，并责令停止参加相关国家教育考试二年以上五年以下；已经取得学位证书、学历证书或者其他学业证书的，由颁发机构撤销相关证书；已经成为公职人员的，依法给予开除处分；构成违反治安管理行为的，由公安机关依法给予治安管理处罚；构成犯罪的，依法追究刑事责任。

与他人串通，允许他人冒用本人身份，顶替本人取得的入学资格的，由教育行政部门或者其他有关行政部门责令停止参加相关国家教育考试一年以上三年以下；有违法所得的，没收违法所得；已经成为公职人员的，依法给予处分；构成违反治安管理行为的，由公安机关依法给予治安管理处罚；构成犯罪的，依法追究刑事责任。

组织、指使盗用或者冒用他人身份，顶替他人取得的入学资格的，有违法所得的，没收违法所得；属于公职人员的，依法给予处分；构成违反治安管理行为的，由公安机关依法给予治安管理处罚；构成犯罪的，依法追究刑事责任。

入学资格被顶替权利受到侵害的，可以请求恢复其入学资格。

第七十八条 学校及其他教育机构违反国家有关规定向受教育者收取费用的，由教育行政部门或者其他有关行政部门责令退还所收费用；对直接负责的主管人员和其他直接责任人员，依法给予处分。

第七十九条 考生在国家教育考试中有下列行为之一的，由组织考试的教育考试机构工作人员在考试现场采取必要措施予以制止并终止其继续参加考试；组织考试的教育考试机构可以取消其相关考试资格或者考试成绩；情节严重的，由教育行政部门责令停止参加相关国家教育考试一年以上三年以下；构成违反治安管理行为的，由公安机关依法给予治安管理处罚；构成犯罪的，依法追究刑事责任：

（一）非法获取考试试题或者答案的；

（二）携带或者使用考试作弊器材、资料的；

（三）抄袭他人答案的；

（四）让他人代替自己参加考试的；

（五）其他以不正当手段获得考试成绩的作弊行为。

第八十条 任何组织或者个人在国家教育考试中有下列行为之一，有违法所得的，由公安机关没收违法所得，并处违法所得一倍以上五倍以下罚款；情节严重的，处五日以上十五日以下拘留；构成犯罪的，依法追究刑事责任；属于国家机关工作人员的，还应当依法给予处分：

（一）组织作弊的；

（二）通过提供考试作弊器材等方式为作弊提供帮助或者便利的；

（三）代替他人参加考试的；

（四）在考试结束前泄露、传播考试试题或者答案的；

（五）其他扰乱考试秩序的行为。

第八十一条 举办国家教育考试，教育行政部门、教育考试机构疏于管理，造成考场秩序混乱、作弊情况严重的，对直接负责的主管人员和其他直接责任人员，依法给予处分；构成犯罪的，依法追究刑事责任。

第八十二条 学校或者其他教育机构违反本法规定，颁发学位证书、学历证书或者其他学业证书的，由教育行政部门或者其他有关行政部门宣布证书无效，责令收回或者予以没收；有违法所得的，没收违法所得；情节严重的，责令停止相关招生资格一年以上三年以下，直至撤销招生资格、颁发证书资格；对直接负责的主管人员和其他直接责任人员，依法给予处分。

前款规定以外的任何组织或者个人制造、销售、颁发假冒学位证书、学历证书或者其他学业证书，构成违反治安管理行为的，由公安机关依法给予治安管理处罚；构成犯罪的，依法追究刑事责任。

以作弊、剽窃、抄袭等欺诈行为或者其他不正当手段获得学位证书、学历证书或者其他学业证书的，由颁发机构撤销相关证书。购买、使用假冒学位证书、学历证书或者其他学业证书，构成违反治安管理行为的，由公安机关依法给予治安管理处罚。

第八十三条 违反本法规定，侵犯教师、受教育者、学校或者其他教育机构的合法权益，造成损失、损害的，应当依法承担民事责任。

第十章 附 则

第八十四条 军事学校教育由中央军事委员会根据本法的原则规定。

宗教学校教育由国务院另行规定。

第八十五条 境外的组织和个人在中国境内办学和合作办学的办法，由国务院规定。

第八十六条 本法自1995年9月1日起施行。

中华人民共和国教师法

（1993年10月31日第八届全国人民代表大会常务委员会第四次会议通过 1993年10月31日中华人民共和国主席令第15号公布自1994年1月1日起施行）

第一章 总 则

第一条 为了保障教师的合法权益，建设具有良好思想品德修养和业务素质的教师队伍，促进社会主义教育事业的发展，制定本法。

第二条 本法适用于在各级各类学校和其他教育机构中专门从事教育教学工作的教师。

第三条 教师是履行教育教学职责的专业人员，承担教书育人，培养社会主义事业建设者和接班人、提高民族素质的使命。教师应当忠诚于人民的教育事业。

第四条 各级人民政府应当采取措施，加强教师的思想政治教育和业务培训，改善教师的工作条件和生活条件，保障教师的合法权益，提高教师的社会地位。全社会都应当尊重教师。

第五条 国务院教育行政部门主管全国的教师工作。

国务院有关部门在各自职权范围内负责有关的教师工作。

学校和其他教育机构根据国家规定，自主进行教师管理工作。

第六条 每年9月10日为教师节。

第二章 权利和义务

第七条 教师享有下列权利：

（一）进行教育教学活动，开展教育教学改革和实验；

（二）从事科学研究、学术交流，参加专业的学术团体，在学术活动中充分发表意见；

（三）指导学生的学习和发展，评定学生的品行和学业成绩；

（四）按时获取工资报酬，享受国家规定的福利待遇以及寒暑假期的带薪休假；

（五）对学校教育教学、管理工作和教育行政部门的工作提出意见和建议，通过教职工代表大会或者其他形式，参与学校的民主管理；

（六）参加进修或者其他方式的培训。

第八条 教师应当履行下列义务：

（一）遵守宪法、法律和职业道德，为人师表；

（二）贯彻国家的教育方针，遵守规章制度，执行学校的教学计划，履行教师聘约，完成教育教学工作任务；

（三）对学生进行宪法所确定的基本原则的教育和爱国主义、民族团结的教育，法制教育以及思想品德、文化、科学技术教育，组织、带领学生开展有益的社会活动；

（四）关心、爱护全体学生，尊重学生人格，促进学生在品德、智力、体质等方面全面发展；

（五）制止有害于学生的行为或者其他侵犯学生合法权益的行为，批评和抵制有害于学生健康成长的现象；

（六）不断提高思想政治觉悟和教育教学业务水平。

第九条 为保障教师完成教育教学任务，各级人民政府、教育行政部门、有关部门、学校和其他教育机构应当履行下列职责：

（一）提供符合国家安全标准的教育教学设施和设备；

（二）提供必需的图书、资料及其他教育教学用品；

（三）对教师在教育教学、科学研究中的创造性工作给以鼓励和帮助；

（四）支持教师制止有害于学生的行为或者其他侵犯学生合法权益的行为。

第三章 资格和任用

第十条 国家实行教师资格制度。

中国公民凡遵守宪法和法律，热爱教育事业，具有良好的思想品德，具备本法规定的学历或者经国家教师资格考试合格，有教育教学能力，经认定合格的，可以取得教师资格。

第十一条 取得教师资格应当具备的相应学历是：

（一）取得幼儿园教师资格，应当具备幼儿师范学校毕业及其以上学历；

（二）取得小学教师资格，应当具备中等师范学校毕业及其以上学历；

（三）取得初级中学教师、初级职业学校文化、专业课教师资格，应当具备高等师范专科学校或者其他大学专科毕业及其以上学历；

（四）取得高级中学教师资格和中等专业学校、技工学校、职业高中文化课、专业课教师资格，应当具备高等师范院校本科或者其他大学本科毕业及其以上学历；取得中等专业学校、技工学校和职业高中学生实习指导教师资格应当具备的学历，由国务院教育行政部门规定；

（五）取得高等学校教师资格，应当具备研究生或者大学本科毕业学历；

（六）取得成人教育教师资格，应当按照成人教育的层次、类别，分别具备高等、中等学校毕业及其以上学历。不具备本法规定的教师资格学历的公民，申请获取教师资格，必须通过国家教师资格考试。国家教师资格考试制度由国务院规定。

第十二条 本法实施前已经在学校或者其他教育机构中任教的教师，未具备本法规定学历的，由国务院教育行政部门规定教师资格过渡办法。

第十三条 中小学教师资格由县级以上地方人民政府教育行政部门认定。中等专业学校、技工学校的教师资格由县级以上地方人民政府教育行政部门组织有关主管部门认定。普通高等学校的教师资格由国务院或者省、自治区、直辖市教育行政部门或者由其委托的学校认定。具备本法规定的学历或者经国家教师资格考试合格的公民，要求有关部门认定其教师资格的，有关部门应当依照本法规定的条件予以认定。取得教师资格的人员首次任教时，应当有试用期。

第十四条 受到剥夺政治权利或者故意犯罪受到有期徒刑以上刑事处罚的，不能取得教师资格；已经取得教师资格的，丧失教师资格。

第十五条 各级师范学校毕业生，应当按照国家有关规定从事教育教学工作。国家鼓励非师范高等学校毕业生到中小学或者职业学校任教。

第十六条 国家实行教师职务制度，具体办法由国务院规定。

第十七条 学校和其他教育机构应当逐步实行教师聘任制。教师的聘任应当遵循双方地位平等的原则，由学校和教师签订聘任合同，明确规定双方的权利、义务和责任。实施教师聘任制的步骤、办法由国务院教育行政部门规定。

第四章 培养和培训

第十八条 各级人民政府和有关部门应当办好师范教育，并采取措施，鼓励优秀青年进入各级师范学校学习。各级教师进修学校承担培训中小学教师的任务。非师范学校应当承担培养和培训中小学教师的任务。各级师范学校学生享受专业奖学金。

第十九条 各级人民政府教育行政部门、学校主管部门和学校应当制定教师培训规划，对教师进行多种形式的思想政治、业务培训。

第二十条 国家机关、企业事业单位和其他社会组织应当为教师的社会调查和社会实践提供方便，给予协助。

第二十一条 各级人民政府应当采取措施，为少数民族地区和边远贫困地区培养、培训教师。

第五章 考 核

第二十二条 学校或者其他教育机构应当对教师的政治思想、业务水平、工作态度和工作成绩进行考核。教育行政部门对教师的考核工作进行指导、监督。

第二十三条 考核应当客观、公正、准确，充分听取教师本人、其他教师以及学生的意见。

第二十四条 教师考核结果是受聘任教、晋升工资、实施奖惩的依据。

第六章 待 遇

第二十五条 教师的平均工资水平应当不低于或者高于国家公务员的平均工资水平，并逐步提高。建立正常晋级增薪制度，具体办法由国务院规定。

第二十六条 中小学教师和职业学校教师享受教龄津贴和其他津贴，具体办法由国务院教育行政部门会同有关部门制定。

第二十七条 地方各级人民政府对教师以及具有中专以上学历的毕业生到少数民族地区和边远贫困地区从事教育教学工作的，应当予以补贴。

第二十八条 地方各级人民政府和国务院有关部门，对城市教师住房的建设、租赁、出售实行优先、优惠。县、乡两级人民政府应当为农村中小学教师解决住房提供方便。

第二十九条 教师的医疗同当地国家公务员享受同等的待遇；定期对教师进行身体健康检查，并因地制宜安排教师进行休养。医疗机构应当对当地教师的医疗提供方便。

第三十条 教师退休或者退职后，享受国家规定的退休或者退职待遇。县级以上地方人民政府可以适当提高长期从事教育教学工作的中小学退休教师的退休金比例。

第三十一条 各级人民政府应当采取措施，改善国家补助、集体支付工资的中小学教师的待遇，逐步做到在工资收入上与国家支付工资的教师同工同酬，具体办法由地方各级人民政府根据本地区的实际情况规定。

第三十二条 社会力量所办学校的教师的待遇，由举办者自行确定并予以保障。

第七章 奖 励

第三十三条 教师在教育教学、培养人才、科学研究、教学改革、学校建设、社会服务、勤工俭学等方面成绩优异的,由所在学校予以表彰、奖励。国务院和地方各级人民政府及其有关部门对有突出贡献的教师,应当予以表彰、奖励。对有重大贡献的教师,依照国家有关规定授予荣誉称号。

第三十四条 国家支持和鼓励社会组织或者个人向依法成立的奖励教师的基金组织捐助资金,对教师进行奖励。

第八章 法律责任

第三十五条 侮辱、殴打教师的,根据不同情况,分别给予行政处分或者行政处罚;造成损害的,责令赔偿损失;情节严重,构成犯罪的,依法追究刑事责任。

第三十六条 对依法提出申诉、控告、检举的教师进行打击报复的,由其所在单位或者上级机关责令改正;情节严重的,可以根据具体情况给予行政处分。国家工作人员对教师打击报复构成犯罪的,依照刑法第一百四十六条的规定追究刑事责任。

第三十七条 教师有下列情形之一的,由所在学校、其他教育机构或者教育行政部门给予行政处分或者解聘。

(一)故意不完成教育教学任务给教育教学工作造成损失的;

(二)体罚学生,经教育不改的;

(三)品行不良、侮辱学生,影响恶劣的。

教师有前款第(二)项、第(三)项所列情形之一,情节严重,构成犯罪的,依法追究刑事责任。

第三十八条 地方人民政府对违反本法规定,拖欠教师工资或者侵犯教师其他合法权益的,应当责令其限期改正。违反国家财政制度、财务制度,挪用国家财政用于教育的经费，严重妨碍教育教学工作，拖欠教师工资，损害教师合法权益的，由上级机关责令限期归还被挪用的经费，并对直接责任人员给予行政处分；情节严重，构成犯罪的，依法追究刑事责任。

第三十九条　教师对学校或者其他教育机构侵犯其合法权益的，或者对学校或者其他教育机构作出的处理不服的，可以向教育行政部门提出申诉，教育行政部门应当在接到申诉的三十日内，作出处理。教师认为当地人民政府有关行政部门侵犯其根据本法规定享有的权利的，可以向同级人民政府或者上一级人民政府有关部门提出申诉，同级人民政府或者上一级人民政府有关部门应当作出处理。

第九章　附　则

第四十条　本法下列用语的含义是：

（一）各级各类学校，是指实施学前教育、普通初等教育、普通中等教育、职业教育、普通高等教育以及特殊教育、成人教育的学校。

（二）其他教育机构，是指少年宫以及地方教研室、电化教育机构等。

（三）中小学教师，是指幼儿园、特殊教育机构、普通中小学、成人初等中等教育机构、职业中学以及其他教育机构的教师。

第四十一条　学校和其他教育机构中的教育教学辅助人员，其他类型的学校的教师和教育教学辅助人员，可以根据实际情况参照本法的有关规定执行。军队所属院校的教师和教育教学辅助人员，由中央军事委员会依照本法制定有关规定。

第四十二条　外籍教师的聘任办法由国务院教育行政部门规定。

第四十三条　本法自1994年1月1日起施行。

中华人民共和国民办教育促进法

（2002年12月28日第九届全国人民代表大会常务委员会第三十一次会议通过　根据2013年6月29日第十二届全国人民代表大会常务委员会第三次会议《关于修改〈中华人民共和国文物保护法〉等十二部法律的决定》第一次修正　根据2016年11月7日第十二届全国人民代表大会常务委员会第二十四次会议《关于修改〈中华人民共和国民办教育促进法〉的决定》第二次修正）

第一章　总　则

第一条　为实施科教兴国战略，促进民办教育事业的健康发展，维护民办学校和受教育者的合法权益，根据宪法和教育法制定本法。

第二条　国家机构以外的社会组织或者个人，利用非国家财政性经费，面向社会举办学校及其他教育机构的活动，适用本法。本法未作规定的，依照教育法和其他有关教育法律执行。

第三条　民办教育事业属于公益性事业，是社会主义教育事业的组成部分。

国家对民办教育实行积极鼓励、大力支持、正确引导、依法管理的方针。

各级人民政府应当将民办教育事业纳入国民经济和社会发展规划。

第四条　民办学校应当遵守法律、法规，贯彻国家的教育方针，保证教育质量，致力于培养社会主义建设事业的各类人才。

民办学校应当贯彻教育与宗教相分离的原则。任何组织和个人不得利用宗教进行妨碍国家教育制度的活动。

第五条　民办学校与公办学校具有同等的法律地位，国家保障民办学校的办学自主权。

国家保障民办学校举办者、校长、教职工和受教育者的合法权益。

第六条　国家鼓励捐资办学。

国家对为发展民办教育事业做出突出贡献的组织和个人,给予奖励和表彰。

第七条 国务院教育行政部门负责全国民办教育工作的统筹规划、综合协调和宏观管理。

国务院人力资源社会保障行政部门及其他有关部门在国务院规定的职责范围内分别负责有关的民办教育工作。

第八条 县级以上地方各级人民政府教育行政部门主管本行政区域内的民办教育工作。

县级以上地方各级人民政府人力资源社会保障行政部门及其他有关部门在各自的职责范围内,分别负责有关的民办教育工作。

第九条 民办学校中的中国共产党基层组织,按照中国共产党章程的规定开展党的活动,加强党的建设。

第二章 设 立

第十条 举办民办学校的社会组织,应当具有法人资格。

举办民办学校的个人,应当具有政治权利和完全民事行为能力。

民办学校应当具备法人条件。

第十一条 设立民办学校应当符合当地教育发展的需求,具备教育法和其他有关法律、法规规定的条件。

民办学校的设置标准参照同级同类公办学校的设置标准执行。

第十二条 举办实施学历教育、学前教育、自学考试助学及其他文化教育的民办学校,由县级以上人民政府教育行政部门按照国家规定的权限审批;举办实施以职业技能为主的职业资格培训、职业技能培训的民办学校,由县级以上人民政府人力资源社会保障行政部门按照国家规定的权限审批,并抄送同级教育行政部门备案。

第十三条 申请筹设民办学校,举办者应当向审批机关提交下列材料:

(一)申办报告,内容应当主要包括:举办者、培养目标、办学规模、办学层次、办学形式、办学条件、内部管理体制、经费筹措与管理使用等；

（二）举办者的姓名、住址或者名称、地址；

（三）资产来源、资金数额及有效证明文件，并载明产权；

（四）属捐赠性质的校产须提交捐赠协议，载明捐赠人的姓名、所捐资产的数额、用途和管理方法及相关有效证明文件。

第十四条　审批机关应当自受理筹设民办学校的申请之日起三十日内以书面形式作出是否同意的决定。

同意筹设的，发给筹设批准书。不同意筹设的，应当说明理由。

筹设期不得超过三年。超过三年的，举办者应当重新申报。

第十五条　申请正式设立民办学校的，举办者应当向审批机关提交下列材料：

（一）筹设批准书；

（二）筹设情况报告；

（三）学校章程、首届学校理事会、董事会或者其他决策机构组成人员名单；

（四）学校资产的有效证明文件；

（五）校长、教师、财会人员的资格证明文件。

第十六条　具备办学条件，达到设置标准的，可以直接申请正式设立，并应当提交本法第十三条和第十五条（三）、（四）、（五）项规定的材料。

第十七条　申请正式设立民办学校的，审批机关应当自受理之日起三个月内以书面形式作出是否批准的决定，并送达申请人；其中申请正式设立民办高等学校的，审批机关也可以自受理之日起六个月内以书面形式作出是否批准的决定，并送达申请人。

第十八条　审批机关对批准正式设立的民办学校发给办学许可证。

审批机关对不批准正式设立的，应当说明理由。

第十九条　民办学校的举办者可以自主选择设立非营利性或者营利性民办学校。但是，不得设立实施义务教育的营利性民办学校。

非营利性民办学校的举办者不得取得办学收益，学校的办学结余全部用于办学。

营利性民办学校的举办者可以取得办学收益，学校的办学结余依照公司法等有关法律、行政法规的规定处理。

民办学校取得办学许可证后，进行法人登记，登记机关应当依法予以办理。

第三章　学校的组织与活动

第二十条　民办学校应当设立学校理事会、董事会或者其他形式的决策机构并建立相应的监督机制。

民办学校的举办者根据学校章程规定的权限和程序参与学校的办学和管理。

第二十一条　学校理事会或者董事会由举办者或者其代表、校长、教职工代表等人员组成。其中三分之一以上的理事或者董事应当具有五年以上教育教学经验。

学校理事会或者董事会由五人以上组成，设理事长或者董事长一人。理事长、理事或者董事长、董事名单报审批机关备案。

第二十二条　学校理事会或者董事会行使下列职权：

（一）聘任和解聘校长；

（二）修改学校章程和制定学校的规章制度；

（三）制定发展规划，批准年度工作计划；

（四）筹集办学经费，审核预算、决算；

（五）决定教职工的编制定额和工资标准；

（六）决定学校的分立、合并、终止；

（七）决定其他重大事项。

其他形式决策机构的职权参照本条规定执行。

第二十三条　民办学校的法定代表人由理事长、董事长或者校长担任。

第二十四条　民办学校参照同级同类公办学校校长任职的条件聘任校长，

年龄可以适当放宽。

第二十五条 民办学校校长负责学校的教育教学和行政管理工作，行使下列职权：

（一）执行学校理事会、董事会或者其他形式决策机构的决定；

（二）实施发展规划，拟订年度工作计划、财务预算和学校规章制度；

（三）聘任和解聘学校工作人员，实施奖惩；

（四）组织教育教学、科学研究活动，保证教育教学质量；

（五）负责学校日常管理工作；

（六）学校理事会、董事会或者其他形式决策机构的其他授权。

第二十六条 民办学校对招收的学生，根据其类别、修业年限、学业成绩，可以根据国家有关规定发给学历证书、结业证书或者培训合格证书。

对接受职业技能培训的学生，经政府批准的职业技能鉴定机构鉴定合格的，可以发给国家职业资格证书。

第二十七条 民办学校依法通过以教师为主体的教职工代表大会等形式，保障教职工参与民主管理和监督。

民办学校的教师和其他工作人员，有权依照工会法，建立工会组织，维护其合法权益。

第四章 教师与受教育者

第二十八条 民办学校的教师、受教育者与公办学校的教师、受教育者具有同等的法律地位。

第二十九条 民办学校聘任的教师，应当具有国家规定的任教资格。

第三十条 民办学校应当对教师进行思想品德教育和业务培训。

第三十一条 民办学校应当依法保障教职工的工资、福利待遇和其他合法权益，并为教职工缴纳社会保险费。

国家鼓励民办学校按照国家规定为教职工办理补充养老保险。

第三十二条 民办学校教职工在业务培训、职务聘任、教龄和工龄计算、表彰奖励、社会活动等方面依法享有与公办学校教职工同等权利。

第三十三条 民办学校依法保障受教育者的合法权益。

民办学校按照国家规定建立学籍管理制度，对受教育者实施奖励或者处分。

第三十四条 民办学校的受教育者在升学、就业、社会优待以及参加先进评选等方面享有与同级同类公办学校的受教育者同等权利。

第五章　学校资产与财务管理

第三十五条 民办学校应当依法建立财务、会计制度和资产管理制度，并按照国家有关规定设置会计账簿。

第三十六条 民办学校对举办者投入民办学校的资产、国有资产、受赠的财产以及办学积累，享有法人财产权。

第三十七条 民办学校存续期间，所有资产由民办学校依法管理和使用，任何组织和个人不得侵占。

任何组织和个人都不得违反法律、法规向民办教育机构收取任何费用。

第三十八条 民办学校收取费用的项目和标准根据办学成本、市场需求等因素确定，向社会公示，并接受有关主管部门的监督。

非营利性民办学校收费的具体办法，由省、自治区、直辖市人民政府制定；营利性民办学校的收费标准，实行市场调节，由学校自主决定。

民办学校收取的费用应当主要用于教育教学活动、改善办学条件和保障教职工待遇。

第三十九条 民办学校资产的使用和财务管理受审批机关和其他有关部门的监督。

民办学校应当在每个会计年度结束时制作财务会计报告，委托会计师事务所依法进行审计，并公布审计结果。

第六章 管理与监督

第四十条 教育行政部门及有关部门应当对民办学校的教育教学工作、教师培训工作进行指导。

第四十一条 教育行政部门及有关部门依法对民办学校实行督导,建立民办学校信息公示和信用档案制度,促进提高办学质量;组织或者委托社会中介组织评估办学水平和教育质量,并将评估结果向社会公布。

第四十二条 民办学校的招生简章和广告,应当报审批机关备案。

第四十三条 民办学校侵犯受教育者的合法权益,受教育者及其亲属有权向教育行政部门和其他有关部门申诉,有关部门应当及时予以处理。

第四十四条 国家支持和鼓励社会中介组织为民办学校提供服务。

第七章 扶持与奖励

第四十五条 县级以上各级人民政府可以设立专项资金,用于资助民办学校的发展,奖励和表彰有突出贡献的集体和个人。

第四十六条 县级以上各级人民政府可以采取购买服务、助学贷款、奖助学金和出租、转让闲置的国有资产等措施对民办学校予以扶持;对非营利性民办学校还可以采取政府补贴、基金奖励、捐资激励等扶持措施。

第四十七条 民办学校享受国家规定的税收优惠政策;其中,非营利性民办学校享受与公办学校同等的税收优惠政策。

第四十八条 民办学校依照国家有关法律、法规,可以接受公民、法人或者其他组织的捐赠。

国家对向民办学校捐赠财产的公民、法人或者其他组织按照有关规定给予税收优惠,并予以表彰。

第四十九条 国家鼓励金融机构运用信贷手段,支持民办教育事业的发展。

第五十条 人民政府委托民办学校承担义务教育任务,应当按照委托协议拨付相应的教育经费。

第五十一条 新建、扩建非营利性民办学校,人民政府应当按照与公办学校同等原则,以划拨等方式给予用地优惠。新建、扩建营利性民办学校,人民政府应当按照国家规定供给土地。

教育用地不得用于其他用途。

第五十二条 国家采取措施,支持和鼓励社会组织和个人到少数民族地区、边远贫困地区举办民办学校,发展教育事业。

第八章 变更与终止

第五十三条 民办学校的分立、合并,在进行财务清算后,由学校理事会或者董事会报审批机关批准。

申请分立、合并民办学校的,审批机关应当自受理之日起三个月内以书面形式答复;其中申请分立、合并民办高等学校的,审批机关也可以自受理之日起六个月内以书面形式答复。

第五十四条 民办学校举办者的变更,须由举办者提出,在进行财务清算后,经学校理事会或者董事会同意,报审批机关核准。

第五十五条 民办学校名称、层次、类别的变更,由学校理事会或者董事会报审批机关批准。

申请变更为其他民办学校,审批机关应当自受理之日起三个月内以书面形式答复;其中申请变更为民办高等学校的,审批机关也可以自受理之日起六个月内以书面形式答复。

第五十六条 民办学校有下列情形之一的,应当终止:

(一)根据学校章程规定要求终止,并经审批机关批准的;

(二)被吊销办学许可证的;

(三)因资不抵债无法继续办学的。

第五十七条 民办学校终止时,应当妥善安置在校学生。实施义务教育的民办学校终止时，审批机关应当协助学校安排学生继续就学。

第五十八条 民办学校终止时，应当依法进行财务清算。

民办学校自己要求终止的，由民办学校组织清算；被审批机关依法撤销的，由审批机关组织清算；因资不抵债无法继续办学而被终止的，由人民法院组织清算。

第五十九条 对民办学校的财产按照下列顺序清偿：

（一）应退受教育者学费、杂费和其他费用；

（二）应发教职工的工资及应缴纳的社会保险费用；

（三）偿还其他债务。

非营利性民办学校清偿上述债务后的剩余财产继续用于其他非营利性学校办学；营利性民办学校清偿上述债务后的剩余财产，依照公司法的有关规定处理。

第六十条 终止的民办学校，由审批机关收回办学许可证和销毁印章，并注销登记。

第九章　法律责任

第六十一条 民办学校在教育活动中违反教育法、教师法规定的，依照教育法、教师法的有关规定给予处罚。

第六十二条 民办学校有下列行为之一的，由县级以上人民政府教育行政部门、人力资源社会保障行政部门或者其他有关部门责令限期改正，并予以警告；有违法所得的，退还所收费用后没收违法所得；情节严重的，责令停止招生、吊销办学许可证；构成犯罪的，依法追究刑事责任：

（一）擅自分立、合并民办学校的；

（二）擅自改变民办学校名称、层次、类别和举办者的；

（三）发布虚假招生简章或者广告，骗取钱财的；

（四）非法颁发或者伪造学历证书、结业证书、培训证书、职业资格证书的；

（五）管理混乱严重影响教育教学，产生恶劣社会影响的；

（六）提交虚假证明文件或者采取其他欺诈手段隐瞒重要事实骗取办学许可证的；

（七）伪造、变造、买卖、出租、出借办学许可证的；

（八）恶意终止办学、抽逃资金或者挪用办学经费的。

第六十三条 县级以上人民政府教育行政部门、人力资源社会保障行政部门或者其他有关部门有下列行为之一的，由上级机关责令其改正；情节严重的，对直接负责的主管人员和其他直接责任人员，依法给予处分；造成经济损失的，依法承担赔偿责任；构成犯罪的，依法追究刑事责任：

（一）已受理设立申请，逾期不予答复的；

（二）批准不符合本法规定条件申请的；

（三）疏于管理，造成严重后果的；

（四）违反国家有关规定收取费用的；

（五）侵犯民办学校合法权益的；

（六）其他滥用职权、徇私舞弊的。

第六十四条 违反国家有关规定擅自举办民办学校的，由所在地县级以上地方人民政府教育行政部门或者人力资源社会保障行政部门会同同级公安、民政或者工商行政管理等有关部门责令停止办学、退还所收费用，并对举办者处违法所得一倍以上五倍以下罚款；构成违反治安管理行为的，由公安机关依法给予治安管理处罚；构成犯罪的，依法追究刑事责任。

第十章 附 则

第六十五条 本法所称的民办学校包括依法举办的其他民办教育机构。

本法所称的校长包括其他民办教育机构的主要行政负责人。

第六十六条 境外的组织和个人在中国境内合作办学的办法，由国务院规定。

第六十七条 本法自2003年9月1日起施行。1997年7月31日国务院颁布的《社会力量办学条例》同时废止。

中华人民共和国未成年人保护法

（1991年9月4日第七届全国人民代表大会常务委员会第二十一次会议通过 2006年12月29日第十届全国人民代表大会常务委员会第二十五次会议修订 2006年12月29日中华人民共和国主席令第六十号公布 自2007年6月1日起施行）

第一章 总 则

第一条 为了保护未成年人的身心健康，保障未成年人的合法权益，促进未成年人在品德、智力、体质等方面全面发展，培养有理想、有道德、有文化、有纪律的社会主义建设者和接班人，根据宪法，制定本法。

第二条 本法所称未成年人是指未满十八周岁的公民。

第三条 未成年人享有生存权、发展权、受保护权、参与权等权利，国家根据未成年人身心发展特点给予特殊、优先保护，保障未成年人的合法权益不受侵犯。

未成年人享有受教育权，国家、社会、学校和家庭尊重和保障未成年人的受教育权。

未成年人不分性别、民族、种族、家庭财产状况、宗教信仰等，依法平等地享有权利。

第四条 国家、社会、学校和家庭对未成年人进行理想教育、道德教育、文化教育、纪律和法制教育，进行爱国主义、集体主义和社会主义的教育，提倡爱祖国、爱人民、爱劳动、爱科学、爱社会主义的公德，反对资本主义的、封建主义的和其他的腐朽思想的侵蚀。

第五条 保护未成年人的工作，应当遵循下列原则：

（一）尊重未成年人的人格尊严；

（二）适应未成年人身心发展的规律和特点；

（三）教育与保护相结合。

第六条 保护未成年人，是国家机关、武装力量、政党、社会团体、企业事业组织、城乡基层群众性自治组织、未成年人的监护人和其他成年公民的共同责任。

对侵犯未成年人合法权益的行为，任何组织和个人都有权予以劝阻、制止或者向有关部门提出检举或者控告。

国家、社会、学校和家庭应当教育和帮助未成年人维护自己的合法权益，增强自我保护的意识和能力，增强社会责任感。

第七条 中央和地方各级国家机关应当在各自的职责范围内做好未成年人保护工作。

国务院和地方各级人民政府领导有关部门做好未成年人保护工作；将未成年人保护工作纳入国民经济和社会发展规划以及年度计划，相关经费纳入本级政府预算。

国务院和省、自治区、直辖市人民政府采取组织措施，协调有关部门做好未成年人保护工作。具体机构由国务院和省、自治区、直辖市人民政府规定。

第八条 共产主义青年团、妇女联合会、工会、青年联合会、学生联合会、少年先锋队以及其他有关社会团体，协助各级人民政府做好未成年人保护工作，维护未成年人的合法权益。

第九条 各级人民政府和有关部门对保护未成年人有显著成绩的组织和个人，给予表彰和奖励。

第二章 家庭保护

第十条 父母或者其他监护人应当创造良好、和睦的家庭环境，依法履行对未成年人的监护职责和抚养义务。

禁止对未成年人实施家庭暴力，禁止虐待、遗弃未成年人，禁止溺婴和其他残害婴儿的行为，不得歧视女性未成年人或者有残疾的未成年人。

第十一条 父母或者其他监护人应当关注未成年人的生理、心理状况和行为习惯，以健康的思想、良好的品行和适当的方法教育和影响未成年人，引导未成年人进行有益身心健康的活动，预防和制止未成年人吸烟、酗酒、流浪、沉迷网络以及赌博、吸毒、卖淫等行为。

第十二条 父母或者其他监护人应当学习家庭教育知识，正确履行监护职责，抚养教育未成年人。

有关国家机关和社会组织应当为未成年人的父母或者其他监护人提供家庭教育指导。

第十三条 父母或者其他监护人应当尊重未成年人受教育的权利，必须使适龄未成年人依法入学接受并完成义务教育，不得使接受义务教育的未成年人辍学。

第十四条 父母或者其他监护人应当根据未成年人的年龄和智力发展状况，在作出与未成年人权益有关的决定时告知其本人，并听取他们的意见。

第十五条 父母或者其他监护人不得允许或者迫使未成年人结婚，不得为未成年人订立婚约。

第十六条 父母因外出务工或者其他原因不能履行对未成年人监护职责的，应当委托有监护能力的其他成年人代为监护。

第三章 学校保护

第十七条 学校应当全面贯彻国家的教育方针，实施素质教育，提高教育质量，注重培养未成年学生独立思考能力、创新能力和实践能力，促进未成年学生全面发展。

第十八条 学校应当尊重未成年学生受教育的权利，关心、爱护学生，对品行有缺点、学习有困难的学生，应当耐心教育、帮助，不得歧视，不得违反法律和国家规定开除未成年学生。

第十九条 学校应当根据未成年学生身心发展的特点，对他们进行社会生活指导、心理健康辅导和青春期教育。

第二十条 学校应当与未成年学生的父母或者其他监护人互相配合，保证未成年学生的睡眠、娱乐和体育锻炼时间，不得加重其学习负担。

第二十一条 学校、幼儿园、托儿所的教职员工应当尊重未成年人的人格尊严，不得对未成年人实施体罚、变相体罚或者其他侮辱人格尊严的行为。

第二十二条 学校、幼儿园、托儿所应当建立安全制度，加强对未成年人的安全教育，采取措施保障未成年人的人身安全。

学校、幼儿园、托儿所不得在危及未成年人人身安全、健康的校舍和其他设施、场所中进行教育教学活动。

学校、幼儿园安排未成年人参加集会、文化娱乐、社会实践等集体活动，应当有利于未成年人的健康成长，防止发生人身安全事故。

第二十三条 教育行政等部门和学校、幼儿园、托儿所应当根据需要，制定应对各种灾害、传染性疾病、食物中毒、意外伤害等突发事件的预案，配备相应设施并进行必要的演练，增强未成年人的自我保护意识和能力。

第二十四条 学校对未成年学生在校内或者本校组织的校外活动中发生人身伤害事故的，应当及时救护，妥善处理，并及时向有关主管部门报告。

第二十五条 对于在学校接受教育的有严重不良行为的未成年学生，学校和父母或者其他监护人应当互相配合加以管教；无力管教或者管教无效的，可以按照有关规定将其送专门学校继续接受教育。

依法设置专门学校的地方人民政府应当保障专门学校的办学条件，教育行政部门应当加强对专门学校的管理和指导，有关部门应当给予协助和配合。

专门学校应当对在校就读的未成年学生进行思想教育、文化教育、纪律和法制教育、劳动技术教育和职业教育。

专门学校的教职员工应当关心、爱护、尊重学生，不得歧视、厌弃。

第二十六条 幼儿园应当做好保育、教育工作，促进幼儿在体质、智力、品德等方面和谐发展。

第四章 社会保护

第二十七条 全社会应当树立尊重、保护、教育未成年人的良好风尚，关心、爱护未成年人。

国家鼓励社会团体、企业事业组织以及其他组织和个人，开展多种形式的有利于未成年人健康成长的社会活动。

第二十八条 各级人民政府应当保障未成年人受教育的权利，并采取措施保障家庭经济困难的、残疾的和流动人口中的未成年人等接受义务教育。

第二十九条 各级人民政府应当建立和改善适合未成年人文化生活需要的活动场所和设施，鼓励社会力量兴办适合未成年人的活动场所，并加强管理。

第三十条 爱国主义教育基地、图书馆、青少年宫、儿童活动中心应当对未成年人免费开放；博物馆、纪念馆、科技馆、展览馆、美术馆、文化馆以及影剧院、体育场馆、动物园、公园等场所，应当按照有关规定对未成年人免费或者优惠开放。

第三十一条 县级以上人民政府及其教育行政部门应当采取措施，鼓励和支持中小学校在节假日期间将文化体育设施对未成年人免费或者优惠开放。

社区中的公益性互联网上网服务设施，应当对未成年人免费或者优惠开放，为未成年人提供安全、健康的上网服务。

第三十二条 国家鼓励新闻、出版、信息产业、广播、电影、电视、文艺等单位和作家、艺术家、科学家以及其他公民，创作或者提供有利于未成年人健康成长的作品。出版、制作和传播专门以未成年人为对象的内容健康的图书、报刊、音像制品、电子出版物以及网络信息等，国家给予扶持。

国家鼓励科研机构和科技团体对未成年人开展科学知识普及活动。

第三十三条 国家采取措施，预防未成年人沉迷网络。

国家鼓励研究开发有利于未成年人健康成长的网络产品，推广用于阻止未成年人沉迷网络的新技术。

第三十四条 禁止任何组织、个人制作或者向未成年人出售、出租或者以其他方式传播淫秽、暴力、凶杀、恐怖、赌博等毒害未成年人的图书、报刊、音像制品、电子出版物以及网络信息等。

第三十五条 生产、销售用于未成年人的食品、药品、玩具、用具和游乐设施等，应当符合国家标准或者行业标准，不得有害于未成年人的安全和健康；需要标明注意事项的，应当在显著位置标明。

第三十六条 中小学校园周边不得设置营业性歌舞娱乐场所、互联网上网服务营业场所等不适宜未成年人活动的场所。

营业性歌舞娱乐场所、互联网上网服务营业场所等不适宜未成年人活动的场所，不得允许未成年人进入，经营者应当在显著位置设置未成年人禁入标志；对难以判明是否已成年的，应当要求其出示身份证件。

第三十七条 禁止向未成年人出售烟酒，经营者应当在显著位置设置不向未成年人出售烟酒的标志；对难以判明是否已成年的，应当要求其出示身份证件。

任何人不得在中小学校、幼儿园、托儿所的教室、寝室、活动室和其他未成年人集中活动的场所吸烟、饮酒。

第三十八条 任何组织或者个人不得招用未满十六周岁的未成年人，国家另有规定的除外。

任何组织或者个人按照国家有关规定招用已满十六周岁未满十八周岁的未成年人的，应当执行国家在工种、劳动时间、劳动强度和保护措施等方面的规定，不得安排其从事过重、有毒、有害等危害未成年人身心健康的劳动或者危险作业。

第三十九条 任何组织或者个人不得披露未成年人的个人隐私。

对未成年人的信件、日记、电子邮件，任何组织或者个人不得隐匿、毁弃；除因追查犯罪的需要，由公安机关或者人民检察院依法进行检查，或者对无行为能力的未成年人的信件、日记、电子邮件由其父母或者其他监护人代为开拆、查阅外，任何组织或者个人不得开拆、查阅。

第四十条 学校、幼儿园、托儿所和公共场所发生突发事件时，应当优先救护未成年人。

第四十一条 禁止拐卖、绑架、虐待未成年人，禁止对未成年人实施性侵害。

禁止胁迫、诱骗、利用未成年人乞讨或者组织未成年人进行有害其身心健康的表演等活动。

第四十二条 公安机关应当采取有力措施，依法维护校园周边的治安和交通秩序，预防和制止侵害未成年人合法权益的违法犯罪行为。

任何组织或者个人不得扰乱教学秩序，不得侵占、破坏学校、幼儿园、托儿所的场地、房屋和设施。

第四十三条 县级以上人民政府及其民政部门应当根据需要设立救助场所，对流浪乞讨等生活无着未成年人实施救助，承担临时监护责任；公安部门或者其他有关部门应当护送流浪乞讨或者离家出走的未成年人到救助场所，由救助场所予以救助和妥善照顾，并及时通知其父母或者其他监护人领回。

对孤儿、无法查明其父母或者其他监护人的以及其他生活无着的未成年人，由民政部门设立的儿童福利机构收留抚养。

未成年人救助机构、儿童福利机构及其工作人员应当依法履行职责，不得虐待、歧视未成年人；不得在办理收留抚养工作中牟取利益。

第四十四条 卫生部门和学校应当对未成年人进行卫生保健和营养指导，提供必要的卫生保健条件，做好疾病预防工作。

卫生部门应当做好对儿童的预防接种工作，国家免疫规划项目的预防接种实行免费；积极防治儿童常见病、多发病，加强对传染病防治工作的监督管理，加强对幼儿园、托儿所卫生保健的业务指导和监督检查。

第四十五条 地方各级人民政府应当积极发展托幼事业，办好托儿所、幼儿园，支持社会组织和个人依法兴办哺乳室、托儿所、幼儿园。

各级人民政府和有关部门应当采取多种形式，培养和训练幼儿园、托儿所的保教人员，提高其职业道德素质和业务能力。

第四十六条 国家依法保护未成年人的智力成果和荣誉权不受侵犯。

第四十七条 未成年人已经完成规定年限的义务教育不再升学的，政府有关部门和社会团体、企业事业组织应当根据实际情况，对他们进行职业教育，为他们创造劳动就业条件。

第四十八条 居民委员会、村民委员会应当协助有关部门教育和挽救违法犯罪的未成年人,预防和制止侵害未成年人合法权益的违法犯罪行为。

第四十九条 未成年人的合法权益受到侵害的,被侵害人及其监护人或者其他组织和个人有权向有关部门投诉,有关部门应当依法及时处理。

第五章 司法保护

第五十条 公安机关、人民检察院、人民法院以及司法行政部门,应当依法履行职责,在司法活动中保护未成年人的合法权益。

第五十一条 未成年人的合法权益受到侵害,依法向人民法院提起诉讼的,人民法院应当依法及时审理,并适应未成年人生理、心理特点和健康成长的需要,保障未成年人的合法权益。

在司法活动中对需要法律援助或者司法救助的未成年人,法律援助机构或者人民法院应当给予帮助,依法为其提供法律援助或者司法救助。

第五十二条 人民法院审理继承案件,应当依法保护未成年人的继承权和受遗赠权。

人民法院审理离婚案件,涉及未成年子女抚养问题的,应当听取有表达意愿能力的未成年子女的意见,根据保障子女权益的原则和双方具体情况依法处理。

第五十三条 父母或者其他监护人不履行监护职责或者侵害被监护的未成年人的合法权益,经教育不改的,人民法院可以根据有关人员或者有关单位的申请,撤销其监护人的资格,依法另行指定监护人。被撤销监护资格的父母应当依法继续负担抚养费用。

第五十四条 对违法犯罪的未成年人,实行教育、感化、挽救的方针,坚持教育为主、惩罚为辅的原则。

对违法犯罪的未成年人,应当依法从轻、减轻或者免除处罚。

第五十五条 公安机关、人民检察院、人民法院办理未成年人犯罪案件和涉及未成年人权益保护案件,应当照顾未成年人身心发展特点,尊重他们的人格尊严,保障他们的合法权益,并根据需要设立专门机构或者指定专人办理。

第五十六条 公安机关、人民检察院讯问未成年犯罪嫌疑人,询问未成年证人、被害人，应当通知监护人到场。

公安机关、人民检察院、人民法院办理未成年人遭受性侵害的刑事案件，应当保护被害人的名誉。

第五十七条 对羁押、服刑的未成年人，应当与成年人分别关押。

羁押、服刑的未成年人没有完成义务教育的，应当对其进行义务教育。

解除羁押、服刑期满的未成年人的复学、升学、就业不受歧视。

第五十八条 对未成年人犯罪案件，新闻报道、影视节目、公开出版物、网络等不得披露该未成年人的姓名、住所、照片、图像以及可能推断出该未成年人的资料。

第五十九条 对未成年人严重不良行为的矫治与犯罪行为的预防，依照预防未成年人犯罪法的规定执行。

第六章　法律责任

第六十条 违反本法规定，侵害未成年人的合法权益，其他法律、法规已规定行政处罚的，从其规定；造成人身财产损失或者其他损害的，依法承担民事责任；构成犯罪的，依法追究刑事责任。

第六十一条 国家机关及其工作人员不依法履行保护未成年人合法权益的责任，或者侵害未成年人合法权益，或者对提出申诉、控告、检举的人进行打击报复的，由其所在单位或者上级机关责令改正，对直接负责的主管人员和其他直接责任人员依法给予行政处分。

第六十二条 父母或者其他监护人不依法履行监护职责，或者侵害未成年人合法权益的，由其所在单位或者居民委员会、村民委员会予以劝诫、制止；构成违反治安管理行为的，由公安机关依法给予行政处罚。

第六十三条 学校、幼儿园、托儿所侵害未成年人合法权益的，由教育行政部门或者其他有关部门责令改正；情节严重的，对直接负责的主管人员和其他直接责任人员依法给予处分。

学校、幼儿园、托儿所教职员工对未成年人实施体罚、变相体罚或者其他侮辱人格行为的，由其所在单位或者上级机关责令改正；情节严重的，依法给予处分。

第六十四条 制作或者向未成年人出售、出租或者以其他方式传播淫秽、暴力、凶杀、恐怖、赌博等图书、报刊、音像制品、电子出版物以及网络信息等的,由主管部门责令改正,依法给予行政处罚。

第六十五条 生产、销售用于未成年人的食品、药品、玩具、用具和游乐设施不符合国家标准或者行业标准,或者没有在显著位置标明注意事项的,由主管部门责令改正,依法给予行政处罚。

第六十六条 在中小学校园周边设置营业性歌舞娱乐场所、互联网上网服务营业场所等不适宜未成年人活动的场所的,由主管部门予以关闭,依法给予行政处罚。

营业性歌舞娱乐场所、互联网上网服务营业场所等不适宜未成年人活动的场所允许未成年人进入,或者没有在显著位置设置未成年人禁入标志的,由主管部门责令改正,依法给予行政处罚。

第六十七条 向未成年人出售烟酒,或者没有在显著位置设置不向未成年人出售烟酒标志的,由主管部门责令改正,依法给予行政处罚。

第六十八条 非法招用未满十六周岁的未成年人,或者招用已满十六周岁的未成年人从事过重、有毒、有害等危害未成年人身心健康的劳动或者危险作业的,由劳动保障部门责令改正,处以罚款;情节严重的,由工商行政管理部门吊销营业执照。

第六十九条 侵犯未成年人隐私,构成违反治安管理行为的,由公安机关依法给予行政处罚。

第七十条 未成年人救助机构、儿童福利机构及其工作人员不依法履行对未成年人的救助保护职责,或者虐待、歧视未成年人,或者在办理收留抚养工作中牟取利益的,由主管部门责令改正,依法给予行政处分。

第七十一条 胁迫、诱骗、利用未成年人乞讨或者组织未成年人进行有害其身心健康的表演等活动的,由公安机关依法给予行政处罚。

第七章 附 则

第七十二条 本法自2007年6月1日起施行。

中华人民共和国母婴保健法

(1994年10月27日第八届全国人民代表大会常务委员会第十次会议通过 根据2009年8月27日第十一届全国人民代表大会常务委员会第十次会议《关于修改部分法律的决定》第一次修正 根据2017年11月4日第十二届《全国人民代表大会常务委员会第三十次会议关于修改〈中华人民共和国会计法〉等十一部法律的决定》第二次修正)

第一章 总 则

第一条 为了保障母亲和婴儿健康,提高出生人口素质,根据宪法,制定本法。

第二条 国家发展母婴保健事业,提供必要条件和物质帮助,使母亲和婴儿获得医疗保健服务。

国家对边远贫困地区的母婴保健事业给予扶持。

第三条 各级人民政府领导母婴保健工作。

母婴保健事业应当纳入国民经济和社会发展计划。

第四条 国务院卫生行政部门主管全国母婴保健工作,根据不同地区情况提出分级分类指导原则,并对全国母婴保健工作实施监督管理。

国务院其他有关部门在各自职责范围内,配合卫生行政部门做好母婴保健工作。

第五条 国家鼓励、支持母婴保健领域的教育和科学研究,推广先进、实用的母婴保健技术,普及母婴保健科学知识。

第六条 对在母婴保健工作中做出显著成绩和在母婴保健科学研究中取得显著成果的组织和个人,应当给予奖励。

第二章 婚前保健

第七条 医疗保健机构应当为公民提供婚前保健服务。

婚前保健服务包括下列内容：

（一）婚前卫生指导：关于性卫生知识、生育知识和遗传病知识的教育；

（二）婚前卫生咨询：对有关婚配、生育保健等问题提供医学意见；

（三）婚前医学检查：对准备结婚的男女双方可能患影响结婚和生育的疾病进行医学检查。

第八条 婚前医学检查包括对下列疾病的检查：

（一）严重遗传性疾病；

（二）指定传染病；

（三）有关精神病。

经婚前医学检查，医疗保健机构应当出具婚前医学检查证明。

第九条 经婚前医学检查，对患指定传染病在传染期内或者有关精神病在发病期内的，医师应当提出医学意见；准备结婚的男女双方应当暂缓结婚。

第十条 经婚前医学检查，对诊断患医学上认为不宜生育的严重遗传性疾病的，医师应当向男女双方说明情况，提出医学意见；经男女双方同意，采取长效避孕措施或者施行结扎手术后不生育的，可以结婚。但《中华人民共和国婚姻法》规定禁止结婚的除外。

第十一条 接受婚前医学检查的人员对检查结果持有异议的，可以申请医学技术鉴定，取得医学鉴定证明。

第十二条 男女双方在结婚登记时，应当持有婚前医学检查证明或者医学鉴定证明。

第十三条 省、自治区、直辖市人民政府根据本地区的实际情况，制定婚前医学检查制度实施办法。

省、自治区、直辖市人民政府对婚前医学检查应当规定合理的收费标准，对边远贫困地区或者交费确有困难的人员应当给予减免。

第三章 孕产期保健

第十四条 医疗保健机构应当为育龄妇女和孕产妇提供孕产期保健服务。

孕产期保健服务包括下列内容：

（一）母婴保健指导：对孕育健康后代以及严重遗传性疾病和碘缺乏病等地方病的发病原因、治疗和预防方法提供医学意见；

（二）孕妇、产妇保健：为孕妇、产妇提供卫生、营养、心理等方面的咨询和指导以及产前定期检查等医疗保健服务；

（三）胎儿保健：为胎儿生长发育进行监护，提供咨询和医学指导；

（四）新生儿保健：为新生儿生长发育、哺乳和护理提供医疗保健服务。

第十五条 对患严重疾病或者接触致畸物质，妊娠可能危及孕妇生命安全或者可能严重影响孕妇健康和胎儿正常发育的，医疗保健机构应当予以医学指导。

第十六条 医师发现或者怀疑患严重遗传性疾病的育龄夫妻，应当提出医学意见。育龄夫妻应当根据医师的医学意见采取相应的措施。

第十七条 经产前检查，医师发现或者怀疑胎儿异常的，应当对孕妇进行产前诊断。

第十八条 经产前诊断，有下列情形之一的，医师应当向夫妻双方说明情况，并提出终止妊娠的医学意见：

（一）胎儿患严重遗传性疾病的；

（二）胎儿有严重缺陷的；

（三）因患严重疾病，继续妊娠可能危及孕妇生命安全或者严重危害孕妇健康的。

第十九条 依照本法规定施行终止妊娠或者结扎手术，应当经本人同意，并签署意见。本人无行为能力的，应当经其监护人同意，并签署意见。

依照本法规定施行终止妊娠或者结扎手术的，接受免费服务。

第二十条 生育过严重缺陷患儿的妇女再次妊娠前，夫妻双方应当到县级以上医疗保健机构接受医学检查。

第二十一条 医师和助产人员应当严格遵守有关操作规程，提高助产技术和服务质量，预防和减少产伤。

第二十二条 不能住院分娩的孕妇应当由经过培训、具备相应接生能力的接生人员实行消毒接生。

第二十三条 医疗保健机构和从事家庭接生的人员按照国务院卫生行政部门的规定，出具统一制发的新生儿出生医学证明；有产妇和婴儿死亡以及新生儿出生缺陷情况的，应当向卫生行政部门报告。

第二十四条 医疗保健机构为产妇提供科学育儿、合理营养和母乳喂养的指导。

医疗保健机构对婴儿进行体格检查和预防接种，逐步开展新生儿疾病筛查、婴儿多发病和常见病防治等医疗保健服务。

第四章　技术鉴定

第二十五条 县级以上地方人民政府可以设立医学技术鉴定组织，负责对婚前医学检查、遗传病诊断和产前诊断结果有异议的进行医学技术鉴定。

第二十六条 从事医学技术鉴定的人员，必须具有临床经验和医学遗传学知识，并具有主治医师以上的专业技术职务。

医学技术鉴定组织的组成人员，由卫生行政部门提名，同级人民政府聘任。

第二十七条 医学技术鉴定实行回避制度。凡与当事人有利害关系，可能影响公正鉴定的人员，应当回避。

第五章　行政管理

第二十八条 各级人民政府应当采取措施，加强母婴保健工作，提高医疗保健服务水平，积极防治由环境因素所致严重危害母亲和婴儿健康的地方性高发性疾病，促进母婴保健事业的发展。

第二十九条 县级以上地方人民政府卫生行政部门管理本行政区域内的母

婴保健工作。

第三十条　省、自治区、直辖市人民政府卫生行政部门指定的医疗保健机构负责本行政区域内的母婴保健监测和技术指导。

第三十一条　医疗保健机构按照国务院卫生行政部门的规定，负责其职责范围内的母婴保健工作，建立医疗保健工作规范，提高医学技术水平，采取各种措施方便人民群众，做好母婴保健服务工作。

第三十二条　医疗保健机构依照本法规定开展婚前医学检查、遗传病诊断、产前诊断以及施行结扎手术和终止妊娠手术的，必须符合国务院卫生行政部门规定的条件和技术标准，并经县级以上地方人民政府卫生行政部门许可。

严禁采用技术手段对胎儿进行性别鉴定，但医学上确有需要的除外。

第三十三条　从事本法规定的遗传病诊断、产前诊断的人员，必须经过省、自治区、直辖市人民政府卫生行政部门的考核，并取得相应的合格证书。

从事本法规定的婚前医学检查、施行结扎手术和终止妊娠手术的人员，必须经过县级以上地方人民政府卫生行政部门的考核，并取得相应的合格证书。

第三十四条　从事母婴保健工作的人员应当严格遵守职业道德，为当事人保守秘密。

第六章　法律责任

第三十五条　未取得国家颁发的有关合格证书的，有下列行为之一，县级以上地方人民政府卫生行政部门应当予以制止，并可以根据情节给予警告或者处以罚款：

（一）从事婚前医学检查、遗传病诊断、产前诊断或者医学技术鉴定的；

（二）施行终止妊娠手术的；

（三）出具本法规定的有关医学证明的。

上款第（三）项出具的有关医学证明无效。

第三十六条　未取得国家颁发的有关合格证书，施行终止妊娠手术或者采取其他方法终止妊娠，致人死亡、残疾、丧失或者基本丧失劳动能力的，依照刑法有关规定追究刑事责任。

第三十七条 从事母婴保健工作的人员违反本法规定，出具有关虚假医学证明或者进行胎儿性别鉴定的，由医疗保健机构或者卫生行政部门根据情节给予行政处分；情节严重的，依法取消执业资格。

第七章 附 则

第三十八条 本法下列用语的含义：

指定传染病，是指《中华人民共和国传染病防治法》中规定的艾滋病、淋病、梅毒、麻风病以及医学上认为影响结婚和生育的其他传染病。

严重遗传性疾病，是指由于遗传因素先天形成，患者全部或者部分丧失自主生活能力，后代再现风险高，医学上认为不宜生育的遗传性疾病。

有关精神病，是指精神分裂症、躁狂抑郁型精神病以及其他重型精神病。

产前诊断，是指对胎儿进行先天性缺陷和遗传性疾病的诊断。

第三十九条 本法自1995年6月1日起施行。

中华人民共和国民办教育促进法实施条例

（国务院令第399号 2004年3月5日颁布）

第一章 总 则

第一条 根据《中华人民共和国民办教育促进法》（以下简称民办教育促进法），制定本条例。

第二条 国家机构以外的社会组织或者个人可以利用非国家财政性经费举办各级各类民办学校；但是，不得举办实施军事、警察、政治等特殊性质教育的民办学校。

民办教育促进法和本条例所称国家财政性经费，是指财政拨款、依法取得并应当上缴国库或者财政专户的财政性资金。

第三条 对于捐资举办民办学校表现突出或者为发展民办教育事业做出其他突出贡献的社会组织或者个人，县级以上人民政府给予奖励和表彰。

第二章 民办学校的举办者

第四条 国家机构以外的社会组织或者个人可以单独或者联合举办民办学校。联合举办民办学校的，应当签订联合办学协议，明确办学宗旨、培养目标以及各方的出资数额、方式和权利、义务等。

第五条 民办学校的举办者可以用资金、实物、土地使用权、知识产权以及其他财产作为办学出资。

国家的资助、向学生收取的费用和民办学校的借款、接受的捐赠财产，不属于民办学校举办者的出资。

第六条 公办学校参与举办民办学校，不得利用国家财政性经费，不得影响公办学校正常的教育教学活动，并应当经主管的教育行政部门或者劳动和社会保障行政部门按照国家规定的条件批准。公办学校参与举办的民办学校应当具有独立的法人资格，具有与公办学校相分离的校园和基本教育教学设施，实行独立的财务会计制度，独立招生，独立颁发学业证书。

参与举办民办学校的公办学校依法享有举办者权益，依法履行国有资产的管理义务，防止国有资产流失。

实施义务教育的公办学校不得转为民办学校。

第七条 举办者以国有资产参与举办民办学校的，应当根据国家有关国有资产监督管理的规定，聘请具有评估资格的中介机构依法进行评估，根据评估结果合理确定出资额，并报对该国有资产负有监管职责的机构备案。

第八条 民办学校的举办者应当按时、足额履行出资义务。民办学校存续期间，举办者不得抽逃出资，不得挪用办学经费。

民办学校的举办者不得向学生、学生家长筹集资金举办民办学校，不得向社会公开募集资金举办民办学校。

第九条 民办学校的举办者应当依照民办教育促进法和本条例的规定制定学校章程，推选民办学校的首届理事会、董事会或者其他形式决策机构的组成人员。

民办学校的举办者参加学校理事会、董事会或者其他形式决策机构的，应当依据学校章程规定的权限与程序，参与学校的办学和管理活动。

第十条 实施国家认可的教育考试、职业资格考试和技术等级考试等考试的机构，不得举办与其所实施的考试相关的民办学校。

第三章 民办学校的设立

第十一条 设立民办学校的审批权限，依照有关法律、法规的规定执行。

第十二条 民办学校的举办者在获得筹设批准书之日起3年内完成筹设的，可以提出正式设立申请。

第十三条 申请正式设立实施学历教育的民办学校的，审批机关受理申请后，应当组织专家委员会评议，由专家委员会提出咨询意见。

第十四条 民办学校的章程应当规定下列主要事项：

（一）学校的名称、地址；

（二）办学宗旨、规模、层次、形式等；

（三）学校资产的数额、来源、性质等；

（四）理事会、董事会或者其他形式决策机构的产生方法、人员构成、任期、议事规则等；

（五）学校的法定代表人；

（六）出资人是否要求取得合理回报；

（七）学校自行终止的事由；

（八）章程修改程序。

第十五条 民办学校只能使用一个名称。

民办学校的名称应当符合有关法律、行政法规的规定，不得损害社会公共利益。

第十六条 申请正式设立民办学校有下列情形之一的，审批机关不予批准，并书面说明理由：

（一）举办民办学校的社会组织或者个人不符合法律、行政法规规定的条件，或者实施义务教育的公办学校转为民办学校的；

（二）向学生、学生家长筹集资金举办民办学校或者向社会公开募集资金举办民办学校的；

（三）不具备相应的办学条件、未达到相应的设置标准的；

（四）学校章程不符合本条例规定要求，经告知仍不修改的；

（五）学校理事会、董事会或者其他形式决策机构的人员构成不符合法定要求，或者学校校长、教师、财会人员不具备法定资格，经告知仍不改正的。

第十七条 对批准正式设立的民办学校，审批机关应当颁发办学许可证，并将批准正式设立的民办学校及其章程向社会公告。

民办学校的办学许可证由国务院教育行政部门制定式样，由国务院教育行政部门、劳动和社会保障行政部门按照职责分工分别组织印制。

第十八条 民办学校依照有关法律、行政法规的规定申请登记时，应当向登记机关提交下列材料：

（一）登记申请书；

（二）办学许可证；

（三）拟任法定代表人的身份证明；

（四）学校章程。

登记机关应当自收到前款规定的申请材料之日起5个工作日内完成登记程序。

第四章 民办学校的组织与活动

第十九条 民办学校理事会、董事会或者其他形式决策机构的负责人应当品行良好，具有政治权利和完全民事行为能力。

国家机关工作人员不得担任民办学校理事会、董事会或者其他形式决策机构的成员。

第二十条 民办学校的理事会、董事会或者其他形式决策机构，每年至少召开一次会议。经1/3以上组成人员提议，可以召开理事会、董事会或者其他形式决策机构临时会议。

民办学校的理事会、董事会或者其他形式决策机构讨论下列重大事项，应当经2/3以上组成人员同意方可通过：

（一）聘任、解聘校长；

（二）修改学校章程；

（三）制定发展规划；

（四）审核预算、决算；

（五）决定学校的分立、合并、终止；

（六）学校章程规定的其他重大事项。

民办学校修改章程应当报审批机关备案，由审批机关向社会公告。

第二十一条 民办学校校长依法独立行使教育教学和行政管理职权。

民办学校内部组织机构的设置方案由校长提出，报理事会、董事会或者其他形式决策机构批准。

第二十二条 实施高等教育和中等职业技术学历教育的民办学校，可以按照办学宗旨和培养目标，自行设置专业、开设课程，自主选用教材。但是，民办学校应当将其所设置的专业、开设的课程、选用的教材报审批机关备案。

实施高级中等教育、义务教育的民办学校，可以自主开展教育教学活动。但是，该民办学校的教育教学活动应当达到国务院教育行政部门制定的课程标准，其所选用的教材应当依法审定。

实施学前教育的民办学校可以自主开展教育教学活动，但是，该民办学校不得违反有关法律、行政法规的规定。

实施以职业技能为主的职业资格培训、职业技能培训的民办学校，可以按照国家职业标准的要求开展培训活动。

第二十三条 民办学校聘任的教师应当具备《中华人民共和国教师法》和有关行政法规规定的教师资格和任职条件。

民办学校应当有一定数量的专职教师；其中，实施学历教育的民办学校聘任的专职教师数量应当不少于其教师总数的1/3。

第二十四条 民办学校自主聘任教师、职员。民办学校聘任教师、职员，应当签订聘任合同，明确双方的权利、义务等。

民办学校招用其他工作人员应当订立劳动合同。

民办学校聘任外籍人员，按照国家有关规定执行。

第二十五条 民办学校应当建立教师培训制度，为受聘教师接受相应的思想政治培训和业务培训提供条件。

第二十六条 民办学校应当按照招生简章或者招生广告的承诺，开设相应课程，开展教育教学活动，保证教育教学质量。

民办学校应当提供符合标准的校舍和教育教学设施、设备。

第二十七条 民办学校享有与同级同类公办学校同等的招生权，可以自主确定招生的范围、标准和方式；但是，招收接受高等学历教育的学生应当遵守国家有关规定。

县级以上地方人民政府教育行政部门、劳动和社会保障行政部门应当为外地的民办学校在本地招生提供平等待遇，不得实行地区封锁，不得滥收费用。

民办学校招收境外学生，按照国家有关规定执行。

第二十八条 民办学校应当依法建立学籍和教学管理制度，并报审批机关备案。

第二十九条 民办学校及其教师、职员、受教育者申请国家设立的有关科研项目、课题等，享有与公办学校及其教师、职员、受教育者同等的权利。

民办学校的受教育者在升学、就业、社会优待、参加先进评选、医疗保险等方面，享有与同级同类公办学校的受教育者同等的权利。

第三十条 实施高等学历教育的民办学校符合学位授予条件的，依照有关法律、行政法规的规定经审批同意后，可以获得相应的学位授予资格。

第三十一条 教育行政部门、劳动和社会保障行政部门和其他有关部门，组织有关的评奖评优、文艺体育活动和课题、项目招标，应当为民办学校及其教师、职员、受教育者提供同等的机会。

第三十二条 教育行政部门、劳动和社会保障行政部门应当加强对民办学校的日常监督，定期组织和委托社会中介组织评估民办学校办学水平和教育质量，并鼓励和支持民办学校开展教育教学研究工作，促进民办学校提高教育教学质量。

教育行政部门、劳动和社会保障行政部门对民办学校进行监督时，应当将监督的情况和处理结果予以记录，由监督人员签字后归档。公众有权查阅教育行政部门、劳动和社会保障行政部门的监督记录。

第三十三条 民办学校终止的，由审批机关收回办学许可证，通知登记机关，并予以公告。

第五章 民办学校的资产与财务管理

第三十四条 民办学校应当依照《中华人民共和国会计法》和国家统一的会计制度进行会计核算，编制财务会计报告。

第三十五条 民办学校对接受学历教育的受教育者收取费用的项目和标准，应当报价格主管部门批准并公示；对其他受教育者收取费用的项目和标准，应当报价格主管部门备案并公示。具体办法由国务院价格主管部门会同教育行政部门、劳动和社会保障行政部门制定。

第三十六条 民办学校资产中的国有资产的监督、管理，按照国家有关规定执行。

民办学校接受的捐赠财产的使用和管理，依照《中华人民共和国公益事业捐赠法》的有关规定执行。

第三十七条 在每个会计年度结束时，捐资举办的民办学校和出资人不要求取得合理回报的民办学校应当从年度净资产增加额中、出资人要求取得合理回报的民办学校应当从年度净收益中，按不低于年度净资产增加额或者净收益的25%的比例提取发展基金，用于学校的建设、维护和教学设备的添置、更新等。

第六章 扶持与奖励

第三十八条 捐资举办的民办学校和出资人不要求取得合理回报的民办学校，依法享受与公办学校同等的税收及其他优惠政策。

出资人要求取得合理回报的民办学校享受的税收优惠政策，由国务院财政部门、税务主管部门会同国务院有关行政部门制定。

民办学校应当依法办理税务登记，并在终止时依法办理注销税务登记手续。

第三十九条 民办学校可以设立基金接受捐赠财产，并依照有关法律、行政法规的规定接受监督。

民办学校可以依法以捐赠者的姓名、名称命名学校的校舍或者其他教育教学设施、生活设施。捐赠者对民办学校发展做出特殊贡献的，实施高等学历教育的民办学校经国务院教育行政部门按照国家规定的条件批准，其他民办学校经省、自治区、直辖市人民政府教育行政部门或者劳动和社会保障行政部门按照国家规定的条件批准，可以以捐赠者的姓名或者名称作为学校校名。

第四十条 在西部地区、边远贫困地区和少数民族地区举办的民办学校申请贷款用于学校自身发展的，享受国家相关的信贷优惠政策。

第四十一条 县级以上人民政府可以根据本行政区域的具体情况，设立民办教育发展专项资金。民办教育发展专项资金由财政部门负责管理，由教育行政部门或者劳动和社会保障行政部门报同级财政部门批准后使用。

第四十二条 县级人民政府根据本行政区域实施义务教育的需要，可以与民办学校签订协议，委托其承担部分义务教育任务。县级人民政府委托民办学校承担义务教育任务的，应当根据接受义务教育学生的数量和当地实施义务教育的公办学校的生均教育经费标准，拨付相应的教育经费。

受委托的民办学校向协议就读的学生收取的费用，不得高于当地同级同类公办学校的收费标准。

第四十三条 教育行政部门应当会同有关行政部门建立、完善有关制度，保证教师在公办学校和民办学校之间的合理流动。

第四十四条 出资人根据民办学校章程的规定要求取得合理回报的，可以在每个会计年度结束时，从民办学校的办学结余中按一定比例取得回报。

民办教育促进法和本条例所称办学结余，是指民办学校扣除办学成本等形成的年度净收益，扣除社会捐助、国家资助的资产，并依照本条例的规定预留发展基金以及按照国家有关规定提取其他必须的费用后的余额。

第四十五条 民办学校应当根据下列因素确定本校出资人从办学结余中取得回报的比例：

（一）收取费用的项目和标准；

（二）用于教育教学活动和改善办学条件的支出占收取费用的比例；

（三）办学水平和教育质量。

与同级同类其他民办学校相比较，收取费用高、用于教育教学活动和改善办学条件的支出占收取费用的比例低，并且办学水平和教育质量低的民办学校，其出资人从办学结余中取得回报的比例不得高于同级同类其他民办学校。

第四十六条 民办学校应当在确定出资人取得回报比例前,向社会公布与其办学水平和教育质量有关的材料和财务状况。

民办学校的理事会、董事会或者其他形式决策机构应当根据本条例第四十四条、第四十五条的规定作出出资人取得回报比例的决定。民办学校应当自该决定作出之日起15日内,将该决定和向社会公布的与其办学水平和教育质量有关的材料、财务状况报审批机关备案。

第四十七条 民办学校有下列情形之一的,出资人不得取得回报:

(一)发布虚假招生简章或者招生广告,骗取钱财的;

(二)擅自增加收取费用的项目、提高收取费用的标准,情节严重的;

(三)非法颁发或者伪造学历证书、职业资格证书的;

(四)骗取办学许可证或者伪造、变造、买卖、出租、出借办学许可证的;

(五)未依照《中华人民共和国会计法》和国家统一的会计制度进行会计核算、编制财务会计报告,财务、资产管理混乱的;

(六)违反国家税收征管法律、行政法规的规定,受到税务机关处罚的;

(七)校舍或者其他教育教学设施、设备存在重大安全隐患,未及时采取措施,致使发生重大伤亡事故的;

(八)教育教学质量低下,产生恶劣社会影响的。

出资人抽逃资金或者挪用办学经费的,不得取得回报。

第四十八条 除民办教育促进法和本条例规定的扶持与奖励措施外,省、自治区、直辖市人民政府还可以根据实际情况,制定本地区促进民办教育发展的扶持与奖励措施。

第七章 法律责任

第四十九条 有下列情形之一的,由审批机关没收出资人取得的回报,责令停止招生;情节严重的,吊销办学许可证;构成犯罪的,依法追究刑事责任:

(一)民办学校的章程未规定出资人要求取得合理回报,出资人擅自取得回报的;

（二）违反本条例第四十七条规定，不得取得回报而取得回报的；

（三）出资人不从办学结余而从民办学校的其他经费中提取回报的；

（四）不依照本条例的规定计算办学结余或者确定取得回报的比例的；

（五）出资人从办学结余中取得回报的比例过高，产生恶劣社会影响的。

第五十条 民办学校未依照本条例的规定将出资人取得回报比例的决定和向社会公布的与其办学水平和教育质量有关的材料、财务状况报审批机关备案，或者向审批机关备案的材料不真实的，由审批机关责令改正，并予以警告；有违法所得的，没收违法所得；情节严重的，责令停止招生、吊销办学许可证。

第五十一条 民办学校管理混乱严重影响教育教学，有下列情形之一的，依照民办教育促进法第六十二条的规定予以处罚：

（一）理事会、董事会或者其他形式决策机构未依法履行职责的；

（二）教学条件明显不能满足教学要求、教育教学质量低下，未及时采取措施的；

（三）校舍或者其他教育教学设施、设备存在重大安全隐患，未及时采取措施的；

（四）未依照《中华人民共和国会计法》和国家统一的会计制度进行会计核算、编制财务会计报告，财务、资产管理混乱的；

（五）侵犯受教育者的合法权益，产生恶劣社会影响的；

（六）违反国家规定聘任、解聘教师的。

第八章 附 则

第五十二条 本条例施行前依法设立的民办学校继续保留，并在本条例施行之日起1年内，由原审批机关换发办学许可证。

第五十三条 本条例规定的扶持与奖励措施适用于中外合作办学机构。

第五十四条 本条例自2004年4月1日起施行。

学前教育相关行政法规

幼儿园管理条例

(国家教育委员会令第4号　1989年09月11日颁布)

第一章　总　则

第一条　为了加强幼儿园的管理，促进幼儿教育事业的发展，制定本条例。

第二条　本条例适用于招收三周岁以上学龄前幼儿，对其进行保育和教育的幼儿园。

第三条　幼儿园的保育和教育工作应当促进幼儿在体、智、德、美诸方面和谐发展。

第四条　地方各级人民政府应当根据本地区社会经济发展状况，制订幼儿园的发展规划。

幼儿园的设置应当与当地居民人口相适应。

乡、镇、市辖区和不设区的市的幼儿园的发展规划，应当包括幼儿园设置的布局方案。

第五条　地方各级人民政府可以依据本条例举办幼儿园，并鼓励和支持企业事业单位、居民委员会、村民委员会和公民举办幼儿园或捐资助园。

第六条　幼儿园的管理实行地方负责，分级管理和各有关部门分工负责的原则。

国家教育委员会主管全国的幼儿园管理工作；地方各级人民政府的教育行政部门，主管本行政辖区内的幼儿园管理工作。

第二章　举办幼儿园的基本条件和审批程序

第七条　举办幼儿园必须将幼儿园设置在安全区域内。

严禁在污染区和危险区内设置幼儿园。

第八条　举办幼儿园必须具有与保育、教育的要求相适应的园舍和设施。

幼儿园的园舍和设施必须符合国家的卫生标准和安全标准。

第九条 举办幼儿园应当具有符合下列条件的保育、幼儿教育、医务和其他工作人员：

（一）幼儿园园长、教师应当具有幼儿师范学校（包括职业学校幼儿教育专业）毕业程度，或者经教育行政部门考核合格。

（二）医师应当具有医学院校毕业程度，医士和护士应当具有中等卫生学校毕业程度，或者取得卫生行政部门的资格认可。

（三）保健员应当具有高中毕业程度，并受过幼儿保健培训。

（四）保育员应当具有初中毕业程度，并受过幼儿保育职业培训。

慢性传染病、精神病患者，不得在幼儿园工作。

第十条 举办幼儿园的单位或者个人必须具有进行保育、教育以及维修或扩建、改建幼儿园的园舍与设施的经费来源。

第十一条 国家实行幼儿园登记注册制度，未经登记注册，任何单位和个人不得举办幼儿园。

第十二条 城市幼儿园的举办、停办，由所在区、不设区的市的人民政府教育行政部门登记注册。

农村幼儿园的举办、停办，由所在乡、镇人民政府登记注册，并报县人民政府教育行政部门备案。

第三章 幼儿园的保育和教育工作

第十三条 幼儿园应当贯彻保育与教育相结合的原则，创设与幼儿的教育和发展相适应的和谐环境，引导幼儿个性的健康发展。

幼儿园应当保障幼儿的身体健康，培养幼儿的良好生活、卫生习惯；促进幼儿的智力发展；培养幼儿热爱祖国的情感以及良好的品德行为。

第十四条 幼儿园的招生、编班应当符合教育行政部门的规定。

第十五条 幼儿园应当使用全国通用的普通话。招收少数民族为主的幼儿园，可以使用本民族通用的语言。

第十六条 幼儿园应当以游戏为基本活动形式。

幼儿园可以根据本园的实际,安排和选择教育内容与方法,但不得进行违背幼儿教育规律,有损于幼儿身心健康的活动。

第十七条 严禁体罚和变相体罚幼儿。

第十八条 幼儿园应当建立卫生保健制度,防止发生食物中毒和传染病的流行。

第十九条 幼儿园应当建立安全防护制度,严禁在幼儿园内设置威胁幼儿安全的危险建筑物和设施,严禁使用有毒、有害物质制作教具、玩具。

第二十条 幼儿园发生食物中毒、传染病流行时,举办幼儿园的单位或者个人应当立即采取紧急救护措施,并及时报告当地教育行政部门或卫生行政部门。

第二十一条 幼儿园的园舍和设施有可能发生危险时,举办幼儿园的单位或个人应当采取措施,排除险情,防止事故发生。

第四章 幼儿园的行政事务

第二十二条 各级教育行政部门应当负责监督、评估和指导幼儿园的保育、教育工作,组织培训幼儿园的师资,审定、考核幼儿园教师的资格,并协助卫生行政部门检查指导幼儿园的卫生保健工作,会同建设行政部门制定幼儿园园舍、设施的标准。

第二十三条 幼儿园园长负责幼儿园的工作。

幼儿园园长由举办幼儿园的单位或个人聘任,并向幼儿园的登记注册机关备案。

幼儿园的教师、医师、保健员、保育员和其他工作人员,由幼儿园园长聘任,也可由举办幼儿园的单位或个人聘任。

第二十四条 幼儿园可以依据本省、自治区、直辖市人民政府制定的收费标准,向幼儿家长收取保育费、教育费。

幼儿园应当加强财务管理,合理使用各项经费,任何单位和个人不得克扣、挪用幼儿园经费。

第二十五条 任何单位和个人，不得侵占和破坏幼儿园园舍和设施，不得在幼儿园周围设置有危险、有污染或影响幼儿园采光的建筑和设施，不得干扰幼儿园正常的工作秩序。

第五章　奖励与处罚

第二十六条 凡具备下列条件之一的单位或者个人，由教育行政部门和有关部门予以奖励：

（一）改善幼儿园的办园条件成绩显著的；

（二）保育、教育工作成绩显著的；

（三）幼儿园管理工作成绩显著的。

第二十七条 违反本条例，具有下列情形之一的幼儿园，由教育行政部门视情节轻重，给予限期整顿、停止招生、停止办园的行政处罚：

（一）未经登记注册，擅自招收幼儿的；

（二）园舍、设施不符合国家卫生标准、安全标准，妨害幼儿身体健康或者威胁幼儿生命安全的；

（三）教育内容和方法违背幼儿教育规律，损害幼儿身心健康的。

第二十八条 违反本条例，具有下列情形之一的单位或者个人，由教育行政部门对直接责任人员给予警告、罚款的行政处罚，或者由教育行政部门建议有关部门对责任人员给予行政处分：

（一）体罚或变相体罚幼儿的；

（二）使用有毒、有害物质制作教具、玩具的；

（三）克扣、挪用幼儿园经费的；

（四）侵占、破坏幼儿园园舍、设备的；

（五）干扰幼儿园正常工作秩序的；

（六）在幼儿园周围设置有危险、有污染或者影响幼儿园采光的建筑和设施的。

前款所列情形，情节严重，构成犯罪的，由司法机关依法追究刑事责任。

第二十九条 当事人对行政处罚不服的，可以在接到处罚通知之日起十五日内，向作出处罚决定的机关的上一级机关申请复议，对复议决定不服的，可在接到复议决定之日起十五日内，向人民法院提起诉讼。当事人逾期不申请复议或者不向人民法院提起诉讼又不履行处罚决定的，由作出处罚决定的机关申请人民法院强制执行。

第六章 附 则

第三十条 省、自治区、直辖市人民政府可根据本条例制定实施办法。

第三十一条 本条例由国家教育委员会解释。

第三十二条 本条例自1990年2月1日起施行。

教师资格条例

（国务院令第188号　1995年12月12日颁布）

第一章　总　则

第一条　为了提高教师素质，加强教师队伍建设，依据《中华人民共和国教师法》（以下简称教师法），制定本条例。

第二条　中国公民在各级各类学校和其他教育机构中专门从事教育教学工作，应当依法取得教师资格。

第三条　国务院教育行政部门主管全国教师资格工作。

第二章　教师资格分类与适用

第四条　教师资格分为：

（一）幼儿园教师资格；

（二）小学教师资格；

（三）初级中学教师和初级职业学校文化课、专业课教师资格（以下统称初级中学教师资格）；

（四）高级中学教师资格；

（五）中等专业学校、技工学校、职业高级中学文化课、专业课教师资格（以下统称中等职业学校教师资格）；

（六）中等专业学校、技工学校、职业高级中学实习指导教师资格（以下统称中等职业学校实习指导教师资格）；

（七）高等学校教师资格。

成人教育的教师资格，按照成人教育的层次，依照上款规定确定类别。

第五条　取得教师资格的公民，可以在本级及其以下等级的各类学校和其他教育机构担任教师；但是，取得中等职业学校实习指导教师资格的公民只能在中等专业学校、技工学校、职业高级中学或者初级职业学校担任实习指导教师。

高级中学教师资格与中等职业学校教师资格相互通用。

第三章 教师资格条件

第六条 教师资格条件依照教师法第十条第二款的规定执行，其中"有教育教学能力"应当包括符合国家规定的从事教育教学工作的身体条件。

第七条 取得教师资格应当具备的相应学历，依照教师法第十一条的规定执行。

取得中等职业学校实习指导教师资格，应当具备国务院教育行政部门规定的学历，并应当具有相当助理工程师以上专业技术职务或者中级以上工人技术等级。

第四章 教师资格考试

第八条 不具备教师法规定的教师资格学历的公民，申请获得教师资格，应当通过国家举办的或者认可的教师资格考试。

第九条 教师资格考试科目、标准和考试大纲由国务院教育行政部门审定。

教师资格考试试卷的编制、考务工作和考试成绩证明的发放，属于幼儿园、小学、初级中学、高级中学、中等职业学校教师资格考试和中等职业学校实习指导教师资格考试的，由县级以上人民政府教育行政部门组织实施；属于高等学校教师资格考试的，由国务院教育行政部门或者省、自治区、直辖市人民政府教育行政部门委托的高等学校组织实施。

第十条 幼儿园、小学、初级中学、高级中学、中等职业学校的教师资格考试和中等职业学校实习指导教师资格考试，每年进行一次。

参加前款所列教师资格考试，考试科目全部及格的，发给教师资格考试合格证明；当年考试不及格的科目，可以在下一年度补考；经补考仍有一门或者一门以上科目不及格的,应当重新参加全部考试科目的考试。

第十一条 高等学校教师资格考试根据需要举行。

申请参加高等学校教师资格考试的,应当学有专长,并有两名相关专业的教授或者副教授推荐。

第五章 教师资格认定

第十二条 具备教师法规定的学历或者经教师资格考试合格的公民,可以依照本条例的规定申请认定其教师资格。

第十三条 幼儿园、小学和初级中学教师资格,由申请人户籍所在地或者申请人任教学校所在地的县级人民政府教育行政部门认定。高级中学教师资格,由申请人户籍所在地或者申请人任教学校所在地的县级人民政府教育行政部门审查后,报上一级教育行政部门认定。中等职业学校教师资格和中等职业学校实习指导教师资格,由申请人户籍所在地或者申请人任教学校所在地的县级人民政府教育行政部门审查后,报上一级教育行政部门认定或者组织有关部门认定。

受国务院教育行政部门或者省、自治区、直辖市人民政府教育行政部门委托的高等学校,负责认定在本校任职的人员和拟聘人员的高等学校教师资格。

在未受国务院教育行政部门或者省、自治区、直辖市人民政府教育行政部门委托的高等学校任职的人员和拟聘人员的高等学校教师资格,按照学校行政隶属关系,由国务院教育行政部门认定或者由学校所在地的省、自治区、直辖市人民政府教育行政部门认定。

第十四条 认定教师资格,应当由本人提出申请。

教育行政部门和受委托的高等学校每年春季、秋季各受理一次教师资格认定申请。具体受理期限由教育行政部门或者受委托的高等学校规定,并以适当形式公布。申请人应当在规定的受理期限内提出申请。

第十五条 申请认定教师资格,应当提交教师资格认定申请表和下列证明或者材料:

（一）身份证明；

（二）学历证书或者教师资格考试合格证明；

（三）教育行政部门或者受委托的高等学校指定的医院出具的体格检查证明；

（四）户籍所在地的街道办事处、乡人民政府或者工作单位、所毕业的学校对其思想品德、有无犯罪记录等方面情况的鉴定及证明材料。

申请人提交的证明或者材料不全的，教育行政部门或者受委托的高等学校应当及时通知申请人于受理期限终止前补齐。

教师资格认定申请表由国务院教育行政部门统一格式。

第十六条 教育行政部门或者受委托的高等学校在接到公民的教师资格认定申请后，应当对申请人的条件进行审查；对符合认定条件的，应当在受理期限终止之日起30日内颁发相应的教师资格证书；对不符合认定条件的，应当在受理期限终止之日起30日内将认定结论通知本人。

非师范院校毕业或者教师资格考试合格的公民申请认定幼儿园、小学或者其他教师资格的，应当进行面试和试讲，考察其教育教学能力；根据实际情况和需要，教育行政部门或者受委托的高等学校可以要求申请人补修教育学、心理学等课程。

教师资格证书在全国范围内适用。教师资格证书由国务院教育行政部门统一印制。

第十七条 已取得教师资格的公民拟取得更高等级学校或者其他教育机构教师资格的，应当通过相应的教师资格考试或者取得教师法规定的相应学历，并依照本章规定，经认定合格后，由教育行政部门或者受委托的高等学校颁发相应的教师资格证书。

第六章 罚 则

第十八条 依照教师法第十四条的规定丧失教师资格的，不能重新取得教师资格，其教师资格证书由县级以上人民政府教育行政部门收缴。

第十九条 有下列情形之一的，由县级以上人民政府教育行政部门撤销其教师资格：

（一）弄虚作假、骗取教师资格的；

（二）品行不良、侮辱学生，影响恶劣的。

被撤销教师资格的，自撤销之日起5年内不得重新申请认定教师资格，其教师资格证书由县级以上人民政府教育行政部门收缴。

第二十条 参加教师资格考试有作弊行为的，其考试成绩作废，3年内不得再次参加教师资格考试。

第二十一条 教师资格考试命题人员和其他有关人员违反保密规定，造成试题、参考答案及评分标准泄露的，依法追究法律责任。

第二十二条 在教师资格认定工作中玩忽职守、徇私舞弊，对教师资格认定工作造成损失的，由教育行政部门依法给予行政处分；构成犯罪的，依法追究刑事责任。

第七章 附 则

第二十三条 本条例自发布之日起施行。

残疾人教育条例

(1994年8月23日中华人民共和国国务院令第161号发布　根据2011年1月8日《国务院关于废止和修改部分行政法规的决定》修订　2017年1月11日国务院第161次常务会议修订通过)

第一章　总　则

第一条　为了保障残疾人受教育的权利，发展残疾人教育事业，根据《中华人民共和国教育法》和《中华人民共和国残疾人保障法》，制定本条例。

第二条　国家保障残疾人享有平等接受教育的权利，禁止任何基于残疾的教育歧视。

残疾人教育应当贯彻国家的教育方针，并根据残疾人的身心特性和需要，全面提高其素质，为残疾人平等地参与社会生活创造条件。

第三条　残疾人教育是国家教育事业的组成部分。

发展残疾人教育事业，实行普及与提高相结合、以普及为重点的方针，保障义务教育，着重发展职业教育，积极开展学前教育，逐步发展高级中等以上教育。

残疾人教育应当提高教育质量，积极推进融合教育，根据残疾人的残疾类别和接受能力，采取普通教育方式或者特殊教育方式，优先采取普通教育方式。

第四条　县级以上人民政府应当加强对残疾人教育事业的领导，将残疾人教育纳入教育事业发展规划，统筹安排实施，合理配置资源，保障残疾人教育经费投入，改善办学条件。

第五条　国务院教育行政部门主管全国的残疾人教育工作，统筹规划、协调管理全国的残疾人教育事业；国务院其他有关部门在国务院规定的职责范围内负责有关的残疾人教育工作。

县级以上地方人民政府教育行政部门主管本行政区域内的残疾人教育工作；县级以上地方人民政府其他有关部门在各自的职责范围内负责有关的残疾

人教育工作。

第六条 中国残疾人联合会及其地方组织应当积极促进和开展残疾人教育工作，协助相关部门实施残疾人教育，为残疾人接受教育提供支持和帮助。

第七条 学前教育机构、各级各类学校及其他教育机构应当依照本条例以及国家有关法律、法规的规定，实施残疾人教育；对符合法律、法规规定条件的残疾人申请入学，不得拒绝招收。

第八条 残疾人家庭应当帮助残疾人接受教育。

残疾儿童、少年的父母或者其他监护人应当尊重和保障残疾儿童、少年接受教育的权利，积极开展家庭教育，使残疾儿童、少年及时接受康复训练和教育，并协助、参与有关教育机构的教育教学活动，为残疾儿童、少年接受教育提供支持。

第九条 社会各界应当关心和支持残疾人教育事业。残疾人所在社区、相关社会组织和企事业单位，应当支持和帮助残疾人平等接受教育、融入社会。

第十条 国家对为残疾人教育事业作出突出贡献的组织和个人，按照有关规定给予表彰、奖励。

第十一条 县级以上人民政府负责教育督导的机构应当将残疾人教育实施情况纳入督导范围，并可以就执行残疾人教育法律法规情况、残疾人教育教学质量以及经费管理和使用情况等实施专项督导。

第二章　义务教育

第十二条 各级人民政府应当依法履行职责，保障适龄残疾儿童、少年接受义务教育的权利。

县级以上人民政府对实施义务教育的工作进行监督、指导、检查，应当包括对残疾儿童、少年实施义务教育工作的监督、指导、检查。

第十三条 适龄残疾儿童、少年的父母或者其他监护人，应当依法保证其残疾子女或者被监护人入学接受并完成义务教育。

第十四条 残疾儿童、少年接受义务教育的入学年龄和年限，应当与当地儿童、少年接受义务教育的入学年龄和年限相同；必要时，其入学年龄和在校年龄可以适当提高。

第十五条 县级人民政府教育行政部门应当会同卫生行政部门、民政部门、残疾人联合会，根据新生儿疾病筛查和学龄前儿童残疾筛查、残疾人统计等信息，对义务教育适龄残疾儿童、少年进行入学前登记，全面掌握本行政区域内义务教育适龄残疾儿童、少年的数量和残疾情况。

第十六条 县级人民政府应当根据本行政区域内残疾儿童、少年的数量、类别和分布情况，统筹规划，优先在部分普通学校中建立特殊教育资源教室，配备必要的设备和专门从事残疾人教育的教师及专业人员，指定其招收残疾儿童、少年接受义务教育；并支持其他普通学校根据需要建立特殊教育资源教室，或者安排具备相应资源、条件的学校为招收残疾学生的其他普通学校提供必要的支持。

县级人民政府应当为实施义务教育的特殊教育学校配备必要的残疾人教育教学、康复评估和康复训练等仪器设备，并加强九年一贯制义务教育特殊教育学校建设。

第十七条 适龄残疾儿童、少年能够适应普通学校学习生活、接受普通教育的，依照《中华人民共和国义务教育法》的规定就近到普通学校入学接受义务教育。

适龄残疾儿童、少年能够接受普通教育，但是学习生活需要特别支持的，根据身体状况就近到县级人民政府教育行政部门在一定区域内指定的具备相应资源、条件的普通学校入学接受义务教育。

适龄残疾儿童、少年不能接受普通教育的，由县级人民政府教育行政部门统筹安排进入特殊教育学校接受义务教育。

适龄残疾儿童、少年需要专人护理，不能到学校就读的，由县级人民政府教育行政部门统筹安排，通过提供送教上门或者远程教育等方式实施义务教育，并纳入学籍管理。

第十八条 在特殊教育学校学习的残疾儿童、少年，经教育、康复训练，能够接受普通教育的，学校可以建议残疾儿童、少年的父母或者其他监护人将其转入或者升入普通学校接受义务教育。

在普通学校学习的残疾儿童、少年，难以适应普通学校学习生活的，学校可以建议残疾儿童、少年的父母或者其他监护人将其转入指定的普通学校或者特殊教育学校接受义务教育。

第十九条 适龄残疾儿童、少年接受教育的能力和适应学校学习生活的能力应当根据其残疾类别、残疾程度、补偿程度以及学校办学条件等因素判断。

第二十条 县级人民政府教育行政部门应当会同卫生行政部门、民政部门、残疾人联合会，建立由教育、心理、康复、社会工作等方面专家组成的残疾人教育专家委员会。

残疾人教育专家委员会可以接受教育行政部门的委托，对适龄残疾儿童、少年的身体状况、接受教育的能力和适应学校学习生活的能力进行评估，提出入学、转学建议；对残疾人义务教育问题提供咨询，提出建议。

依照前款规定作出的评估结果属于残疾儿童、少年的隐私，仅可被用于对残疾儿童、少年实施教育、康复。教育行政部门、残疾人教育专家委员会、学校及其工作人员对在工作中了解的残疾儿童、少年评估结果及其他个人信息负有保密义务。

第二十一条 残疾儿童、少年的父母或者其他监护人与学校就入学、转学安排发生争议的，可以申请县级人民政府教育行政部门处理。

接到申请的县级人民政府教育行政部门应当委托残疾人教育专家委员会对残疾儿童、少年的身体状况、接受教育的能力和适应学校学习生活的能力进行评估并提出入学、转学建议，并根据残疾人教育专家委员会的评估结果和提出的入学、转学建议，综合考虑学校的办学条件和残疾儿童、少年及其父母或者其他监护人的意愿，对残疾儿童、少年的入学、转学安排作出决定。

第二十二条 招收残疾学生的普通学校应当将残疾学生合理编入班级；残疾学生较多的，可以设置专门的特殊教育班级。

招收残疾学生的普通学校应当安排专门从事残疾人教育的教师或者经验丰富的教师承担随班就读或者特殊教育班级的教育教学工作，并适当缩减班级学生数额，为残疾学生入学后的学习、生活提供便利和条件，保障残疾学生平等参与教育教学和学校组织的各项活动。

第二十三条 在普通学校随班就读残疾学生的义务教育，可以适用普通义务教育的课程设置方案、课程标准和教材，但是对其学习要求可以有适度弹性。

第二十四条 残疾儿童、少年特殊教育学校（班）应当坚持思想教育、文化教育、劳动技能教育与身心补偿相结合，并根据学生残疾状况和补偿程度，实施分类教学；必要时，应当听取残疾学生父母或者其他监护人的意见，制定符合残疾学生身心特性和需要的个别化教育计划，实施个别教学。

第二十五条 残疾儿童、少年特殊教育学校（班）的课程设置方案、课程标准和教材，应当适合残疾儿童、少年的身心特性和需要。

残疾儿童、少年特殊教育学校（班）的课程设置方案、课程标准由国务院教育行政部门制订；教材由省级以上人民政府教育行政部门按照国家有关规定审定。

第二十六条 县级人民政府教育行政部门应当加强对本行政区域内的残疾儿童、少年实施义务教育工作的指导。

县级以上地方人民政府教育行政部门应当统筹安排支持特殊教育学校建立特殊教育资源中心，在一定区域内提供特殊教育指导和支持服务。特殊教育资源中心可以受教育行政部门的委托承担以下工作：

（一）指导、评价区域内的随班就读工作；

（二）为区域内承担随班就读教育教学任务的教师提供培训；

（三）派出教师和相关专业服务人员支持随班就读，为接受送教上门和远程教育的残疾儿童、少年提供辅导和支持；

（四）为残疾学生父母或者其他监护人提供咨询；

（五）其他特殊教育相关工作。

第三章 职业教育

第二十七条 残疾人职业教育应当大力发展中等职业教育，加快发展高等职业教育，积极开展以实用技术为主的中期、短期培训，以提高就业能力为主，培养技术技能人才，并加强对残疾学生的就业指导。

第二十八条 残疾人职业教育由普通职业教育机构和特殊职业教育机构实

施，以普通职业教育机构为主。

县级以上地方人民政府应当根据需要，合理设置特殊职业教育机构，改善办学条件，扩大残疾人中等职业学校招生规模。

第二十九条 普通职业学校不得拒绝招收符合国家规定的录取标准的残疾人入学，普通职业培训机构应当积极招收残疾人入学。

县级以上地方人民政府应当采取措施，鼓励和支持普通职业教育机构积极招收残疾学生。

第三十条 实施残疾人职业教育的学校和培训机构，应当根据社会需要和残疾人的身心特性合理设置专业，并与企业合作设立实习实训基地，或者根据教学需要和条件办好实习基地。

第四章 学前教育

第三十一条 各级人民政府应当积极采取措施，逐步提高残疾幼儿接受学前教育的比例。

县级人民政府及其教育行政部门、民政部门等有关部门应当支持普通幼儿园创造条件招收残疾幼儿；支持特殊教育学校和具备办学条件的残疾儿童福利机构、残疾儿童康复机构等实施学前教育。

第三十二条 残疾幼儿的教育应当与保育、康复结合实施。

招收残疾幼儿的学前教育机构应当根据自身条件配备必要的康复设施、设备和专业康复人员，或者与其他具有康复设施、设备和专业康复人员的特殊教育机构、康复机构合作对残疾幼儿实施康复训练。

第三十三条 卫生保健机构、残疾幼儿的学前教育机构、儿童福利机构和家庭，应当注重对残疾幼儿的早期发现、早期康复和早期教育。

卫生保健机构、残疾幼儿的学前教育机构、残疾儿童康复机构应当就残疾幼儿的早期发现、早期康复和早期教育为残疾幼儿家庭提供咨询、指导。

第五章 普通高级中等以上教育及继续教育

第三十四条 普通高级中等学校、高等学校、继续教育机构应当招收符合国家规定的录取标准的残疾考生入学，不得因其残疾而拒绝招收。

第三十五条 设区的市级以上地方人民政府可以根据实际情况举办实施高级中等以上教育的特殊教育学校，支持高等学校设置特殊教育学院或者相关专业，提高残疾人的受教育水平。

第三十六条 县级以上人民政府教育行政部门以及其他有关部门、学校应当充分利用现代信息技术，以远程教育等方式为残疾人接受成人高等教育、高等教育自学考试等提供便利和帮助，根据实际情况开设适合残疾人学习的专业、课程，采取灵活开放的教学和管理模式，支持残疾人顺利完成学业。

第三十七条 残疾人所在单位应当对本单位的残疾人开展文化知识教育和技术培训。

第三十八条 扫除文盲教育应当包括对年满15周岁以上的未丧失学习能力的文盲、半文盲残疾人实施的扫盲教育。

第三十九条 国家、社会鼓励和帮助残疾人自学成才。

第六章 教 师

第四十条 县级以上人民政府应当重视从事残疾人教育的教师培养、培训工作，并采取措施逐步提高他们的地位和待遇，改善他们的工作环境和条件，鼓励教师终身从事残疾人教育事业。

县级以上人民政府可以采取免费教育、学费减免、助学贷款代偿等措施，鼓励具备条件的高等学校毕业生到特殊教育学校或者其他特殊教育机构任教。

第四十一条 从事残疾人教育的教师，应当热爱残疾人教育事业，具有社会主义的人道主义精神，尊重和关爱残疾学生，并掌握残疾人教育的专业知识和技能。

第四十二条 专门从事残疾人教育工作的教师（以下称特殊教育教师）应当符合下列条件：

（一）依照《中华人民共和国教师法》的规定取得教师资格；

（二）特殊教育专业毕业或者经省、自治区、直辖市人民政府教育行政部门组织的特殊教育专业培训并考核合格。

从事听力残疾人教育的特殊教育教师应当达到国家规定的手语等级标准，从事视力残疾人教育的特殊教育教师应当达到国家规定的盲文等级标准。

第四十三条 省、自治区、直辖市人民政府可以根据残疾人教育发展的需求，结合当地实际为特殊教育学校和指定招收残疾学生的普通学校制定教职工编制标准。

县级以上地方人民政府教育行政部门应当会同其他有关部门，在核定的编制总额内，为特殊教育学校配备承担教学、康复等工作的特殊教育教师和相关专业人员；在指定招收残疾学生的普通学校设置特殊教育教师等专职岗位。

第四十四条 国务院教育行政部门和省、自治区、直辖市人民政府应当根据残疾人教育发展的需要有计划地举办特殊教育师范院校，支持普通师范院校和综合性院校设置相关院系或者专业，培养特殊教育教师。

普通师范院校和综合性院校的师范专业应当设置特殊教育课程，使学生掌握必要的特殊教育的基本知识和技能，以适应对随班就读的残疾学生的教育教学需要。

第四十五条 县级以上地方人民政府教育行政部门应当将特殊教育教师的培训纳入教师培训计划，以多种形式组织在职特殊教育教师进修提高专业水平；在普通教师培训中增加一定比例的特殊教育内容和相关知识，提高普通教师的特殊教育能力。

第四十六条 特殊教育教师和其他从事特殊教育的相关专业人员根据国家有关规定享受特殊岗位补助津贴及其他待遇；普通学校的教师承担残疾学生随班就读教学、管理工作的，应当将其承担的残疾学生教学、管理工作纳入其绩效考核内容，并作为核定工资待遇和职务评聘的重要依据。

县级以上人民政府教育行政部门、人力资源社会保障部门在职务评聘、培训进修、表彰奖励等方面，应当为特殊教育教师制定优惠政策、提供专门机会。

第七章 条件保障

第四十七条 省、自治区、直辖市人民政府应当根据残疾人教育的特殊情况，依据国务院有关行政主管部门的指导性标准，制定本行政区域内特殊教育学校的建设标准、经费开支标准、教学仪器设备配备标准等。

义务教育阶段普通学校招收残疾学生，县级人民政府财政部门及教育行政部门应当按照特殊教育学校生均预算内公用经费标准足额拨付费用。

第四十八条 各级人民政府应当按照有关规定安排残疾人教育经费，并将所需经费纳入本级政府预算。

县级以上人民政府根据需要可以设立专项补助款，用于发展残疾人教育。

地方各级人民政府用于义务教育的财政拨款和征收的教育费附加，应当有一定比例用于发展残疾儿童、少年义务教育。

地方各级人民政府可以按照有关规定将依法征收的残疾人就业保障金用于特殊教育学校开展各种残疾人职业教育。

第四十九条 县级以上地方人民政府应当根据残疾人教育发展的需要统筹规划、合理布局，设置特殊教育学校，并按照国家有关规定配备必要的残疾人教育教学、康复评估和康复训练等仪器设备。

特殊教育学校的设置，由教育行政部门按照国家有关规定审批。

第五十条 新建、改建、扩建各级各类学校应当符合《无障碍环境建设条例》的要求。

县级以上地方人民政府及其教育行政部门应当逐步推进各级各类学校无障碍校园环境建设。

第五十一条 招收残疾学生的学校对经济困难的残疾学生，应当按照国家有关规定减免学费和其他费用，并按照国家资助政策优先给予补助。

国家鼓励有条件的地方优先为经济困难的残疾学生提供免费的学前教育和高中教育，逐步实施残疾学生高中阶段免费教育。

第五十二条 残疾人参加国家教育考试，需要提供必要支持条件和合理便利的，可以提出申请。教育考试机构、学校应当按照国家有关规定予以提供。

第五十三条 国家鼓励社会力量举办特殊教育机构或者捐资助学；鼓励和支持民办学校或者其他教育机构招收残疾学生。

县级以上地方人民政府及其有关部门对民办特殊教育机构、招收残疾学生的民办学校，应当按照国家有关规定予以支持。

第五十四条　国家鼓励开展残疾人教育的科学研究，组织和扶持盲文、手语的研究和应用，支持特殊教育教材的编写和出版。

第五十五条　县级以上人民政府及其有关部门应当采取优惠政策和措施，支持研究、生产残疾人教育教学专用仪器设备、教具、学具、软件及其他辅助用品，扶持特殊教育机构兴办和发展福利企业和辅助性就业机构。

第八章　法律责任

第五十六条　地方各级人民政府及其有关部门违反本条例规定，未履行残疾人教育相关职责的，由上一级人民政府或者其有关部门责令限期改正；情节严重的，予以通报批评，并对直接负责的主管人员和其他直接责任人员依法给予处分。

第五十七条　学前教育机构、学校、其他教育机构及其工作人员违反本条例规定，有下列情形之一的，由其主管行政部门责令改正，对直接负责的主管人员和其他直接责任人员依法给予处分；构成违反治安管理行为的，由公安机关依法给予治安管理处罚；构成犯罪的，依法追究刑事责任：

（一）拒绝招收符合法律、法规规定条件的残疾学生入学的；

（二）歧视、侮辱、体罚残疾学生，或者放任对残疾学生的歧视言行，对残疾学生造成身心伤害的；

（三）未按照国家有关规定对经济困难的残疾学生减免学费或者其他费用的。

第九章　附　则

第五十八条　本条例下列用语的含义：

融合教育是指将对残疾学生的教育最大限度地融入普通教育。

特殊教育资源教室是指在普通学校设置的装备有特殊教育和康复训练设施设备的专用教室。

第五十九条　本条例自2017年5月1日起施行。

中华人民共和国中外合作办学条例

(国务院令第372号 2003年3月1日颁布)

第一章 总 则

第一条 为了规范中外合作办学活动,加强教育对外交流与合作,促进教育事业的发展,根据《中华人民共和国教育法》《中华人民共和国职业教育法》和《中华人民共和国民办教育促进法》,制定本条例。

第二条 外国教育机构同中国教育机构(以下简称中外合作办学者)在中国境内合作举办以中国公民为主要招生对象的教育机构(以下简称中外合作办学机构)的活动,适用本条例。

第三条 中外合作办学属于公益性事业,是中国教育事业的组成部分。

国家对中外合作办学实行扩大开放、规范办学、依法管理、促进发展的方针。

国家鼓励引进外国优质教育资源的中外合作办学。国家鼓励在高等教育、职业教育领域开展中外合作办学,鼓励中国高等教育机构与外国知名的高等教育机构合作办学。

第四条 中外合作办学者、中外合作办学机构的合法权益,受中国法律保护。

中外合作办学机构依法享受国家规定的优惠政策,依法自主开展教育教学活动。

第五条 中外合作办学必须遵守中国法律,贯彻中国的教育方针,符合中国的公共道德,不得损害中国的国家主权、安全和社会公共利益。

中外合作办学应当符合中国教育事业发展的需要,保证教育教学质量,致力于培养中国社会主义建设事业的各类人才。

第六条 中外合作办学者可以合作举办各级各类教育机构。但是,不得举办实施义务教育和实施军事、警察、政治等特殊性质教育的机构。

第七条 外国宗教组织、宗教机构、宗教院校和宗教教职人员不得在中国境内从事合作办学活动。

中外合作办学机构不得进行宗教教育和开展宗教活动。

第八条 国务院教育行政部门负责全国中外合作办学工作的统筹规划、综合协调和宏观管理。国务院教育行政部门、劳动行政部门和其他有关行政部门在国务院规定的职责范围内负责有关的中外合作办学工作。

省、自治区、直辖市人民政府教育行政部门负责本行政区域内中外合作办学工作的统筹规划、综合协调和宏观管理。省、自治区、直辖市人民政府教育行政部门、劳动行政部门和其他有关行政部门在其职责范围内负责本行政区域内有关的中外合作办学工作。

第二章 设 立

第九条 申请设立中外合作办学机构的教育机构应当具有法人资格。

第十条 中外合作办学者可以用资金、实物、土地使用权、知识产权以及其他财产作为办学投入。

中外合作办学者的知识产权投入不得超过各自投入的1/3。但是，接受国务院教育行政部门、劳动行政部门或者省、自治区、直辖市人民政府邀请前来中国合作办学的外国教育机构的知识产权投入可以超过其投入的1/3。

第十一条 中外合作办学机构应当具备《中华人民共和国教育法》《中华人民共和国职业教育法》《中华人民共和国高等教育法》等法律和有关行政法规规定的基本条件，并具有法人资格。但是，外国教育机构同中国实施学历教育的高等学校设立的实施高等教育的中外合作办学机构，可以不具有法人资格。

设立中外合作办学机构，参照国家举办的同级同类教育机构的设置标准执行。

第十二条 申请设立实施本科以上高等学历教育的中外合作办学机构，由国务院教育行政部门审批；申请设立实施高等专科教育和非学历高等教育的中外合作办学机构，由拟设立机构所在地的省、自治区、直辖市人民政府审批。

申请设立实施中等学历教育和自学考试助学、文化补习、学前教育等的中外合作办学机构，由拟设立机构所在地的省、自治区、直辖市人民政府教育行政部门审批。

申请设立实施职业技能培训的中外合作办学机构，由拟设立机构所在地的省、自治区、直辖市人民政府劳动行政部门审批。

第十三条 设立中外合作办学机构，分为筹备设立和正式设立两个步骤。但是，具备办学条件，达到设置标准的，可以直接申请正式设立。

第十四条 申请筹备设立中外合作办学机构，应当提交下列文件：

（一）申办报告，内容应当主要包括：中外合作办学者、拟设立中外合作办学机构的名称、培养目标、办学规模、办学层次、办学形式、办学条件、内部管理体制、经费筹措与管理使用等；

（二）合作协议，内容应当包括：合作期限、争议解决办法等；

（三）资产来源、资金数额及有效证明文件，并载明产权；

（四）属捐赠性质的校产须提交捐赠协议，载明捐赠人的姓名、所捐资产的数额、用途和管理办法及相关有效证明文件；

（五）不低于中外合作办学者资金投入15%的启动资金到位证明。

第十五条 申请筹备设立中外合作办学机构的，审批机关应当自受理申请之日起45个工作日内作出是否批准的决定。批准的，发给筹备设立批准书；不批准的，应当书面说明理由。

第十六条 经批准筹备设立中外合作办学机构的，应当自批准之日起3年内提出正式设立申请；超过3年的，中外合作办学者应当重新申报。

筹备设立期内，不得招生。

第十七条 完成筹备设立申请正式设立的，应当提交下列文件：

（一）正式设立申请书；

（二）筹备设立批准书；

（三）筹备设立情况报告；

（四）中外合作办学机构的章程、首届理事会、董事会或者联合管理委员会组成人员名单；

（五）中外合作办学机构资产的有效证明文件；

（六）校长或者主要行政负责人、教师、财会人员的资格证明文件。

直接申请正式设立中外合作办学机构的，应当提交前款第（一）项、第（四）项、第（五）项、第（六）项和第十四条第（二）项、第（三）项、第（四）项所列文件。

第十八条 申请正式设立实施非学历教育的中外合作办学机构的，审批机关应当自受理申请之日起3个月内作出是否批准的决定；申请正式设立实施学历教育的中外合作办学机构的，审批机关应当自受理申请之日起6个月内作出是否批准的决定。批准的，颁发统一格式、统一编号的中外合作办学许可证；不批准的，应当书面说明理由。

中外合作办学许可证由国务院教育行政部门制定式样，由国务院教育行政部门和劳动行政部门按照职责分工分别组织印制；中外合作办学许可证由国务院教育行政部门统一编号，具体办法由国务院教育行政部门会同劳动行政部门确定。

第十九条 申请正式设立实施学历教育的中外合作办学机构的，审批机关受理申请后，应当组织专家委员会评议，由专家委员会提出咨询意见。

第二十条 中外合作办学机构取得中外合作办学许可证后，应当依照有关的法律、行政法规进行登记，登记机关应当依照有关规定即时予以办理。

第三章 组织与管理

第二十一条 具有法人资格的中外合作办学机构应当设立理事会或者董事会，不具有法人资格的中外合作办学机构应当设立联合管理委员会。理事会、董事会或者联合管理委员会的中方组成人员不得少于1/2。

理事会、董事会或者联合管理委员会由5人以上组成，设理事长、副理事长、董事长、副董事长或者主任、副主任各1人。中外合作办学者一方担任理事长、董事长或者主任的，由另一方担任副理事长、副董事长或者副主任。

具有法人资格的中外合作办学机构的法定代表人，由中外合作办学者协商，在理事长、董事长或者校长中确定。

第二十二条 中外合作办学机构的理事会、董事会或者联合管理委员会由中外合作办学者的代表、校长或者主要行政负责人、教职工代表等组成，其中1／3以上组成人员应当具有5年以上教育、教学经验。中外合作办学机构的理事会、董事会或者联合管理委员会组成人员名单应当报审批机关备案。

第二十三条 中外合作办学机构的理事会、董事会或者联合管理委员会行使下列职权：

（一）改选或者补选理事会、董事会或者联合管理委员会组成人员；

（二）聘任、解聘校长或者主要行政负责人；

（三）修改章程，制定规章制度；

（四）制定发展规划，批准年度工作计划；

（五）筹集办学经费，审核预算、决算；

（六）决定教职工的编制定额和工资标准；

（七）决定中外合作办学机构的分立、合并、终止；

（八）章程规定的其他职权。

第二十四条 中外合作办学机构的理事会、董事会或者联合管理委员会每年至少召开一次会议。经1／3以上组成人员提议，可以召开理事会、董事会或者联合管理委员会临时会议。

中外合作办学机构的理事会、董事会或者联合管理委员会讨论下列重大事项，应当经2／3以上组成人员同意方可通过：

（一）聘任、解聘校长或者主要行政负责人；

（二）修改章程；

（三）制定发展规划；

（四）决定中外合作办学机构的分立、合并、终止；

（五）章程规定的其他重大事项。

第二十五条 中外合作办学机构的校长或者主要行政负责人，应当具有中华人民共和国国籍，在中国境内定居，热爱祖国，品行良好，具有教育、教学经验，并具备相应的专业水平。

中外合作办学机构聘任的校长或者主要行政负责人，应当经审批机关核准。

第二十六条 中外合作办学机构的校长或者主要行政负责人行使下列职权：

（一）执行理事会、董事会或者联合管理委员会的决定；

（二）实施发展规划，拟订年度工作计划、财务预算和规章制度；

（三）聘任和解聘工作人员，实施奖惩；

（四）组织教育教学、科学研究活动，保证教育教学质量；

（五）负责日常管理工作；

（六）章程规定的其他职权。

第二十七条 中外合作办学机构依法对教师、学生进行管理。

中外合作办学机构聘任的外籍教师和外籍管理人员，应当具备学士以上学位和相应的职业证书，并具有2年以上教育、教学经验。

外方合作办学者应当从本教育机构中选派一定数量的教师到中外合作办学机构任教。

第二十八条 中外合作办学机构应当依法维护教师、学生的合法权益，保障教职工的工资、福利待遇，并为教职工缴纳社会保险费。

中外合作办学机构的教职工依法建立工会等组织，并通过教职工代表大会等形式，参与中外合作办学机构的民主管理。

第二十九条 中外合作办学机构的外籍人员应当遵守外国人在中国就业的有关规定。

第四章　教育教学

第三十条　中外合作办学机构应当按照中国对同级同类教育机构的要求开设关于宪法、法律、公民道德、国情等内容的课程。

国家鼓励中外合作办学机构引进国内急需、在国际上具有先进性的课程和教材。

中外合作办学机构应当将所开设的课程和引进的教材报审批机关备案。

第三十一条　中外合作办学机构根据需要，可以使用外国语言文字教学，但应当以普通话和规范汉字为基本教学语言文字。

第三十二条　实施高等学历教育的中外合作办学机构招收学生，纳入国家高等学校招生计划。实施其他学历教育的中外合作办学机构招收学生，按照省、自治区、直辖市人民政府教育行政部门的规定执行。中外合作办学机构招收境外学生，按照国家有关规定执行。

第三十三条　中外合作办学机构的招生简章和广告应当报审批机关备案。

中外合作办学机构应当将办学类型和层次、专业设置、课程内容和招生规模等有关情况，定期向社会公布。

第三十四条　中外合作办学机构实施学历教育的，按照国家有关规定颁发学历证书或者其他学业证书；实施非学历教育的，按照国家有关规定颁发培训证书或者结业证书。对于接受职业技能培训的学生，经政府批准的职业技能鉴定机构鉴定合格的，可以按照国家有关规定颁发相应的国家职业资格证书。

中外合作办学机构实施高等学历教育的，可以按照国家有关规定颁发中国相应的学位证书。

中外合作办学机构颁发的外国教育机构的学历、学位证书，应当与该教育机构在其所属国颁发的学历、学位证书相同，并在该国获得承认。

中国对中外合作办学机构颁发的外国教育机构的学历、学位证书的承认，依照中华人民共和国缔结或者加入的国际条约办理，或者按照国家有关规定办理。

第三十五条 国务院教育行政部门或者省、自治区、直辖市人民政府教育行政部门及劳动行政部门等其他有关行政部门应当加强对中外合作办学机构的日常监督,组织或者委托社会中介组织对中外合作办学机构的办学水平和教育质量进行评估,并将评估结果向社会公布。

第五章 资产与财务

第三十六条 中外合作办学机构应当依法建立健全财务、会计制度和资产管理制度,并按照国家有关规定设置会计账簿。

第三十七条 中外合作办学机构存续期间,所有资产由中外合作办学机构依法享有法人财产权,任何组织和个人不得侵占。

第三十八条 中外合作办学机构的收费项目和标准,依照国家有关政府定价的规定确定并公布;未经批准,不得增加项目或者提高标准。中外合作办学机构应当以人民币计收学费和其他费用,不得以外汇计收学费和其他费用。

第三十九条 中外合作办学机构收取的费用应当主要用于教育教学活动和改善办学条件。

第四十条 中外合作办学机构的外汇收支活动以及开设和使用外汇账户,应当遵守国家外汇管理规定。

第四十一条 中外合作办学机构应当在每个会计年度结束时制作财务会计报告,委托社会审计机构依法进行审计,向社会公布审计结果,并报审批机关备案。

第六章 变更与终止

第四十二条 中外合作办学机构的分立、合并,在进行财务清算后,由该机构理事会、董事会或者联合管理委员会报审批机关批准。

申请分立、合并实施非学历教育的中外合作办学机构的,审批机关应当自受理申请之日起3个月内以书面形式答复;申请分立、合并实施学历教育的中外合作办学机构的,审批机关应当自受理申请之日起6个月内以书面形式答复。

第四十三条 中外合作办学机构合作办学者的变更,应当由合作办学者提出,在进行财务清算后,经该机构理事会、董事会或者联合管理委员会同意,报审批机关核准,并办理相应的变更手续。

中外合作办学机构住所、法定代表人、校长或者主要行政负责人的变更,应当经审批机关核准,并办理相应的变更手续。

第四十四条 中外合作办学机构名称、层次、类别的变更,由该机构理事会、董事会或者联合管理委员会报审批机关批准。

申请变更为实施非学历教育的中外合作办学机构的,审批机关应当自受理申请之日起3个月内以书面形式答复;申请变更为实施学历教育的中外合作办学机构的,审批机关应当自受理申请之日起6个月内以书面形式答复。

第四十五条 中外合作办学机构有下列情形之一的,应当终止:

(一)根据章程规定要求终止,并经审批机关批准的;

(二)被吊销中外合作办学许可证的;

(三)因资不抵债无法继续办学,并经审批机关批准的。

中外合作办学机构终止,应当妥善安置在校学生;中外合作办学机构提出终止申请时,应当同时提交妥善安置在校学生的方案。

第四十六条 中外合作办学机构终止时,应当依法进行财务清算。中外合作办学机构自己要求终止的,由中外合作办学机构组织清算;被审批机关依法撤销的,由审批机关组织清算;因资不抵债无法继续办学而被终止的,依法请求人民法院组织清算。

第四十七条 中外合作办学机构清算时,应当按照下列顺序清偿:

(一)应当退还学生的学费和其他费用;

(二)应当支付给教职工的工资和应当缴纳的社会保险费用;

(三)应当偿还的其他债务。

中外合作办学机构清偿上述债务后的剩余财产,依照有关法律、行政法规的规定处理。

第四十八条 中外合作办学机构经批准终止或者被吊销中外合作办学许可

证的，应当将中外合作办学许可证和印章交回审批机关，依法办理注销登记。

第七章 法律责任

第四十九条 中外合作办学审批机关及其工作人员，利用职务上的便利收取他人财物或者获取其他利益，滥用职权、玩忽职守，对不符合本条例规定条件者颁发中外合作办学许可证，或者发现违法行为不予以查处，造成严重后果，触犯刑律的，对负有责任的主管人员和其他直接责任人员，依照刑法关于受贿罪、滥用职权罪、玩忽职守罪或者其他罪的规定，依法追究刑事责任；尚不够刑事处罚的，依法给予行政处分。

第五十条 违反本条例的规定，超越职权审批中外合作办学机构的，其批准文件无效，由上级机关责令改正；对负有责任的主管人员和其他直接责任人员，依法给予行政处分；致使公共财产、国家和人民利益遭受重大损失的，依照刑法关于滥用职权罪或者其他罪的规定，依法追究刑事责任。

第五十一条 违反本条例的规定，未经批准擅自设立中外合作办学机构，或者以不正当手段骗取中外合作办学许可证的，由教育行政部门、劳动行政部门按照职责分工予以取缔或者会同公安机关予以取缔，责令退还向学生收取的费用，并处以10万元以下的罚款；触犯刑律的，依照刑法关于诈骗罪或者其他罪的规定，依法追究刑事责任。

第五十二条 违反本条例的规定，在中外合作办学机构筹备设立期间招收学生的，由教育行政部门、劳动行政部门按照职责分工责令停止招生，责令退还向学生收取的费用，并处以10万元以下的罚款；情节严重，拒不停止招生的，由审批机关撤销筹备设立批准书。

第五十三条 中外合作办学者虚假出资或者在中外合作办学机构成立后抽逃出资的，由教育行政部门、劳动行政部门按照职责分工责令限期改正；逾期不改正的，由教育行政部门、劳动行政部门按照职责分工处以虚假出资金额或者抽逃出资金额2倍以下的罚款。

第五十四条 伪造、变造和买卖中外合作办学许可证的,依照刑法关于伪造、变造、买卖国家机关证件罪或者其他罪的规定,依法追究刑事责任。

第五十五条 中外合作办学机构未经批准增加收费项目或者提高收费标准的,由教育行政部门、劳动行政部门按照职责分工责令退还多收的费用,并由价格主管部门依照有关法律、行政法规的规定予以处罚。

第五十六条 中外合作办学机构管理混乱、教育教学质量低下,造成恶劣影响的,由教育行政部门、劳动行政部门按照职责分工责令限期整顿并予以公告;情节严重、逾期不整顿或者经整顿仍达不到要求的,由教育行政部门、劳动行政部门按照职责分工责令停止招生、吊销中外合作办学许可证。

第五十七条 违反本条例的规定,发布虚假招生简章,骗取钱财的,由教育行政部门、劳动行政部门按照职责分工,责令限期改正并予以警告;有违法所得的,退还所收费用后没收违法所得,并可处以10万元以下的罚款;情节严重的,责令停止招生、吊销中外合作办学许可证;构成犯罪的,依照刑法关于诈骗罪或者其他罪的规定,依法追究刑事责任。中外合作办学机构发布虚假招生广告的,依照《中华人民共和国广告法》的有关规定追究其法律责任。

第五十八条 中外合作办学机构被处以吊销中外合作办学许可证行政处罚的,其理事长或者董事长、校长或者主要行政负责人自中外合作办学许可证被吊销之日起10年内不得担任任何中外合作办学机构的理事长或者董事长、校长或者主要行政负责人。

违反本条例的规定,触犯刑律被依法追究刑事责任的,自刑罚执行期满之日起10年内不得从事中外合作办学活动。

第八章 附 则

第五十九条 香港特别行政区、澳门特别行政区和台湾地区的教育机构与内地教育机构合作办学的,参照本条例的规定执行。

第六十条 在工商行政管理部门登记注册的经营性的中外合作举办的培训机构的管理办法,由国务院另行规定。

第六十一条 外国教育机构同中国教育机构在中国境内合作举办以中国公民为主要招生对象的实施学历教育和自学考试助学、文化补习、学前教育等的合作办学项目的具体审批和管理办法，由国务院教育行政部门制定。

外国教育机构同中国教育机构在中国境内合作举办以中国公民为主要招生对象的实施职业技能培训的合作办学项目的具体审批和管理办法，由国务院劳动行政部门制定。

第六十二条 外国教育机构、其他组织或者个人不得在中国境内单独设立以中国公民为主要招生对象的学校及其他教育机构。

第六十三条 本条例施行前依法设立的中外合作办学机构，应当补办本条例规定的中外合作办学许可证。其中，不完全具备本条例所规定条件的，应当在本条例施行之日起2年内达到本条例规定的条件；逾期未达到本条例规定条件的，由审批机关予以撤销。

第六十四条 本条例自2003年9月1日起施行。

校车安全管理条例

(国务院令第617号　2012年4月5日颁布)

第一章　总　则

第一条　为了加强校车安全管理，保障乘坐校车学生的人身安全，制定本条例。

第二条　本条例所称校车，是指依照本条例取得使用许可，用于接送接受义务教育的学生上下学的7座以上的载客汽车。

接送小学生的校车应当是按照专用校车国家标准设计和制造的小学生专用校车。

第三条　县级以上地方人民政府应当根据本行政区域的学生数量和分布状况等因素，依法制定、调整学校设置规划，保障学生就近入学或者在寄宿制学校入学，减少学生上下学的交通风险。实施义务教育的学校及其教学点的设置、调整，应当充分听取学生家长等有关方面的意见。

县级以上地方人民政府应当采取措施，发展城市和农村的公共交通，合理规划、设置公共交通线路和站点，为需要乘车上下学的学生提供方便。

对确实难以保障就近入学，并且公共交通不能满足学生上下学需要的农村地区，县级以上地方人民政府应当采取措施，保障接受义务教育的学生获得校车服务。

国家建立多渠道筹措校车经费的机制，并通过财政资助、税收优惠、鼓励社会捐赠等多种方式，按照规定支持使用校车接送学生的服务。支持校车服务所需的财政资金由中央财政和地方财政分担，具体办法由国务院财政部门制定。支持校车服务的税收优惠办法，依照法律、行政法规规定的税收管理权限制定。

第四条　国务院教育、公安、交通运输以及工业和信息化、质量监督检验检疫、安全生产监督管理等部门依照法律、行政法规和国务院的规定，负责校车安全管理的有关工作。国务院教育、公安部门会同国务院有关部门建立校车安全管理工作协调机制，统筹协调校车安全管理工作中的重大事项，共同做好校车安全管理工作。

第五条 县级以上地方人民政府对本行政区域的校车安全管理工作负总责，组织有关部门制定并实施与当地经济发展水平和校车服务需求相适应的校车服务方案，统一领导、组织、协调有关部门履行校车安全管理职责。

县级以上地方人民政府教育、公安、交通运输、安全生产监督管理等有关部门依照本条例以及本级人民政府的规定，履行校车安全管理的相关职责。有关部门应当建立健全校车安全管理信息共享机制。

第六条 国务院标准化主管部门会同国务院工业和信息化、公安、交通运输等部门，按照保障安全、经济适用的要求，制定并及时修订校车安全国家标准。

生产校车的企业应当建立健全产品质量保证体系，保证所生产（包括改装，下同）的校车符合校车安全国家标准；不符合标准的，不得出厂、销售。

第七条 保障学生上下学交通安全是政府、学校、社会和家庭的共同责任。社会各方面应当为校车通行提供便利，协助保障校车通行安全。

第八条 县级和设区的市级人民政府教育、公安、交通运输、安全生产监督管理部门应当设立并公布举报电话、举报网络平台，方便群众举报违反校车安全管理规定的行为。

接到举报的部门应当及时依法处理；对不属于本部门管理职责的举报，应当及时移送有关部门处理。

第二章 学校和校车服务提供者

第九条 学校可以配备校车。依法设立的道路旅客运输经营企业、城市公共交通企业，以及根据县级以上地方人民政府规定设立的校车运营单位，可以提供校车服务。

县级以上地方人民政府根据本地区实际情况,可以制定管理办法,组织依法取得道路旅客运输经营许可的个体经营者提供校车服务。

第十条 配备校车的学校和校车服务提供者应当建立健全校车安全管理制度,配备安全管理人员,加强校车的安全维护,定期对校车驾驶人进行安全教育,组织校车驾驶人学习道路交通安全法律法规以及安全防范、应急处置和应急救援知识,保障学生乘坐校车安全。

第十一条 由校车服务提供者提供校车服务的,学校应当与校车服务提供者签订校车安全管理责任书,明确各自的安全管理责任,落实校车运行安全管理措施。

学校应当将校车安全管理责任书报县级或者设区的市级人民政府教育行政部门备案。

第十二条 学校应当对教师、学生及其监护人进行交通安全教育,向学生讲解校车安全乘坐知识和校车安全事故应急处理技能,并定期组织校车安全事故应急处理演练。

学生的监护人应当履行监护义务,配合学校或者校车服务提供者的校车安全管理工作。学生的监护人应当拒绝使用不符合安全要求的车辆接送学生上下学。

第十三条 县级以上地方人民政府教育行政部门应当指导、监督学校建立健全校车安全管理制度,落实校车安全管理责任,组织学校开展交通安全教育。公安机关交通管理部门应当配合教育行政部门组织学校开展交通安全教育。

第三章 校车使用许可

第十四条 使用校车应当依照本条例的规定取得许可。

取得校车使用许可应当符合下列条件:

(一)车辆符合校车安全国家标准,取得机动车检验合格证明,并已经在公安机关交通管理部门办理注册登记;

(二)有取得校车驾驶资格的驾驶人;

（三）有包括行驶线路、开行时间和停靠站点的合理可行的校车运行方案；

（四）有健全的安全管理制度；

（五）已经投保机动车承运人责任保险。

第十五条 学校或者校车服务提供者申请取得校车使用许可，应当向县级或者设区的市级人民政府教育行政部门提交书面申请和证明其符合本条例第十四条规定条件的材料。教育行政部门应当自收到申请材料之日起3个工作日内，分别送同级公安机关交通管理部门、交通运输部门征求意见，公安机关交通管理部门和交通运输部门应当在3个工作日内回复意见。教育行政部门应当自收到回复意见之日起5个工作日内提出审查意见，报本级人民政府。本级人民政府决定批准的，由公安机关交通管理部门发给校车标牌，并在机动车行驶证上签注校车类型和核载人数；不予批准的，书面说明理由。

第十六条 校车标牌应当载明本车的号牌号码、车辆的所有人、驾驶人、行驶线路、开行时间、停靠站点以及校车标牌发牌单位、有效期等事项。

第十七条 取得校车标牌的车辆应当配备统一的校车标志灯和停车指示标志。

校车未运载学生上道路行驶的，不得使用校车标牌、校车标志灯和停车指示标志。

第十八条 禁止使用未取得校车标牌的车辆提供校车服务。

第十九条 取得校车标牌的车辆达到报废标准或者不再作为校车使用的，学校或者校车服务提供者应当将校车标牌交回公安机关交通管理部门。

第二十条 校车应当每半年进行一次机动车安全技术检验。

第二十一条 校车应当配备逃生锤、干粉灭火器、急救箱等安全设备。安全设备应当放置在便于取用的位置，并确保性能良好、有效适用。

校车应当按照规定配备具有行驶记录功能的卫星定位装置。

第二十二条 配备校车的学校和校车服务提供者应当按照国家规定做好校车的安全维护，建立安全维护档案，保证校车处于良好技术状态。不符合安全技术条件的校车，应当停运维修，消除安全隐患。

校车应当由依法取得相应资质的维修企业维修。承接校车维修业务的企业应当按照规定的维修技术规范维修校车，并按照国务院交通运输主管部门的规定对所维修的校车实行质量保证期制度，在质量保证期内对校车的维修质量负责。

第四章　校车驾驶人

第二十三条　校车驾驶人应当依照本条例的规定取得校车驾驶资格。

取得校车驾驶资格应当符合下列条件：

（一）取得相应准驾车型驾驶证并具有3年以上驾驶经历，年龄在25周岁以上、不超过60周岁；

（二）最近连续3个记分周期内没有被记满分记录；

（三）无致人死亡或者重伤的交通事故责任记录；

（四）无饮酒后驾驶或者醉酒驾驶机动车记录，最近1年内无驾驶客运车辆超员、超速等严重交通违法行为记录；

（五）无犯罪记录；

（六）身心健康，无传染性疾病，无癫痫、精神病等可能危及行车安全的疾病病史，无酗酒、吸毒行为记录。

第二十四条　机动车驾驶人申请取得校车驾驶资格，应当向县级或者设区的市级人民政府公安机关交通管理部门提交书面申请和证明其符合本条例第二十三条规定条件的材料。公安机关交通管理部门应当自收到申请材料之日起5个工作日内审查完毕，对符合条件的，在机动车驾驶证上签注准许驾驶校车；不符合条件的，书面说明理由。

第二十五条　机动车驾驶人未取得校车驾驶资格，不得驾驶校车。禁止聘用未取得校车驾驶资格的机动车驾驶人驾驶校车。

第二十六条　校车驾驶人应当每年接受公安机关交通管理部门的审验。

第二十七条　校车驾驶人应当遵守道路交通安全法律法规，严格按照机动车道路通行规则和驾驶操作规范安全驾驶、文明驾驶。

第五章 校车通行安全

第二十八条 校车行驶线路应当尽量避开急弯、陡坡、临崖、临水的危险路段；确实无法避开的，道路或者交通设施的管理、养护单位应当按照标准对上述危险路段设置安全防护设施、限速标志、警告标牌。

第二十九条 校车经过的道路出现不符合安全通行条件的状况或者存在交通安全隐患的，当地人民政府应当组织有关部门及时改善道路安全通行条件、消除安全隐患。

第三十条 校车运载学生，应当按照国务院公安部门规定的位置放置校车标牌，开启校车标志灯。

校车运载学生，应当按照经审核确定的线路行驶，遇有交通管制、道路施工以及自然灾害、恶劣气象条件或者重大交通事故等影响道路通行情形的除外。

第三十一条 公安机关交通管理部门应当加强对校车行驶线路的道路交通秩序管理。遇交通拥堵的，交通警察应当指挥疏导运载学生的校车优先通行。

校车运载学生，可以在公共交通专用车道以及其他禁止社会车辆通行但允许公共交通车辆通行的路段行驶。

第三十二条 校车上下学生，应当在校车停靠站点停靠；未设校车停靠站点的路段可以在公共交通站台停靠。

道路或者交通设施的管理、养护单位应当按照标准设置校车停靠站点预告标识和校车停靠站点标牌，施划校车停靠站点标线。

第三十三条 校车在道路上停车上下学生，应当靠道路右侧停靠，开启危险报警闪光灯，打开停车指示标志。校车在同方向只有一条机动车道的道路上停靠时，后方车辆应当停车等待，不得超越。校车在同方向有两条以上机动车道的道路上停靠时，校车停靠车道后方和相邻机动车道上的机动车应当停车等待，其他机动车道上的机动车应当减速通过。校车后方停车等待的机动车不得鸣喇叭或者使用灯光催促校车。

第三十四条 校车载人不得超过核定的人数，不得以任何理由超员。

学校和校车服务提供者不得要求校车驾驶人超员、超速驾驶校车。

第三十五条 载有学生的校车在高速公路上行驶的最高时速不得超过80公里，在其他道路上行驶的最高时速不得超过60公里。

道路交通安全法律法规规定或者道路上限速标志、标线标明的最高时速低于前款规定的，从其规定。

载有学生的校车在急弯、陡坡、窄路、窄桥以及冰雪、泥泞的道路上行驶，或者遇有雾、雨、雪、沙尘、冰雹等低能见度气象条件时，最高时速不得超过20公里。

第三十六条 交通警察对违反道路交通安全法律法规的校车，可以在消除违法行为的前提下先予放行，待校车完成接送学生任务后再对校车驾驶人进行处罚。

第三十七条 公安机关交通管理部门应当加强对校车运行情况的监督检查，依法查处校车道路交通安全违法行为，定期将校车驾驶人的道路交通安全违法行为和交通事故信息抄送其所属单位和教育行政部门。

第六章　校车乘车安全

第三十八条 配备校车的学校、校车服务提供者应当指派照管人员随校车全程照管乘车学生。校车服务提供者为学校提供校车服务的，双方可以约定由学校指派随车照管人员。

学校和校车服务提供者应当定期对随车照管人员进行安全教育，组织随车照管人员学习道路交通安全法律法规、应急处置和应急救援知识。

第三十九条 随车照管人员应当履行下列职责：

（一）学生上下车时，在车下引导、指挥，维护上下车秩序；

（二）发现驾驶人无校车驾驶资格，饮酒、醉酒后驾驶，或者身体严重不适以及校车超员等明显妨碍行车安全情形的，制止校车开行；

（三）清点乘车学生人数，帮助、指导学生安全落座、系好安全带，确认车门关闭后示意驾驶人启动校车；

（四）制止学生在校车行驶过程中离开座位等危险行为；

（五）核实学生下车人数，确认乘车学生已经全部离车后本人方可离车。

第四十条 校车的副驾驶座位不得安排学生乘坐。

校车运载学生过程中，禁止除驾驶人、随车照管人员以外的人员乘坐。

第四十一条 校车驾驶人驾驶校车上道路行驶前，应当对校车的制动、转向、外部照明、轮胎、安全门、座椅、安全带等车况是否符合安全技术要求进行检查，不得驾驶存在安全隐患的校车上道路行驶。

校车驾驶人不得在校车载有学生时给车辆加油，不得在校车发动机引擎熄灭前离开驾驶座位。

第四十二条 校车发生交通事故，驾驶人、随车照管人员应当立即报警，设置警示标志。乘车学生继续留在校车内有危险的，随车照管人员应当将学生撤离到安全区域，并及时与学校、校车服务提供者、学生的监护人联系处理后续事宜。

第七章 法律责任

第四十三条 生产、销售不符合校车安全国家标准的校车的，依照道路交通安全、产品质量管理的法律、行政法规的规定处罚。

第四十四条 使用拼装或者达到报废标准的机动车接送学生的，由公安机关交通管理部门收缴并强制报废机动车；对驾驶人处2000元以上5000元以下的罚款，吊销其机动车驾驶证；对车辆所有人处8万元以上10万元以下的罚款，有违法所得的予以没收。

第四十五条 使用未取得校车标牌的车辆提供校车服务，或者使用未取得校车驾驶资格的人员驾驶校车的，由公安机关交通管理部门扣留该机动车，处1万元以上2万元以下的罚款，有违法所得的予以没收。

取得道路运输经营许可的企业或者个体经营者有前款规定的违法行为，除依照前款规定处罚外，情节严重的，由交通运输主管部门吊销其经营许可证件。

伪造、变造或者使用伪造、变造的校车标牌的，由公安机关交通管理部门收缴伪造、变造的校车标牌，扣留该机动车，处2000元以上5000元以下的罚款。

第四十六条　不按照规定为校车配备安全设备，或者不按照规定对校车进行安全维护的，由公安机关交通管理部门责令改正，处1000元以上3000元以下的罚款。

第四十七条　机动车驾驶人未取得校车驾驶资格驾驶校车的，由公安机关交通管理部门处1000元以上3000元以下的罚款，情节严重的，可以并处吊销机动车驾驶证。

第四十八条　校车驾驶人有下列情形之一的，由公安机关交通管理部门责令改正，可以处200元罚款：

（一）驾驶校车运载学生，不按照规定放置校车标牌、开启校车标志灯，或者不按照经审核确定的线路行驶；

（二）校车上下学生，不按照规定在校车停靠站点停靠；

（三）校车未运载学生上道路行驶，使用校车标牌、校车标志灯和停车指示标志；

（四）驾驶校车上道路行驶前，未对校车车况是否符合安全技术要求进行检查，或者驾驶存在安全隐患的校车上道路行驶；

（五）在校车载有学生时给车辆加油，或者在校车发动机引擎熄灭前离开驾驶座位。

校车驾驶人违反道路交通安全法律法规关于道路通行规定的，由公安机关交通管理部门依法从重处罚。

第四十九条　校车驾驶人违反道路交通安全法律法规被依法处罚或者发生道路交通事故，不再符合本条例规定的校车驾驶人条件的，由公安机关交通管理部门取消校车驾驶资格，并在机动车驾驶证上签注。

第五十条　校车载人超过核定人数的，由公安机关交通管理部门扣留车辆至违法状态消除，并依照道路交通安全法律法规的规定从重处罚。

第五十一条 公安机关交通管理部门查处校车道路交通安全违法行为，依法扣留车辆的，应当通知相关学校或者校车服务提供者转运学生，并在违法状态消除后立即发还被扣留车辆。

第五十二条 机动车驾驶人违反本条例规定，不避让校车的，由公安机关交通管理部门处200元罚款。

第五十三条 未依照本条例规定指派照管人员随校车全程照管乘车学生的，由公安机关责令改正，可以处500元罚款。

随车照管人员未履行本条例规定的职责的，由学校或者校车服务提供者责令改正；拒不改正的，给予处分或者予以解聘。

第五十四条 取得校车使用许可的学校、校车服务提供者违反本条例规定，情节严重的，原作出许可决定的地方人民政府可以吊销其校车使用许可，由公安机关交通管理部门收回校车标牌。

第五十五条 学校违反本条例规定的，除依照本条例有关规定予以处罚外，由教育行政部门给予通报批评；导致发生学生伤亡事故的，对政府举办的学校的负有责任的领导人员和直接责任人员依法给予处分；对民办学校由审批机关责令暂停招生，情节严重的，吊销其办学许可证，并由教育行政部门责令负有责任的领导人员和直接责任人员5年内不得从事学校管理事务。

第五十六条 县级以上地方人民政府不依法履行校车安全管理职责，致使本行政区域发生校车安全重大事故的，对负有责任的领导人员和直接责任人员依法给予处分。

第五十七条 教育、公安、交通运输、工业和信息化、质量监督检验检疫、安全生产监督管理等有关部门及其工作人员不依法履行校车安全管理职责的，对负有责任的领导人员和直接责任人员依法给予处分。

第五十八条 违反本条例的规定，构成违反治安管理行为的，由公安机关依法给予治安管理处罚；构成犯罪的，依法追究刑事责任。

第五十九条 发生校车安全事故，造成人身伤亡或者财产损失的，依法承担赔偿责任。

第八章 附 则

第六十条 县级以上地方人民政府应当合理规划幼儿园布局，方便幼儿就近入园。

入园幼儿应当由监护人或者其委托的成年人接送。对确因特殊情况不能由监护人或者其委托的成年人接送，需要使用车辆集中接送的，应当使用按照专用校车国家标准设计和制造的幼儿专用校车，遵守本条例校车安全管理的规定。

第六十一条 省、自治区、直辖市人民政府应当结合本地区实际情况，制定本条例的实施办法。

第六十二条 本条例自公布之日起施行。

本条例施行前已经配备校车的学校和校车服务提供者及其聘用的校车驾驶人应当自本条例施行之日起90日内，依照本条例的规定申请取得校车使用许可、校车驾驶资格。

本条例施行后，用于接送小学生、幼儿的专用校车不能满足需求的，在省、自治区、直辖市人民政府规定的过渡期限内可以使用取得校车标牌的其他载客汽车。

教育督导条例

（国务院令第624号　2012年9月9日颁布）

第一章　总　则

第一条　为了保证教育法律、法规、规章和国家教育方针、政策的贯彻执行，实施素质教育，提高教育质量，促进教育公平，推动教育事业科学发展，制定本条例。

第二条　对法律、法规规定范围的各级各类教育实施教育督导，适用本条例。

教育督导包括以下内容：

（一）县级以上人民政府对下级人民政府落实教育法律、法规、规章和国家教育方针、政策的督导；

（二）县级以上地方人民政府对本行政区域内的学校和其他教育机构（以下统称学校）教育教学工作的督导。

第三条　实施教育督导应当坚持以下原则：

（一）以提高教育教学质量为中心；

（二）遵循教育规律；

（三）遵守教育法律、法规、规章和国家教育方针、政策的规定；

（四）对政府履行教育工作相关职责的督导与对学校教育教学工作的督导并重，监督与指导并重；

（五）实事求是、客观公正。

第四条　国务院教育督导机构承担全国的教育督导实施工作，制定教育督导的基本准则，指导地方教育督导工作。

县级以上地方人民政府负责教育督导的机构承担本行政区域的教育督导实施工作。

国务院教育督导机构和县级以上地方人民政府负责教育督导的机构（以下统称教育督导机构）在本级人民政府领导下独立行使督导职能。

第五条　县级以上人民政府应当将教育督导经费列入财政预算。

第二章　督　学

第六条　国家实行督学制度。

县级以上人民政府根据教育督导工作需要，为教育督导机构配备专职督学。教育督导机构可以根据教育督导工作需要聘任兼职督学。

兼职督学的任期为3年，可以连续任职，连续任职不得超过3个任期。

第七条　督学应当符合下列条件：

（一）坚持党的基本路线，热爱社会主义教育事业；

（二）熟悉教育法律、法规、规章和国家教育方针、政策，具有相应的专业知识和业务能力；

（三）坚持原则，办事公道，品行端正，廉洁自律；

（四）具有大学本科以上学历，从事教育管理、教学或者教育研究工作10年以上，工作实绩突出；

（五）具有较强的组织协调能力和表达能力；

（六）身体健康，能胜任教育督导工作。

符合前款规定条件的人员经教育督导机构考核合格，可以由县级以上人民政府任命为督学，或者由教育督导机构聘任为督学。

第八条　督学受教育督导机构的指派实施教育督导。

教育督导机构应当加强对督学实施教育督导活动的管理，对其履行督学职责的情况进行考核。

第九条　督学实施教育督导，应当客观公正地反映实际情况，不得隐瞒或者虚构事实。

第十条　实施督导的督学是被督导单位主要负责人的近亲属或者有其他可能影响客观公正实施教育督导情形的，应当回避。

第三章　督导的实施

第十一条　教育督导机构对下列事项实施教育督导：

（一）学校实施素质教育的情况，教育教学水平、教育教学管理等教育教学工作情况；

（二）校长队伍建设情况，教师资格、职务、聘任等管理制度建设和执行情况，招生、学籍等管理情况和教育质量，学校的安全、卫生制度建设和执行情况，校舍的安全情况，教学和生活设施、设备的配备和使用等教育条件的保障情况，教育投入的管理和使用情况；

（三）义务教育普及水平和均衡发展情况，各级各类教育的规划布局、协调发展等情况；

（四）法律、法规、规章和国家教育政策规定的其他事项。

第十二条 教育督导机构实施教育督导，可以行使下列职权：

（一）查阅、复制财务账目和与督导事项有关的其他文件、资料；

（二）要求被督导单位就督导事项有关问题作出说明；

（三）就督导事项有关问题开展调查；

（四）向有关人民政府或者主管部门提出对被督导单位或者其相关负责人给予奖惩的建议。

被督导单位及其工作人员对教育督导机构依法实施的教育督导应当积极配合，不得拒绝和阻挠。

第十三条 县级人民政府负责教育督导的机构应当根据本行政区域内的学校布局设立教育督导责任区，指派督学对责任区内学校的教育教学工作实施经常性督导。

教育督导机构根据教育发展需要或者本级人民政府的要求，可以就本条例第十一条规定的一项或者几项事项对被督导单位实施专项督导，也可以就本条例第十一条规定的所有事项对被督导单位实施综合督导。

第十四条 督学对责任区内学校实施经常性督导每学期不得少于2次。

县级以上人民政府对下一级人民政府应当每5年至少实施一次专项督导或者综合督导；县级人民政府负责教育督导的机构对本行政区域内的学校，应当每3至5年实施一次综合督导。

第十五条 经常性督导结束，督学应当向教育督导机构提交报告；发现违法违规办学行为或者危及师生生命安全的隐患，应当及时督促学校和相关部门处理。

第十六条 教育督导机构实施专项督导或者综合督导，应当事先确定督导事项，成立督导小组。督导小组由3名以上督学组成。

教育督导机构可以根据需要联合有关部门实施专项督导或者综合督导，也可以聘请相关专业人员参加专项督导或者综合督导活动。

第十七条 教育督导机构实施专项督导或者综合督导，应当事先向被督导单位发出书面督导通知。

第十八条 教育督导机构可以要求被督导单位组织自评。被督导单位应当按照要求进行自评，并将自评报告报送教育督导机构。督导小组应当审核被督导单位的自评报告。

督导小组应当对被督导单位进行现场考察。

第十九条 教育督导机构实施专项督导或者综合督导，应当征求公众对被督导单位的意见，并采取召开座谈会或者其他形式专门听取学生及其家长和教师的意见。

第二十条 督导小组应当对被督导单位的自评报告、现场考察情况和公众的意见进行评议，形成初步督导意见。

督导小组应当向被督导单位反馈初步督导意见；被督导单位可以进行申辩。

第二十一条 教育督导机构应当根据督导小组的初步督导意见，综合分析被督导单位的申辩意见，向被督导单位发出督导意见书。

督导意见书应当就督导事项对被督导单位作出客观公正的评价；对存在的问题，应当提出限期整改要求和建议。

第二十二条 被督导单位应当根据督导意见书进行整改，并将整改情况报告教育督导机构。

教育督导机构应当对被督导单位的整改情况进行核查。

第二十三条 专项督导或者综合督导结束，教育督导机构应当向本级人民政府提交督导报告；县级以上地方人民政府负责教育督导的机构还应当将督导报告报上一级人民政府教育督导机构备案。

督导报告应当向社会公布。

第二十四条 县级以上人民政府或者有关主管部门应当将督导报告作为对被督导单位及其主要负责人进行考核、奖惩的重要依据。

第四章 法律责任

第二十五条 被督导单位及其工作人员有下列情形之一的，由教育督导机构通报批评并责令其改正；拒不改正或者情节严重的，对直接负责的主管人员和其他责任人员，由教育督导机构向有关人民政府或者主管部门提出给予处分的建议：

（一）拒绝、阻挠教育督导机构或者督学依法实施教育督导的；

（二）隐瞒实情、弄虚作假，欺骗教育督导机构或者督学的；

（三）未根据督导意见书进行整改并将整改情况报告教育督导机构的；

（四）打击报复督学的；

（五）有其他严重妨碍教育督导机构或者督学依法履行职责情形的。

第二十六条 督学或者教育督导机构工作人员有下列情形之一的，由教育督导机构给予批评教育；情节严重的，依法给予处分，对督学还应当取消任命或者聘任；构成犯罪的，依法追究刑事责任：

（一）玩忽职守，贻误督导工作的；

（二）弄虚作假，徇私舞弊，影响督导结果公正的；

（三）滥用职权，干扰被督导单位正常工作的。

督学违反本条例第十条规定，应当回避而未回避的，由教育督导机构给予批评教育。

督学违反本条例第十五条规定，发现违法违规办学行为或者危及师生生命安全隐患而未及时督促学校和相关部门处理的，由教育督导机构给予批评教育；情节严重的，依法给予处分，取消任命或者聘任；构成犯罪的，依法追究刑事责任。

第五章 附 则

第二十七条 本条例自2012年10月1日起施行。

艾滋病防治条例(节选)

(国务院令第457号 2006年1月29日颁布)

第四十五条 生活困难的艾滋病病人遗留的孤儿和感染艾滋病病毒的未成年人接受义务教育的,应当免收杂费、书本费;接受学前教育和高中阶段教育的,应当减免学费等相关费用。

学前教育相关综合政策

国务院办公厅关于促进3岁以下婴幼儿照护服务发展的指导意见

（国办发〔2019〕15号 2019年4月17日颁布）

各省、自治区、直辖市人民政府，国务院各部委、各直属机构：

3岁以下婴幼儿（以下简称婴幼儿）照护服务是生命全周期服务管理的重要内容，事关婴幼儿健康成长，事关千家万户。为促进婴幼儿照护服务发展，经国务院同意，现提出如下意见。

一、总体要求

（一）指导思想

以习近平新时代中国特色社会主义思想为指导，全面贯彻党的十九大和十九届二中、三中全会精神，按照统筹推进"五位一体"总体布局和协调推进"四个全面"战略布局要求，坚持以人民为中心的发展思想，以需求和问题为导向，推进供给侧结构性改革，建立完善促进婴幼儿照护服务发展的政策法规体系、标准规范体系和服务供给体系，充分调动社会力量的积极性，多种形式开展婴幼儿照护服务，逐步满足人民群众对婴幼儿照护服务的需求，促进婴幼儿健康成长、广大家庭和谐幸福、经济社会持续发展。

（二）基本原则

家庭为主，托育补充。人的社会化进程始于家庭，儿童监护抚养是父母的法定责任和义务，家庭对婴幼儿照护负主体责任。发展婴幼儿照护服务的重点是为家庭提供科学养育指导，并对确有照护困难的家庭或婴幼儿提供必要的服务。

政策引导，普惠优先。将婴幼儿照护服务纳入经济社会发展规划，加快完善相关政策，强化政策引导和统筹引领，充分调动社会力量积极性，大力推动婴幼儿照护服务发展，优先支持普惠性婴幼儿照护服务机构。

安全健康，科学规范。按照儿童优先的原则，最大限度地保护婴幼儿，确保婴幼儿的安全和健康。遵循婴幼儿成长特点和规律，促进婴幼儿在身体发育、动作、语言、认知、情感与社会性等方面的全面发展。

属地管理，分类指导。在地方政府领导下，从实际出发，综合考虑城乡、区域发展特点，根据经济社会发展水平、工作基础和群众需求，有针对性地开展婴幼儿照护服务。

（三）发展目标

到2020年，婴幼儿照护服务的政策法规体系和标准规范体系初步建立，建成一批具有示范效应的婴幼儿照护服务机构，婴幼儿照护服务水平有所提升，人民群众的婴幼儿照护服务需求得到初步满足。

到2025年，婴幼儿照护服务的政策法规体系和标准规范体系基本健全，多元化、多样化、覆盖城乡的婴幼儿照护服务体系基本形成，婴幼儿照护服务水平明显提升，人民群众的婴幼儿照护服务需求得到进一步满足。

二、主要任务

（一）加强对家庭婴幼儿照护的支持和指导

全面落实产假政策，鼓励用人单位采取灵活安排工作时间等积极措施，为婴幼儿照护创造便利条件。

支持脱产照护婴幼儿的父母重返工作岗位，并为其提供信息服务、就业指导和职业技能培训。

加强对家庭的婴幼儿早期发展指导，通过入户指导、亲子活动、家长课堂等方式，利用互联网等信息化手段，为家长及婴幼儿照护者提供婴幼儿早期发展指导服务，增强家庭的科学育儿能力。

切实做好基本公共卫生服务、妇幼保健服务工作，为婴幼儿家庭开展新生儿访视、膳食营养、生长发育、预防接种、安全防护、疾病防控等服务。

（二）加大对社区婴幼儿照护服务的支持力度

地方各级政府要按照标准和规范在新建居住区规划、建设与常住人口规模相适应的婴幼儿照护服务设施及配套安全设施，并与住宅同步验收、同步交付使用；老城区和已建成居住区无婴幼儿照护服务设施的，要限期通过购置、置换、租赁等方式建设。有关标准和规范由住房城乡建设部于2019年8月底前制定。鼓励通过市场化方式，采取公办民营、民办公助等多种方式，在就业人群密集的产业聚集区域和用人单位完善婴幼儿照护服务设施。

鼓励地方各级政府采取政府补贴、行业引导和动员社会力量参与等方式，在加快推进老旧居住小区设施改造过程中，通过做好公共活动区域的设施和部位改造，为婴幼儿照护创造安全、适宜的环境和条件。

各地要根据实际，在农村社区综合服务设施建设中，统筹考虑婴幼儿照护服务设施建设。

发挥城乡社区公共服务设施的婴幼儿照护服务功能，加强社区婴幼儿照护服务设施与社区服务中心（站）及社区卫生、文化、体育等设施的功能衔接，发挥综合效益。支持和引导社会力量依托社区提供婴幼儿照护服务。发挥网格化服务管理作用，大力推动资源、服务、管理下沉到社区，使基层各类机构、组织在服务保障婴幼儿照护等群众需求上有更大作为。

加大对农村和贫困地区婴幼儿照护服务的支持，推广婴幼儿早期发展项目。

（三）规范发展多种形式的婴幼儿照护服务机构

举办非营利性婴幼儿照护服务机构的，在婴幼儿照护服务机构所在地的县级以上机构编制部门或民政部门注册登记；举办营利性婴幼儿照护服务机构的，在婴幼儿照护服务机构所在地的县级以上市场监管部门注册登记。婴幼儿照护服务机构经核准登记后，应当及时向当地卫生健康部门备案。登记机关应当及时将有关机构登记信息推送至卫生健康部门。

地方各级政府要将需要独立占地的婴幼儿照护服务设施和场地建设布局纳入相关规划，新建、扩建、改建一批婴幼儿照护服务机构和设施。城镇婴幼儿照护服务机构建设要充分考虑进城务工人员随迁婴幼儿的照护服务需求。

支持用人单位以单独或联合相关单位共同举办的方式，在工作场所为职工提供福利性婴幼儿照护服务，有条件的可向附近居民开放。鼓励支持有条件的幼儿园开设托班，招收2～3岁的幼儿。

各类婴幼儿照护服务机构可根据家庭的实际需求，提供全日托、半日托、计时托、临时托等多样化的婴幼儿照护服务；随着经济社会发展和人民消费水平提升，提供多层次的婴幼儿照护服务。

落实各类婴幼儿照护服务机构的安全管理主体责任，建立健全各类婴幼儿照护服务机构安全管理制度，配备相应的安全设施、器材及安保人员。依法加强安全监管，督促各类婴幼儿照护服务机构落实安全责任，严防安全事故发生。

加强婴幼儿照护服务机构的卫生保健工作。认真贯彻保育为主、保教结合的工作方针，为婴幼儿创造良好的生活环境，预防控制传染病，降低常见病的发病率，保障婴幼儿的身心健康。各级妇幼保健机构、疾病预防控制机构、卫生监督机构要按照职责加强对婴幼儿照护服务机构卫生保健工作的业务指导、咨询服务和监督检查。

加强婴幼儿照护服务专业化、规范化建设，遵循婴幼儿发展规律，建立健全婴幼儿照护服务的标准规范体系。各类婴幼儿照护服务机构开展婴幼儿照护服务必须符合国家和地方相关标准和规范，并对婴幼儿的安全和健康负主体责任。运用互联网等信息化手段对婴幼儿照护服务机构的服务过程加强监管，让广大家长放心。建立健全婴幼儿照护服务机构备案登记制度、信息公示制度和质量评估制度，对婴幼儿照护服务机构实施动态管理。依法逐步实行工作人员职业资格准入制度，对虐童等行为零容忍，对相关个人和直接管理人员实行终身禁入。婴幼儿照护服务机构设置标准和管理规范由国家卫生健康委制定，各地据此做好婴幼儿照护服务机构核准登记工作。

三、保障措施

（一）加强政策支持

充分发挥市场在资源配置中的决定性作用，梳理社会力量进入的堵点和难点，采取多种方式鼓励和支持社会力量举办婴幼儿照护服务机构。鼓励地方政府通过采取提供场地、减免租金等政策措施，加大对社会力量开展婴幼儿照护服务、用人单位内设婴幼儿照护服务机构的支持力度。鼓励地方政府探索试行与婴幼儿照护服务配套衔接的育儿假、产休假。创新服务管理方式，提升服务效能水平，为开展婴幼儿照护服务创造有利条件、提供便捷服务。

（二）加强用地保障

将婴幼儿照护服务机构和设施建设用地纳入土地利用总体规划、城乡规划和年度用地计划并优先予以保障，农用地转用指标、新增用地指标分配要适当向婴幼儿照护服务机构和设施建设用地倾斜。鼓励利用低效土地或闲置土地建设婴幼儿照护服务机构和设施。对婴幼儿照护服务设施和非营利性婴幼儿照护服务机构建设用地，符合《划拨用地目录》的，可采取划拨方式予以保障。

（三）加强队伍建设

高等院校和职业院校（含技工院校）要根据需求开设婴幼儿照护相关专业，合理确定招生规模、课程设置和教学内容，将安全照护等知识和能力纳入教学内容，加快培养婴幼儿照护相关专业人才。将婴幼儿照护服务人员作为急需紧缺人员纳入培训规划，切实加强婴幼儿照护服务相关法律法规培训，增强从业人员法治意识；大力开展职业道德和安全教育、职业技能培训，提高婴幼儿照护服务能力和水平。依法保障从业人员合法权益，建设一支品德高尚、富有爱心、敬业奉献、素质优良的婴幼儿照护服务队伍。

（四）加强信息支撑

充分利用互联网、大数据、物联网、人工智能等技术，结合婴幼儿照护服务实际，研发应用婴幼儿照护服务信息管理系统，实现线上线下结合，在优化服务、加强管理、统计监测等方面发挥积极作用。

（五）加强社会支持

加快推进公共场所无障碍设施和母婴设施的建设和改造，开辟服务绿色通道，为婴幼儿出行、哺乳等提供便利条件，营造婴幼儿照护友好的社会环境。企业利用新技术、新工艺、新材料和新装备开发与婴幼儿照护相关的产品必须经过严格的安全评估和风险监测，切实保障安全性。

四、组织实施

（一）强化组织领导

各级政府要提高对发展婴幼儿照护服务的认识，将婴幼儿照护服务纳入经济社会发展相关规划和目标责任考核，发挥引导作用，制定切实管用的政策措施，促进婴幼儿照护服务规范发展。

（二）强化部门协同

婴幼儿照护服务发展工作由卫生健康部门牵头，发展改革、教育、公安、民政、财政、人力资源和社会保障、自然资源、住房、城乡建设、应急管理、税务、市场监管等部门要按照各自职责，加强对婴幼儿照护服务的指导、监督和管理。积极发挥工会、共青团、妇联、计划生育协会、宋庆龄基金会等群团组织和行业组织的作用，加强社会监督，强化行业自律，大力推动婴幼儿照护服务的健康发展。

（三）强化监督管理

加强对婴幼儿照护服务的监督管理，建立健全业务指导、督促检查、考核奖惩、安全保障和责任追究制度，确保各项政策措施、规章制度落实到位。按照属地管理和分工负责的原则，地方政府对婴幼儿照护服务的规范发展和安全监管负主要责任，制定婴幼儿照护服务的规范细则，各相关部门按照各自职责负监管责任。对履行职责不到位、发生安全事故的，要严格按照有关法律法规追究相关人员的责任。

（四）强化示范引领

在全国开展婴幼儿照护服务示范活动，建设一批示范单位，充分发挥示范引领、带动辐射作用，不断提高婴幼儿照护服务整体水平。

国务院办公厅

2019年4月17日

中共中央 国务院关于学前教育深化改革规范发展的若干意见

（2018年11月7日）

学前教育是终身学习的开端，是国民教育体系的重要组成部分，是重要的社会公益事业。办好学前教育、实现幼有所育，是党的十九大作出的重大决策部署，是党和政府为老百姓办实事的重大民生工程，关系亿万儿童健康成长，关系社会和谐稳定，关系党和国家事业未来。

党的十八大以来，我国学前教育事业快速发展，资源迅速扩大、普及水平大幅提高、管理制度不断完善，"入园难"问题得到有效缓解。同时也要看到，由于底子薄、欠账多，目前学前教育仍是整个教育体系的短板，发展不平衡不充分问题十分突出，"入园难""入园贵"依然是困扰老百姓的烦心事之一。主要表现为：学前教育资源尤其是普惠性资源不足，政策保障体系不完善，教师队伍建设滞后，监管体制机制不健全，保教质量有待提高，存在"小学化"倾向，部分民办园过度逐利、幼儿安全问题时有发生。为进一步完善学前教育公共服务体系，切实办好新时代学前教育，更好实现幼有所育，现就学前教育深化改革规范发展提出如下意见。

一、总体要求

（一）指导思想。以习近平新时代中国特色社会主义思想为指导，全面贯彻党的十九大精神和党的教育方针，认真落实立德树人根本任务，遵循学前教育规律，牢牢把握学前教育正确发展方向，完善学前教育体制机制，健全学前教育政策保障体系，推进学前教育普及普惠安全优质发展，满足人民群众对幼有所育的美好期盼，为培养德智体美劳全面发展的社会主义建设者和接班人奠定坚实基础。

（二）基本原则

——坚持党的领导。加强党对学前教育工作的领导，确保党的教育方针在学前教育领域深入贯彻，确保立德树人根本任务落实到位，确保学前教育始终沿着正确方向发展。

——坚持政府主导。落实各级政府在学前教育规划、投入、教师队伍建设、监管等方面的责任，完善各有关部门分工负责、齐抓共管的工作机制。牢牢把握公益普惠基本方向，坚持公办民办并举，加大公共财政投入，着力扩大普惠性学前教育资源供给。

——坚持改革创新。突出问题导向，统筹兼顾、综合施策，破解制约学前教育发展的体制机制障碍，补齐制度短板，激发办园活力，鼓励引导规范社会力量办园，充分调动各方面积极性。

——坚持规范管理。遵循幼儿身心发展规律，实施科学保教，健全治理体系，堵住监管漏洞，完善学前教育法律法规，实现依法依规办园治园，促进幼儿健康快乐成长。

（三）主要目标

到2020年，全国学前三年毛入园率达到85%，普惠性幼儿园覆盖率（公办园和普惠性民办园在园幼儿占比）达到80%。广覆盖、保基本、有质量的学前教育公共服务体系基本建成，学前教育管理体制、办园体制和政策保障体系基本完善。投入水平显著提高，成本分担机制普遍建立。幼儿园办园行为普遍规范，保教质量明显提升。不同区域、不同类型城市分类解决学前教育发展问题，大型、特大型城市率先实现发展目标。

到2020年，基本形成以本专科为主体的幼儿园教师培养体系，本专科学前教育专业毕业生规模达到20万人以上；建立幼儿园教师专业成长机制，健全培训课程标准，分层分类培训150万名左右幼儿园园长、教师；建立普通高等学校学前教育专业质量认证和保障体系，幼儿园教师队伍综合素质和科学保教能力得到整体提升，幼儿园教师社会地位、待遇保障进一步提高，职业吸引力明显增强。

到2035年，全面普及学前三年教育，建成覆盖城乡、布局合理的学前教育公共服务体系，形成完善的学前教育管理体制、办园体制和政策保障体系，为幼儿提供更加充裕、更加普惠、更加优质的学前教育。

二、优化布局与办园结构

（四）科学规划布局。各地要充分考虑人口变化和城镇化发展趋势，结合实施乡村振兴战略，制定应对学前教育需求高峰方案。以县为单位制定幼儿园布局规划，切实把普惠性幼儿园建设纳入城乡公共管理和公共服务设施统一规划，列入本地区控制性详细规划和土地招拍挂建设项目成本，选定具体位置，明确服务范围，确定建设规模，确保优先建设。公办园资源不足的城镇地区，新建改扩建一批公办园。大力发展农村学前教育，每个乡镇原则上至少办好一所公办中心园，大村独立建园或设分园，小村联合办园，人口分散地区根据实际情况可举办流动幼儿园、季节班等，配备专职巡回指导教师，完善县乡村三级学前教育公共服务网络。

（五）调整办园结构。各地要把发展普惠性学前教育作为重点任务，结合本地实际，着力构建以普惠性资源为主体的办园体系，坚决扭转高收费民办园占比偏高的局面。大力发展公办园，充分发挥公办园保基本、兜底线、引领方向、平抑收费的主渠道作用。按照实现普惠目标的要求，公办园在园幼儿占比偏低的省份，逐步提高公办园在园幼儿占比，到2020年全国原则上达到50%，各地可从实际出发确定具体发展目标。积极扶持民办园提供普惠性服务，规范营利性民办园发展，满足家长不同选择性需求。

三、拓宽途径扩大资源供给

（六）实施学前教育专项。国家继续实施学前教育行动计划，逐年安排建设一批普惠性幼儿园，重点扩大农村地区、脱贫攻坚地区、新增人口集中地区普惠性资源。

（七）积极挖潜扩大增量。充分利用腾退搬迁的空置厂房、乡村公共服务设施、农村中小学闲置校舍等资源，以租赁、租借、划转等形式举办公办园。鼓励支持街道、村集体、有实力的国有企事业单位，特别是普通高等学校举办公办园，在为本单位职工子女入园提供便利的同时，也为社会提供普惠性服务。对于军队停办的幼儿园，要移交地方政府接收，实行属地化管理，确保学前教育资源不流失。

（八）规范小区配套幼儿园建设使用。2019年6月底前，各省（自治区、直辖市）要制定小区配套幼儿园建设管理办法，健全发展改革、自然资源、住房城乡建设、教育等部门联动管理机制，做好配套幼儿园规划、土地出让、园舍设计建设、验收、移交、办园等环节的监督管理。各省（自治区、直辖市）要对小区配套幼儿园规划、建设、移交、办园等情况进行专项治理，2019年年底前整改到位。老城（棚户区）改造、新城开发和居住区建设、易地扶贫搬迁应将配套建设幼儿园纳入公共管理和公共服务设施建设规划，并按照相关标准和规范予以建设，确保配套幼儿园与首期建设的居民住宅区同步规划、同步设计、同步建设、同步验收、同步交付使用。配套幼儿园由当地政府统筹安排，办成公办园或委托办成普惠性民办园，不得办成营利性幼儿园。对存在配套幼儿园缓建、缩建、停建、不建和建而不交等问题的，在整改到位之前，不得办理竣工验收。

（九）鼓励社会力量办园。政府加大扶持力度，引导社会力量更多举办普惠性幼儿园。2019年6月底前，各省（自治区、直辖市）要进一步完善普惠性民办园认定标准、补助标准及扶持政策。通过购买服务、综合奖补、减免租金、派驻公办教师、培训教师、教研指导等方式，支持普惠性民办园发展，并将提供普惠性学位数量和办园质量作为奖补和支持的重要依据。

四、健全经费投入长效机制

（十）优化经费投入结构。国家进一步加大学前教育投入力度，逐步提高学前教育财政投入和支持水平，主要用于扩大普惠性资源、补充配备教师、提高教师待遇、改善办园条件。中央财政继续安排支持学前教育发展资金，支持地方多种形式扩大普惠性资源，深化体制机制改革，健全幼儿资助制度，重点向中西部农村地区和贫困地区倾斜。研究中央专项彩票公益金等支持学前教育发展的政策。地方各级政府要健全学前教育经费投入机制，规范使用管理，强化绩效评价，提高使用效益。

（十一）健全学前教育成本分担机制。各地要从实际出发，科学核定办园成本，以提供普惠性服务为衡量标准，统筹制定财政补助和收费政策，合理确定分担比例。到2020年，各省（自治区、直辖市）制定并落实公办园生均财政拨款标准或生均公用经费标准，合理确定并动态调整拨款水平；因地制宜制定企事业单位、部队、街道、村集体办幼儿园财政补助政策；根据办园成本、经济发展水平和群众承受能力等因素，合理确定公办园收费标准并建立定期动态调整机制。民办园收费项目和标准根据办园成本、市场需求等因素合理确定，向社会公示，并接受有关主管部门的监督。非营利性民办园（包括普惠性民办园）收费具体办法由省级政府制定。营利性民办园收费标准实行市场调节，由幼儿园自主决定。地方政府依法加强对民办园收费的价格监管，坚决抑制过高收费。

（十二）完善学前教育资助制度。各地要认真落实幼儿资助政策，确保接受普惠性学前教育的家庭经济困难儿童（含建档立卡家庭儿童、低保家庭儿童、特困救助供养儿童等）、孤儿和残疾儿童得到资助。

五、大力加强幼儿园教师队伍建设

（十三）严格依标配备教职工。各地要及时补充公办园教职工，严禁"有编不补"、长期使用代课教师。民办园按照配备标准配足配齐教职工。各类幼儿园按照国家相关规定配备卫生保健人员。

（十四）依法保障幼儿园教师地位和待遇。各地要认真落实公办园教师工资待遇保障政策，统筹工资收入政策、经费支出渠道，确保教师工资及时足额发放、同工同酬。有条件的地方可试点实施乡村公办园教师生活补助政策。按照政府购买服务范围的规定，可将公办园中保育员、安保、厨师等服务纳入政府购买服务范围，所需资金从地方财政预算中统筹安排。民办园要参照当地公办园教师工资收入水平，合理确定相应教师的工资收入。各类幼儿园依法依规足额足项为教职工缴纳社会保险和住房公积金。各地要根据学前教育特点和幼儿园教师专业标准，完善幼儿园教师职称评聘标准，畅通职称评聘通道，提高高级职称比例。对作出突出贡献的幼儿园园长、教师，按照国家有关规定予以表彰和奖励。

（十五）完善教师培养体系。办好一批幼儿师范专科学校和若干所幼儿师范学院，支持师范院校设立并办好学前教育专业。中等职业学校相关专业重点培养保育员。根据基本普及学前教育目标，制定学前教育专业培养规划，扩大本专科层次培养规模及学前教育专业公费师范生招生规模。前移培养起点，大力培养初中毕业起点的五年制专科学历的幼儿园教师。引导学前教育专业毕业生从事幼教工作，鼓励师范院校在校生辅修或转入学前教育专业，扩大有质量教师供给。创新培养模式，优化培养课程体系，突出保教融合，健全学前教育法规及规章制度，加强儿童发展、幼儿园保育教育实践类课程建设，提高培养专业化水平。2018年启动师范院校学前教育专业国家认证工作，建立培养质量保障制度。

（十六）健全教师培训制度。出台幼儿园教师培训课程指导标准，实行幼儿园园长、教师定期培训和全员轮训制度。研究制定全国幼儿园教师培训工作方案，用两年半左右时间，通过国家、省、县三级培训网络，大规模培训幼儿园园长、教师，重点加强师德师风全员培训、非学前教育专业教师全员补偿培训和未成年人保护方面的法律培训等。创新培训模式，支持师范院校与优质幼儿园协同建立培训基地，强化专业学习与跟岗实践相结合，增强培训针对性和实效性，切实提高教师专业水平和科学保教能力。

（十七）严格教师队伍管理。认真落实教师资格准入与定期注册制度，严格执行幼儿园园长、教师专业标准，坚持公开招聘制度，全面落实幼儿园教师持证上岗，切实把好幼儿园园长、教师入口关。非学前教育专业毕业生到幼儿园从教须经专业培训并取得相应教师资格。强化师德师风建设，通过加强师德教育、完善考评制度、加大监察监督、建立信用记录、完善诚信承诺和失信惩戒机制等措施，提高教师职业素养，培养热爱幼教、热爱幼儿的职业情怀。对违反职业行为规范、影响恶劣的实行"一票否决"，终身不得从教。

六、完善监管体系

（十八）落实监管责任。强化各级党委和政府及各有关部门的监管责任，建立健全教育部门主管、各有关部门分工负责的监管机制。健全各级教育部门学前教育管理机构，充实管理力量，建设一支与学前教育事业发展规模和监管任务相适应的专业化管理队伍。

（十九）加强源头监管。严格幼儿园准入管理，各地依据国家基本标准调整完善幼儿园设置标准，严格掌握审批条件，加强对教职工资质与配备标准、办园条件等方面的审核。幼儿园审批严格执行"先证后照"制度，由县级教育部门依法进行前置审批，取得办园许可证后，到相关部门办理法人登记。对符合条件的幼儿园，按照国家相关规定进行事业单位登记。

（二十）完善过程监管。强化对幼儿园教职工资质和配备、收费行为、安全防护、卫生保健、保教质量、经费使用以及财务管理等方面的动态监管，完善年检制度。各地建立幼儿园基本信息备案及公示制度，充分利用互联网等信息化手段，向社会及时公布并更新幼儿园教职工配备、收费标准、质量评估等方面信息，主动接受社会监督。教育、民政、市场监管等部门要健全家长投诉渠道，及时回应和解决家长反映的问题。健全家长志愿者驻园值守制度，充分发挥幼儿园家长委员会作用，推动家长有效参与幼儿园重大事项决策和日常管理。建设全国学前教育管理信息系统，提高学前教育信息化管理水平。

（二十一）强化安全监管。落实相关部门对幼儿园安全保卫和监管责任，提升人防、物防、技防能力，建立全覆盖的幼儿园安全风险防控体系。幼儿园所在街道（乡镇）、城乡社区居民委员会（村民委员会）共同做好幼儿园安全监管工作。幼儿园必须把保护幼儿生命安全和健康放在首位，落实园长安全主体责任，健全各项安全管理制度和安全责任制，强化法治教育和安全教育，提高家长安全防范意识和能力，并通过符合幼儿身心特点的方式提高幼儿感知、体悟、躲避危险和伤害的能力。

（二十二）严格依法监管。加强办园行为督导，实行幼儿园责任督学挂牌督导制度。幼儿园提供虚假或误导家长信息的，纳入诚信记录。对存在伤害儿童、违规收费等行为的幼儿园，及时进行整改、追究责任；造成恶劣影响的，依法吊销办园许可证，有关责任人终身不得办学和执教；构成犯罪的，依法追究其刑事责任。

七、规范发展民办园

（二十三）稳妥实施分类管理。2019年6月底前，各省（自治区、直辖市）要制定民办园分类管理实施办法，明确分类管理政策。现有民办园根据举办者申请，限期归口进行非营利性民办园或营利性民办园分类登记。在此期间，县级以上教育、民政、市场监管部门做好衔接等工作，确保分类登记平稳实施、有序进行。

（二十四）遏制过度逐利行为。民办园应依法建立财务、会计和资产管理制度，按照国家有关规定设置会计账簿，收取的费用应主要用于幼儿保教活动、改善办园条件和保障教职工待遇，每年依规向当地教育、民政或市场监管部门提交经审计的财务报告。社会资本不得通过兼并收购、受托经营、加盟连锁、利用可变利益实体、协议控制等方式控制国有资产或集体资产举办的幼儿园、非营利性幼儿园；已违规的，由教育部门会同有关部门进行清理整治，清理整治完成前不得进行增资扩股。参与并购、加盟、连锁经营的营利性幼儿园，应将与相关利益企业签订的协议报县级以上教育部门备案并向社会公布；当地教育部门应对相关利益企业和幼儿园的资质、办园方向、课程资源、数量规模及管理能力等进行严格审核，实施加盟、连锁行为的营利性幼儿园原则上应取得省级示范园资质。幼儿园控制主体或品牌加盟主体变更，须经所在区县教育部门审批，举办者变更须按规定办理核准登记手续，按法定程序履行资产交割。所属幼儿园出现安全、经营、管理、质量、财务、资产等方面问题时，举办者、实际控制人、负责幼儿园经营的管理机构应承担相应责任。民办园一律不准单独或作为一部分资产打包上市。上市公司不得通过股票市场融资投资营利性幼儿园，不得通过发行股份或支付现金等方式购买营利性幼儿园资产。

（二十五）分类治理无证办园。各地要将无证园全部纳入监管范围，建立工作台账，稳妥做好排查、分类、扶持和治理工作。加大整改扶持力度，通过整改扶持规范一批无证园，达到基本标准的，颁发办园许可证。整改后仍达不到安全卫生等办园基本要求的，地方政府要坚决予以取缔，并妥善分流和安置幼儿。2020年年底前，各地要稳妥完成无证园治理工作。

八、提高幼儿园保教质量

（二十六）全面改善办园条件。幼儿园园舍条件、玩教具和幼儿图书配备应达到规定要求。国家制定幼儿园玩教具和图书配备指南，广泛征集遴选符合幼儿身心特点的优质游戏活动资源和体现中国优秀传统文化、现代生活特色的绘本。各地要加强对玩教具和图书配备的指导，支持引导幼儿园充分利用当地自然和文化资源，合理布局空间、设施，为幼儿提供有利于激发学习探索、安全、丰富、适宜的游戏材料和玩教具，防止盲目攀比、不切实际。

（二十七）注重保教结合。幼儿园要遵循幼儿身心发展规律，树立科学保教理念，建立良好师幼关系。合理安排幼儿一日生活，为幼儿提供均衡的营养，保证充足的睡眠和适宜的锻炼，传授基本的文明礼仪，培育幼儿良好的卫生、生活、行为习惯和自我保护能力。坚持以游戏为基本活动，珍视幼儿游戏活动的独特价值，保护幼儿的好奇心和学习兴趣，尊重个体差异，鼓励支持幼儿通过亲近自然、直接感知、实际操作、亲身体验等方式学习探索，促进幼儿快乐健康成长。开展幼儿园"小学化"专项治理行动，坚决克服和纠正"小学化"倾向，小学起始年级必须按国家课程标准坚持零起点教学。

（二十八）完善学前教育教研体系。健全各级学前教育教研机构，充实教研队伍，落实教研指导责任区制度，加强园本教研、区域教研，及时解决幼儿园教师在教育实践过程中的困惑和问题。充分发挥城镇优质幼儿园和农村乡镇中心园的辐射带动作用，加强对薄弱园的专业引领和实践指导。

（二十九）健全质量评估监测体系。国家制定幼儿园保教质量评估指南，各省（自治区、直辖市）完善幼儿园质量评估标准，健全分级分类评估体系，建立一支立足实践、熟悉业务的专业化质量评估队伍，将各类幼儿园全部纳入质量评估范畴，定期向社会公布评估结果。加强幼儿园保育教育资源监管，在幼儿园推行使用的课程教学类资源须经省级学前教育专家指导委员会审核。

九、加强组织领导

（三十）加强党的领导。全面加强党对学前教育事业的领导，按照管党建与管业务相结合的原则，市、县级党委教育工作部门或教育行政部门党组织统一领导和指导幼儿园党建工作。认真落实全面从严治党要求，实现幼儿园党的组织和党的工作全覆盖。充分发挥幼儿园党组织作用，保障正确办园方向，认真做好教职工思想政治工作，厚植立德树人基础。

（三十一）健全管理体制。认真落实国务院领导、省市统筹、以县为主的学前教育管理体制。积极推动各地理顺机关、企事业单位办幼儿园的办园体制，实行属地化管理。国家完善相关法规制度，制定学前教育发展规划，推进普及学前教育，构建覆盖城乡的学前教育公共服务体系。地方政府是发展学前教育的责任主体，省级和市级政府负责统筹加强学前教育工作，推动出台地方性学前教育法规，制定相关规章和本地学前教育发展规划，健全投入机制，明确分担责任，完善相关政策措施并组织实施；县级政府对本县域学前教育发展负主体责任，负责制定学前教育发展规划和幼儿园布局、公办园的建设、教师配备补充、工资待遇及幼儿园运转，面向各类幼儿园进行监督管理，指导幼儿园做好保教工作，在土地划拨等方面对幼儿园予以优惠和支持，确保县域内学前教育规范有序健康发展。城市街道办事处、乡（镇）政府要积极支持办好本行政区域内各类幼儿园。

（三十二）完善部门协调机制。教育部门要完善政策，制定标准，充实管理、教研力量，加强学前教育的科学指导和监督管理。编制部门要结合实际合理核定公办园教职工编制。发展改革部门要把学前教育纳入当地经济社会发展规划，支持幼儿园建设发展。财政部门要完善财政支持政策，支持扩大普惠性学前教育资源。自然资源、住房城乡建设部门要将城镇小区和新农村配套幼儿园必要建设用地及时纳入相关规划，会同教育部门加强对配套幼儿园的建设、验收、移交等环节的监管落实。人力资源社会保障部门要制定完善幼儿园教职工人事（劳动）、工资待遇、社会保障和职称评聘政策。价格、财政、教育部门要根据职责分工，加强幼儿园收费管理。卫生健康部门要监督指导幼儿园卫生保健工作。民政、市场监管部门要分别对取得办学许可证的非营利性幼儿园和营利性幼儿园依法办理法人登记手续。金融监管部门要对民办园并购、融资上市等行为进行规范监管。党委政法委组织协调公安、司法等政法机关和有关部门进一步加强幼儿园安全保卫工作的指导,依法严厉打击侵害幼儿人身安全的违法犯罪行为,推动幼儿园及周边社会治安综合治理。

(三十三)建立督导问责机制。将学前教育普及普惠目标和相关政策措施落实情况作为对省级政府履行教育职责督导评估的重要内容,作为地方各级党委和政府督查工作的重点任务,纳入督导评估和目标考核体系。国务院教育督导委员会制定普及学前教育督导评估办法,以县为单位对普及学前教育情况进行评估,省级为主推动实施,国家审核认定。省一级建立专项督查机制,加强对普惠性资源配置、教师队伍建设、经费投入与成本分担机制等政府责任落实情况的督导检查,并将结果向社会公示。对发展学前教育成绩突出的地区予以表彰奖励,对履行职责不力、没有如期完成发展目标地区的责任人予以问责。

(三十四)研究制定学前教育法。加快推进学前教育立法,进一步明确学前教育在国民教育体系中的地位和公益普惠属性,强化政府和各有关部门在学前教育规划、投入、资源配置、师资队伍建设和监管等方面的责任,明确举办者对幼儿园办园条件、师资聘任、工资待遇、运转保障、经费使用与财务管理等方面的责任,促进学前教育事业健康可持续发展。加大对违法违规办园行为的惩治力度,推进学前教育走上依法办园、依法治教的轨道,保障幼儿身心健康成长。

(三十五)营造良好氛围。教育部门会同宣传、广电部门及新闻媒体认真遴选并广泛宣传各地学前教育工作的典型经验,以及为发展学前教育事业作出突出贡献的先进个人事迹,积极开展"全国学前教育宣传月"等宣传教育活动,传播科学育儿理念和知识,集中宣传展示先进典型经验,大力营造全社会关心支持学前教育改革发展的良好氛围。

教育部办公厅关于严禁商业广告、商业活动进入中小学校和幼儿园的紧急通知

(教基厅函〔2018〕77号　2018年10月10日颁布)

各省、自治区、直辖市教育厅(教委),新疆生产建设兵团教育局:

近日,山东菏泽市开发区交警大队联合菏泽市开发区丹阳路小学开展"交通安全进校园"活动时,菏泽万达广场及菏泽市广播电台经济文艺广告工作人员现场发放了印有菏泽万达商业广告的小黄帽和红领巾,性质恶劣。山东省委、省政府高度重视,对此事进行了严肃查处。各地要从中吸取深刻教训,举一反三,采取有效措施,坚决禁止任何形式的商业广告、商业活动进入中小学和幼儿园。现就有关要求紧急通知如下:

一、立即开展一次全面排查

各地教育行政部门要立即组织力量对区域内中小学校、幼儿园开展一次全面检查,重点排查在中小学校、幼儿园开展商业广告活动,或利用中小学生和幼儿的教材、教辅材料、练习册、文具、教具、校服、校车等发布或者变相发布广告等行为,要特别关注有无将红领巾及其名义用于商标、商业广告以及商业活动,各类"进校园"活动有无夹带商业活动等问题,发现一起,查处一起,坚决杜绝任何商业行为侵蚀校园。

二、严格审批"进校园"活动

各地教育行政部门要建立各类"进校园"活动备案审核制度,对活动内容、具体方案、举办单位和参加人员等进行严格把关。对于各类进入校园或组织中小学生、在园幼儿参加的活动,由县级及以上教育行政部门进行审批,实行备案管理。凡未经批准的活动,一律禁止进入校园或组织中小学生、在园幼儿参加。对于经审批进入校园或组织中小学生、在园幼儿参加的活动,县级及以上教育行政部门要明确责任人负责全程监管,一经发现与审批备案情况不符,或存在发布或变相发布商业广告的行为,要立即采取措施予以制止,并第一时间

报告县级及以上教育行政部门。

三、切实加强校园日常监管

各地教育行政部门要健全日常监管制度，切实减少与学校教书育人无关的各类活动。经批准同意进入校园的各类教育活动，必须坚持公益性原则，不得干扰学校正常的教育教学秩序，不得给学校和师生增加额外负担。要加强教育培训，不断增强校长教师法治意识，提高应对突发事件的应急能力。学校要坚决抵制各类利用中小学生和幼儿的教材、教辅材料、练习册、文具、教具、校服、校车等发布或者变相发布广告等行为。

四、营造外部良好育人环境

各地教育行政部门要会同相关部门，严格按照广告法等相关法律规定，杜绝企业以任何形式发布不利于中小学生和幼儿身心健康的商业广告，对违规在校园进行商业宣传活动，给学校、教师、学生摊派任何购买、销售任务，给学校、教师、学生分发带有商业广告的物品等行为进行严肃查处，确保学校一方净土。要加强宣传教育，引导全社会形成关心爱护广大中小学生和幼儿健康成长的良好氛围。

请各地将贯彻落实情况及时报教育部基础教育司。

教育部办公厅

2018年10月10日

财政部 教育部关于印发《中央财政支持学前教育发展资金管理办法》的通知

（财科教〔2017〕131号 2017年9月30日颁布）

各省、自治区、直辖市、计划单列市财政厅（局）、教育厅（教委、教育局），新疆生产建设兵团财务局、教育局：

为规范和加强中央财政支持学前教育发展资金管理，提高资金使用效益，根据国家有关法律制度规定，财政部、教育部修订了《中央财政支持学前教育发展资金管理办法》，现予印发，请遵照执行。

附件：中央财政支持学前教育发展资金管理办法

财政部 教育部

2017年9月30日

中央财政支持学前教育发展资金管理办法

第一条 为加强中央财政支持学前教育发展资金（以下简称学前教育发展资金）管理，提高资金使用效益，根据《国务院关于当前发展学前教育的若干意见》（国发〔2010〕41号）和有关法律制度规定，制定本办法。

第二条 本办法所称学前教育发展资金，是由中央财政通过专项转移支付安排、用于支持学前教育发展的资金。

第三条 学前教育发展资金管理遵循"中央引导、突出重点、省级统筹、注重绩效"的原则。

第四条 学前教育发展资金由财政部、教育部根据党中央、国务院有关决策部署和学前教育改革发展工作重点确定支持内容。现阶段，重点支持以下内容：

（一）支持地方公办民办并举、多种形式扩大普惠性学前教育资源。包括支持农村地区、脱贫攻坚地区、城乡接合部和两孩政策新增人口集中地区新建、改扩建幼儿园、改善办园条件；支持各地扶持普惠性民办幼儿园发展；支持老旧城区、棚户区改造和新城区、城镇小区建设按需要配建幼儿园，并办成公办园和普惠性民办园；支持农民工随迁子女在流入地接受学前教育等。

（二）支持地方深化体制机制改革。包括支持各地建立健全"省地（市）统筹、以县为主"的学前教育管理体制，推动理顺机关、企事业单位、街道集体幼儿园办园体制，实行属地化管理，面向社会提供普惠性服务；支持各地健全学前教育成本分担机制，逐步制定公办幼儿园生均拨款标准（或生均公用经费标准）和普惠性民办幼儿园补助标准，提升保育教育质量。

（三）支持地方健全幼儿资助制度。支持各地资助普惠性幼儿园家庭经济困难幼儿、孤儿和残疾儿童接受学前教育，确保建档立卡等家庭经济困难幼儿优先获得资助。

第五条 学前教育发展资金采取因素法分配。先按照中西部地区90%、东部地区10%(东部地区适当向困难省份倾斜)的区域因素确定学前教育发展资金规模,再按基础因素、投入因素、管理创新因素分配到各省份。其中：

基础因素（60%）主要包括在园幼儿数、普惠性幼儿园覆盖率（公办幼儿园和普惠性民办幼儿园在园幼儿数占在园幼儿总数的比例）、人均可用财力、贫困发生率等子因素。各子因素数据根据相关统计数据或申报材料获得。

投入因素（20%）主要包括生均一般公共预算学前教育支出情况、地方幼儿资助财政投入情况、社会力量投入（主要是民办学校举办者投入、社会捐赠等）总量等子因素。各子因素数据根据相关教育经费统计数据获得。

管理创新因素（20%）主要根据各地深化学前教育体制机制改革、出台小区配建幼儿园建设及管理办法、普惠性民办幼儿园认定标准、完善教师补充机制情况、幼儿资助制度建立健全情况、公办幼儿园生均拨款标准或生均公用经费标准、加强资金使用管理、工作总结材料报送等情况综合核定,由教育部会同财政部组织考核获得数据。

计算公式为：

某省份学前教育发展资金＝(该省份基础因素/$\sum$有关省份基础因素×权重＋该省份投入因素/$\sum$有关省份投入因素×权重＋该省份管理创新因素评分/$\sum$有关省份管理创新因素评分×权重)×学前教育发展资金年度预算总额

财政部、教育部根据党中央、国务院有关决策部署和学前教育改革发展新形势等情况,适时调整完善相关分配因素、权重等。

第六条 省级财政、教育部门应当于每年3月15日前向财政部、教育部报送当年学前教育发展资金申报材料,并抄送财政部驻当地财政监察专员办事处。逾期不提交的,扣减相关分配因素得分。申报材料主要包括：

（一）上年度资金使用管理情况,包括上年度学前教育发展资金使用情况、年度绩效目标完成情况、深化体制机制改革情况、幼儿资助情况、地方财政投入情况、主要管理措施、问题分析及对策等。

（二）本年度工作计划,包括当年全省学前教育工作目标和绩效目标、重点任务、主要措施和资金安排计划等，绩效目标要明确、具体、可考核。

（三）上年度省级财政安排用于学前教育发展的资金统计表及相关预算文件。

第七条 学前教育发展资金由财政部、教育部共同管理。教育部负责指导地方编制学前教育规划，审核地方相关申报材料和数据，提供资金测算所需的基础数据，并提出资金需求测算方案。财政部根据中央专项转移支付资金管理等相关规定，会同教育部研究确定具体预算金额。

第八条 财政部、教育部于每年全国人民代表大会批准中央预算后九十日内正式下达学前教育发展资金预算。每年10月31日前，向各省份提前下达下一年度学前教育发展资金预计数。省级财政、教育部门在收到学前教育发展资金（含提前下达预计数）后，应当在三十日内按照预算级次合理分配、及时下达，并抄送财政部驻当地财政监察专员办事处。

学前教育发展资金支付按照国库集中支付制度有关规定执行。涉及政府采购的，按照政府采购有关法律制度执行。

第九条 省级财政、教育部门在分配学前教育发展资金时，应当加大省级统筹力度，科学分配资金，重点向革命老区、边疆地区、民族地区和贫困地区倾斜。省级教育部门要指导省以下各级教育部门抓紧健全学前教育管理信息系统，科学确定学前教育规划布局，充分利用农村闲置校舍等资源，因地制宜扩大学前教育资源。

县级教育、财政部门应当指导和督促本地区幼儿园建立健全财务、会计、资产管理制度，加强学籍管理，严格执行项目预算，加快预算执行进度。属于基本建设的项目，严格按规定履行基本建设程序，及时办理竣工决算和资产移交等手续。项目实施完成后，若有结余资金，由县级财政部门继续统筹安排用于学前教育。另有规定的，按照有关规定执行。

第十条 各级财政、教育部门应当按照《中央财政对地方专项转移支付绩效目标管理暂行办法》（财预〔2015〕163号）要求，做好绩效目标管理相关工作。

第十一条 财政部、教育部根据各地学前教育发展资金使用管理情况，适时开展监督检查和绩效执行监控。财政部驻各地财政监察专员办事处应当按照工作职责和财政部要求，对学前教育发展资金预算执行进行监管。监督检查、预算监管和绩效评价结果作为资金分配的重要参考。

第十二条 地方各级财政部门应当按照财政预算公开的要求做好信息公开工作。地方特别是县级教育部门应当通过当地媒体、部门网站等方式，向社会公示年度资金安排等情况。

第十三条 学前教育发展资金建立"谁使用、谁负责"的责任机制，严禁用于平衡预算、偿还债务、支付利息、对外投资等支出，严禁提取工作经费或管理经费，严禁超标准豪华建设。对于挤占、挪用、虚列、套取学前教育发展资金等行为，按照《预算法》《财政违法行为处罚处分条例》等法律法规严肃处理。

第十四条 各级财政、教育部门及其工作人员在学前教育发展资金分配方案的制定和复核过程中，违反规定分配资金或者向不符合条件的幼儿园（或项目）分配资金以及滥用职权、玩忽职守、徇私舞弊的，按照《预算法》《公务员法》《行政监察法》《财政违法行为处罚处分条例》等法律规定追究责任；涉嫌犯罪的，移送司法机关处理。

第十五条 本办法由财政部、教育部负责解释。各省级财政、教育部门可以根据本办法规定，结合本地实际，制定具体管理办法，抄送财政部驻当地财政监察专员办事处。

第十六条 本办法自印发之日起施行。2016年12月5日财政部发布的《中央财政支持学前教育发展资金管理办法》（财教〔2016〕33号）同时废止。

教育部等四部门关于实施第三期学前教育行动计划的意见

（教基〔2017〕3号　2017年4月13日颁布）

各省、自治区、直辖市教育厅（教委）、发展改革委、财政厅（局）、人力资源社会保障厅（局），新疆生产建设兵团教育局、发展改革委、财务局、人力资源社会保障局：

为贯彻落实党的十八届五中全会"发展学前教育，鼓励普惠性幼儿园发展"的要求，进一步推进学前教育改革发展，经国家教育体制改革领导小组会议通过，决定2017—2020年实施第三期学前教育行动计划（以下简称三期行动计划）。现提出如下意见：

一、重要意义

近年来，各地按照党中央、国务院的决策部署，以县为单位实施第一期、第二期学前教育三年行动计划。各级政府高度重视，财政投入持续增加，长期制约改革发展的一些瓶颈问题得到突破。全国学前三年毛入园率2016年达到77.4%，"入园难"进一步缓解，学前教育发展迈上新的台阶。但总体上看，学前教育仍是教育体系中最薄弱的环节，普惠性资源供给不足，教师数量短缺、工资待遇偏低，幼儿园运转困难，保教质量参差不齐等问题还普遍存在，仍处于爬坡过坎的关键期。

学前教育作为国民教育体系的重要组成部分，对人的终身学习和发展具有重要意义。实施三期行动计划，是巩固一期二期成果，加快发展学前教育，推进教育现代化的必然要求；是基本解决"入园难""入园贵"问题，推动两孩政策落地，保障民生的迫切需要；是推进教育扶贫，从人生早期阻断贫困代际传递，促进全面建成小康社会的重大举措。各地要深刻认识实施三期行动计划的重要意义，保持学前教育的良好发展势头，切实履职尽责，坚定不移，持续推进学前教育改革发展，努力回应人民群众对接受良好学前教育的期盼。

二、总体要求

（一）基本原则

注重科学规划。充分考虑人口政策调整和城镇化进程的需要，优化幼儿园布局。重点支持贫困地区、困难群体和薄弱环节，保障大多数适龄儿童就近接受学前教育，着力保基本、补短板、促公平。

坚持公益普惠。公办民办并举，进一步提高公办幼儿园提供普惠性学前教育服务的能力，积极引导和扶持民办幼儿园提供普惠性服务。加大财政投入，提升学前教育公共服务水平。

强化机制建设。落实地方政府发展和监管学前教育的责任，建立健全确保学前教育可持续发展的体制机制，提高综合治理能力。充分发挥中央支持政策的引导和激励作用。

（二）主要目标

到2020年，基本建成广覆盖、保基本、有质量的学前教育公共服务体系。全国学前三年毛入园率达到85%，普惠性幼儿园覆盖率（公办幼儿园和普惠性民办幼儿园在园幼儿数占在园幼儿总数的比例）达到80%左右。管理体制和办园体制逐步理顺，发展学前教育的责任进一步落实。学前教育成本分担机制普遍建立，运行保障能力显著增强。幼儿园教师配备和工资待遇保障机制初步建立，师资力量进一步加强。幼儿园保教质量评估监管体系基本形成，办园行为普遍规范，"小学化"现象基本消除。

三、重点任务

（一）增加普惠性资源供给。重点加强脱贫攻坚地区、两孩政策新增人口集中地区和城乡接合部幼儿园建设。大力发展公办幼儿园，提供广覆盖、保基本的学前教育公共服务。积极鼓励社会力量举办幼儿园，扶持普惠性民办幼儿园。改善办园条件，满足基本保育教育活动需要。

（二）深化体制机制改革。落实地方各级政府发展学前教育的责任。理顺机关、企事业单位、城镇街道办幼儿园办园体制。建立与公益普惠要求相适应的学前教育成本分担机制。深化幼儿园教师培养培训机制、补充机制和工资待遇保障机制改革。

（三）提升保育教育质量。深化幼儿园教育改革，坚持正确的办园方向，尊重幼儿身心发展规律和学习特点，坚持以游戏为基本活动，保教并重，养成良好的品德与行为习惯，锻炼幼儿健康的体魄，激发幼儿探究兴趣，培养积极的交往与合作能力，促进幼儿身心全面和谐发展。建立健全幼儿园保教质量评估体系，推进幼儿园质量评估工作。加强学前教育教研力量，健全教研指导网络。整体提升农村幼儿园教育质量。

四、政策措施

（一）发展普惠性幼儿园。逐年安排新建、改扩建一批幼儿园，支持企事业单位和集体办园，扩大公办资源。老旧城区、棚户区改造和新城区、城镇小区建设要按需要配建幼儿园。开展城镇小区配套幼儿园专项整治，对未按规定建设或移交、没有办成公办园或普惠性民办幼儿园的要全面整改，2018年底前整改到位。继续办好公办乡镇中心幼儿园，充分发挥辐射指导作用，大村独立建园，小村联合办园，优先利用中小学闲置校舍进行改建。加快集中连片贫困地区乡村幼儿园建设。各省（区、市）制定普惠性民办幼儿园认定标准，逐年确定一批普惠性民办幼儿园。通过购买服务、综合奖补、减免租金、派驻公办教师、培训教师、教研指导等方式，支持普惠性民办幼儿园发展。将提供普惠性学位数量和办园质量作为奖励和支持的依据，对达不到要求的要限期整改。

（二）理顺学前教育管理体制和办园体制。建立健全"国务院领导，省地（市）统筹，以县为主"的学前教育管理体制。省级、地市级政府加强统筹，加大对贫困地区支持力度。落实县级政府主体责任，充分发挥乡镇政府的作用。积极推动各地理顺机关、企事业单位、城镇街道办幼儿园办园体制，实行属地化管理，通过地方政府接收、与当地优质公办园合并、政府购买服务等多种形式，确保其面向社会提供普惠性服务。2017年底前，对符合条件的幼儿园，按照《事业单位登记管理暂行条例》和《事业单位、社会团体及企业等组织利用国有资产举办事业单位设立登记办法（试行）》完成事业单位登记。

（三）健全学前教育成本分担机制。各地要按照非义务教育成本分担的要求，建立起与管理体制相适应的生均拨款、收费、资助一体化的学前教育经费投入机制，保障幼儿园正常运转和稳定发展。根据幼儿园可持续发展需要和当地实际，逐步制定公办园生均拨款标准和普惠性民办园的补助标准。进一步健全资助制度，确保建档立卡等家庭经济困难幼儿优先获得资助。根据经济发展状况、办园成本和家庭经济承受能力，对公办幼儿园的保教费收费标准进行调整。

（四）构建幼儿园教师队伍建设支持体系。根据普及学前三年教育的要求，确定高等学校、中等师范学校学前教育专业的培养规模和层次，加大本专科层次幼儿园教师的培养力度。支持地方通过多种方式为农村和边远贫困地区培养补充合格的幼儿园教师。采取核定编制、区县统一招考管理等方式及时补充公办幼儿园教师。根据国家有关规定和当地实际情况，采取多种方式切实解决公办幼儿园非在编教师工资待遇偏低问题，逐步实现同工同酬。引导和监督民办幼儿园依法配足配齐教职工并保障其工资待遇。幼儿园教职工依法全员纳入社保体系。到2020年，基本实现幼儿园教师全员持证上岗。深化学前教育专业课程与教学改革，提高培养质量，强化实践能力。以需求为导向，开展新一轮幼儿园教师全员培训，提高培训的针对性和实效性。各省（区、市）不断完善和全面落实符合学前教育实际，有利于幼儿园教师专业发展的职称评聘标准。

（五）加强幼儿园质量监管和业务指导。教育部制定幼儿园保教质量评估指南，各省（区、市）建立完善幼儿园质量评估体系，将各类幼儿园全部纳入评估范围。落实县级政府对幼儿园和培训机构的监管责任，加大监管机构和队伍的建设力度。完善幼儿园动态监管机制，规范办园行为，强化安全管理。加强玩教具配备，为幼儿创设丰富的教育环境。深入贯彻《幼儿园工作规程》和《3—6岁儿童学习与发展指南》，指导幼儿园教师根据幼儿的发展需要制定教育计划、指导游戏活动、安排一日生活，提高保教质量。发挥乡镇中心幼儿园的辐射作用，加强对农村学前教育的业务指导，探索农村乡镇幼儿园和村幼儿园一体化管理。健全幼儿园内部财务制度，加强幼儿园经费使用和收费行为的监管。到2020年，各省（区、市）要健全学前教育管理信息系统，加强学籍管理。

鼓励有条件的幼儿园面向家长和社区开展公益性0—3岁早期教育指导。

五、组织实施

（一）加强组织领导。县、地市、省级政府要逐级编制三期行动计划，省级和地市级政府要加强统筹，加大对贫困地区的支持力度。要把三期行动计划的实施列入政府工作的重要议事日程和相关部门的年度任务，确保各项目标任务落到实处。

（二）建立投入激励机制。中央财政继续安排专项资金，支持和引导地方积极发展学前教育，重点向农村地区、贫困地区倾斜。资金分配重点与各地扩大普惠性资源、完善管理体制、健全投入机制、资助家庭经济困难儿童入园等工作的绩效挂钩。

（三）建立工作推进机制。各地要建立学前教育综合改革协调机制，明确教育、编制、发展改革、财政、人力资源社会保障、住建、卫生计生、残联等部门的任务，着力破解长期制约学前教育发展的体制机制问题。省一级建立专项督查机制，对三期行动计划实施过程中小区配套幼儿园建设与管理、学前教育成本分担机制、加强教师队伍建设等工作情况进行专项督查。国家建立普及学前教育督导评估制度，国务院教育督导部门制定普及学前教育督导评估办法，以县为单位对普及学前教育情况进行评估，省级为主实施，国家审核认定，并将结果向社会公布。

各省（区、市）三期行动计划经省级人民政府批准后，于2017年7月底前报教育部备案。

教育部 国家发展改革委

财政部 人力资源和社会保障部

2017年4月13日

幼儿园工作规程

（教育部令第39号　2016年1月5日颁布）

第一章　总　则

第一条　为了加强幼儿园的科学管理，规范办园行为，提高保育和教育质量，促进幼儿身心健康，依据《中华人民共和国教育法》等法律法规，制定本规程。

第二条　幼儿园是对3周岁以上学龄前幼儿实施保育和教育的机构。幼儿园教育是基础教育的重要组成部分，是学校教育制度的基础阶段。

第三条　幼儿园的任务是：贯彻国家的教育方针，按照保育与教育相结合的原则，遵循幼儿身心发展特点和规律，实施德、智、体、美等方面全面发展的教育，促进幼儿身心和谐发展。

幼儿园同时面向幼儿家长提供科学育儿指导。

第四条　幼儿园适龄幼儿一般为3周岁至6周岁。

幼儿园一般为三年制。

第五条　幼儿园保育和教育的主要目标是：

（一）促进幼儿身体正常发育和机能的协调发展，增强体质，促进心理健康，培养良好的生活习惯、卫生习惯和参加体育活动的兴趣。

（二）发展幼儿智力，培养正确运用感官和运用语言交往的基本能力，增进对环境的认识，培养有益的兴趣和求知欲望，培养初步的动手探究能力。

（三）萌发幼儿爱祖国、爱家乡、爱集体、爱劳动、爱科学的情感，培养诚实、自信、友爱、勇敢、勤学、好问、爱护公物、克服困难、讲礼貌、守纪律等良好的品德行为和习惯，以及活泼开朗的性格。

（四）培养幼儿初步感受美和表现美的情趣和能力。

第六条　幼儿园教职工应当尊重、爱护幼儿，严禁虐待、歧视、体罚和变相体罚、侮辱幼儿人格等损害幼儿身心健康的行为。

第七条 幼儿园可分为全日制、半日制、定时制、季节制和寄宿制等。上述形式可分别设置，也可混合设置。

第二章 幼儿入园和编班

第八条 幼儿园每年秋季招生。平时如有缺额，可随时补招。

幼儿园对烈士子女、家中无人照顾的残疾人子女、孤儿、家庭经济困难幼儿、具有接受普通教育能力的残疾儿童等入园，按照国家和地方的有关规定予以照顾。

第九条 企业、事业单位和机关、团体、部队设置的幼儿园，除招收本单位工作人员的子女外，应当积极创造条件向社会开放，招收附近居民子女入园。

第十条 幼儿入园前，应当按照卫生部门制定的卫生保健制度进行健康检查，合格者方可入园。

幼儿入园除进行健康检查外，禁止任何形式的考试或测查。

第十一条 幼儿园规模应当有利于幼儿身心健康，便于管理，一般不超过360人。

幼儿园每班幼儿人数一般为：小班（3周岁至4周岁）25人，中班（4周岁至5周岁）30人，大班（5周岁至6周岁）35人，混合班30人。寄宿制幼儿园每班幼儿人数酌减。

幼儿园可以按年龄分别编班，也可以混合编班。

第三章 幼儿园的安全

第十二条 幼儿园应当严格执行国家和地方幼儿园安全管理的相关规定，建立健全门卫、房屋、设备、消防、交通、食品、药物、幼儿接送交接、活动组织和幼儿就寝值守等安全防护和检查制度，建立安全责任制和应急预案。

第十三条 幼儿园的园舍应当符合国家和地方的建设标准，以及相关安全、卫生等方面的规范，定期检查维护，保障安全。幼儿园不得设置在污染区和危险区，不得使用危房。

幼儿园的设备设施、装修装饰材料、用品用具和玩教具材料等，应当符合国家相关的安全质量标准和环保要求。

入园幼儿应当由监护人或者其委托的成年人接送。

第十四条 幼儿园应当严格执行国家有关食品药品安全的法律法规，保障饮食饮水卫生安全。

第十五条 幼儿园教职工必须具有安全意识，掌握基本急救常识和防范、避险、逃生、自救的基本方法，在紧急情况下应当优先保护幼儿的人身安全。

幼儿园应当把安全教育融入一日生活，并定期组织开展多种形式的安全教育和事故预防演练。

幼儿园应当结合幼儿年龄特点和接受能力开展反家庭暴力教育，发现幼儿遭受或者疑似遭受家庭暴力的，应当依法及时向公安机关报案。

第十六条 幼儿园应当投保校方责任险。

第四章 幼儿园的卫生保健

第十七条 幼儿园必须切实做好幼儿生理和心理卫生保健工作。

幼儿园应当严格执行《托儿所幼儿园卫生保健管理办法》以及其他有关卫生保健的法规、规章和制度。

第十八条 幼儿园应当制定合理的幼儿一日生活作息制度。正餐间隔时间为3.5—4小时。在正常情况下，幼儿户外活动时间（包括户外体育活动时间）每天不得少于2小时，寄宿制幼儿园不得少于3小时；高寒、高温地区可酌情增减。

第十九条 幼儿园应当建立幼儿健康检查制度和幼儿健康卡或档案。每年体检一次，每半年测身高、视力一次，每季度量体重一次；注意幼儿口腔卫生，保护幼儿视力。

幼儿园对幼儿健康发展状况定期进行分析、评价，及时向家长反馈结果。

幼儿园应当关注幼儿心理健康，注重满足幼儿的发展需要，保持幼儿积极的情绪状态，让幼儿感受到尊重和接纳。

第二十条 幼儿园应当建立卫生消毒、晨检、午检制度和病儿隔离制度，配合卫生部门做好计划免疫工作。

幼儿园应当建立传染病预防和管理制度，制定突发传染病应急预案，认真做好疾病防控工作。

幼儿园应当建立患病幼儿用药的委托交接制度，未经监护人委托或者同意，幼儿园不得给幼儿用药。幼儿园应当妥善管理药品，保证幼儿用药安全。

幼儿园内禁止吸烟、饮酒。

第二十一条 供给膳食的幼儿园应当为幼儿提供安全卫生的食品，编制营养平衡的幼儿食谱，定期计算和分析幼儿的进食量和营养素摄取量，保证幼儿合理膳食。

幼儿园应当每周向家长公示幼儿食谱，并按照相关规定进行食品留样。

第二十二条 幼儿园应当配备必要的设备设施，及时为幼儿提供安全卫生的饮用水。

幼儿园应当培养幼儿良好的大小便习惯，不得限制幼儿便溺的次数、时间等。

第二十三条 幼儿园应当积极开展适合幼儿的体育活动，充分利用日光、空气、水等自然因素以及本地自然环境，有计划地锻炼幼儿肌体，增强身体的适应和抵抗能力。正常情况下，每日户外体育活动不得少于1小时。

幼儿园在开展体育活动时，应当对体弱或有残疾的幼儿予以特殊照顾。

第二十四条 幼儿园夏季要做好防暑降温工作，冬季要做好防寒保暖工作，防止中暑和冻伤。

第五章 幼儿园的教育

第二十五条 幼儿园教育应当贯彻以下原则和要求：

（一）德、智、体、美等方面的教育应当互相渗透，有机结合。

（二）遵循幼儿身心发展规律，符合幼儿年龄特点，注重个体差异，因人施教，引导幼儿个性健康发展。

（三）面向全体幼儿，热爱幼儿，坚持积极鼓励、启发引导的正面教育。

（四）综合组织健康、语言、社会、科学、艺术各领域的教育内容，渗透于幼儿一日生活的各项活动中，充分发挥各种教育手段的交互作用。

（五）以游戏为基本活动，寓教育于各项活动之中。

（六）创设与教育相适应的良好环境，为幼儿提供活动和表现能力的机会与条件。

第二十六条 幼儿一日活动的组织应当动静交替，注重幼儿的直接感知、实际操作和亲身体验，保证幼儿愉快的、有益的自由活动。

第二十七条 幼儿园日常生活组织，应当从实际出发，建立必要、合理的常规，坚持一贯性和灵活性相结合，培养幼儿的良好习惯和初步的生活自理能力。

第二十八条 幼儿园应当为幼儿提供丰富多样的教育活动。

教育活动内容应当根据教育目标、幼儿的实际水平和兴趣确定，以循序渐进为原则，有计划地选择和组织。

教育活动的组织应当灵活地运用集体、小组和个别活动等形式，为每个幼儿提供充分参与的机会，满足幼儿多方面发展的需要，促进每个幼儿在不同水平上得到发展。

教育活动的过程应注重支持幼儿的主动探索、操作实践、合作交流和表达表现，不应片面追求活动结果。

第二十九条 幼儿园应当将游戏作为对幼儿进行全面发展教育的重要形式。

幼儿园应当因地制宜创设游戏条件，提供丰富、适宜的游戏材料，保证充足的游戏时间，开展多种游戏。

幼儿园应当根据幼儿的年龄特点指导游戏，鼓励和支持幼儿根据自身兴趣、需要和经验水平，自主选择游戏内容、游戏材料和伙伴，使幼儿在游戏过程中获得积极的情绪情感，促进幼儿能力和个性的全面发展。

第三十条 幼儿园应当将环境作为重要的教育资源，合理利用室内外环境，创设开放的、多样的区域活动空间，提供适合幼儿年龄特点的丰富的玩具、操作材料和幼儿读物，支持幼儿自主选择和主动学习，激发幼儿学习的兴趣与探究的愿望。

幼儿园应当营造尊重、接纳和关爱的氛围，建立良好的同伴和师生关系。

幼儿园应当充分利用家庭和社区的有利条件，丰富和拓展幼儿园的教育资源。

第三十一条 幼儿园的品德教育应当以情感教育和培养良好行为习惯为主，注重潜移默化的影响，并贯穿于幼儿生活以及各项活动之中。

第三十二条 幼儿园应当充分尊重幼儿的个体差异，根据幼儿不同的心理发展水平，研究有效的活动形式和方法，注重培养幼儿良好的个性心理品质。

幼儿园应当为在园残疾儿童提供更多的帮助和指导。

第三十三条 幼儿园和小学应当密切联系，互相配合，注意两个阶段教育的相互衔接。

幼儿园不得提前教授小学教育内容，不得开展任何违背幼儿身心发展规律的活动。

第六章 幼儿园的园舍、设备

第三十四条 幼儿园应当按照国家的相关规定设活动室、寝室、卫生间、保健室、综合活动室、厨房和办公用房等，并达到相应的建设标准。有条件的幼儿园应当优先扩大幼儿游戏和活动空间。

寄宿制幼儿园应当增设隔离室、浴室和教职工值班室等。

第三十五条 幼儿园应当有与其规模相适应的户外活动场地，配备必要的游戏和体育活动设施，创造条件开辟沙地、水池、种植园地等，并根据幼儿活动的需要绿化、美化园地。

第三十六条 幼儿园应当配备适合幼儿特点的桌椅、玩具架、盥洗卫生用具，以及必要的玩教具、图书和乐器等。

玩教具应当具有教育意义并符合安全、卫生要求。幼儿园应当因地制宜，就地取材，自制玩教具。

第三十七条 幼儿园的建筑规划面积、建筑设计和功能要求，以及设施设备、玩教具配备，按照国家和地方的相关规定执行。

第七章 幼儿园的教职工

第三十八条 幼儿园按照国家相关规定设园长、副园长、教师、保育员、卫生保健人员、炊事员和其他工作人员等岗位，配足配齐教职工。

第三十九条 幼儿园教职工应当贯彻国家教育方针，具有良好品德，热爱教育事业，尊重和爱护幼儿，具有专业知识和技能以及相应的文化和专业素养，为人师表，忠于职责，身心健康。

幼儿园教职工患传染病期间暂停在幼儿园的工作。有犯罪、吸毒记录和精神病史者不得在幼儿园工作。

第四十条 幼儿园园长应当符合本规程第三十九条规定，并应当具有《教师资格条例》规定的教师资格、具备大专以上学历、有三年以上幼儿园工作经历和一定的组织管理能力，并取得幼儿园园长岗位培训合格证书。

幼儿园园长由举办者任命或者聘任，并报当地主管的教育行政部门备案。

幼儿园园长负责幼儿园的全面工作，主要职责如下：

（一）贯彻执行国家的有关法律、法规、方针、政策和地方的相关规定，负责建立并组织执行幼儿园的各项规章制度；

（二）负责保育教育、卫生保健、安全保卫工作；

（三）负责按照有关规定聘任、调配教职工，指导、检查和评估教师以及其他工作人员的工作，并给予奖惩；

（四）负责教职工的思想工作，组织业务学习，并为他们的学习、进修、教育研究创造必要的条件；

（五）关心教职工的身心健康，维护他们的合法权益，改善他们的工作条件；

（六）组织管理园舍、设备和经费；

（七）组织和指导家长工作；

（八）负责与社区的联系和合作。

第四十一条 幼儿园教师必须具有《教师资格条例》规定的幼儿园教师资格，并符合本规程第三十九条规定。

幼儿园教师实行聘任制。

幼儿园教师对本班工作全面负责，其主要职责如下：

（一）观察了解幼儿，依据国家有关规定，结合本班幼儿的发展水平和兴趣需要，制订和执行教育工作计划，合理安排幼儿一日生活；

（二）创设良好的教育环境，合理组织教育内容，提供丰富的玩具和游戏材料，开展适宜的教育活动；

（三）严格执行幼儿园安全、卫生保健制度，指导并配合保育员管理本班幼儿生活，做好卫生保健工作；

（四）与家长保持经常联系，了解幼儿家庭的教育环境，商讨符合幼儿特点的教育措施，相互配合共同完成教育任务；

（五）参加业务学习和保育教育研究活动；

（六）定期总结评估保教工作实效，接受园长的指导和检查。

第四十二条 幼儿园保育员应当符合本规程第三十九条规定，并应当具备高中毕业以上学历，受过幼儿保育职业培训。

幼儿园保育员的主要职责如下：

（一）负责本班房舍、设备、环境的清洁卫生和消毒工作；

（二）在教师指导下，科学照料和管理幼儿生活，并配合本班教师组织教育活动；

（三）在卫生保健人员和本班教师指导下，严格执行幼儿园安全、卫生保健制度；

（四）妥善保管幼儿衣物和本班的设备、用具。

第四十三条 幼儿园卫生保健人员除符合本规程第三十九条规定外，医师应当取得卫生行政部门颁发的《医师执业证书》；护士应当取得《护士执业证书》；保健员应当具有高中毕业以上学历，并经过当地妇幼保健机构组织的卫生保健专业知识培训。

幼儿园卫生保健人员对全园幼儿身体健康负责，其主要职责如下：

（一）协助园长组织实施有关卫生保健方面的法规、规章和制度，并监督执行；

（二）负责指导调配幼儿膳食，检查食品、饮水和环境卫生；

（三）负责晨检、午检和健康观察，做好幼儿营养、生长发育的监测和评价；定期组织幼儿健康体检，做好幼儿健康档案管理；

（四）密切与当地卫生保健机构的联系，协助做好疾病防控和计划免疫工作；

（五）向幼儿园教职工和家长进行卫生保健宣传和指导；

（六）妥善管理医疗器械、消毒用具和药品。

第四十四条 幼儿园其他工作人员的资格和职责，按照国家和地方的有关规定执行。

第四十五条 对认真履行职责、成绩优良的幼儿园教职工，应当按照有关规定给予奖励。

对不履行职责的幼儿园教职工，应当视情节轻重，依法依规给予相应处分。

第八章 幼儿园的经费

第四十六条 幼儿园的经费由举办者依法筹措，保障有必备的办园资金和稳定的经费来源。

按照国家和地方相关规定接受财政扶持的提供普惠性服务的国有企事业单位办园、集体办园和民办园等幼儿园，应当接受财务、审计等有关部门的监督检查。

第四十七条 幼儿园收费按照国家和地方的有关规定执行。

幼儿园实行收费公示制度，收费项目和标准向家长公示，接受社会监督，不得以任何名义收取与新生入园相挂钩的赞助费。

幼儿园不得以培养幼儿某种专项技能、组织或参与竞赛等为由，另外收取费用；不得以营利为目的组织幼儿表演、竞赛等活动。

第四十八条 幼儿园的经费应当按照规定的使用范围合理开支，坚持专款专用，不得挪作他用。

第四十九条 幼儿园举办者筹措的经费，应当保证保育和教育的需要，有一定比例用于改善办园条件和开展教职工培训。

第五十条 幼儿膳食费应当实行民主管理制度，保证全部用于幼儿膳食，每月向家长公布账目。

第五十一条 幼儿园应当建立经费预算和决算审核制度，经费预算和决算应当提交园务委员会审议，并接受财务和审计部门的监督检查。

幼儿园应当依法建立资产配置、使用、处置、产权登记、信息管理等管理制度，严格执行有关财务制度。

第九章 幼儿园、家庭和社区

第五十二条 幼儿园应当主动与幼儿家庭沟通合作，为家长提供科学育儿宣传指导，帮助家长创设良好的家庭教育环境，共同担负教育幼儿的任务。

第五十三条 幼儿园应当建立幼儿园与家长联系的制度。幼儿园可采取多种形式，指导家长正确了解幼儿园保育和教育的内容、方法，定期召开家长会议，并接待家长的来访和咨询。

幼儿园应当认真分析、吸收家长对幼儿园教育与管理工作的意见与建议。

幼儿园应当建立家长开放日制度。

第五十四条 幼儿园应当成立家长委员会。

家长委员会的主要任务是：对幼儿园重要决策和事关幼儿切身利益的事项提出意见和建议；发挥家长的专业和资源优势，支持幼儿园保育教育工作；帮助家长了解幼儿园工作计划和要求，协助幼儿园开展家庭教育指导和交流。

家长委员会在幼儿园园长指导下工作。

第五十五条 幼儿园应当加强与社区的联系与合作，面向社区宣传科学育儿知识，开展灵活多样的公益性早期教育服务，争取社区对幼儿园的多方面支持。

第十章 幼儿园的管理

第五十六条 幼儿园实行园长负责制。

幼儿园应当建立园务委员会。园务委员会由园长、副园长、党组织负责人和保教、卫生保健、财会等方面工作人员的代表以及幼儿家长代表组成。园长任园务委员会主任。

园长定期召开园务委员会会议，遇重大问题可临时召集，对规章制度的建立、修改、废除，全园工作计划，工作总结，人员奖惩，财务预算和决算方案，以及其他涉及全园工作的重要问题进行审议。

第五十七条 幼儿园应当加强党组织建设，充分发挥党组织政治核心作用、战斗堡垒作用。幼儿园应当为工会、共青团等其他组织开展工作创造有利条件，充分发挥其在幼儿园工作中的作用。

第五十八条 幼儿园应当建立教职工大会制度或者教职工代表大会制度，依法加强民主管理和监督。

第五十九条 幼儿园应当建立教研制度，研究解决保教工作中的实际问题。

第六十条 幼儿园应当制订年度工作计划，定期部署、总结和报告工作。每学年年末应当向教育等行政主管部门报告工作，必要时随时报告。

第六十一条 幼儿园应当接受上级教育、卫生、公安、消防等部门的检查、监督和指导，如实报告工作和反映情况。

幼儿园应当依法接受教育督导部门的督导。

第六十二条 幼儿园应当建立业务档案、财务管理、园务会议、人员奖惩、安全管理以及与家庭、小学联系等制度。

幼儿园应当建立信息管理制度，按照规定采集、更新、报送幼儿园管理信息系统的相关信息，每年向主管教育行政部门报送统计信息。

第六十三条 幼儿园教师依法享受寒暑假期的带薪休假。幼儿园应当创造条件，在寒暑假期间，安排工作人员轮流休假。具体办法由举办者制定。

第十一章 附 则

第六十四条 本规程适用于城乡各类幼儿园。

第六十五条 省、自治区、直辖市教育行政部门可根据本规程，制订具体实施办法。

第六十六条 本规程自2016年3月1日起施行。1996年3月9日由原国家教育委员会令第25号发布的《幼儿园工作规程》同时废止。

教育部 国家发展改革委 财政部关于实施第二期学前教育三年行动计划的意见

(教基二〔2014〕9号　2014年11月3日颁布)

各省、自治区、直辖市教育厅(教委)、发展改革委、财政厅(局),新疆生产建设兵团教育局、发展改革委、财务局:

为认真贯彻党的十八大"办好学前教育"和十八届三中全会"推进学前教育改革发展"的要求,进一步落实《国务院关于当前发展学前教育的若干意见》,促进学前教育持续健康发展,经国务院同意,决定2014—2016年实施第二期学前教育三年行动计划(以下简称"二期行动计划")。现提出如下意见。

一、重要意义

2011—2013年,各地按照国务院统一部署,以县为单位编制实施学前教育三年行动计划,学前教育改革发展取得显著成效,资源快速扩大,财政投入不断增加,教师队伍建设逐步加强,"入园难"问题初步缓解。但是由于底子薄、欠账多,学前教育仍是教育体系中的薄弱环节,城乡普惠性资源依然短缺,运行保障机制建设相对滞后,教师数量不足、职业吸引力不强,保育教育质量有待进一步提高。

实施二期行动计划,是巩固一期成果,加快学前教育发展,进一步解决"入园难"问题的必然要求;是继续深化改革,破解体制机制障碍,促进学前教育可持续发展的迫切需要;是办好人民满意教育,推进教育公平,保障和改善民生的重大举措。各级政府要深刻认识编制实施二期行动计划的重要意义,抓住机遇,乘势而上,采取有力措施,深入推进学前教育改革发展。

二、基本原则和主要目标

坚持公益普惠,进一步优化学前教育资源配置,公办民办并举,努力提高学前教育公共服务水平,新增资源重点向贫困地区和困难群体倾斜。注重可持续发展,进一步深化改革,拓宽经费投入渠道,创新用人机制,建立健全标准,破解发展难题。强化政府职责，进一步加强学前教育治理体系和治理能力建设，落实地方政府发展学前教育的责任，发挥中央财政引导激励作用。

到2016年，全国学前三年毛入园率达到75%左右。城镇和经济发达地区的农村全面普及学前三年教育，其他农村地区特别是集中连片特困地区学前三年毛入园率有较大增长。初步建成以公办园和普惠性民办园为主体的学前教育服务网络。逐步建立起以公共财政投入为主的农村学前教育成本分担机制。幼儿园办园水平和保教质量显著提高。

三、重点任务

扩大总量。着力扩大农村学前教育资源，重点解决好连片特困地区、少数民族地区、留守儿童集中地区学前教育资源短缺问题。充分考虑城镇化发展、老城区改造和人口流动的实际，重点解决好城镇及城乡接合部学前教育资源总量不足的问题。努力增加残疾适龄儿童的入园机会。

调整结构。调整资源结构，扩大城乡公办园和普惠性民办园的覆盖面。调整布局结构，努力实现就近入园、方便入园。调整投入结构，在继续扩大资源的基础上加大对条件保障的投入力度。

健全机制。完善政府投入、社会举办者投入、家庭合理分担的投入机制，努力做到保工资、保安全、保运转、保发展。健全公办园教职工编制核定、补充制度，依法保障幼儿园教职工合法权益。完善学前教育管理体制和办园体制。

提升质量。深入贯彻落实《3—6岁儿童学习与发展指南》。健全幼儿园动态监管机制。提高幼儿园教师、卫生保健人员的专业素质和实践能力。提升办园水平，各类幼儿园的师资、班额、玩教具、园舍等逐步达到国家和地方规定的标准。

四、主要措施

（一）加快发展公办幼儿园。以区县为单位制订幼儿园总体布局规划，合理确定公办园的布局，逐年安排新建、改扩建一批公办园。加大农村公办幼儿园建设力度。政府和事业单位举办的幼儿园依照《事业单位登记管理暂行条例》进行事业单位登记管理。各地可以参照教育部门举办的公办园财政投入和教职工管理政策，出台支持国有企事业单位和集体办园的具体措施，提高其面向社会提供公共服务的能力。各省（区、市）出台小区配套幼儿园建设和管理的实施办法，对规划、建设、移交、举办以及回收、补建等作出具体规定。2015年底前，城镇小区按国家和地方相关规定补足配齐幼儿园。

（二）积极扶持普惠性民办幼儿园。落实用地、减免税费等优惠政策，多种方式吸引社会力量办园。各地根据普惠性资源布局和幼儿入园需求，认定一批普惠性民办园，通过政府购买服务、减免租金、派驻公办教师、培训教师等方式，支持民办园提供普惠性服务，有条件的地区可参照公办园生均公用经费标准，对普惠性民办园给予适当补贴。各地2015年底前出台认定和扶持普惠性民办园实施办法，对扶持对象、认定程序、成本核算、收费管理、日常监管、财务审计、奖补政策和退出机制等做出具体规定。鼓励民办园提供多形式、多层次的学前教育服务，满足家长不同需求。

（三）进一步加大学前教育投入。各地要切实加大财政投入力度，落实学前教育投入的主体责任。地方根据本地实际，研究制订公办幼儿园生均公用经费标准或者生均财政拨款标准，并逐步达到。按规定程序调整保教费收费标准，将家庭负担控制在合理范围。财政性学前教育投入要最大限度地向农村、边远、贫困和民族地区倾斜。加大对家庭经济困难儿童、孤儿和残疾儿童接受学前教育的资助力度。

中央财政继续安排专项资金，鼓励和引导地方积极发展学前教育。除继续鼓励地方完善幼儿资助制度、实施幼儿教师国家级培训计划外，将原来的校舍改建类和综合奖补类项目整合为扩大学前教育资源奖补项目，支持地方改扩建和新建公办幼儿园、利用社会力量举办普惠性幼儿园、改善办园条件，并向中西部地区和薄弱环节倾斜，引导和激励地方完善学前教育公共服务体系。

（四）加强幼儿园教师队伍建设。各地要落实《幼儿园教职工配备标准（暂行）》，通过多种方式补足配齐各类幼儿园教职工，有条件的地方出台公办幼儿园教职工编制标准。完善幼儿园教师工资待遇保障机制，落实国家规定的工资待遇。通过生均财政拨款、专项补助等方式，支持解决好公办园非在编教师、农村集体办幼儿园教师工资待遇问题，逐步实现同工同酬。引导和监督民办园依法保障教师工资待遇，足额足项为教师缴纳社会保险和住房公积金。

各省（区、市）制定幼儿园教师培养规划，扩大培养规模。鼓励地方建立完善学前教育师范生免费教育制度，为农村幼儿园培养一批学前教育专业专科层次教师。各地可聘任优秀的幼儿园退休教师，到教师资源短缺的农村地区任教或开展巡回支教。建立满足不同层次和需求的培训体系，各地2015年底前完成对幼儿园园长和教师的全员专业培训。

（五）健全幼儿园监管体系。各地要加强对幼儿园的监管，县级政府履行主体责任，有关部门按职能履行职责，建立健全日常管理和随机抽查制度。教育行政部门要充实管理力量，落实幼儿园年检制度，加强对幼儿园办园资质、教师资格、办园行为、收费等的监管，建立幼儿园信息公示制度，及时发布幼儿园基本信息，接受社会监督。教育督导部门加强学前教育专项督导，向社会发布督导报告。卫生计生部门切实把幼儿园的卫生保健工作作为公共卫生服务的重要内容，加强监督和指导，落实儿童保健、疾病预防控制、卫生监督执法等工作。公安、质检、安全生产监管、食品药品监管等部门根据职能分工，加强对幼儿园的监督指导。幼儿园要建立健全定期自查自纠制度和家长委员会制度，对卫生、消防、园舍等方面的安全隐患及时发现并消除，对事关幼儿和家长切身利益的事项应充分征求家长委员会的意见。

（六）加强幼儿园保育教育指导。根据幼儿园数量和布局，划分学前教育教研指导责任区，安排专职教研员，定期对幼儿园进行业务指导。完善区域教研和园本教研制度，充分发挥城市优质幼儿园和农村乡镇中心幼儿园的辐射带动作用，及时解决教师在教育实践中的困惑和问题。构建幼儿园保教质量评估体系，建立科学导向，着重加强对师资配备、教育过程和管理水平等方面的评估。坚持小学一年级"零起点"教学，严禁幼儿园提前教授小学教育内容。

五、组织实施

（一）加强组织领导。各地要高度重视二期行动计划的编制和实施工作，科学确定本地区学前教育发展目标任务，研究制定学前教育改革发展的重大政策措施，以县为基本单位逐级编制实施二期行动计划。

（二）推进综合改革。各地要按照构建学前教育公共服务体系的总体要求，健全学前教育管理体制，省级和地市级政府加强统筹，县级政府落实主体责任。理顺办园体制，鼓励各地积极推进机关、企事业单位、集体办幼儿园的办园体制改革，提高各类公办学前教育资源面向社会提供公共服务的能力。深化幼儿园人事制度改革，增强幼儿园教师职业吸引力。

（三）强化资金监管。地方各级教育、发展改革和财政部门要进一步规范学前教育各项经费使用和管理，健全财务制度，强化监督检查，提高资金使用效益。要进一步督促幼儿园完善内部财务制度，加强对幼儿园经费使用和收费行为的监管，杜绝乱收费和乱摊派。

（四）加强督导检查。教育部、国家发展改革委、财政部将对各地行动计划的编制实施情况进行专项督查。各地要建立督导检查和问责机制，将行动计划目标任务和政策措施落实情况纳入地方各级政府教育工作实绩的考核指标。

各省（区、市）第二期学前教育三年行动计划经省级人民政府批准后，于2014年12月25日前报教育部。

教育部　国家发展改革委　财政部

2014年11月3日

国务院关于当前发展学前教育的若干意见

(国发〔2010〕41号　2010年11月21日颁布)

各省、自治区、直辖市人民政府,国务院各部委、各直属机构:

为贯彻落实党的十七届五中全会、全国教育工作会议精神和《国家中长期教育改革和发展规划纲要(2010—2020年)》,积极发展学前教育,着力解决当前存在的"入园难"问题,满足适龄儿童入园需求,促进学前教育事业科学发展,现提出如下意见。

一、把发展学前教育摆在更加重要的位置

学前教育是终身学习的开端,是国民教育体系的重要组成部分,是重要的社会公益事业。改革开放特别是新世纪以来,我国学前教育取得长足发展,普及程度逐步提高。但总体上看,学前教育仍是各级各类教育中的薄弱环节,主要表现为教育资源短缺、投入不足,师资队伍不健全,体制机制不完善,城乡区域发展不平衡,一些地方"入园难"问题突出。办好学前教育,关系亿万儿童的健康成长,关系千家万户的切身利益,关系国家和民族的未来。

发展学前教育,必须坚持公益性和普惠性,努力构建覆盖城乡、布局合理的学前教育公共服务体系,保障适龄儿童接受基本的、有质量的学前教育;必须坚持政府主导,社会参与,公办民办并举,落实各级政府责任,充分调动各方面积极性;必须坚持改革创新,着力破除制约学前教育科学发展的体制机制障碍;必须坚持因地制宜,从实际出发,为幼儿和家长提供方便就近、灵活多样、多种层次的学前教育服务;必须坚持科学育儿,遵循幼儿身心发展规律,促进幼儿健康快乐成长。

各级政府要充分认识发展学前教育的重要性和紧迫性,将大力发展学前教育作为贯彻落实教育规划纲要的突破口,作为推动教育事业科学发展的重要任务,作为建设社会主义和谐社会的重大民生工程,纳入政府工作重要议事日程,切实抓紧抓好。

二、多种形式扩大学前教育资源

大力发展公办幼儿园，提供"广覆盖、保基本"的学前教育公共服务。加大政府投入，新建、改建、扩建一批安全、适用的幼儿园。不得用政府投入建设超标准、高收费的幼儿园。中小学布局调整后的富余教育资源和其他富余公共资源，优先改建成幼儿园。鼓励优质公办幼儿园举办分园或合作办园。制定优惠政策，支持街道、农村集体举办幼儿园。

鼓励社会力量以多种形式举办幼儿园。通过保证合理用地、减免税费等方式，支持社会力量办园。积极扶持民办幼儿园特别是面向大众、收费较低的普惠性民办幼儿园发展。采取政府购买服务、减免租金、以奖代补、派驻公办教师等方式，引导和支持民办幼儿园提供普惠性服务。民办幼儿园在审批登记、分类定级、评估指导、教师培训、职称评定、资格认定、表彰奖励等方面与公办幼儿园具有同等地位。

城镇小区没有配套幼儿园的，应根据居住区规划和居住人口规模，按照国家有关规定配套建设幼儿园。新建小区配套幼儿园要与小区同步规划、同步建设、同步交付使用。建设用地按国家有关规定予以保障。未按规定安排配套幼儿园建设的小区规划不予审批。城镇小区配套幼儿园作为公共教育资源由当地政府统筹安排，举办公办幼儿园或委托办成普惠性民办幼儿园。城镇幼儿园建设要充分考虑进城务工人员随迁子女接受学前教育的需求。

努力扩大农村学前教育资源。各地要把发展学前教育作为社会主义新农村建设的重要内容，将幼儿园作为新农村公共服务设施统一规划，优先建设，加快发展。各级政府要加大对农村学前教育的投入，从今年开始，国家实施推进农村学前教育项目，重点支持中西部地区；地方各级政府要安排专门资金，重点建设农村幼儿园。乡镇和大村独立建园，小村设分园或联合办园，人口分散地区举办流动幼儿园、季节班等，配备专职巡回指导教师，逐步完善县、乡、村学前教育网络。改善农村幼儿园保教条件，配备基本的保教设施、玩教具、幼儿读物等。创造更多条件，着力保障留守儿童入园。发展农村学前教育要充分考虑农村人口分布和流动趋势，合理布局，有效使用资源。

三、多种途径加强幼儿教师队伍建设

加快建设一支师德高尚、热爱儿童、业务精良、结构合理的幼儿教师队伍。各地根据国家要求，结合本地实际，合理确定生师比，核定公办幼儿园教职工编制，逐步配齐幼儿园教职工。健全幼儿教师资格准入制度，严把入口关。2010年国家颁布幼儿教师专业标准。公开招聘具备条件的毕业生充实幼儿教师队伍。中小学富余教师经培训合格后可转入学前教育。

依法落实幼儿教师地位和待遇。切实维护幼儿教师权益，完善落实幼儿园教职工工资保障办法、专业技术职称（职务）评聘机制和社会保障政策。对长期在农村基层和艰苦边远地区工作的公办幼儿教师，按国家规定实行工资倾斜政策。对优秀幼儿园园长、教师进行表彰。

完善学前教育师资培养培训体系。办好中等幼儿师范学校。办好高等师范院校学前教育专业。建设一批幼儿师范专科学校。加大面向农村的幼儿教师培养力度，扩大免费师范生学前教育专业招生规模。积极探索初中毕业起点五年制学前教育专科学历教师培养模式。重视对幼儿特教师资的培养。建立幼儿园园长和教师培训体系，满足幼儿教师多样化的学习和发展需求。创新培训模式，为有志于从事学前教育的非师范专业毕业生提供培训。三年内对1万名幼儿园园长和骨干教师进行国家级培训。各地五年内对幼儿园园长和教师进行一轮全员专业培训。

四、多种渠道加大学前教育投入

各级政府要将学前教育经费列入财政预算。新增教育经费要向学前教育倾斜。财政性学前教育经费在同级财政性教育经费中要占合理比例，未来三年要有明显提高。各地根据实际研究制定公办幼儿园生均经费标准和生均财政拨款标准。制定优惠政策，鼓励社会力量办园和捐资助园。家庭合理分担学前教育成本。建立学前教育资助制度，资助家庭经济困难儿童、孤儿和残疾儿童接受普惠性学前教育。发展残疾儿童学前康复教育。中央财政设立专项经费，支持中西部农村地区、少数民族地区和边疆地区发展学前教育和学前双语教育。地方政府要加大投入，重点支持边远贫困地区和少数民族地区发展学前教育。规

范学前教育经费的使用和管理。

五、加强幼儿园准入管理

完善法律法规，规范学前教育管理。严格执行幼儿园准入制度。各地根据国家基本标准和社会对幼儿保教的不同需求，制定各种类型幼儿园的办园标准，实行分类管理、分类指导。县级教育行政部门负责审批各类幼儿园，建立幼儿园信息管理系统，对幼儿园实行动态监管。完善和落实幼儿园年检制度。未取得办园许可证和未办理登记注册手续，任何单位和个人不得举办幼儿园。对社会各类幼儿培训机构和早期教育指导机构，审批主管部门要加强监督管理。

分类治理、妥善解决无证办园问题。各地要对目前存在的无证办园进行全面排查，加强指导，督促整改。整改期间，要保证幼儿正常接受学前教育。经整改达到相应标准的，颁发办园许可证。整改后仍未达到保障幼儿安全、健康等基本要求的，当地政府要依法予以取缔，妥善分流和安置幼儿。

六、强化幼儿园安全监管

各地要高度重视幼儿园安全保障工作，加强安全设施建设，配备保安人员，健全各项安全管理制度和安全责任制，落实各项措施，严防事故发生。相关部门按职能分工，建立全覆盖的幼儿园安全防护体系，切实加大工作力度，加强监督指导。幼儿园要提高安全防范意识，加强内部安全管理。幼儿园所在街道、社区和村民委员会要共同做好幼儿园安全管理工作。

七、规范幼儿园收费管理

国家有关部门2011年出台幼儿园收费管理办法。省级有关部门根据城乡经济社会发展水平、办园成本和群众承受能力，按照非义务教育阶段家庭合理分担教育成本的原则，制定公办幼儿园收费标准。加强民办幼儿园收费管理，完善备案程序，加强分类指导。幼儿园实行收费公示制度，接受社会监督。加强收费监管，坚决查处乱收费。

八、坚持科学保教，促进幼儿身心健康发展

加强对幼儿园保教工作的指导，2010年国家颁布幼儿学习与发展指南。遵

循幼儿身心发展规律，面向全体幼儿，关注个体差异，坚持以游戏为基本活动，保教结合，寓教于乐，促进幼儿健康成长。加强对幼儿园玩教具、幼儿图书的配备与指导，为儿童创设丰富多彩的教育环境，防止和纠正幼儿园教育"小学化"倾向。研究制定幼儿园教师指导用书审定办法。建立幼儿园保教质量评估监管体系。健全学前教育教研指导网络。要把幼儿园教育和家庭教育紧密结合，共同为幼儿的健康成长创造良好环境。

九、完善工作机制，加强组织领导

各级政府要加强对学前教育的统筹协调，健全教育部门主管、有关部门分工负责的工作机制，形成推动学前教育发展的合力。教育部门要完善政策，制定标准，充实管理、教研力量，加强学前教育的监督管理和科学指导。机构编制部门要结合实际合理确定公办幼儿园教职工编制。发展改革部门要把学前教育纳入当地经济社会发展规划，支持幼儿园建设发展。财政部门要加大投入，制定支持学前教育的优惠政策。城乡建设和国土资源部门要落实城镇小区和新农村配套幼儿园的规划、用地。人力资源和社会保障部门要制定幼儿园教职工的人事（劳动）、工资待遇、社会保障和技术职称（职务）评聘政策。价格、财政、教育部门要根据职责分工，加强幼儿园收费管理。综治、公安部门要加强对幼儿园安全保卫工作的监督指导，整治、净化周边环境。卫生部门要监督指导幼儿园卫生保健工作。民政、工商、质检、安全生产监管、食品药品监管等部门要根据职能分工，加强对幼儿园的指导和管理。妇联、残联等单位要积极开展对家庭教育、残疾儿童早期教育的宣传指导。充分发挥城市社区居委会和农村村民自治组织的作用，建立社区和家长参与幼儿园管理和监督的机制。

十、统筹规划，实施学前教育三年行动计划

各省（区、市）政府要深入调查，准确掌握当地学前教育基本状况和存在的突出问题，结合本区域经济社会发展状况和适龄人口分布、变化趋势，科学测算入园需求和供需缺口，确定发展目标，分解年度任务，落实经费，以县为单位编制学前教育三年行动计划，有效缓解"入园难"。2011年3月底前，各省（区、市）行动计划报国家教育体制改革领导小组办公室备案。

地方政府是发展学前教育、解决"入园难"问题的责任主体。各省（区、市）要建立督促检查、考核奖惩和问责机制，确保大力发展学前教育的各项举措落到实处，取得实效。各级教育督导部门要把学前教育作为督导重点，加强对政府责任落实、教师队伍建设、经费投入、安全管理等方面的督导检查，并将结果向社会公示。教育部会同有关部门对各地学前教育三年行动计划进展情况进行专项督查，组织宣传和推广先进经验，对发展学前教育成绩突出的地区予以表彰奖励，营造全社会关心支持学前教育的良好氛围。

国务院
二〇一〇年十一月二十一日

国务院办公厅转发教育部等部门（单位）关于幼儿教育改革与发展指导意见的通知

（国办发〔2003〕13号 2003年3月4日颁布）

各省、自治区、直辖市人民政府，国务院各部委、各直属机构：

　　教育部、中央编办、国家计委、民政部、财政部、劳动保障部、建设部、卫生部、国务院妇儿工委、全国妇联《关于幼儿教育改革与发展的指导意见》已经国务院同意，现转发给你们，请认真贯彻执行。

国务院办公厅
2003年3月4日

　　幼儿教育是基础教育的重要组成部分，发展幼儿教育对于促进儿童身心全面健康发展，普及义务教育，提高国民整体素质，实现全面建设小康社会的奋斗目标具有重要意义。改革开放以来，我国幼儿教育事业取得了长足发展，大中城市已基本满足了适龄儿童的入园需求；农村和老少边穷地区通过灵活多样的形式，为越来越多的学龄前儿童提供了受教育机会；幼儿教育质量得到提高。但是，目前我国幼儿教育总体水平还不高，地区之间、城乡之间发展不平衡，与经济、社会、教育的发展和人民群众日益增长的需求还不相适应；幼儿教育事业投入不足；一些地方对幼儿教育的重要性认识尚不到位，简单套用企业改制的做法，将幼儿园推向市场，减少或停止投入，甚至出售；有的地方幼儿教育管理力量薄弱。为进一步推动幼儿教育的改革与发展，根据《中共中央、国务院关于深化教育改革，全面实施素质教育的决定》（中发〔1999〕9号）和《国务院关于基础教育改革与发展的决定》（国发〔2001〕21号）精神，现提出如下意见：

一、幼儿教育改革与发展的目标

　　1. 今后5年（2003—2007年）幼儿教育改革的总目标是：形成以公办幼儿园为骨干和示范，以社会力量兴办幼儿园为主体，公办与民办、正规与非正规教育相结合的发展格局。根据城乡的不同特点，逐步建立以社区为基础，以示范性幼儿园为中心，灵活多样的幼儿教育形式相结合的幼儿教育服务网络。为0—6岁儿童和家长提供早期保育和教育服务。

今后5年，全国幼儿教育事业发展的总目标是：学前三年儿童受教育率达到55%，学前一年儿童受教育率达到80%；大中城市普及学前三年教育；全面提高0—6岁儿童家长及看护人员的科学育儿能力。

2.各省、自治区、直辖市要按照积极进取、实事求是、分区规划、分类指导的原则，结合本地区实际制定今后5年幼儿教育改革与发展的工作规划。

城市和经济发达地区，学前三年儿童受教育率应达到90%；0—6岁儿童家长及看护人员普遍受到科学育儿的指导。

已经普及九年义务教育的县（市、区），学前三年儿童受教育率达到50%，学前一年儿童受教育率达到80%。90%的（0—6岁）儿童家长及看护人员受到科学育儿的指导。

尚未实现普及九年义务教育的县（市、区），学前三年儿童受教育率达到35%，学前一年儿童受教育率达到60%。大多数0—6岁儿童的家长及看护人员受到科学育儿的指导。

二、进一步完善幼儿教育管理体制和机制，切实履行政府职责

3.坚持实行地方负责，分级管理和有关部门分工负责的幼儿教育管理体制。国家制定有关幼儿教育的法规、方针、政策及发展规划；省级和地（市）级人民政府负责本行政区域幼儿教育工作，统筹制定幼儿教育的发展规划，因地制宜地制定相关政策并组织实施，积极扶持农村及老少边穷地区的幼儿教育工作；促进幼儿教育事业均衡发展；县级人民政府负责本行政区域幼儿教育的规划、布局调整、公办幼儿园的建设和各类幼儿园的管理，负责管理幼儿园园长、教师，指导教育教学工作；城市街道办事处配合有关部门制定本辖区幼儿教育的发展计划，负责宣传科学育儿知识、指导家庭幼儿教育、提供活动场所和设备、设施，筹措经费，组织志愿者开展义务服务；乡（镇）人民政府承担发展农村幼儿教育的责任，负责举办乡（镇）中心幼儿园，筹措经费，改善办园条件；要发挥村民自治组织在发展幼儿教育中的作用，开展多种形式的早期

教育和对家庭幼儿教育的指导。各级人民政府都有维护幼儿园的治安、安全和合法权益，动员和组织家长参与早期教育活动，指导家庭幼儿教育的责任。

4.教育部门是幼儿教育的主管部门，要认真贯彻幼儿教育的方针、政策，拟订有关行政法规、重要规章制度和幼儿教育事业发展规划并组织实施；承担对幼儿园的业务领导，制定相关标准，实行分类定级管理，向有关部门提出对幼儿园收费标准的意见；建立幼儿教育督导和评估制度；培养和培训各类幼儿园的园长、教师，建立园长、教师考核和资格审定制度；具体指导和推动家庭幼儿教育；与卫生部门合作，共同开展0—6岁儿童家长的科学育儿指导。

卫生部门负责拟订有关幼儿园卫生保健方面的法规和规章制度，监督和指导幼儿园卫生保健业务工作，负责对0—6岁儿童家长进行儿童卫生保健、营养、生长发育等方面的指导。

国务院教育部门会同财政部门和价格主管部门，按照不以营利为目的的原则，制定幼儿园（班）收费管理办法。省、自治区、直辖市教育部门根据生均培养成本、当地经济发展水平、居民承受能力等情况提出对本地区公办幼儿园（班）最高和最低收费标准的意见，经同级财政部门和价格主管部门审核报省级人民政府批准后执行；民办幼儿园（班）要按照国家有关规定，根据办学成本合理确定收费标准，报有关部门备案并公示。各地区要采取切实措施确保低收入家庭和流动人口的子女享有接受幼儿教育的机会。对社会福利机构，流浪儿童救助保护机构的适龄儿童，要给予照顾，有关费用予以减免。

建设部门要会同教育部门在城镇规划中合理确定幼儿园的布局和位置，在城镇改造和城市小区建设的过程中，要建设与居住人口相适应的幼儿园。新区建设和旧区改造的幼儿园由当地政府统筹规划，利用各种资源安排，教育部门要加强对小区配套幼儿园的管理，可采取面向社会公开招标的办法举办幼儿园，任何单位和个人不得改变用途，也不得收取国家规定以外的费用。

民政部门要把发展幼儿教育作为城市社区教育的重要内容，与教育部门共同探索依托社区发展幼儿教育的管理机制和有关政策。

劳动保障部门在研究探索农村养老保险制度时，要统筹研究农村幼儿教师的养老保险问题；城市幼儿教师要按照国家有关规定参加城镇职工社会保险，要保障幼儿教师队伍的稳定和幼儿教师的合法权益。

编制部门要会同教育部门、财政部门制定幼儿园教职工的编制标准，加强幼儿园教师编制的管理和教职工队伍的建设，保证幼儿教育事业发展的基本需要，提高办学效益。

充分发挥各级妇女儿童工作委员会和妇联组织的作用。推动幼儿教育事业健康发展。

5. 建立和完善政府领导统筹，教育部门主管，有关部门协调配合，社区内各类幼儿园和家长共同参与的幼儿教育管理机制。发挥城市社区居委会和农村村民自治组织的作用，综合协调、动员并利用各种社会资源，促进幼儿教育事业健康发展。

三、加强管理，保证幼儿教育事业健康发展

6. 地方各级人民政府要加强公办幼儿园建设，保证幼儿教育经费投入，全面提高保育、教育质量。不得借转制之名停止或减少对公办幼儿园的投入，不得出售或变相出售公办幼儿园和乡（镇）中心幼儿园，已出售的要限期收回。公办幼儿园转制必须经省级教育部门审核批准。城乡中小学布局调整后，空余校舍要优先用于举办幼儿园。

7. 积极鼓励和提倡社会各方面力量采取多种形式举办幼儿园。社会力量举办的幼儿园，在审批注册、分类定级、教师培训、职称评定、表彰奖励等方面与公办幼儿园具有同等地位。各级教育部门要加强对社会力量举办幼儿园保育、教育工作的指导和监督，规范办园行为，保证办园的正确方向。

8. 加强对企事业单位幼儿园的管理。企事业单位转制后，可以继续举办幼儿园，也可将企事业单位办园资产整体无偿划拨，移交当地教育部门统筹管理；要通过实施联办、承办、国有民办等办园体制改革，提高办园效益和活力。实施办园体制改革要保证国有资产不流失，保育、教育质量不下降，广大幼儿教师合法权益受到保障、整体素质得到提高。

9. 县级以上教育部门负责审批各类幼儿园的举办资格、颁发办园许可证，

并定期复核审验。价格主管部门和财政部门负责向已取得办园许可证并办理登记手续的幼儿园颁发收费许可证、提供行政事业性收费专用票据。未取得办园许可证和未办理登记手续,任何单位和个人不得举办幼儿园。要采取有力措施取缔非法举办的幼儿园。

10. 幼儿园不得以开办实验班、特色班和兴趣班等为由,另外收取费用,不得收取与幼儿入园挂钩的赞助费、支教费等。

四、全面实施素质教育,提高幼儿教育质量

11. 幼儿园要认真贯彻原国家教委《幼儿园工作规程》和教育部《幼儿园教育指导纲要(试行)》,积极推进幼儿教育改革,摆脱"保姆式"的教育模式,防止"应试教育"的消极因素向幼儿教育渗透,全面实施素质教育。要尊重儿童的人格尊严和基本权利,为儿童提供安全、健康、丰富的生活和活动环境,满足儿童多方面发展的需要;尊重儿童身心发展的特点和规律,关注个体差异,使儿童身心健康成长,促进体智德美等全面发展。

12. 幼儿园要建立促进教师专业水平不断提高的机制。要鼓励教师立足教育实践,开展日常教研活动,不断提高教师素质。

教育部门要建立社区和家长参与幼儿园管理和监督的机制,建立科学的评价体系,加强对幼儿园教育实验和科研的管理和指导。禁止在幼儿园从事违背教育规律的实验和活动。

13. 幼儿园要与家庭、社区密切合作。要充分利用幼儿园和社区的资源优势,面向家长开展多种形式的早期教育宣传、指导等服务,促进幼儿家庭教育质量的不断提高。

14. 加强示范性幼儿园建设。地方各级人民政府要合理布局,有计划地推动示范性幼儿园建设。要在城乡各类社会力量举办的幼儿园中扶持一批办学方向端正、管理严格、教育质量好并具有良好社会信誉的幼儿园作为示范性幼儿园。

15. 要充分发挥示范性幼儿园在贯彻幼儿教育法规、传播科学教育理念、开展教育科学研究、培训师资和指导家庭、社区早期教育等方面的示范、辐射

作用。示范性幼儿园要参与本地区各类幼儿园的业务指导，协助各级教育部门做好保育、教育业务管理工作，形成以省、地、县、乡各级示范性幼儿园为中心，覆盖各级各类幼儿园的指导和服务网络。

16. 示范性幼儿园由省、地级教育部门组织评审认定。省级教育部门要根据国家有关规定制定示范性幼儿园的标准，并定期对示范性幼儿园进行指导、评估和审验，确保其发挥示范作用，带动本地区幼儿教育事业的整体发展和教育质量的提高。评审活动要简便和节俭，不要干扰地方政府和幼儿园的正常工作。

五、加强师资队伍建设，努力提高幼儿教师素质

17. 提高幼儿师范院校办学水平和教育质量。根据幼儿教育事业发展需要，确定招生规模；结合幼儿教育改革的实际，及时调整专业、课程设置和教学内容，深化教育教学改革，积极参与幼儿园的教育实践。

18. 制订幼儿教育师资培养、培训规划，加强幼儿教师培养、培训机构的建设。要按教育部《中小学教师继续教育规定》的要求，将幼儿教师的培训纳入当地中小学教师继续教育规划。

19. 要依据《教师资格条例》的有关规定，实行幼儿园园长、教师资格准入制度，严格实行持证上岗。要实行教师聘任制，建立激励机制，提高教师队伍的素质和水平。

20. 认真执行《中华人民共和国教师法》，幼儿教师享受与中小学教师同等的地位和待遇。依法保障幼儿教师在进修培训、评选先进、专业技术职务评聘、工资、社会保险等方面的合法权益，稳定幼儿教师队伍。

六、加强领导，保证幼儿教育改革与发展的顺利进行

21. 地方各级人民政府要提高对发展幼儿教育的认识，加强对幼儿教育工作的领导，把幼儿教育工作纳入本地经济、社会发展的总体规划，加强幼儿教育的科研工作，认真研究解决幼儿教育改革和发展中的热点、难点问题，并制订相应的政策和措施，把幼儿教育工作作为考核各级地方人民政府教育工作的重要内容；要采取有效措施，积极发展农村和老少边穷地区的幼儿教育事业。

22. 地方各级人民政府要积极采取措施，加大对幼儿教育的投入，做到逐年增长。县级以上人民政府安排的财政性幼儿教育经费要保障公办幼儿园正常运转，保证教职工工资按时足额发放，保证示范性幼儿园建设和师资培训等业务活动正常进行，扶持和发展农村及老少边穷地区的幼儿教育事业。幼儿教育经费要专款专用，任何部门不得截留、挤占和挪用。乡（镇）人民政府的财政预算也要安排发展幼儿教育的经费。

23. 保证幼儿教育管理层层落实到位。要建立由教育部门牵头、有关部门参加的幼儿教育联席会议制度，通报、协调、解决幼儿教育事业发展中出现的问题，促进幼儿教育事业稳定健康发展。县级以上教育部门要加强幼儿教育管理，要办好乡（镇）中心幼儿园，发挥其对乡（镇）幼儿教育的指导作用，乡（镇）幼儿保育、教育的业务指导由乡（镇）中心幼儿园园长负责。

24. 地方各级人民政府要制定优惠政策，保证幼儿园（班）的公用事业费（煤、水、电、供热、房租等费用）按中小学的标准收缴。新建、改建、扩建幼儿园按照中小学校建设减免费用的有关规定减免相关费用。

25. 建立幼儿教育督导制度，坚持督政与督学相结合。国务院教育部门要制定幼儿教育工作督导评估暂行办法，省级人民政府要制定地方幼儿教育工作督导评估标准，把幼儿教育事业发展、幼儿教育质量、幼儿教育经费投入与筹措、幼儿教师待遇等列入各级政府教育督导内容，积极开展对幼儿教育热点难点问题的专项督导检查。

各级政府教育督导部门和教育行政部门要定期对各类幼儿园的保育、教育质量和管理水平进行督导和评估，并将评估结果向社会公示，接受社会和家长的监督。

教育行政处罚暂行实施办法

（国家教育委员会令第27号 1998年3月6日颁布）

第一章 总 则

第一条 为了规范教育行政处罚行为，保障和监督教育行政部门有效实施教育行政管理，保护公民、法人和其他组织的合法权益，根据有关法律、行政法规制定本办法。

第二条 对违反教育行政管理秩序，按照《中华人民共和国教育法》和其他教育法律、法规、规章的规定，应当给予行政处罚的违法行为，依据《中华人民共和国行政处罚法》和本办法的规定实施处罚。

第三条 实施教育行政处罚必须以事实为依据，以法律为准绳，遵循公正、公开、及时的原则。

实施教育行政处罚，应当坚持教育与处罚相结合，纠正违法行为，教育公民、法人和其他组织自觉守法。

第二章 实施机关与管辖

第四条 实施教育行政处罚的机关，除法律、法规另有规定的外，必须是县级以上人民政府的教育行政部门。

教育行政部门可以委托符合《中华人民共和国行政处罚法》第十九条规定的组织实施处罚。

受委托组织应以委托教育行政部门的名义作出处罚决定；委托教育行政部门应对受委托组织实施处罚的行为进行监督，并对其处罚行为的后果承担法律责任。

教育行政部门委托实施处罚，应当与受委托组织签订《教育行政处罚委托书》，在《教育行政处罚委托书》中依法规定双方实施处罚的权利与义务。

第五条 教育行政处罚由违法行为发生地的教育行政部门管辖。

对给予撤销学校或者其他教育机构处罚的案件，由批准该学校或者其他教育机构设立的教育行政部门管辖。

国务院教育行政部门管辖以下处罚案件：应当由其撤销高等学校或者其他教育机构的案件；应当由其撤销教师资格的案件；全国重大、复杂的案件以及教育法律、法规规定由其管辖的处罚案件。

除国务院教育行政部门管辖的处罚案件外，对其他各级各类学校或者其他教育机构及其内部人员处罚案件的管辖为：

（一）对高等学校或者其他高等教育机构及其内部人员的处罚，为省级人民政府教育行政部门；

（二）对中等学校或者其他中等教育机构及其内部人员的处罚，为省级或地、设区的市级人民政府教育行政部门；

（三）对实施初级中等以下义务教育的学校或者其他教育机构、幼儿园及其内部人员的处罚，为县、区级人民政府教育行政部门。

第六条 上一级教育行政部门认为必要时，可以将下一级教育行政部门管辖的处罚案件提到本部门处理；下一级教育行政部门认为所管辖的处罚案件重大、复杂或超出本部门职权范围的，应当报请上一级教育行政部门处理。

第七条 两个以上教育行政部门对同一个违法行为都具有管辖权的，由最先立案的教育行政部门管辖；主要违法行为发生地的教育行政部门处理更为合适的，可以移送主要违法行为发生地的教育行政部门处理。

第八条 教育行政部门发现正在处理的行政处罚案件，还应由其他行政主管机关处罚的，应向有关行政机关通报情况、移送材料并协商意见；对构成犯罪的，应先移送司法机关依法追究刑事责任。

第三章 处罚种类与主要违法情形

第九条 教育行政处罚的种类包括：

（一）警告；

（二）罚款；

（三）没收违法所得，没收违法颁发、印制的学历证书、学位证书及其他学业证书；

（四）撤销违法举办的学校和其他教育机构；

（五）取消颁发学历、学位和其他学业证书的资格；

（六）撤销教师资格；

（七）停考，停止申请认定资格；

（八）责令停止招生；

（九）吊销办学许可证；

（十）法律、法规规定的其他教育行政处罚。

教育行政部门实施上述处罚时，应当责令当事人改正、限期改正违法行为。

第十条 幼儿园在实施保育教学活动中具有下列情形之一的，由教育行政部门责令限期整顿，并视情节轻重给予停止招生、停止办园的处罚：

（一）未经注册登记，擅自招收幼儿的；

（二）园舍、设施不符合国家卫生标准、安全标准，妨害幼儿身体健康或威胁幼儿生命安全的；

（三）教育内容和方法违背幼儿教育规律，损害幼儿身心健康的。

具有下列情形之一的单位或个人，由教育行政部门对直接责任人员给予警告、一千元以下的罚款，或者由教育行政部门建议有关部门对责任人员给予行政处分：

（一）体罚或变相体罚幼儿的；

（二）使用有毒、有害物质制作教具、玩具的；

（三）克扣、挪用幼儿园经费的；

（四）侵占、破坏幼儿园园舍、设备的；

（五）干扰幼儿园正常工作秩序的；

（六）在幼儿园周围设置有危险、有污染或者影响幼儿园采光的建筑和设施的。

前款所列情形，情节严重，构成犯罪的，由司法机关依法追究刑事责任。

第十一条 适龄儿童、少年的父母或监护人，未按法律规定送子女或被监护人就学接受义务教育的，城市由市、市辖区人民政府或其指定机构，农村由乡级人民政府，对经教育仍拒绝送子女或被监护人就学的，根据情节轻重，给予罚款的处罚。

第十二条 违反法律、法规和国家有关规定举办学校或其他教育机构的，由教育行政部门予以撤销；有违法所得的，没收违法所得。

社会力量举办的教育机构，举办者虚假出资或者在教育机构成立后抽逃出资的，由审批的教育行政部门责令改正；拒不改正的，处以应出资金额或者抽逃资金额两倍以下、最高不超过十万元的罚款；情节严重的，由审批的教育行政部门给予责令停止招生、吊销办学许可证的处罚。

第十三条 非法举办国家教育考试的，由主管教育行政部门宣布考试无效；有违法所得的，没收违法所得。

第十四条 参加国家教育考试的考生，有下列情形之一的，由主管教育行政部门宣布考试无效；已经被录取或取得学籍的，由教育行政部门责令学校退回招收的学员；参加高等教育自学考试的应试者，有下列情形之一，情节严重的，由各省、自治区、直辖市高等教育自学考试委员会同时给予警告或停考一至三年的处罚：

（一）以虚假或伪造、涂改有关材料及其他欺诈手段取得考试资格的；

（二）在考试中有夹带、传递、抄袭、换卷、代考等考场舞弊行为的；

（三）破坏报名点、考场、评卷地点秩序，使考试工作不能正常进行或以其他方法影响、妨碍考试工作人员使其不能正常履行责任以及其他严重违反考场规则的行为。

第十五条 社会力量举办的学校或者其他教育机构不确定各类人员的工资福利开支占经常办学费用的比例或者不按照确定的比例执行的，或者将积累用于分配或者校外投资的，由审批的教育行政部门责令改正，并可给予警告；情节严重或者拒不改正的，由审批的教育行政部门给予责令停止招生、吊销办学许可证的处罚。

第十六条 社会力量举办的学校或者其他教育机构管理混乱，教学质量低下，造成恶劣影响的，由审批的教育行政部门限期整顿，并可给予警告；情节严重或经整顿后仍达不到要求的，由审批的教育行政部门给予责令停止招生、吊销办学许可证的处罚。

第十七条 学校或其他教育机构违反法律、行政法规的规定，颁发学位、学历或者其他学业证书的，由教育行政部门宣布该证书无效，责令收回或者予以没收；有违法所得的，没收违法所得；情节严重的，取消其颁发证书的资格。

第十八条 教师有下列情形之一的，由教育行政部门给予撤销教师资格、自撤销之日起五年内不得重新申请认定教师资格的处罚：

（一）弄虚作假或以其他欺骗手段获得教师资格的；

（二）品行不良、侮辱学生，影响恶劣的。

受到剥夺政治权利或因故意犯罪受到有期徒刑以上刑事处罚的教师，永久丧失教师资格。

上述被剥夺教师资格教师的教师资格证书应由教育行政部门收缴。

第十九条 参加教师资格考试的人员有作弊行为的，其考试成绩作废，并由教育行政部门给予三年内不得参加教师资格考试的处罚。

第四章 处罚程序与执行

第二十条 实施教育行政处罚，应当根据法定的条件和案件的具体情况分别适用《中华人民共和国行政处罚法》和本办法规定的简易程序、一般程序和听证程序。

第二十一条 教育行政处罚执法人员持有能够证明违法事实的确凿证据和法定的依据，对公民处以五十元以下、对法人或者其他组织处以一千元以下罚款或给予警告处罚的，可以适用简易程序，当场作出处罚决定，但应报所属教育行政部门备案。

第二十二条 执法人员当场作出教育行政处罚决定的，应当向当事人出示执法身份证件，制作《教育行政处罚当场处罚笔录》，填写《教育行政处罚当场处罚决定书》，按规定格式载明当事人的违法行为、处罚依据、给予的处罚、时间、地点以及教育行政部门的名称，由教育行政执法人员签名或者盖章后，当场交付当事人。

第二十三条 除依法适用简易程序和听证程序以外，对其他教育违法行为的处罚应当适用一般程序。

教育行政部门发现公民、法人或者其他组织有应当给予教育行政处罚的违法行为的，应当作出立案决定，进行调查。教育行政部门在调查时，执法人员不得少于两人。

执法人员与当事人有直接利害关系的，应当主动回避，当事人有权以口头或者书面方式申请他们回避。执法人员的回避，由其所在教育行政部门的负责人决定。

第二十四条 教育行政部门必须按照法定程序和方法，全面、客观、公正地调查、收集有关证据；必要时，依照法律、行政法规的规定，可以进行检查。教育行政部门在进行检查时，执法人员不得少于两人。

教育行政部门在收集证据时，对可能灭失或者以后难以取得的证据，经教育行政部门负责人批准，可以将证据先行登记，就地封存。

第二十五条 在作出处罚决定前，教育行政部门应当发出《教育行政处罚告知书》，告知当事人作出处罚决定的事实、理由和依据，并告知当事人依法享有的陈述权、申辩权和其他权利。

当事人在收到《教育行政处罚告知书》后七日内，有权向教育行政部门以书面方式提出陈述、申辩意见以及相应的事实、理由和证据。教育行政部门必须充分听取当事人的意见，对当事人提出的事实、理由和证据应进行复核，当事人提出的事实、理由或者证据成立的，教育行政部门应当采纳。教育行政部门不得因当事人的申辩而加重处罚。

第二十六条 调查终结，案件承办人员应当向所在教育行政部门负责人提交《教育行政处罚调查处理意见书》，详细陈述所查明的事实、应当作出的处理意见及其理由和依据并应附上全部证据材料。教育行政部门负责人应当认真审查调查结果，按照《中华人民共和国行政处罚法》第三十八条的规定，根据不同情况作出决定。

教育行政部门决定给予行政处罚的，应当按照《中华人民共和国行政处罚法》第三十九条的规定，制作《教育行政处罚决定书》。

《教育行政处罚决定书》的送达，应当按照《中华人民共和国行政处罚法》第四十条和《中华人民共和国民事诉讼法》第七章第二节的规定执行。

第二十七条 教育行政部门在作出本办法第九条第（三）、（四）、（五）、（六）、（七）、（八）、（九）项之一以及较大数额罚款的处罚决定前，除应当告知作出处罚决定的事实、理由和依据外，还应当书面告知当事人有要求举行听证的权利。

前款所指的较大数额的罚款，标准为：由国务院教育行政部门作出罚款决定的，为五千元以上；由地方人民政府教育行政部门作出罚款决定的，具体标准由省一级人民政府决定。

当事人在教育行政部门告知后三日内提出举行听证要求的，教育行政部门应当按照《中华人民共和国行政处罚法》第四十二条的规定，组织听证。

第二十八条 听证结束后，听证主持人应当提出《教育行政处罚听证报告》，连同听证笔录和有关证据呈报教育行政部门负责人。教育行政部门负责人应当对《教育行政处罚听证报告》进行认真审查，并按照《中华人民共和国行政处罚法》第三十八条的规定作出处罚决定。

第二十九条 除依照《中华人民共和国行政处罚法》的规定可以当场收缴罚款外，作出罚款决定的教育行政部门应当与收缴罚款的机构分离，有关罚款的收取、缴纳及相关活动，适用国务院《罚款决定与罚款收缴分离实施办法》的规定。

第三十条 教育行政处罚决定作出后，当事人应当在行政处罚决定的期限内，予以履行。当事人逾期不履行的，教育行政部门可以申请人民法院强制执行。

第三十一条 当事人对行政处罚决定不服的,有权依据法律、法规的规定,申请行政复议或者提起行政诉讼。

行政复议、行政诉讼期间,行政处罚不停止执行。

第三十二条 教育行政部门的职能机构查处教育行政违法案件需要给予处罚的,应当以其所属的教育行政部门的名义作出处罚决定。

教育行政部门的法制工作机构,依法对教育行政执法工作进行监督检查,对教育行政部门的其他职能机构作出的行政处罚调查处理意见进行复核,并在其职责范围内具体负责组织听证及其他行政处罚工作。

第三十三条 教育行政部门及其工作人员在实施教育行政处罚中,有违反《中华人民共和国行政处罚法》和本办法行为的,应当按照《中华人民共和国行政处罚法》第七章的规定追究法律责任。

教育行政部门应当加强对行政处罚的监督检查,认真审查处理有关申诉和检举;发现教育行政处罚有错误的,应当主动改正;对当事人造成损害的,应当依法赔偿。

第三十四条 教育行政部门应当建立行政处罚统计制度,每年向上一级教育行政部门和本级人民政府提交一次行政处罚统计报告。

第五章 附 则

第三十五条 本办法规定使用的各类教育行政处罚文本的格式,由国务院教育行政部门和各省、自治区、直辖市人民政府教育行政部门统一制定。

第三十六条 本办法自发布之日起施行。

关于颁发《学前班工作评估指导要点》的通知

（教基〔1996〕2号　1996年1月9日）

各省、自治区、直辖市教育委员会、教育厅，北京、天津市教育局：

近几年，各地学前班增长迅速，为进一步加强学前班的科学管理，端正办班指导思想，全面提高学前班的教育质量，为九年义务教育奠定基础，我委拟定了《学前班工作评估指导要点（试行）》（以下简称《要点》），发给你们参照试行，为更好地组织试行，现提出以下实施意见：

1. 《要点》是国家对城乡招收学龄前一年儿童的学前班工作进行评估的指导性文件，由于我国地域广大，各地文化、教育、经济发展不平衡，为使《要点》更具有针对性，各省、自治区、直辖市应在调查研究的基础上，根据本《要点》提出的评估项目，因地制宜地制定出符合当地情况的实施细则，也可组织制定地、市一级的具体评估指标，并报省、自治区、直辖市教育行政部门审定批准。

2. 各省、自治区、直辖市可根据当地情况在基础较好的地区选择不同类型、不同水平的学前班进行评估试点，取得经验后，逐步推广。

3. 评估工作应有利于引导办班的正确方向，有利于提高质量，同时保护办班者的积极性，应注意评估工作不要加重教师不必要的负担。

4. 评估工作的队伍要熟悉政策、熟悉业务，客观公正，并遵守廉政规定，廉洁自律。

5. 本项工作应在1996年内有计划地试点，逐步展开。

附件：学前班工作评估指导要点（试行）

中华人民共和国国家教育委员会

1996年1月9日

学前班工作评估指导要点（试行）

为端正学前班办班指导思想，改善办学条件，按照学前儿童身心发展规律组织教育活动，加强学前班的科学管理，全面提高学前班教育质量，特制定本要点：

项目		内容要点
办班指导思想		1. 认真贯彻《幼儿园管理条例》《幼儿园工作规程》和《关于班改进和加强学前班管理的意见》，坚持保教结合的原则，面向全体幼儿，促进幼儿在体、智、德、美诸方面身心和谐发展。 2. 为儿童入小学作准备，为九年制义务教育打基础。 3. 不以营利为目的。
办班条件	房舍、场地	1. 学前班应设置在安全区域，无危房、周围环境无污染。 2. 学前班有固定使用的活动室，人均面积不低于当地规定的标准。活动室要光线充足、通风、干燥。 3. 学前班有固定的户外活动场地。
	设备	1. 有适合幼儿使用的桌椅。 2. 户外有大型活动器材，每班有一定的教、玩具和儿童图书，班数不低于当地规定的标准。 3. 有卫生饮水设备和流动水洗手设备。 4. 备有保健箱和常用药品。 5. 有适宜幼儿使用的厕所。
	师资	1. 每班1—2位教师，热爱幼儿，相对稳定。 2. 有高中或相当于高中毕业的文化程度，受过一定的幼教专业培训。 3. 身体健康。
组织领导、管理	班额	严格控制在40人以内。
	组织领导	1. 附设在小学的学前班由一名小学校长负责分管；乡、村举办的独立的学前班由乡、村文教办设专人分管。 2. 接受上级教育行政部门的领导管理、监督检查和业务指导。 3. 根据各省、自治区、直辖市的有关规定履行登记注册手续。
	管理	1. 有每学期工作计划和总结。 2. 健全各项管理规章、制度（岗位职责、安全管理、卫生保健、教导研、家园联系等制度），并定期检查执行情况。 3. 严格执行收费标准、经费独立核算，按规定管理和使用，主要管理用于学前班。 4. 保教人员工资按月足额兑现。

项目		内容要点
组织领导、管理	卫生保健	1. 执行卫生部颁发的《托儿所、幼儿园卫生保健制度》，制订有保健工作制度与计划。 2. 开展适合于幼儿的体育锻炼，每日有一定的户外活动时间和体育保健活动时间。 3. 培养幼儿良好的生活卫生习惯，保护幼儿的安全。
	环境创设与利用	1. 充分利用当地文化和自然资源，丰富幼儿的学习环境和教育内容。 2. 因地制宜，为幼儿提供多种操作材料和教、玩具。 3. 教师与幼儿共同创设符合幼儿发展需要的环境。
	师生关系	1. 尊重、爱护幼儿，不得讽刺、挖苦、歧视、体罚和变相体罚幼儿。 2. 教师要为幼儿提供一个安全、愉快、鼓励、支持的环境，师生关系融洽。
	入学准备	1. 有根据《学前班保育与教育的基本要求》制定的促进幼儿全面发展的教育计划。 2. 坚持说普通话，为幼儿提供交谈、讨论的机会，培养幼儿语言理解及表达能力。 3. 培养幼儿阅读的兴趣、习惯和技能。 4. 通过多种活动，发展幼儿手眼协调的动作，发展空间知觉，为准书写作准备。 5. 教师通过多种活动，培养幼儿的规则意识和遵守规则的能力。 6. 创造条件，培养幼儿积极的人际交往态度和基本技能。 7. 通过各种活动（尤其是操作活动），形成幼儿的数概念，发展思维能力。 8. 发展幼儿的观察力和初步分析问题、解决问题的能力。
	教育活动组织	1. 有合理的一日活动计划。 2. 以游戏为基本活动形式。 3. 能根据教育内容，恰当采用集体、小组、个人教育活动组织形式。 4. 有利于幼儿的积极主动参与。
	家园联系	1. 有家园联系制度，经常向家长介绍学前班的教育与要求，以及儿童的发展状况。 2. 能吸引家长主动参与学前班的工作。

关于改进和加强学前班管理的意见

(教基〔1991〕8号 1991年6月17日颁布)

各省、自治区、直辖市及计划单列市教委、教育厅(局):

近几年,城乡学前班有了很大的发展,特别在农村地区发展尤为迅速。据1989年统计,全国学前班幼儿人数占全国在园(班)幼儿总数的47.3%。其中,农村学前班幼儿占农村在园(班)幼儿总数的60%,县镇学前班幼儿占县镇在园(班)幼儿总数的36.2%,城市学前班幼儿占城市在园(班)幼儿总数的23.7%。应该肯定,学前班已成为我国学前教育不可缺少的一种组织形式,对幼儿教育事业的发展起了积极促进作用。但是,目前学前班在教育和管理方面也存在一些问题:有的地方学前班管理的归属不明确,办班条件差,教师专业素质低,教育的内容、形式和方法不符合幼儿身心发展的特点和规律,比较普遍存在"小学化"的倾向。这些问题已严重地影响了学前班的健康发展。

为改进和加强学前班的领导和管理,提高教育质量,特提出如下意见:

一、学前班的性质

学前班是对学龄前儿童进行教育的一种组织形式。

在现阶段,它是农村发展学前教育的一种重要形式;在城市,则是幼儿园数量不足的一种辅助形式。

举办学前班不得以营利为目的。小学附设的,也不应列为小学勤工俭学项目。

二、举办学前班的原则

各地应从本地区的经济、文化、教育发展水平以及群众的需要等实际出发,采取灵活多样的办学形式。可举办一年制的,也可举办三个月至半年的短期学前班;可以是全日制,也可以是半日制或隔日制等。幼儿园已能满足群众需求的城市,即不必举办学前班。

学前班可单独设置,也可附设在小学。班额一般不超过40人。

在人口稀少，居住分散，幼儿不足一个班的地区，可组织幼儿活动小组（站）或游戏小组，但不允许和小学生合班进行复式教学。

三、学前班的领导和管理

学前班的领导和管理，应依据《幼儿园管理条例》的规定，在行政上由主办单位及其上级部门管理。农村学前班可实行乡办乡管或村办村管；附设在小学的，可实行乡（村）办校管。在业务上归当地教育行政部门统一管理。教育行政部门应由主管幼儿教育的机构负责此项工作。

学前班应执行国家有关幼儿教育的方针、政策、法规和规章、制度。地方各级教育行政部门可根据本地实际，制定学前班管理的具体办法，并建立督导、评估制度，切实加强领导。

各地应根据《幼儿园管理条例》的有关规定，建立学前班登记注册制度。未经登记注册，任何单位和公民个人，不得举办学前班。

小学不得以未入本校学前班为由，拒绝接收规定服务地区内学龄儿童入学。

学前班经费由各主办者负责筹措。学前班收费项目、标准和管理办法，由省自治区、直辖市教育行政部门会同有关部门制定。学前班不得擅立名目乱收费。学前班所收费用，应主要用于保育、教育活动开支和改善办班条件，添置教具、玩具、幼儿读物等。学前班应建立经费管理制度，加强审计和监督。

四、保育和教育的要求

学前班应根据5—6周岁幼儿生理、心理发展特点和规律，创设良好环境，通过各种活动，促进幼儿身心和谐发展，为幼儿入小学做准备，为培养一代新人打下良好基础。学前班要注重培养幼儿良好的生活卫生习惯和参加体育活动的兴趣，增强体质；注重培养幼儿良好的品德、行为习惯；注重发展幼儿的语言和一般认知能力；注重培养动手能力；注重培养学习的兴趣和良好的学习习惯。不要求幼儿学习拼音、书写汉字、学做算术题（笔算）。

学前班教育应注意与小学教育的衔接。为指导学前班教育工作，纠正目前存在的"小学化"倾向，我委基础教育司拟订的《学前班保育和教育的基本要求》（试行稿）可作为指导学前班保育与教育工作的依据。

要合理地安排和组织幼儿一日活动。学前班的教育活动应以游戏为主，采取全班活动、小组活动以及个人活动相结合的组织形式。第二学期可逐步增加集体活动时间，并可适当采用上课的形式。但每课时不得超过30分钟，每周不得超过12课时，每单元课时教育内容、形式的组织应符合学前儿童的特点，不得搬用小学一年级教材，不要给幼儿布置家庭作业，不允许进行任何形式的测验和考试。小学接收一年级新生，不得举行任何形式的测验和考试。

学前班教育活动应根据我国各地区在经济、文化诸方面的差异，以及在办班形式、办班条件等方面的不同情况，提倡多样化。要因地制宜地选择和组织教育内容，就地取材为幼儿提供各种游戏和活动材料（尤其是可供动手操作的材料），开展灵活多样的教育活动，寓教育于各项活动之中。

为帮助教师合理地组织各种教育活动，有条件的省自治区、直辖市教育行政部门，可组织力量编写适合本地区的学前班教师指导用书或教育参考资料。教师指导用书需经省级教材编审委员会审定。学前班不是一级学校，不应编写幼儿使用的课本。

学前班应主动与幼儿家庭建立经常性的联系，向家长介绍学前班教育的内容和要求，了解幼儿家庭教育状况，帮助家长创设良好的家庭教育环境，共同商讨教育方法，以保持学前班教育与家庭教育的协调一致。

五、改善办班条件的要求

学前班要有固定使用的活动室。活动室建筑要符合《幼儿园工作规程（试行）》中的有关要求。

学前班要有供儿童使用的桌椅，并应符合卫生标准。

学前班应因地制宜地开辟儿童室外活动场地。附设小学的学前班活动场地，原则上应与小学生活动场地隔开。学前班附设在小学，目前尚无独立户外活动场地的，应尽量保证幼儿有足够的户外活动时间和一定的运动量。

学前班应具有一定数量的体育活动器械、教具、玩具和幼儿读物。有条件的还应添置风琴、幻灯机、录音机等设备。提倡教师因地制宜自制教具、玩具。

六、学前班教师的管理和培训

学前班教职工的编制应由各省自治区、直辖市教委、教育厅（局）会同编制管理部门，根据本地区实际情况，针对各种办学形式的特点，参照劳人编〔1987〕32号文提出的标准制定。

学前班教师的资格与幼儿园教师相同。各省自治区、直辖市教育行政部门，应根据《幼儿园管理条例》和《幼儿园工作规程（试行）》，建立学前班教师资格审定、考核培训制度。幼儿师范学校（含中师附属幼师班）毕业生，应有计划地分配到学前班任教，或从职业高中幼师班毕业生中择优录用。

在当前新师资培养尚不能满足要求的情况下，应根据"先培训、后上岗"的原则，有计划地对尚未受过专业培训的学前班教师进行培训。各级教育行政部门应将此项培训列入师资培训规划，落实培训基地。

学前班教师的专业培训，应以《幼儿园工作规程（试行）》有关教育工作的指导思想和《基本要求》为基本内容，着重学习和研究这一阶段儿童身心发展的特点，学前班的教育任务，教育内容以及教育活动的组织等，以适应学前班教育工作的要求。有条件的省自治区、直辖市，可组织编写学前班教师培训教材。

幼儿师范教育改革要适应幼儿教育的发展，把学前班教育工作纳入教学计划，加强实践环节，有计划地安排学生到城乡学前班见习和实习。

农村学前班教师逐步实行聘用制，与当地民办小学教师或乡（镇）企业职工享受同等待遇。

中华人民共和国国家教育委员会

1991年6月17日

国务院办公厅转发国家教委等部门关于加强幼儿教育工作意见的通知

(国办发〔1988〕38号　1988年8月15日颁布)

国家教委、国家计委、财政部、人事部、劳动部、建设部、卫生部、物价局《关于加强幼儿教育工作的意见》，已经国务院同意，现转发给你们，请结合实际情况研究执行。

国务院办公厅

1988年8月15日

国家教委、国家计委、财政部、人事部、劳动部、建设部、卫生部、物价局关于加强幼儿教育工作的意见

幼儿教育是我国社会主义教育事业的一个重要组成部分。它作为学校教育的预备阶段，从小对儿童有目的地施加教育影响，有利于促进幼儿身心健康发展，对提高民族素质具有深远意义；同时，举办幼儿园有利于解决劳动者后顾之忧，为他们安心参加社会主义建设提供便利条件，也是一项具有社会公共福利性质的工作。

党的十一届三中全会以来，全国幼儿教育事业有了相当的发展。广大幼儿教育工作者、社会各界人士和各级妇联、工会组织做了大量工作，为我国的幼儿教育事业做出了贡献。

但是，当前我国幼儿教育事业还不适应经济、社会发展的需要，具体表现在：幼儿教育事业的发展规模不能满足城乡群众的需要；幼儿园师资数量不足，专业素质亟待提高；有的幼儿园办园的指导思想不够端正，教育内容和教育办法不甚符合幼儿生理、心理特点及教育规律，亟待改进。这些问题的存在，多同一些地方、部门和单位的领导同志对幼儿教育的性质及其重要性缺乏认识有关。为了进一步推进幼儿教育事业健康发展，特提出如下意见：

一、动员和依靠社会各方面力量，通过多种渠道、多种形式发展幼儿教育事业

《中共中央关于教育体制改革的决定》(中发〔1985〕12号)提出，要努力发展幼儿教育。我国发展幼儿教育事业必须按照因地制宜，积极创造条件，以条件定发展的原则，坚持在保证一定质量前提下的数量与质量的统一，逐步做到基本适应当地经济和社会发展的需要，并使幼儿师范教育协调发展。目前，幼儿教育事业的发展应把重点放在城市以及经济发展快、教育基础比较好的农村地区。在城市，要逐步满足群众送子女入园(班)的要求；在农村，可先发展学前一年教育，有条件的地方要发展农村幼儿园以及办好乡中心幼儿园。

幼儿教育事业具有地方性和群众性。发展这项事业要依靠国家、集体和公民个人一起来办。在地方人民政府举办幼儿园的同时，主要依靠各部门、各单位和社会各方面的力量来办。幼儿园不仅有全民性质的，大量应属集体性质的，以及由公民个人依照国家法律及有关规定举办的。

集体性质的幼儿园(班)，是群众集资办园的好形式，应予以提倡和鼓励。城镇街道举办的集体性质的幼儿园(班)，应实行合理收费，独立核算，自负盈亏。根据中共中央、国务院的有关规定，地方人民政府可酌情对其开办、添置大型设备及房屋修缮等开支，从地方财政的自筹经费中给予适当补助。乡、村举办的集体性质幼儿园(班)，其经费由举办单位自筹解决，并可按有关规定适当向家长收费。

要继续调动企业、事业、机关、团体、部队、学校等单位举办幼儿园的积极性，可采取单独举办或联合举办幼儿园的形式，解决其职工子女的入园问题；并鼓励有条件的幼儿园向社会开放，吸收附近居民子女入园。

公民个人举办幼儿园(班)，各地人民政府和有关部门应予以扶持并加强指导、管理。

在办园形式上，要因地制宜，适应家长的需要，坚持灵活多样的原则，可以举办全日制幼儿园(班)，也可以办寄宿制、半日制和季节性幼儿园(班)，或学前幼儿班等。

发展幼儿教育事业需统筹规划，合理布局，教育行政部门要在当地人民政府的领导下，会同有关部门综合编制幼儿教育事业发展规划。城镇新建居民区和改建老居民区，都必须统筹配建与当地居民人口相适应的幼儿园(班)。

地方各级人民政府应根据《中共中央关于教育体制改革的决定》中，教育经费要"两个增长"的精神，妥善安排幼儿教育所需经费。

养育子女是儿童家长依照法律规定应尽的社会义务，幼儿教育不属义务教育，家长送子女入园理应负担一定的保育、教育费用。各地应在调查研究的基础上，制订各类幼儿园的收费标准。收费标准由教育部门本着取之于民，用之于民的原则，兼顾实际需要和家长的经济承受能力，提出意见，经同级物价部门核定。

二、建立一支合格、稳定的幼儿园师资队伍

发展幼儿教育事业要从培养和提高师资入手。必须积极发展幼儿师范教育，同时抓紧在职教师的培训工作，以保证幼儿教育事业发展对师资的要求。

各级教育行政部门要会同有关部门研究制订幼儿师范教育发展规划，根据当地人口、幼儿教育事业发展的需要与可能，以及讲求办学效益的原则，合理设置幼儿师范学校、中等师范学校幼师班、职业高中幼教专业和幼儿师资培训中心等。师资需求量较大的部门也应设置相应的培训幼儿园师资的机构。各地要注意加强各类培养、训练幼儿园师资机构的横向联系，并充分发挥幼儿师范学校在培养新师资和培训在职师资工作中的骨干作用。

幼儿师范学校应坚持为幼儿园培养合格师资的办学方向，进行教育教学改革。课程设置要适应城乡幼儿教育的需要；要处理好文化课与专业课的关系，教育理论课与教育实践的关系；要加强对学生的思想品德教育，培养他们热爱儿童，热爱幼儿教育事业。教育理论课程要改变脱离实际的现象，要加强学生的基本功训练，提高他们口头语言和书面语言的表达能力，教育活动的组织能力，玩具教具的制作能力以及其他各种专业技能技巧。要切实改革和加强教育实践环节，充分利用见习、实习、假期，使学生深入社会和幼儿园实际，增强学生独立的工作能力。

要改革幼儿师范学校招生和毕业生分配制度,可实行定向招生,定向分配,使幼儿园师资来源地方化。幼儿师范学校除计划内招生外,要创造条件接受各类幼儿园主办单位的委托代培任务,或招收自费生。幼儿师范学校毕业生分配应面向各类幼儿园。分配到幼儿园任教的,应按照国家有关规定享受教师待遇。国家不包分配的职业高中幼教专业毕业生,用人单位应在增干指标内择优录用或聘用,有关部门可采取措施鼓励他们到集体或公民个人举办的幼儿园任教。

各部门、各单位举办幼儿园,应该根据国家关于幼儿园教师的条件和要求聘用或任用教师。对在职幼儿园教师中不具备合格条件的,要有计划地进行培训,使他们逐步取得专业合格证书;已具备合格条件的,应继续培训提高,使他们逐步成为幼儿园工作的骨干;对不宜继续担任幼儿园教师的,应逐步调换,由幼儿师范学校、职业高中幼教专业毕业生以及取得专业合格证书的人员担任。各幼儿师范学校、职业高中幼教专业、幼教师资培训中心、教师进修学校都应创造条件,担负培训在职幼儿园教师的任务;同时,要充分利用函授、夜校、广播、电视、自学考试、寒暑假短期培训等多种手段组织教师在职进修。教师在职进修,以自学为主,业余为主,缺什么,补什么,保证质量,讲求实效。

高等学校的学前教育专业要加强,应明确为幼儿教育事业服务的方向,改革课程设置,改善教学条件,并加强师资队伍的自身建设。要改革招生和毕业生分配制度,可从有幼教实践经验的青年教师和行政管理干部中招收一部分学生,毕业后回原地区从事幼儿教育工作。高等师范院校还应为幼儿师范学校、职业高中幼师班、进修学校培训专业课师资,并为幼儿园园长、教师、幼教行政管理干部提供进修提高的机会。

幼儿园教师是幼儿的启蒙教师,他们的工作是光荣而繁重的,理应受到全社会的敬重。各级人民政府和幼儿园主办单位以及社会各方面,都要努力为幼儿园教师办实事,关心他们的工作和生活,认真贯彻有关工资待遇的政策,逐步改善他们的住房、医疗等条件。同时,要引导广大幼儿园教师努力学习,加强自身修养,树立良好的职业道德。

三、端正办园指导思想，深化教育改革，全面提高保育、教育质量

幼儿园教育的任务是贯彻保教结合的原则，对幼儿进行体、智、德、美全面发展的教育，使其身心和谐发展，为入小学作好准备，为培养造就一代新人打好基础。这是幼儿园教育改革的根本目的，也是检验和评估幼儿园工作的根本标准。

幼儿园教育改革必须从更新不适应社会主义建设需要的陈旧教育观念入手，切实端正办园指导思想，使幼儿的身体素质、心理素质、品德和行为习惯得到健康发展，克服无视幼儿身心发展规律和特点的"小学化"倾向。因此，幼儿园要切实做好幼儿生理和心理卫生的保健工作，保证幼儿的安全和健康；要坚持保育和教育相结合的原则，注重体、智、德、美诸方面教育的互相渗透；要以游戏为基本活动形式，合理地组织各方面的教育内容；要充分发挥各种教育手段的交互作用；为激发幼儿的积极性创造良好的教育环境；要尊重幼儿，热爱幼儿，坚持正面教育，积极诱导，使幼儿生动、活泼、主动地发展；要面向全体幼儿，注意引导幼儿个性健康发展，但不要对幼儿进行早期定向训练。

要从我国国情出发，总结国内实践经验，并学习吸收国外教育理论和经验，开展幼儿教育科研活动。要提倡理论工作者同实际工作者相结合，共同研究我国幼儿教育实践中的新课题，为幼儿教育改革提供理论指导。

幼儿园教育要同家庭教育密切配合。幼儿园要以正确的教育思想为指导，去影响家长，影响社会，而不要受社会上不正确思潮的影响。要帮助家长创设良好的家庭教育环境，改进教育方法。同时，幼儿园应向家长开放，欢迎和吸收家长参加幼儿园的教育、管理工作，幼儿园和家长要相互配合，共同做好教育工作。

四、明确职责，加强领导

幼儿教育涉及面广，各有关方面都要认真贯彻《国务院办公厅转发国家教委等部门关于明确幼儿教育事业领导管理职责分工请示的通知》（国办发〔1987〕69号）的精神，坚持实行"地方负责，分级管理"和各有关部门分工

负责的原则。

各级教育部门在履行有关管理职责中，要注意从本地的实际出发，对各类幼儿园实行分类指导。要同妇联、工会等有关部门密切配合，协调一致，并要加强同各幼儿园主办单位的联系，共同努力，积极推动幼儿教育事业的健康发展。

幼儿教育事业是全社会的事业，全社会都要关心儿童的健康成长，多为儿童办好事、办实事，齐心协力，开创我国幼儿教育工作的新局面。

1988年8月1日

学前教育
实用政策法律 中

主编 马雷军

顾问 杨润勇

编委 （以姓氏笔画为序）

马毅飞　王许人　王建洲　刘晓楠　李　竹

郐　芳　周文娟　赵小红　郭潇莹　鲁　幽

世界图书出版公司

目　录

学前教育相关法律 … 1

- 中华人民共和国教育法 … 2
- 中华人民共和国教师法 … 16
- 中华人民共和国民办教育促进法 … 23
- 中华人民共和国未成年人保护法 … 33
- 中华人民共和国母婴保健法 … 43
- 中华人民共和国民办教育促进法实施条例 … 49

学前教育相关行政法规 … 59

- 幼儿园管理条例 … 60
- 教师资格条例 … 65
- 残疾人教育条例 … 70
- 中华人民共和国中外合作办学条例 … 80
- 校车安全管理条例 … 92
- 教育督导条例 … 103
- 艾滋病防治条例（节选） … 108

学前教育相关综合政策 … 109

- 国务院办公厅关于促进3岁以下婴幼儿照护服务发展的指导意见 … 110
- 中共中央 国务院关于学前教育深化改革规范发展的若干意见 … 116

- 教育部办公厅关于严禁商业广告、商业活动进入中小学校和幼儿园的紧急通知……127
- 财政部 教育部关于印发《中央财政支持学前教育发展资金管理办法》的通知……129
- 中央财政支持学前教育发展资金管理办法……130
- 教育部等四部门关于实施第三期学前教育行动计划的意见……134
- 幼儿园工作规程……139
- 教育部 国家发展改革委 财政部关于实施第二期学前教育三年行动计划的意见……151
- 国务院关于当前发展学前教育的若干意见……156
- 国务院办公厅转发教育部等部门（单位）关于幼儿教育改革与发展指导意见的通知……162
- 教育行政处罚暂行实施办法……169
- 关于颁发《学前班工作评估指导要点》的通知……177
- 关于改进和加强学前班管理的意见……180
- 国务院办公厅转发国家教委等部门关于加强幼儿教育工作意见的通知……184

学前教育机构设置相关政策……191

- 国务院办公厅关于开展城镇小区配套幼儿园治理工作的通知……192
- 教育部关于贯彻执行《幼儿园建设标准》的通知……195
- 住房城乡建设部关于发布行业标准……196
- 财政部 教育部关于印发《中央财政支持学前教育发展资金管理办法》的通知……197
- 教育部办公厅关于公办幼儿园能否承包的问题的复函……203
- 中华人民共和国中外合作办学条例实施办法……205
- 民办非企业单位登记暂行办法……216
- 国家教委、计委、民政部、建设部、经贸委、全国总工会、妇联《关于企业办幼儿园的若干意见》……223
- 国家教育委员会、建设部关于印发《城市幼儿园建筑面积定额（试行）》的通知……225

- 教育委员会国家关于发展农村幼儿教育的几点意见……………… 234

学前教育师资建设相关政策…………………………………………… 239

- 教育部等七部门印发《关于加强和改进新时代师德师风建设的意见》的通知……………………………………… 240
- 教育部关于印发《幼儿园教师违反职业道德行为处理办法》的通知……………………………………………………… 247
- 教育部关于印发《新时代高校教师职业行为十项准则》《新时代中小学教师职业行为十项准则》《新时代幼儿园教师职业行为十项准则》的通知（节选）……………… 251
- 新时代幼儿园教师职业行为十项准则…………………………… 253
- 教育部办公厅关于各地出台公办幼儿园教职工编制标准情况的通报……………………………………………………… 255
- 财政部 教育部关于印发《中小学幼儿园教师国家级培训计划专项资金管理办法》的通知………………………… 258
- 教育部 财政部关于改革实施中小学幼儿园教师国家级培训计划的通知…………………………………………………… 262
- 教育部关于印发《普通高中校长专业标准》《中等职业学校校长专业标准》《幼儿园园长专业标准》的通知（节选） 273
- 教育部关于成立教育部高等学校幼儿园教师培养等教学指导委员会的通知…………………………………………… 279
- 教育部关于印发《幼儿园教职工配备标准（暂行）》的通知…… 281
- 教育部中央编办财政部人力资源和社会保障部关于加强幼儿园教师队伍建设的意见…………………………………… 284
- 教育部关于印发《幼儿园教师专业标准（试行）》《小学教师专业标准（试行）》和《中学教师专业标准（试行）》的通知（节选）………………………………………… 287
- 幼儿园教师专业标准（试行）…………………………………… 289
- 学校教职工代表大会规定………………………………………… 293

学前教育内部管理相关政策 　　299

- 国家教育委员会关于开展幼儿园园长岗位培训工作的意见 …… 300
- 教育部办公厅关于开展幼儿园"小学化"专项治理工作的通知 … 305
- 教育部关于印发《3—6岁儿童学习与发展指南》的通知 …… 308
- 3—6岁儿童学习与发展指南 …… 310
- 教育部关于在中小学幼儿园广泛深入开展节约教育的意见 …… 342
- 卫生部关于印发《托儿所幼儿园卫生保健工作规范》的通知 … 344
- 托儿所幼儿园卫生保健工作规范 …… 345
- 教育部关于建立中小学幼儿园家长委员会的指导意见 …… 378
- 国家发展改革委教育部财政部关于印发《幼儿园收费管理暂行办法》的通知 …… 381
- 教育部关于规范幼儿园保育教育工作防止和纠正"小学化"现象的通知 …… 385
- 教育部关于印发《幼儿园教育指导纲要（试行）》的通知 …… 387

学前教育行政管理相关政策 　　399

- 教育部关于印发《县域学前教育普及普惠督导评估办法》的通知 400
- 教育部关于印发《幼儿园责任督学挂牌督导办法》的通知 …… 406
- 教育部办公厅关于各地建立完善学前教育、普通高中和特殊教育经费投入机制情况的通报 …… 409
- 教育部关于印发《幼儿园办园行为督导评估办法》的通知 …… 412
- 国务院教育督导委员会办公室关于印发《中小学（幼儿园）安全工作专项督导暂行办法》的通知 …… 417
- 教育部关于印发《学前教育督导评估暂行办法》的通知 …… 423
- 财政部 教育部关于加大财政投入支持学前教育发展的通知 …… 436
- 财政部 教育部关于建立学前教育资助制度的意见 …… 444

学前教育安全管理相关政策 　　447

- 国务院教育督导委员会办公室关于进一步加强中小学（幼儿园）安全工作的紧急通知 …… 448

- 教育部等五部门关于完善安全事故处理机制维护学校
  教育教学秩序的意见……450
- 学校食品安全与营养健康管理规定……456
- 教育部办公厅关于进一步加强中小学（幼儿园）预
  防性侵害学生工作的通知……469
- 国务院教育督导委员会办公室关于加强中小学
  （幼儿园）冬季安全工作的通知……472
- 国务院教育督导委员会办公室关于进一步加强中小
  学（幼儿园）安全工作的紧急通知……474
- 市场监管总局办公厅关于加强秋季开学学校和幼儿园
  食品安全监管工作的通知……476
- 最高人民检察院关于依法惩治侵害幼儿园儿童犯罪
  全面维护儿童权益的通知……479
- 国务院教育督导委员会办公室关于开展幼儿园规范
  办园行为专项督导检查的紧急通知……482
- 教育部办公厅关于加强中小学（幼儿园）周边安全
  风险防控工作的紧急通知……484
- 教育部关于开展中小学（幼儿园）校车安全隐患排
  查整治工作的紧急通知……486
- 国务院办公厅关于加强中小学幼儿园安全风险防控体
  系建设的意见……488
- 国务院教育督导委员会办公室关于加强中小学
  （幼儿园）安全工作的紧急通知……496
- 食品药品监管总局 教育部关于进一步加强中小学校
  和幼儿园食品安全监督管理工作的通知……498
- 教育部 公安部关于加强中小学幼儿园消防安全管理工作的意见 500
- 公安部办公厅、教育部办公厅关于印发《中小学幼
  儿园安全防范工作规范（试行）》的通知……503
- 最高人民法院 最高人民检察院 公安部 民政部关于
  依法处理监护人侵害未成年人权益行为若干问题的意见……509
- 关于依法处理监护人侵害未成年人权益行为若干问题的意见……510

- 教育部办公厅关于印发《中小学幼儿园应急疏散演练指南》的通知……519
- 中小学幼儿园应急疏散演练指南……520
- 教育部办公厅关于中小学幼儿园安全工作2013年第1号预警通知……528
- 教育部办公厅关于近期连续发生数起幼儿园幼儿被遗忘在接送车内导致死亡事故的情况通报……530
- 托儿所幼儿园卫生保健管理办法……532
- 教育部办公厅关于做好新学年中小学幼儿园安全工作的通知……537
- 中央社会治安综合治理委员会办公室、教育部、公安部关于进一步加强学校幼儿园安全防范工作建立健全长效工作机制的意见……539
- 教育部办公厅关于做好雨季中小学幼儿园安全工作的通知……545
- 最高人民法院关于充分发挥审判职能作用切实维护学校、幼儿园及周边安全的通知……547
- 教育部办公厅关于做好冬季中小学幼儿园安全工作的通知……550
- 中小学幼儿园安全管理办法……552
- 教育部关于印发《关于进一步做好中小学幼儿园安全工作六条措施》的通知……563
- 教育部办公厅关于加强中小学幼儿园校车安全管理的紧急通知……565
- 建设部关于切实加强中小学幼儿园安全管理工作的通知……567
- 教育部关于进一步加强幼儿园安全工作的紧急通知……570
- 学生伤害事故处理办法……572
- 机关、团体、企业、事业单位消防安全管理规定……579

学前教育机构设置相关政策

国务院办公厅关于开展城镇小区配套幼儿园治理工作的通知

（国办发〔2019〕3号　2019年1月9日颁布）

各省、自治区、直辖市人民政府，国务院各部委、各直属机构：

城镇小区配套建设幼儿园是城镇公共服务设施建设的重要内容，是扩大普惠性学前教育资源的重要途径，是保障和改善民生的重要举措。2018年11月，党中央、国务院印发《关于学前教育深化改革规范发展的若干意见》，提出规范小区配套幼儿园建设使用，并对小区配套幼儿园规划、建设、移交、办园等情况进行治理作出部署。为落实相关要求，经国务院同意，现就开展治理工作有关事项通知如下：

一、总体要求

以习近平新时代中国特色社会主义思想为指导，全面贯彻党的十九大和十九届二中、三中全会精神，落实全国教育大会部署，坚持以人民为中心的发展思想，认真履行政府责任，依法落实城镇公共服务设施建设规定，着力构建以普惠性资源为主体的学前教育公共服务体系，聚焦小区配套幼儿园规划、建设、移交、办园等环节存在的突出问题开展治理，进一步提高学前教育公益普惠水平，切实办好学前教育，满足人民群众对幼有所育的期盼。

二、工作任务

1.城镇小区严格依标配建幼儿园。严格遵循《中华人民共和国城乡规划法》和《城市居住区规划设计标准》（GB 50180），老城区（棚户区）改造、新城开发和居住区建设、易地扶贫搬迁应将配套建设幼儿园纳入公共管理和公共服务设施建设规划，并按照相关标准和规范予以建设。城镇小区没有规划配套幼儿园或规划不足，或者有完整规划但建设不到位的，要依据国家和地方配建标准，通过补建、改建或就近新建、置换、购置等方式予以解决。对存在配套幼儿园缓建、缩建、停建、不建和建而不交等问题的，在整改到位之前，不得办理竣工验收。

2.确保小区配套幼儿园如期移交。已建成的小区配套幼儿园应按照规定及时移交当地教育行政部门，未移交当地教育行政部门的应限期完成移交，对已挪作他用的要采取有效措施予以收回。有关部门要按规定对移交的幼儿园办理土地、园舍移交及资产登记手续。

3.规范小区配套幼儿园使用。小区配套幼儿园移交当地教育行政部门后，应当由教育行政部门办成公办园或委托办成普惠性民办园，不得办成营利性幼儿园。办成公办园的，当地政府及有关部门要做好机构编制、教师配备等方面的工作；委托办成普惠性民办园的，要做好对相关机构资质、管理能力、卫生安全及保教质量等方面的审核，明确补助标准，加强对普惠实效及质量方面的动态监管。

三、工作措施

1.摸底排查。各地以县（市、区）为单位，对城镇小区配套幼儿园情况进行全面摸底排查，针对规划、配建、移交、使用不到位等情况，分别列出清单、建立台账。该项工作于2019年4月底前完成。

2.全面整改。针对摸底排查出的问题，从实际出发，认真制定有针对性的整改措施，按照"一事一议""一园一案"的要求逐一进行整改。对于已经建成、需要办理移交手续的，原则上于2019年6月底前完成；对于需要回收、置换、购置的，原则上于2019年9月底前完成；对于需要补建、改建、新建的，原则上于2019年12月底前完成相关建设规划，2020年12月底前完成项目竣工验收。

3.监督评估。对各地自查、摸排、整改等环节加强督导、监督和评估，并针对关键环节适时进行抽查，对落实不力、整改不到位的地区进行通报。

四、组织实施

1.建立治理工作协调机制。成立城镇小区配套幼儿园治理工作小组，组长由协助分管教育工作的国务院副秘书长担任，成员由教育部、住房城乡建设部、发展改革委、民政部、自然资源部等部门负责同志组成。治理工作联合办公室设在教育部、住房城乡建设部。各地要参照建立相应工作机制，加强治理工作协调。

2. 落实治理责任分工。按照小区配套幼儿园规划、建设、移交、办园等各个环节的工作要求，明晰各项工作的主责部门及配合部门，建立联审联管机制，切实把摸底排查、全面整改等各项任务落到实处。教育行政部门要参与小区配套幼儿园规划、建设、验收、移交等各个环节的工作。发展改革部门要参与小区配套幼儿园建设项目规划布局，对需要补建、改建、新建的项目按程序及时办理审批、核准或备案手续。自然资源部门要根据国家和地方配建标准，统筹规划城镇小区配套幼儿园，将小区配套幼儿园必要建设用地及时纳入国土空间规划，按相关规定划拨建设用地。住房城乡建设部门要加强对城镇小区配套幼儿园的建筑设计、施工建设、验收、移交的监管落实。机构编制部门按程序做好小区配套幼儿园移交涉及的机构编制工作，根据办园性质，分别由机构编制部门和民政部门依法办理事业单位法人登记或民办非企业单位法人登记。在治理工作中，需要其他相关部门支持配合的，地方各级人民政府要加强统筹协调。

3. 加强治理工作保障。地方各级人民政府要认真制定治理工作方案，明确治理步骤，细化工作分工，压实部门责任，完善治理举措，确保治理工作如期完成。要加强社会监督，及时向社会公布治理工作方案、整改措施及治理结果。畅通群众反映意见渠道，设立并公布监督举报电话和信箱。健全部门工作联动、形势研判和应急反应机制，妥善处理突发事件，坚决维护社会稳定。对在治理工作中发现的造成学前教育资源严重流失等失职渎职行为和违法违纪案件，要依法依规追究责任。要及时总结治理情况，制定完善小区配套幼儿园建设管理办法，形成规范管理的长效机制。

各省（自治区、直辖市）治理工作方案、反映意见渠道以及摸底排查、整改等情况，要及时报送治理工作联合办公室。

国务院办公厅

2019年1月9日

教育部关于贯彻执行《幼儿园建设标准》的通知

(教发函〔2016〕231号　2016年12月14日颁布)

各省、自治区、直辖市教育厅（教委），新疆生产建设兵团教育局：

由教育部组织编制的《幼儿园建设标准》已经住房城乡建设部、国家发展改革委批准发布，自2017年1月1日起施行。

请各地认真组织宣传贯彻执行建设标准，严格遵守国家相关规定。同时，要结合当地实际，切实加强工作指导，提高幼儿园建设的科学化、规范化管理水平，营造适合幼儿身心健康发展的育人环境。

附件：幼儿园建设标准（略）

教育部

2016年12月14日

住房城乡建设部关于发布行业标准
《托儿所、幼儿园建筑设计规范》的公告

（中华人民共和国住房和城乡建设部公告第1079号 2016年4月20日颁布）

现批准《托儿所、幼儿园建筑设计规范》为行业标准，编号为JGJ39—2016，自2016年11月1日起实施。其中，第3.2.8、4.1.3、4.1.9、4.1.12、6.3.3条为强制性条文，必须严格执行，原《托儿所、幼儿园建筑设计规范》JGJ39—87同时废止。

本规范由我部标准定额研究所组织中国建筑工业出版社出版发行。

附件：托儿所、幼儿园建筑设计规范（略）

中华人民共和国住房和城乡建设部

2016年4月20日

财政部 教育部关于印发
《中央财政支持学前教育发展资金管理办法》的通知

（财教〔2015〕222号 2015年7月1日颁布）

各省、自治区、直辖市、计划单列市财政厅（局）、教育厅（教委、教育局），新疆生产建设兵团财务局、教育局：

为规范和加强中央财政支持学前教育发展资金管理，提高资金使用效益，扩大学前教育资源，提高幼儿资助水平，根据国家有关规定，财政部、教育部制定了《中央财政支持学前教育发展资金管理办法》，现予印发，请遵照执行。

附件：中央财政支持学前教育发展资金管理办法

财政部 教育部
2015年7月1日

中央财政支持学前教育发展资金管理办法

第一章 总 则

第一条 为规范和加强中央财政支持学前教育发展资金（以下简称学前教育发展资金）管理，提高资金使用效益，根据《国务院关于当前发展学前教育的若干意见》（国发〔2010〕41号）及国家有关规定，制定本办法。

第二条 本办法所称学前教育发展资金，是由中央财政设立、通过一般公共财政预算安排、用于奖补支持各地扩大学前教育资源、开展幼儿资助的资金。

第三条 学前教育发展资金由财政部和教育部共同管理。财政部负责组织学前教育发展资金中期财政规划和年度预算编制，会同教育部分配及下达资金，对学前教育发展资金使用情况进行监督检查；教育部负责制定学前教育专项计划，为预算编制和资金分配提供基础数据，会同财政部对项目执行情况进行专项检查，共同做好项目管理。

第四条 学前教育发展资金分配使用管理遵循"总量控制，突出重点，省级统筹，规范透明"的原则。

第二章 资金使用范围

第五条 学前教育发展资金支持的范围为各省、自治区、直辖市、计划单列市及新疆生产建设兵团（以下简称各省份），重点支持中西部和东部困难省份，并向农村、边远、贫困和民族地区倾斜。

第六条 学前教育发展资金分为两类，即"扩大资源"类项目资金和"幼儿资助"类项目资金。前者用于奖补支持地方多种渠道扩大普惠性学前教育资源，后者用于奖补支持地方健全幼儿资助制度。

第七条 "扩大资源"类项目资金由地方财政和教育部门统筹用于以下几方面支出：

（一）支持在农村和城乡接合部新建、改扩建公办幼儿园、改善办园条件等；

（二）通过政府购买服务、奖励等方式支持普惠性民办幼儿园发展；

（三）支持企业事业单位、城市街道、农村集体举办的幼儿园向社会提供普惠性服务；

（四）支持农民工随迁子女在流入地接受学前教育；

（五）支持在偏远农村地区实施学前教育巡回支教试点。

第八条 "幼儿资助"类项目资金用于资助普惠性幼儿园在园家庭经济困难儿童、孤儿和残疾儿童接受学前教育。

第九条 学前教育发展资金严禁用于偿还债务；严禁用于平衡预算。

第三章 资金分配与拨付

第十条 财政部和教育部根据资金总量和学前教育改革发展工作需要，分别确定"扩大资源"和"幼儿资助"两类项目资金的规模。

第十一条 "扩大资源"类项目资金按照因素法进行分配。根据学前教育基本情况和财力状况分别确定中西部和东部地区资金规模后，按因素法分配到各省份，由各省级财政和教育部门统筹安排，合理使用。"扩大资源"类项目资金分配因素包括基础与绩效因素、投入与努力因素和改革与管理因素三类。其中：

基础与绩效因素，指学前教育事业发展目标及其实现情况。主要包括在园幼儿数、民办幼儿园在园幼儿数、人均可用财力等子因素。各子因素数据根据相关事业发展统计资料获得。

投入与努力因素，指学前教育投入情况。主要包括上年度地方学前教育生均一般公共财政预算支出、社会力量投入（主要是民办学校举办者投入、社会捐赠等）总量等子因素。各子因素数据通过相关教育经费统计数据获得。

改革与管理因素，指推进学前教育改革、加强资金管理等情况。主要根据推进学前教育综合改革、中央财政学前教育发展资金管理和使用、制度建设、工作总结材料上报等情况综合核定，由教育部会同财政部组织考核获得计量数据。

第十二条 "幼儿资助"类项目资金按因素法进行分配。具体分配时，先按中西部省份和东部省份分别确定分配资金规模，再分别按在园幼儿规模、资助制度建立健全、地方财政幼儿资助投入及实施效果等因素进行分配。

第十三条 财政部和教育部每年9月底前提前下达各省份下一年度部分学前教育发展资金预算指标；每年在全国人民代表大会批准预算后90日内，正式核定全年学前教育发展资金预算，并下达剩余部分，同时抄送财政部驻各省财政监察专员办事处。

第十四条 省级财政和教育部门接到中央财政学前教育发展资金预算（含提前通知预算指标）后，应当在30日内按预算级次分解下达，提出明确的资金管理和使用要求，并抄送财政部驻当地财政监察专员办事处。

第十五条 县级财政和教育部门应当在收到上级预算文件后的30日内，将资金分配落实到具体项目或者幼儿园，资金分配结果应当同时录入学前教育相关管理信息系统。

第十六条 各级财政部门拨付学前教育发展资金,要严格执行国库集中支付制度,确保专款专用。

第十七条 项目实施完成后,若有结余资金,由县级财政部门统筹安排。另有规定的,按有关规定执行。

第四章 资金申报

第十八条 省级财政和教育部门应当在每年3月15日前,向财政部和教育部报送当年学前教育发展资金申报材料,并抄送财政部驻当地财政监察专员办事处。

第十九条 学前教育发展资金申报材料主要内容包括:

(一)上年度学前教育"扩大资源"类项目资金使用情况工作总结及当年工作计划,工作总结内容包括上年度学前教育事业发展工作基础、综合改革及相关制度建立情况,为扩大资源所采取的措施、学前教育发展资金安排使用情况、工作成效及存在问题,省级及省级以下财政学前教育投入及增长情况(不含幼儿资助资金投入)等;工作计划内容包括工作目标、重点任务、主要措施和资金安排计划等。

(二)上年度"幼儿资助"类项目资金使用情况工作总结及当年工作计划,包括幼儿资助制度建立健全和落实、中央财政学前教育发展资金安排、地方财政幼儿资助投入、工作成效等情况,以及当年完善制度、工作措施和资金安排等方面的计划。

(三)上年度省级财政对学前教育各项投入的预算文件。

第二十条 学前教育发展资金申报材料是资金分配的重要依据。逾期不提交申报材料的省份,在分配当年资金时,"扩大资源"类项目资金中的"改革与管理"因素作零分处理。

第五章 资金管理和监督

第二十一条 财政部和教育部对学前教育发展资金分类实施目标管理,根据各省工作进展情况，适时组织开展绩效评价。

"扩大资源"类项目资金，地方财政和教育部门要根据学前教育发展目标和各地实际，统筹确定扩大学前教育资源的方式和资金比例，采取适宜的资金管理方式，厉行勤俭节约，反对铺张浪费。加强项目库建设和管理。属于基本建设的项目，要严格履行基本建设程序，项目完成后要及时办理竣工决算和资产移交等手续。属于政府采购范围的项目，应该严格执行政府采购法律制度规定。

"幼儿资助"类项目资金，地方财政和教育部门要向贫困地区倾斜，合理确定资助范围和资助标准，建立幼儿资助管理信息系统和动态调整机制，通过减免保育教育费、补助伙食费等方式，确保家庭经济困难幼儿接受普惠性学前教育。

第二十二条 地方财政和教育部门要明确职责，分级管理，加强监督，提高资金使用效益。

地方财政部门主要负责制定适合当地实际的专项资金管理办法、相关支出补助标准、多渠道扩大资源和幼儿资助等管理制度，安排专项资金预算并按时拨付、会同有关部门和单位按规定实施政府采购，监督检查专项资金使用情况，对本地资金管理中的重大事项组织调研、核查和处理。

地方教育部门主要负责指导本地和幼儿园编制学前教育发展规划，提出年度专项资金预算建议，参与制定专项资金管理办法、相关支出补助标准、多渠道扩大资源和幼儿资助等管理制度。建立健全相关管理信息系统，提供学前教育基础数据，负责指导项目实施和管理工作，指导督促幼儿园建立健全财务管理制度和专项资金管理办法。检查专项资金使用情况。

第二十三条 地方教育和财政部门应定期沟通交流项目实施成效，及时采取措施，解决项目实施中存在的困难，加快项目实施进度，确保项目质量。

第二十四条 地方各级财政部门要按照财政预算公开的总体要求做好信息公开工作。地方特别是县级教育部门应当通过当地媒体、部门网站等方式，向社会公示扩大学前教育资源总体规划、年度资金安排等情况。

获得学前教育发展资金支持的幼儿园，应当将支持项目名称、立项时间、实施进展、经费使用和验收等信息通过园内公告栏予以全程公开，有条件的还可通过幼儿园门户网站公开。

第二十五条 对于滞留、截留、挤占、挪用、虚列、套取学前教育发展资金以及疏于管理的，按照《财政违法行为处罚处分条例》等有关规定给予严肃处理。

第六章 附 则

第二十六条 省级财政和教育部门应当依据本办法，结合本地实际，制定学前教育发展资金具体使用管理办法。

第二十七条 本办法自2015年8月1日起施行。

第二十八条 《财政部 教育部关于印发支持中西部地区利用农村闲置校舍改建幼儿园实施方案的通知》（财教〔2011〕406号）、《财政部 教育部关于印发支持中西部地区利用农村小学增设附属幼儿园实施方案的通知》（财教〔2011〕407号）、《财政部 教育部关于印发支持中央财政扶持民办幼儿园发展奖补资金管理暂行办法的通知》（财教〔2011〕408号）、《财政部 教育部关于印发支持中央财政扶持城市学前教育发展奖补资金管理暂行办法的通知》（财教〔2011〕409号）等4个文件同时废止。

教育部办公厅关于公办幼儿园能否承包的问题的复函

（教基厅函〔2005〕81号　2005年12月15日颁布）

湖南教育厅：

你厅《关于公办幼儿园能否承包的请示》（湘教〔2005〕101号）获悉，经研究，现就有关问题函复如下：

一、关于公办幼儿园能否承包的问题

我们认为问题的实质并不是能否有承包这种形式，而在于承包主体、目的、方式等实质性的内容。

首先，公办幼儿园属于国家举办的事业单位，是服务于社会公众的公益性组织，其资产属于国有资产。国务院办公厅转发教育部等十部委《关于幼儿教育事业改革与发展指导意见》（国办发〔2003〕13号）中明确规定：举办幼儿园的地方政府，"不得借转制之名停止或减少对公办幼儿园的投入，不得出售或变相出售公办幼儿园"，即要求地方政府不得变更公办幼儿园资产的用途，不得将以投入公办幼儿园的资产抽回或挪作他用。因此，任何变更公办幼儿园财产属性和使用用途的转制行为都是与国办发〔2003〕13号文件相抵触的。

其次，依据《教育法》的规定，任何组织和个人不得以营利为目的举办学校和其他教育机构，《幼儿园工作规程》也规定"幼儿园的经费应按规定的使用范围合理开支，是非营利性的社会组织，按照上述法律和规章的规定，幼儿园的基本法律特征就是它的收入和盈余应当用于幼儿园自身的发展、建设，而不得被挪作他用，更不能以分红的形式进行分配。任何擅自分配幼儿园收入的行为属于违法行为"。

第三，公办幼儿园的资产属于国有资产，其所有权属于国家，幼儿园的管理者对幼儿园的资产只有占有、使用、收益的权利，而没有处分或支配的权利。幼儿园进行承包实质是变更财产的使用者，对此，幼儿园的管理者没有进行此种活动的权利。

根据上述原则，你厅来文中所涉及的幼儿园，其所签订的承包合同显然违背了法律的原则要求，应当通过司法或其他途径确认此合同无效。

此外，承包只能涉及财产经营权的转移。如果承包合同中包括承包者资金的投入，并涉及幼儿园资产性质和举办者的实际变更，则应当视为变相出售幼儿园的行为，有关主管部门应当按照国办发〔2003〕13号文件的要求予以纠正。

二、关于幼儿园承包后的性质

承包行为只能涉及财产经营权、管理权的转移。承包行为不能变更该幼儿园的举办者。因此，其仍属于公办幼儿园，事业单位的法律属性不能改变，其财产和资产管理应当按照公办幼儿园执行。举办幼儿园的政府或部门可以给予承包者一定的奖励，但由承包人自行支配、处置幼儿园的收入、盈余和资产的办法显然是不合法的。此事的核心问题是幼儿园的举办者放弃了对幼儿园的监管，放弃了其国有资产的管理职责，应当予以纠正。

以上意见，供参考。

教育部办公厅

2005年12月15日

中华人民共和国中外合作办学条例实施办法

（教育部令第20号　2004年6月2日颁布）

第一章　总　则

第一条　为实施《中华人民共和国中外合作办学条例》（以下简称《中外合作办学条例》），制定本办法。

第二条　中外合作办学机构设立、活动及管理中的具体规范，以及依据《中外合作办学条例》举办实施学历教育和自学考试助学、文化补习、学前教育等的中外合作办学项目的审批与管理，适用本办法。

本办法所称中外合作办学项目是指中国教育机构与外国教育机构以不设立教育机构的方式，在学科、专业、课程等方面，合作开展的以中国公民为主要招生对象的教育教学活动。

根据《中外合作办学条例》的规定，举办实施职业技能培训的中外合作办学项目的具体审批和管理办法，由国务院劳动行政部门另行制定。

第三条　国家鼓励中国教育机构与学术水平和教育教学质量得到普遍认可的外国教育机构合作办学；鼓励在国内新兴和急需的学科专业领域开展合作办学。

国家鼓励在中国西部地区、边远贫困地区开展中外合作办学。

第四条　中外合作办学机构根据《中华人民共和国民办教育促进法实施条例》的规定，享受国家给予民办学校的扶持与奖励措施。

教育行政部门对发展中外合作办学做出突出贡献的社会组织或者个人给予奖励和表彰。

第二章　中外合作办学机构的设立

第五条　中外合作办学者应当在平等协商的基础上签订合作协议。

合作协议应当包括拟设立的中外合作办学机构的名称、住所,中外合作办学者的名称、住所、法定代表人,办学宗旨和培养目标,合作内容和期限,各方投入数额、方式及资金缴纳期限,权利、义务,争议解决办法等内容。

合作协议应当有中文文本;有外文文本的,应当与中文文本的内容一致。

第六条 申请设立中外合作办学机构的中外合作办学者应当具有相应的办学资格和较高的办学质量。

已举办中外合作办学机构的中外合作办学者申请设立新的中外合作办学机构的,其已设立的中外合作办学机构应当通过原审批机关组织或者其委托的社会中介组织进行的评估。

第七条 中外合作办学机构不得设立分支机构,不得举办其他中外合作办学机构。

第八条 经评估,确系引进外国优质教育资源的,中外合作办学者一方可以与其他社会组织或者个人签订协议,引入办学资金。该社会组织或者个人可以作为与其签订协议的中外合作办学者一方的代表,参加拟设立的中外合作办学机构的理事会、董事会或者联合管理委员会,但不得担任理事长、董事长或者主任,不得参与中外合作办学机构的教育教学活动。

第九条 中外合作办学者投入的办学资金,应当与拟设立的中外合作办学机构的层次和规模相适应,并经依法验资。

中外合作办学者应当按照合作协议如期、足额投入办学资金。中外合作办学机构存续期间,中外合作办学者不得抽逃办学资金,不得挪用办学经费。

第十条 中外合作办学者作为办学投入的知识产权,其作价由中外合作办学者双方按照公平合理的原则协商确定或者聘请双方同意的社会中介组织依法进行评估,并依法办理有关手续。

中国教育机构以国有资产作为办学投入举办中外合作办学机构的,应当根据国家有关规定,聘请具有评估资格的社会中介组织依法进行评估,根据评估结果合理确定国有资产的数额,并依法履行国有资产的管理义务。

第十一条 中外合作办学者以知识产权作为办学投入的,应当提交该知识产权的有关资料，包括知识产权证书复印件、有效状况、实用价值、作价的计算根据、双方签订的作价协议等有关文件。

第十二条 根据与外国政府部门签订的协议或者应中国教育机构的请求，国务院教育行政部门和省、自治区、直辖市人民政府可以邀请外国教育机构与中国教育机构合作办学。

被邀请的外国教育机构应当是国际上或者所在国著名的高等教育机构或者职业教育机构。

第十三条 申请设立实施本科以上高等学历教育的中外合作办学机构，由拟设立机构所在地的省、自治区、直辖市人民政府提出意见后，报国务院教育行政部门审批。

申请举办颁发外国教育机构的学历、学位证书的中外合作办学机构的审批权限，参照《中外合作办学条例》第十二条和前款的规定执行。

第十四条 申请筹备设立或者直接申请正式设立中外合作办学机构，应当由中国教育机构提交《中外合作办学条例》规定的文件。其中，申办报告或者正式设立申请书应当按照国务院教育行政部门根据《中外合作办学条例》第十四条第（一）项和第十七条第（一）项，制定的《中外合作办学机构申请表》所规定的内容和格式填写。

第十五条 有下列情形之一的，审批机关不予批准筹备设立中外合作办学机构，并应当书面说明理由：

（一）违背社会公共利益、历史文化传统和教育的公益性质，不符合国家或者地方教育事业发展需要的；

（二）中外合作办学者有一方不符合条件的；

（三）合作协议不符合法定要求，经指出仍不改正的；

（四）申请文件有虚假内容的；

（五）法律、行政法规规定的其他不予批准情形的。

第十六条 中外合作办学机构的章程应当规定以下事项：

（一）中外合作办学机构的名称、住所；

（二）办学宗旨、规模、层次、类别等；

（三）资产数额、来源、性质以及财务制度；

（四）中外合作办学者是否要求取得合理回报；

（五）理事会、董事会或者联合管理委员会的产生方法、人员构成、权限、任期、议事规则等；

（六）法定代表人的产生和罢免程序；

（七）民主管理和监督的形式；

（八）机构终止事由、程序和清算办法；

（九）章程修改程序；

（十）其他需要由章程规定的事项。

第十七条 中外合作办学机构只能使用一个名称，其外文译名应当与中文名称相符。

中外合作办学机构的名称应当反映中外合作办学机构的性质、层次和类型，不得冠以"中国""中华""全国"等字样，不得违反中国法律、行政法规，不得损害社会公共利益。

不具有法人资格的中外合作办学机构的名称前应当冠以中国高等学校的名称。

第十八条 完成筹备，申请正式设立或者直接申请正式设立中外合作办学机构，除提交《中外合作办学条例》第十七条规定的相关材料外，还应当依据《中外合作办学条例》有关条款的规定，提交以下材料：

（一）首届理事会、董事会或者联合管理委员会组成人员名单及相关证明文件；

（二）聘任的外籍教师和外籍管理人员的相关资格证明文件。

第十九条 申请设立实施学历教育的中外合作办学机构，应当于每年3月或者9月提出申请，审批机关应当组织专家评议。

专家评议的时间不计算在审批期限内，但审批机关应当将专家评议所需时间书面告知申请人。

第二十条 完成筹备，申请正式设立中外合作办学机构，有下列情形之一的，审批机关应当不予批准，并书面说明理由：

（一）不具备相应办学条件、未达到相应设置标准的；

（二）理事会、董事会或者联合管理委员会的人员及其构成不符合法定要求，校长或者主要行政负责人、教师、财会人员不具备法定资格，经告知仍不改正的；

（三）章程不符合《中外合作办学条例》和本办法规定要求，经告知仍不修改的；

（四）在筹备设立期内有违反法律、法规行为的。

申请直接设立中外合作办学机构的，除前款规定的第（一）、（二）、（三）项外，有本办法第十五条规定情形之一的，审批机关不予批准。

第三章 中外合作办学机构的组织与活动

第二十一条 中外合作办学机构的理事会、董事会或者联合管理委员会的成员应当遵守中国法律、法规，热爱教育事业，品行良好，具有完全民事行为能力。

国家机关工作人员不得担任中外合作办学机构的理事会、董事会或者联合管理委员会的成员。

第二十二条 中外合作办学机构应当聘任专职的校长或者主要行政负责人。

中外合作办学机构的校长或者主要行政负责人依法独立行使教育教学和行政管理职权。

第二十三条 中外合作办学机构内部的组织机构设置方案由校长或者主要行政负责人提出，报理事会、董事会或者联合管理委员会批准。

第二十四条 中外合作办学机构应当建立教师培训制度，为受聘教师接受相应的业务培训提供条件。

第二十五条 中外合作办学机构应当按照招生简章或者招生广告的承诺，

开设相应课程，开展教育教学活动，保证教育教学质量。

中外合作办学机构应当提供符合标准的校舍和教育教学设施、设备。

第二十六条 中外合作办学机构可以依法自主确定招生范围、标准和方式；但实施中国学历教育的，应当遵守国家有关规定。

第二十七条 实施高等学历教育的中外合作办学机构符合中国学位授予条件的，可以依照国家有关规定申请相应的学位授予资格。

第二十八条 中外合作办学机构依法自主管理和使用中外合作办学机构的资产，但不得改变按照公益事业获得的土地及校舍的用途。

中外合作办学机构不得从事营利性经营活动。

第二十九条 在每个会计年度结束时，中外合作办学者不要求取得合理回报的中外合作办学机构应当从年度净资产增加额中，中外合作办学者要求取得合理回报的中外合作办学机构应当从年度净收益中，按不低于年度净资产增加额或者净收益的25%的比例提取发展基金，用于中外合作办学机构的建设、维护和教学设备的添置、更新等。

第三十条 中外合作办学机构资产中的国有资产的监督、管理，按照国家有关规定执行。

中外合作办学机构接受的捐赠财产的使用和管理，依照《中华人民共和国公益事业捐赠法》的有关规定执行。

第三十一条 中外合作办学者要求取得合理回报的，应当按照《中华人民共和国民办教育促进法实施条例》的规定执行。

第三十二条 中外合作办学机构有下列情形之一的，中外合作办学者不得取得回报：

（一）发布虚假招生简章或者招生广告，骗取钱财的；

（二）擅自增加收费项目或者提高收费标准，情节严重的；

（三）非法颁发或者伪造学历、学位证书及其他学业证书的；

（四）骗取办学许可证或者伪造、变造、买卖、出租、出借办学许可证的；

（五）未依照《中华人民共和国会计法》和国家统一的会计制度进行会计

核算、编制财务会计报告，财务、资产管理混乱的；

（六）违反国家税收征管法律、行政法规的规定，受到税务机关处罚的；

（七）校舍或者其他教育教学设施、设备存在重大安全隐患，未及时采取措施，致使发生重大伤亡事故的；

（八）教育教学质量低下，产生恶劣社会影响的。

中外合作办学者抽逃办学资金或者挪用办学经费的，不得取得回报。

第四章 中外合作办学项目的审批与活动

第三十三条 中外合作办学项目的办学层次和类别，应当与中国教育机构和外国教育机构的办学层次和类别相符合，并一般应当在中国教育机构中已有或者相近专业、课程举办。合作举办新的专业或者课程的，中国教育机构应当基本具备举办该专业或者课程的师资、设备、设施等条件。

第三十四条 中国教育机构可以采取与相应层次和类别的外国教育机构共同制订教育教学计划，颁发中国学历、学位证书或者外国学历、学位证书，在中国境外实施部分教育教学活动的方式，举办中外合作办学项目。

第三十五条 举办中外合作办学项目，中国教育机构和外国教育机构应当参照本办法第五条的规定签订合作协议。

第三十六条 申请举办实施本科以上高等学历教育的中外合作办学项目，由拟举办项目所在地的省、自治区、直辖市人民政府教育行政部门提出意见后，报国务院教育行政部门批准；申请举办实施高等专科教育、非学历高等教育和高级中等教育、自学考试助学、文化补习、学前教育的中外合作办学项目，报拟举办项目所在地的省、自治区、直辖市人民政府教育行政部门批准，并报国务院教育行政部门备案。

申请举办颁发外国教育机构的学历、学位证书以及引进外国教育机构的名称、标志或者教育服务商标的中外合作办学项目的审批，参照前款的规定执行。

第三十七条 申请举办中外合作办学项目，应当由中国教育机构提交下列文件：

（一）《中外合作办学项目申请表》；

（二）合作协议；

（三）中外合作办学者法人资格证明；

（四）验资证明（有资产、资金投入的）；

（五）捐赠资产协议及相关证明（有捐赠的）；

外国教育机构已在中国境内合作举办中外合作办学机构或者中外合作办学项目的，还应当提交原审批机关或者其委托的社会中介组织的评估报告。

第三十八条 申请设立实施学历教育的中外合作办学项目，应当于每年3月或者9月提出申请，审批机关应当组织专家评议。

专家评议的时间不计算在审批期限内，但审批机关应当将专家评议所需时间书面告知申请人。

第三十九条 申请设立中外合作办学项目的，审批机关应当按照《中华人民共和国行政许可法》规定的时限作出是否批准的决定。批准的，颁发统一格式、统一编号的中外合作办学项目批准书；不批准的，应当书面说明理由。

中外合作办学项目批准书由国务院教育行政部门制定式样并统一编号；编号办法由国务院教育行政部门参照中外合作办学许可证的编号办法确定。

第四十条 中外合作办学项目是中国教育机构教育教学活动的组成部分，应当接受中国教育机构的管理。实施中国学历教育的中外合作办学项目，中国教育机构应当对外国教育机构提供的课程和教育质量进行评估。

第四十一条 中外合作办学项目可以依法自主确定招生范围、标准和方式；但实施中国学历教育的，应当遵守国家有关规定。

第四十二条 举办中外合作办学项目的中国教育机构应当依法对中外合作办学项目的财务进行管理，并在学校财务账户内设立中外合作办学项目专项，统一办理收支业务。

第四十三条 中外合作办学项目收费项目和标准的确定，按照国家有关规定执行，并在招生简章或者招生广告中载明。

中外合作办学项目的办学结余，应当继续用于项目的教育教学活动和改善办学条件。

第五章 管理与监督

第四十四条 中外合作办学机构和举办中外合作办学项目的中国教育机构应当根据国家有关规定,通过合法渠道引进教材。引进的教材应当具有先进性,内容不得与中国宪法和有关法律、法规相抵触。

中外合作办学机构和举办中外合作办学项目的中国教育机构应当对开设课程和引进教材的内容进行审核,并将课程和教材清单及说明及时报审批机关备案。

第四十五条 中外合作办学机构和举办中外合作办学项目的中国教育机构应当依法建立学籍管理制度,并报审批机关备案。

第四十六条 中外合作办学机构和项目教师和管理人员的聘任,应当遵循双方地位平等的原则,由中外合作办学机构和举办中外合作办学项目的中国教育机构与教师和管理人员签订聘任合同,明确规定双方的权利、义务和责任。

第四十七条 中外合作办学机构和项目的招生简章和招生广告的样本应当及时报审批机关备案。

第四十八条 举办颁发外国教育机构的学历、学位证书的中外合作办学机构和项目,中方合作办学者应当是实施相应层次和类别学历教育的中国教育机构。

中外合作办学机构和项目颁发外国教育机构的学历、学位证书的,其课程设置、教学内容应当不低于该外国教育机构在其所属国的标准和要求。

第四十九条 中外合作办学项目颁发的外国教育机构的学历、学位证书,应当与该外国教育机构在其所属国颁发的学历、学位证书相同,并在该国获得承认。

第五十条 实施学历教育的中外合作办学机构和项目应当通过网络、报刊等渠道,将该机构或者项目的办学层次和类别、专业设置、课程内容、招生规模、收费项目和标准等情况,每年向社会公布。

中外合作办学机构应当于每年4月1日前公布经社会审计机构对其年度财务会计报告的审计结果。

第五十一条 实施学历教育的中外合作办学机构和项目，应当按学年或者学期收费，不得跨学年或者学期预收。

第五十二条 中外合作办学机构和举办中外合作办学项目的中国教育机构应当于每年3月底前向审批机关提交办学报告，内容应当包括中外合作办学机构和项目的招收学生、课程设置、师资配备、教学质量、财务状况等基本情况。

第五十三条 审批机关应当组织或者委托社会中介组织本着公开、公正、公平的原则，对实施学历教育的中外合作办学项目进行办学质量评估，并将评估结果向社会公布。

第五十四条 中外合作办学项目审批机关及其工作人员，利用职务上的便利收取他人财物或者获取其他利益，滥用职权、玩忽职守，对不符合本办法规定条件者颁发中外合作办学项目批准书，或者发现违法行为不予以查处，造成严重后果，构成犯罪的，依法追究刑事责任；尚不构成犯罪的，依法给予行政处分。

第五十五条 违反本办法的规定，超越职权审批中外合作办学项目的，其批准文件无效，由上级机关责令改正；对负有责任的主管人员和其他直接责任人员，依法给予行政处分。

第五十六条 违反本办法的规定，未经批准擅自举办中外合作办学项目的，由教育行政部门责令限期改正，并责令退还向学生收取的费用；对负有责任的主管人员和其他直接责任人员，依法给予行政处分。

第五十七条 中外合作办学项目有下列情形之一的，由审批机关责令限期改正，并视情节轻重，处以警告或者3万元以下的罚款；对负有责任的主管人员和其他直接责任人员，依法给予行政处分。

（一）发布虚假招生简章或者招生广告，骗取钱财的；

（二）擅自增加收费项目或者提高收费标准的；

（三）管理混乱，教育教学质量低下的；

（四）未按照国家有关规定进行财务管理的；

（五）对办学结余进行分配的。

第五十八条 中外合作办学机构和项目违反《中华人民共和国教育法》的规定，颁发学历、学位证书或者其他学业证书的，依照《中华人民共和国教育法》的有关规定进行处罚。

第六章 附 则

第五十九条 在工商行政管理部门登记注册的经营性的中国培训机构与外国经营性的教育培训公司合作举办教育培训的活动，不适用本办法。

第六十条 中国教育机构没有实质性引进外国教育资源，仅以互认学分的方式与外国教育机构开展学生交流的活动，不适用本办法。

第六十一条 香港特别行政区、澳门特别行政区和台湾地区的教育机构与内地教育机构举办合作办学项目的，参照本办法的规定执行，国家另有规定的除外。

第六十二条 《中外合作办学条例》实施前已经批准的中外合作办学项目，应当参照《中外合作办学条例》第六十三条规定的时限和程序，补办中外合作办学项目批准书。逾期未达到《中外合作办学条例》和本办法规定条件的，审批机关不予换发项目批准书。

第六十三条 本办法自2004年7月1日起施行。原中华人民共和国国家教育委员会1995年1月26日发布的《中外合作办学暂行规定》同时废止。

民办非企业单位登记暂行办法

（1999年12月28日颁布）

第一条 根据《民办非企业单位登记管理暂行条例》（以下简称条例）制定本办法。

第二条 民办非企业单位根据其依法承担民事责任的不同方式分为民办非企业单位（法人）、民办非企业单位（合伙）和民办非企业单位（个体）三种。

个人出资且担任民办非企业单位负责人的，可申请办理民办非企业单位（个体）登记；

两人或两人以上合伙举办的，可申请办理民办非企业单位（合伙）登记；

两人或两人以上举办且具备法人条件的，可申请办理民办非企业单位（法人）登记；

由企业事业单位、社会团体和其他社会力量举办的或由上述组织与个人共同举办的，应当申请民办非企业单位（法人）登记。

第三条 民办非企业单位登记管理机关（以下简称登记管理机关）审核登记的程序是受理、审查、核准、发证、公告。

（一）受理。申请登记的举办者所提交的文件、证件和填报的登记申请表齐全、有效后，方可受理。

（二）审查。审查提交的文件、证件和填报的登记申请表的真实性、合法性、有效性，并核实有关登记事项和条件。

（三）核准。经审查和核实后，作出准予登记或者不予登记的决定，并及时通知申请登记的单位或个人。

（四）发证。对核准登记的民办非企业单位，分别颁发有关证书，并办理领证签字手续。

（五）公告。对核准登记的民办非企业单位，由登记管理机关发布公告。

第四条 举办民办非企业单位，应按照下列所属行（事）业申请登记：

（一）教育事业，如民办幼儿园，民办小学、中学、学校、学院、大学，民办专修（进修）学院或学校，民办培训（补习）学校或中心等；

（二）卫生事业，如民办门诊部（所）、医院，民办康复、保健、卫生、疗养院（所）等；

（三）文化事业，如民办艺术表演团体、文化馆（活动中心）、图书馆（室）、博物馆（院）、美术馆、画院、名人纪念馆、收藏馆、艺术研究院（所）等；

（四）科技事业，如民办科学研究院（所、中心），民办科技传播或普及中心、科技服务中心、技术评估所（中心）等；

（五）体育事业，如民办体育俱乐部，民办体育场、馆、院、社、学校等；

（六）劳动事业，如民办职业培训学校或中心，民办职业介绍所等；

（七）民政事业，如民办福利院、敬老院、托老所、老年公寓，民办婚姻介绍所，民办社区服务中心（站）等；

（八）社会中介服务业，如民办评估咨询服务中心（所），民办信息咨询调查中心（所），民办人才交流中心等；

（九）法律服务业；

（十）其他。

第五条 申请登记民办非企业单位，应当具备条例第八条规定的条件。

民办非企业单位的名称，必须符合国务院民政部门制订的《民办非企业单位名称管理暂行规定》。

民办非企业单位必须拥有与其业务活动相适应的合法财产，且其合法财产中的非国有资产份额不得低于总财产的三分之二。开办资金必须达到本行（事）业所规定的最低限额。

第六条 申请民办非企业单位成立登记，举办者应当提交条例第九条规定的文件。

民办非企业单位的登记申请书应当包括：举办者单位名称或申请人姓名；拟任法定代表人或单位负责人的基本情况；住所情况；开办资金情况；申请登记理由等。

业务主管单位的批准文件，应当包括对举办者章程草案、资金情况（特别是资产的非国有性）、拟任法定代表人或单位负责人基本情况、从业人员资格、场所设备、组织机构等内容的审查结论。

民办非企业单位的活动场所须有产权证明或一年期以上的使用权证明。

民办非企业单位的验资报告应由会计师事务所或其他有验资资格的机构出具。

拟任法定代表人或单位负责人的基本情况应当包括姓名、性别、民族、年龄、目前人事关系所在单位、有否受到剥夺政治权利的刑事处罚、个人简历等。拟任法定代表人或单位负责人的身份证明为身份证的复印件，登记管理机关认为必要时可验证身份证原件。

对合伙制的民办非企业单位，拟任单位负责人指所有合伙人。

民办非企业单位的章程草案应当符合条例第十条的规定。合伙制的民办非企业单位的章程可为其合伙协议，合伙协议应当包括条例第十条第一、二、三、五、六、七、八项的内容。民办非企业单位须在其章程草案或合伙协议中载明该单位的盈利不得分配，解体时财产不得私分。

第七条 民办非企业单位的登记事项为：名称、住所、宗旨和业务范围、法定代表人或者单位负责人、开办资金、业务主管单位。

住所是指民办非企业单位的办公场所，须按所在市、县、乡（镇）及街道门牌号码的详细地址登记。

宗旨和业务范围必须符合法律法规及政策规定。

开办资金应当与实有资金相一致。

业务主管单位应登记其全称。

第八条 经审核准予登记的，登记管理机关应当书面通知民办非企业单位，并根据其依法承担民事责任的不同方式，分别发给《民办非企业单位（法人）登记证书》《民办非企业单位（合伙）登记证书》或《民办非企业单位（个体）登记证书》。对不予登记的，登记管理机关应当书面通知申请单位或个人。

民办非企业单位可凭据登记证书依照有关规定办理组织机构代码和税务登

记、刻制印章、开立银行账户，在核准的业务范围内开展活动。

第九条 按照条例第十二条第二款的规定，应当简化登记手续的民办非企业单位，办理登记时，应向登记管理机关提交下列文件：

（一）登记申请书；

（二）章程草案；

（三）拟任法定代表人或单位负责人的基本情况、身份证明；

（四）业务主管单位出具的执业许可证明文件。

第十条 条例施行前已经成立的民办非企业单位，应当依照条例及本办法的规定办理申请登记。

已在各级人民政府的编制部门或工商行政管理部门注册登记的民办非企业单位办理补办登记手续，还应向登记管理机关提交编制部门或工商行政管理部门准予注销的证明文件。

第十一条 民办非企业单位根据条例第十五条规定申请变更登记事项时，应向登记管理机关提交下列文件：

（一）法定代表人或单位负责人签署并加盖公章的变更登记申请书。申请书应载明变更的理由，并附决定变更时依照章程履行程序的原始纪要，法定代表人或单位负责人因故不能签署变更登记申请书的，申请单位还应提交不能签署的理由的文件；

（二）业务主管单位对变更登记事项审查同意文件；

（三）登记管理机关要求提交的其他文件。

第十二条 民办非企业单位的住所、业务范围、法定代表人或单位负责人、开办资金、业务主管单位发生变更的，除向登记管理机关提交本办法第十一条规定的文件外，还须分别提交下列材料：变更后新住所的产权或使用权证明；变更后的业务范围；变更后法定代表人或单位负责人的身份证明，及本办法第六条第六款涉及的其他材料；变更后的验资报告；原业务主管单位不再承担业务主管的文件。

第十三条 登记管理机关核准变更登记的，民办非企业单位应交回民办非企业单位登记证书正副本，由登记管理机关换发新的登记证书。

第十四条 民办非企业单位修改章程或合伙协议的，应当报原登记管理机关核准。报请核准时，应提交下列文件：

（一）法定代表人或单位负责人签署并加盖公章的核准申请书；

（二）业务主管单位审查同意的文件；

（三）章程或合伙协议的修改说明及修改后的章程或合伙协议；

（四）有关的文件材料。

第十五条 民办非企业单位变更业务主管单位，须在原业务主管单位出具不再担任业务主管的文件之日起90日内找到新的业务主管单位，并到登记管理机关申请变更登记。

在登记管理机关作出准予变更登记决定之前，原业务主管单位应继续履行条例第二十条规定的监督管理职责。

第十六条 登记管理机关应在收到民办非企业单位申请变更登记的全部有效文件之日起60日内，作出准予变更或不准予变更的决定，并书面通知民办非企业单位。

第十七条 民办非企业单位有下列情况之一的，必须申请注销登记：

（一）章程规定的解散事由出现；

（二）不再具备条例第八条规定条件的；

（三）宗旨发生根本变化的；

（四）由于其他变更原因，出现与原登记管理机关管辖范围不一致的；

（五）作为分立母体的民办非企业单位因分立而解散的；

（六）作为合并源的民办非企业单位因合并而解散的；

（七）民办非企业单位原业务主管单位不再担当其业务主管单位，且在90日内找不到新的业务主管单位的；

（八）有关行政管理机关根据法律、行政法规规定认为需要注销的；

（九）其他原因需要解散的。

属于本条第一款第七项规定的情形，民办非企业单位的原业务主管单位须继续履行职责，至民办非企业单位完成注销登记。

第十八条 民办非企业单位根据条例第十六条的规定申请注销登记时，应向登记管理机关提交下列文件：

（一）法定代表人或单位负责人签署并加盖单位公章的注销登记申请书，法定代表人或单位负责人因故不能签署的，还应提交不能签署的理由的文件；

（二）业务主管单位审查同意的文件；

（三）清算组织提出的清算报告；

（四）民办非企业单位登记证书（正、副本）；

（五）民办非企业单位的印章和财务凭证；

（六）登记管理机关认为需要提交的其他文件。

第十九条 登记管理机关应在收到民办非企业单位申请注销登记的全部有效文件之日起30日内，作出准予注销或不准予注销的决定，并书面通知民办非企业单位。

登记管理机关准予注销登记的，应发给民办非企业单位注销证明文件。

第二十条 民办非企业单位登记公告分为成立登记公告、注销登记公告和变更登记公告。

登记管理机关发布的公告须刊登在公开发行的、发行范围覆盖同级政府所辖行政区域的报刊上。

公告费用由民办非企业单位支付。

第二十一条 成立登记公告的内容包括：名称、住所、法定代表人或单位负责人、开办资金、宗旨和业务范围、业务主管单位、登记时间、登记证号。

第二十二条 变更登记公告的内容除变更事项外，还应包括名称、登记证号、变更时间。

第二十三条 注销登记公告的内容包括名称、住所、法定代表人或单位负责人、登记证号、业务主管单位、注销时间。

第二十四条 民办非企业单位登记证书分为正本和副本，正本和副本具有同等法律效力。

民办非企业单位登记证书的正本应当悬挂于民办非企业单位住所的醒目位置。

民办非企业单位登记证书副本的有效期为4年。

第二十五条 民办非企业单位登记证书遗失的，应当及时在公开发行的报刊上声明作废，并到登记管理机关申请办理补发证书手续。

第二十六条 民办非企业单位申请补发登记证书，应当向登记管理机关提交下列文件：

（一）补发登记证书申请书；

（二）在报刊上刊登的原登记证书作废的声明。

第二十七条 经核准登记的民办非企业单位开立银行账户，应按照民政部、中国人民银行联合发布的《关于民办非企业单位开立银行账户有关问题的通知》的有关规定办理。

第二十八条 经核准登记的民办非企业单位刻制印章，应按照民政部、公安部联合发布的《民办非企业单位印章管理规定》的有关规定办理。

第二十九条 本办法自发布之日起施行。

国家教委、计委、民政部、建设部、经贸委、全国总工会、妇联《关于企业办幼儿园的若干意见》

(教基〔1995〕21号　1995年9月19日颁布)

各省、自治区、直辖市教育委员会、教育厅(局)、计委、民政厅、建设厅、经贸厅、工会、妇联：

中华人民共和国成立以来，我国一贯坚持动员和依靠社会各方面力量，多渠道、多形式发展幼儿教育的方针，使事业得到稳步、健康的发展。企业办园在我国幼教事业中占有重要地位，据1994年统计，企业办园在园幼儿326万人，约占全国在园幼儿总数的12.4%。近两年，随着我国经济体制改革的日益深入和社会主义市场经济体制的建立，幼儿教育工作面临一些新情况和新问题，特别是在当前企业转换经营机制过程中，如何保证幼教事业的健康发展，已成为亟待解决的问题之一。

幼儿教育关系到千家万户，国家、集体、企事业和公民个人对该项事业的发展都承担着义不容辞的责任和义务。根据1994年中共中央和国务院召开的全国教育工作会议的精神，政府和企业要继续办好中小学、幼儿园。因此，在企业转换经营机制的过程中，应在政府统筹下，因地制宜地采取积极、稳妥的措施，多种形式办园，探索在新形势下发展幼教事业的有效途径。为此，特提出以下几点意见：

一、坚持依靠社会力量发展幼儿教育的方针，有条件的企业应继续办好幼儿园。当前，要加强企业幼儿园内部管理运行机制的改革，增强办园活力。改革现行幼儿园收费制度，鼓励企业幼儿园向社会开放，逐步改变幼儿园经费由企业全部包揽的做法，提高企业办园的效益。

二、深化改革，积极稳妥地推进幼儿教育逐步走向社会化。对于部分确不具备独立办园条件和具备了分离幼儿园条件的企业，本着平稳过渡的原则，可在政府统筹下,将所办的幼儿园交给当地教育行政部门规划,以多种形式继续办好,或由社区办,或由具备条件的团体、个人承办。

三、各级政府和教育行政部门要加强对企业办园的业务指导。加强对园长和教师的培训和资格审定工作。要根据当地幼教事业发展和社会需要以及《幼儿园管理条例》的有关规定,制定合理的、切实可行的、有效的政策措施,指导和协调企业妥善解决好办园的有关问题。

四、在城市规划建设中安排好幼儿园规划和建设。各地城市规划部门要将幼儿园纳入城市公共设施配套建设规划,并按照国家颁发的标准,安排落实幼儿园的用地。新区建设和旧区改造的幼儿园由当地政府统筹安排,不得挪作他用。对旧区改造中被拆迁的幼儿园,应根据拆一建一的原则予以补偿,其规模和面积不得少于原有标准;对旧区改造幼儿园的开办费,当地人民政府应协调拆迁部门与承办部门妥善解决。

五、加强社区对幼儿教育的扶持与管理。各级人民政府在规划和完善社区服务功能时,应将幼儿教育明确纳入,并制定相应的扶持政策。要根据1993年民政部、国家计委等14个部委《关于加快社区服务业的意见》的有关规定,依需要与可能,社区可举办多种形式的正规与非正规幼儿教育机构。教育、民政、卫生、计划等部门应相互配合,积极进行社区的幼儿教育的试点工作,摸索经验,有计划地逐步推广。

国家教育委员会 国家计划委员会
民政部 建设部 国家经济贸易委员会 全国总工会 全国妇联
1995年9月19日

国家教育委员会、建设部关于印发
《城市幼儿园建筑面积定额（试行）》的通知

（〔88〕教基字108号　1988年7月14日颁布）

现将《全日制、寄宿制幼儿园编制标准（试行）》（以下简称《标准》）发给你们，请在试行中注意以下事项：

一、该《标准》系根据全国一般情况所制定，各地可根据本地区的具体情况，参照《标准》的原则规定和定员幅度，制定实施细则。

二、国家机关所属幼儿园的具体编制，由各地编制主管部门参照《标准》或本省（自治区、直辖市）制定的实施细则审定。

三、参照《标准》需增加或减少人员的，可视本地区的财政、编制等方面的实际情况，分年度逐步实施。

附件：

城市幼儿园建筑面积定额（试行）

第一章　总　则

第一条　为适应幼儿教育事业发展的需要，全面贯彻国家的教育方针，使城市幼儿园的规划、建设和管理有合理的园舍和用地标准，使城市新建、扩建、改建幼儿园编审基本建设设计任务书、进行总体规划和单体建筑设计时有所遵循，特制定本定额。

第二条　本定额从我国的国情和国民经济当前的发展水平出发，本着既要保证幼儿保教工作及事业发展的需要，又要勤俭办园、提高园舍使用率的原则制定。

第三条　本定额依据城市幼儿园的规模、在园幼儿总数和教职工人数制定。城市幼儿园规模按6班、9班、12班三种，在园幼儿总数按180人、270人、360人，教职工人数按劳动人事部、国家教育委员会发布的有关规定计算。

第四条 本定额适用于城市新建、扩建和改建的全日制幼儿园。示范性、实验性等类幼儿园经主管部门批准后可适当提高定额。寄宿制幼儿园可按附件一《城市幼儿园园舍面积定额分项参考指标》附注中的规定增加相应的建筑面积和用地面积。

第二章 园舍建筑面积定额

第五条 幼儿园的园舍建筑由活动及辅助用房、办公及辅助用房，以及生活用房三部分组成。

第六条 活动及辅助用房

（一）活动室每班一间，使用面积90平方米，供开展室内游戏和各种活动以及幼儿午睡、进餐之用。如寝室与活动室分设，活动室的使用面积不宜小于54㎡。

（二）卫生间每班一间，使用面积15平方米，内设大小便槽（器）、盥洗池和淋浴池。

（三）衣帽、教具贮藏室每班一间，使用面积9平方米，供贮藏中型教玩具、衣被鞋帽等物之用。也可兼作活动室的前室。

（四）音体活动室全园设一个，使用面积按第三条所列规模分别为120平方米、140平方米、160平方米，供开展音乐、舞蹈、体育活动和大型游戏、集会、放映幻灯、电影和观摩教育活动之用。

第七条 办公及辅助用房

（一）办公室全园使用面积按第三条所列规模，分别为75平方米、112平方米、139平方米，包括园长室、总务财务室、教师办公室和保育员休息更衣室等。

（二）资料兼会议室全园设一间，使用面积按第三条所列规模，分别为20平方米、25平方米、30平方米，供教工查阅资料、阅览报纸、杂志，开会及对外接待之用。

（三）教具制作兼陈列室全园设一间，使用面积按第三条所列规模分别为12平方米、15平方米、20平方米，供制作陈列教玩具之用。

（四）保健室全园设一间，使用面积按第三条所列规模分别为14平方米、16平方米、18平方米，供医务人员开展卫生保健工作之用。

（五）晨检、接待室全园设一间，使用面积按第三条所列规模分别为18平方米、21平方米、24平方米，供医务人员每天早晨对入园幼儿进行健康检查及家长与教师会见之用。

（六）值班室全园设一间，使用面积12平方米，供教师值班住宿使用，也可兼作教工单身宿舍。

（七）贮藏室全园使用面积按第三条所列规模分别为36平方米、42平方米、48平方米，供贮藏体育器具、总务用品及杂物之用。

（八）传达室全园使用面积10平方米，供门卫人员值班及收发之用。

（九）教工厕所全园使用面积12平方米，供教职工及外来人员使用。

第八条 生活用房

（一）厨房包括主副食加工间、配餐间、主副食库和烧火间。使用面积按第三条所列规模主副食加工间及配餐间合计分别为54平方米、61平方米、67平方米，主副食库分别为15平方米、20平方米、30平方米，烧火间分别为8平方米、9平方米、10平方米。

（二）开水消毒间全园使用面积按第三条所列规模分别为8平方米、10平方米、12平方米，供烧开水及餐具、毛巾、茶具等物消毒之用。

（三）炊事员休息室全园使用面积按第三条所列规模分别为13平方米、18平方米、23平方米，供炊事人员更衣、休息使用。

第九条 城市幼儿园园舍建筑面积定额

规模	园舍建筑面积（平方米）	建筑面积定额（平方米/生）
6班（180人）	1773	9.9
9班（270人）	2481	9.2
12班（360人）	3182	8.8

（详见附件一：城市幼儿园园舍面积定额分项参考指标）

第三章 用地面积定额

第十条 幼儿园的用地面积包括建筑占地、室外活动场地、绿化及道路用地等。

第十一条 建筑占地按主体园舍建筑为三层楼房,厨房、晨检、接待、传达室等为平房计算。建筑密度不宜大于30%。

第十二条 室外活动场地,包括分班活动场地和共用活动场地两部分。分班活动场地每生2平方米;共用活动场地包括设置大型活动器械、戏水池、沙坑以及30米长的直跑道等,每生2平方米。

第十三条 绿化用地每生不小于2平方米,有条件的幼儿园要结合活动场地铺设草坪,尽量扩大绿化面积。

第十四条 道路用地包括园内干道、庭院道路及杂物院等用地。

第十五条 城市幼儿园用地面积定额

规模	用地面积(平方米)	用地面积定额(平方米/生)
6班	2700	15
9班	3780	14
12班	4680	13

第四章 附 则

第十六条 本定额可供有条件的乡(镇)幼儿园参照执行。半日制及计时制幼儿园使用本定额时,其建筑面积和用地面积均应适当核减。

第十七条 本定额未包括教职工住宅、人防工程、连接廊、车库、自行车棚、花房、地窖以及采暖地区供暖锅炉房等的建筑面积及相应的用地面积。对上述建筑物有需要的可另行增加。有关部门应根据幼儿园的规模及人员编制就近安排幼儿园的教职工住宅。

第十八条 本定额中各类建筑物的围护结构均按240毫米厚计算,大于240

毫米时，建筑面积可相应增加。

第十九条 本定额由国家教育委员会基建局负责管理和解释。

附件一

城市幼儿园园舍面积定额分项参考指标

名称	每间使用面积（m²）	6班（180人）		9班（270人）		12班（360人）	
		间数	使用面积小计	间数	使用面积小计	间数	使用面积小计
一、活动及辅助用房							
活动室	90	6	540	9	810	12	1080
卫生间	15	6	90	9	135	12	180
衣帽教具贮藏室	9	6	54	9	81	12	180
音体活动室		1	120	1	140	1	160
使用面积小计			804		1166		1528
每生使用面积（m²）			4.47		4.32		4.24
二、办公及辅助用房							
办公室			75		112		139
资料兼会议室		1	20	1	25	1	30
教具制作兼陈列室		1	12	1	15	1	20
保健室		1	14	1	16	1	18
晨检、接待室		1	18	1	21	1	24
值班室	12	1	12	1	12	1	12
储藏室		3	36	4	42	4	48
传达室	10	1	10	1	10	1	10
教工厕所			12		12		12
使用面积小计			209		265		313
每生使用面积（m²）			1.16		0.98		0.87
三、生活用房							
厨房 主副食加工间（含配餐）			54		61		67
厨房 主副食库			15		20		30
厨房 烧火间			8		9		10
开水、消毒间			8		10		12

续表

名称	每间使用面积（m²）	6班（180人）		9班（270人）		12班（360人）	
		间数	使用面积小计	间数	使用面积小计	间数	使用面积小计
炊事员休息室			13		18		23
使用面积小计			98		118		142
每生使用面积（m²/生）			0.54		0.43		0.39
使用面积合计			1111		1549		1983
每生使用面积（m²）			6.17		5.74		5.51

名称	每间使用面积（m²）	6班（180人）		9班（270人）		12班（360人）	
		间数	使用面积小计	间数	使用面积小计	间数	使用面积小计
活动室（楼房）	K=0.61		985/1615		1400/2295		1807/2962
晨检接待、传达室和生活用房（平房）	K=0.80		126/158		149/186		176/220
建筑面积合计			1773		2481		3182
每生建筑面积（m²）			9.9		9.2		8.8

附注：

1. 寄宿制幼儿园可在上表基础上增加或扩大下列用房：

（1）寝室每班一间，使用面积54平方米，并相应减少原分班活动室面积36平方米。

（2）隔离室6、9、12班的使用面积分别为10平方米、13平方米、16平方米，供病儿临时观察治疗、隔离使用。

（3）集中浴室6、9、12班的使用面积分别为20平方米、30平方米、40平方米，供全园幼儿分批热水洗浴及更衣使用。

（4）洗衣烘干房6、9、12班的使用面积分别为15平方米、24平方米、30平方米，供洗涤、烘干幼儿衣被等使用。

（5）扩大保育员、炊事员休息室按增加的保育员、炊事员人数，每人分别增加使用面积2平方米及2.5平方米。

（6）扩大教工厕所各种规模均增加使用面积6平方米。

（7）扩大保健室各种规模均增加使用面积4平方米。

（8）扩大厨房主副食加工间增加使用面积6平方米，烧火间增加2平方米。

2. 幼儿园的规模与表列规模不一致时，其定额可用插入法取值。规模小于6班时，可参考6班的定额适当增加。

附件二

城市幼儿园建筑面积定额（试行）

编制说明

幼儿教育是教育事业的重要组成部分，是学校教育的预备阶段，又是一项社会福利事业。为了适应幼儿教育事业的发展，根据我国的国情制定一个合理的城市幼儿园建筑面积定额是十分必要的。在各省、自治区、直辖市教委所提建议的基础上，我们经过典型调查，拟订出征求意见稿。经广泛征求意见和专业会议讨论修改后，制定了本《城市幼儿园建筑面积定额（试行）》（以下简称"定额"）。现将有关问题说明如下：

一、总则

总则是定额的纲，主要阐明编制本定额的目的、指导思想、编制依据和适用范围。

1. 第一条是目的。本定额是城市幼儿园进行园舍建设及有关主管部门审查幼儿园基本建设设计任务书、总体规划、单体建筑设计、核拨土地和核定基建计划的依据。

2. 第二条是指导思想。考虑到我国目前尚处在社会主义初级阶段，定额必须从我国国民经济的实际水平出发，既要保证满足幼儿在教育和生活上的需要和幼教事业的发展，又要勤俭办园、提高园舍的使用率，恰当地处理好需要与可能，当前与长远的关系。

3. 第三条是编制的依据。说明编制本定额时所依据的幼儿园的规模，在幼儿园总数，以及教职工编制等。

4. 第四条是适用范围。为了促进幼教事业的迅速发展，有利于幼儿与父母、教师的感情交流、拓宽幼儿的接触面，开阔幼儿的视野，本定额着重对全日制幼儿园做了规定。各地区、各部门办的示范性幼儿园、实验性幼儿园、有特殊需要的幼儿园以及有条件办得更好一些的幼儿园，经主管部门批准后均可适当提高定额。

二、园舍建筑面积定额

不同规模幼儿园的各类用房面积,已在第五至第八条作了详细的说明,并在附件一中列出了分项的参考指标。现仅就几种主要用房说明如下:

1. 活动室。活动室是幼儿园最基本的用房。根据寓教育于活动之中的原则,活动室必须满足幼儿开展各种游戏活动(如角色游戏、建筑游戏、表演游戏、体育游戏、智力游戏等)和教育活动的需要。考虑到全日制幼儿园每天午睡时间仅2小时,本定额将午睡、进餐和活动合并于一室。如寝室与活动室分开设置,活动室的使用面积不宜小于54平方米。

2. 音体活动室。为了促进儿童体、智、德、美全面发展,幼儿除在分班活动室进行活动外,还需有较大的活动室供幼儿分小组或合班进行游戏和各种教育活动。因此而设立的音体活动室,可供开展音乐、体育、游戏、观摩、集会以及陈列幼儿作品等活动使用。音体活动室的面积决定于室内设置的器具、简易舞台,以及全园儿童的人数等。

3. 办公室。每个教师的办公面积3平方米,保育员休息室每人使用面积2平方米。园长室、财会室等房间单独设置。以上各项面积之和即为办公室面积。

4. 厨房。确定厨房面积的原则是主副食品库存量适当,儿童能经常吃到保鲜食品;生熟分隔、炊具消毒、安全卫生;主副食加工操作方便等。厨房一般分主副食加工间、配餐间、主副食品库和烧火间四部分。主副食加工间内应设置和面机、切面机、冰箱、烘箱、绞肉机、豆浆机、蒸饭器等炊具。锅、碗、瓢、勺等小型餐具应存放在橱、柜内以节约面积。烧火间只考虑日常用煤的堆放。

5. 其他各类用房的面积,是满足一般需要的指标。设计时可在总指标控制数内,根据建筑模数、当地的建材规格和使用要求等因素进行合理调整。

6. 本定额用房分类名称中的活动、办公和生活用房分别与《托幼建筑设计规范》中的生活、服务、供应用房相对应。

三、用地面积定额

1. 幼儿园的总用地面积包括建筑占地、分班和共用活动场地、绿化和道路杂物院用地等。幼儿园园舍建筑比较集中，分班活动场地、绿化用地以及道路等一般均分布在建筑物的四周。建筑密度按30%计算后，上述各项用地均能满足，只需加上共用活动场地的面积即为幼儿园的总用地面积。

2.共用活动场地的面积应能配置各种活动器械、戏水池、沙坑及30米跑道等设施，每生约需2平方米。活动器械按国家教育委员会颁发的《幼儿园教玩具配备目录》进行配备。

3.本定额中"分班活动场地"和"共用活动场地"分别与《托幼建筑设计规范》中的"分班活动场地"和"共用活动场地"相对应。

四、附则

附则中的几条主要是说明本定额在执行中的灵活性。根据国务院的有关精神，除地方政府举办幼儿园外，各部门、各单位和集体、个人都要大力发展幼儿教育事业。考虑到办园单位的条件和要求各不相同，加以我国幅员辽阔，各地地理环境及经济发展水平差异很大，本定额既要有能在全国范围内实施的通用性，又要有一定的灵活性，使各地区、各部门在执行过程中可结合实际情况进行调整。例如第十七条具体说明了本定额中未包括那些用房，并规定主管部门可以根据幼儿园的具体情况，审定需要增加的面积。第十八条说明本定额是按240毫米厚的围护结构计算的，在寒冷地区或严寒地区建幼儿园时，其围护结构厚于240毫米，可以相应地增加建筑面积。此外，幼儿园的教职工住宅是保证保教人员生活安定的一项重要设施，此项建筑的面积虽未列入定额，但在第十七条中明确规定了各有关部门应根据幼儿园的规模及人员编制就近安排保教人员的住宅。

附加说明：

本定额由上海市教育局负责起草。

教育委员会国家关于发展农村幼儿教育的几点意见

(〔83〕教初字011号　1983年9月21日颁布)

  幼儿教育是社会主义教育事业的重要组成部分。对幼儿进行早期教育，开发智力，锻炼体魄，培养良好的品德，是为培养全面发展的一代新人打基础的工作。中共中央和国务院1979年10月在转发《全国托幼工作会议纪要》时指出："各级党委和各级政府应关怀和重视托幼事业，积极抓好这项工作。"1983年5月，又在《关于加强和改革农村学校教育若干问题的通知》中明确提出了"积极发展幼儿教育"的要求。事实说明，农村幼儿教育的发展，有利于小学教育的普及与提高，有利于促进农业生产的发展，有利于实行计划生育这一基本国策，是广大农民群众的迫切要求。各地教育行政部门要充分认识幼儿教育在农村社会主义现代化建设中的作用，主动同妇联、卫生、农业等部门配合，认真抓好这项工作。

  必须肯定，党的十一届三中全会以来，农村幼儿教育有了很大发展。据1982年统计，全国县镇、农村入园幼儿为881万人，占全国入园幼儿总数的79.2%，比1978年增长了35.7%。不少农村地区学前一年的幼儿班发展很快，深受农民群众的欢迎。全国县镇、农村幼儿教师已达30余万人。这支队伍经初步整顿，在年龄和知识结构上都已开始发生了较大变化，具有高、初中文化程度的青年教师不断增加，保教质量有所提高。但是，农村幼儿教育工作在不少地方尚未受到应有的重视，领导工作薄弱，事业发展缓慢；事业经费缺乏，办园条件很差；幼儿教师待遇低，很多地方还不能兑现，影响队伍的稳定；绝大多数教师未受过系统的专业训练，教育工作中比较普遍地存在着小学化、成人化的倾向，幼儿园的数量和质量均不能满足群众的要求。为了切实改变这种状况，特对发展农村幼儿教育提出以下意见：

  （一）要积极创造条件，有计划地发展农村幼儿教育。在我们这样一个人口众多、经济尚不够发达的国家，发展幼儿教育必须坚持"两条腿走路"的方针。农村应以群众集体办园为主,充分调动社(乡)、队(村)的积极性;县镇则应大力提倡机关、厂矿企事业、街道办园,并支持群众个人办园。与此同时,要积极恢复和发展教育部门办的幼儿园。

发展幼儿教育,必须根据各地经济、文化发展的不同基础,地理环境、居住疏密的不同状况,以及群众生产、生活的不同需要,提出不同的要求。在现阶段,一般应首先发展学前一年教育,同时逐步创造条件接收三至五岁的幼儿入园(班)。其中经济条件和文化教育基础较好的农村地区,则应争取在近期内能基本满足学前一年幼儿入园的要求。

发展幼儿教育,还必须从实际出发,因地制宜,采取多种形式,多种渠道办园。在县镇,可按单位办,也可以联合办或按系统办;在农村,可办独立建制的幼儿园,也可在有条件的小学附设幼儿班;可办常年性的,还可办季节性的。农村幼儿园(班)实行社(乡)办社(乡)管、队(村)办队(村)管;附设在小学的,也可实行队(村)办校管。

各省、地、县教育行政部门应与妇联、卫生、农业等有关部门共同研究,依据实际情况,制定幼儿教育事业发展规划,报送当地人民政府审批后,积极组织实施。

(二)为了发展农村幼儿教育事业,提高保教质量,必须高度重视和采取有效措施,建设一支稳定、合格的幼儿教师队伍。

首先要有计划地发展幼儿师范学校,做出幼儿师范教育的发展规划。力争大多数省、市、自治区在1985年左右至少办起一所幼儿师范学校。尚未设立幼师的省、市、自治区可以在有条件的普通中等师范学校内附设幼师班。幼师和幼师班应按教育部的有关规定,对农村实行定向招生,定向分配;也可试行在计划外招收不包分配的农村学生,还可举办不包分配的职业幼师班,为农村培养更多的幼儿教师。各地教育行政部门要加强对幼儿师范学校的领导,调整并充实师资队伍,特别是专业课教师,不断提高教学质量。高等师范院校的学前教育专业要首先为各地幼儿师范学校和教师进修院校培养专业师资。近几年,要有计划地举办专修班和单科进修班,以解决各地对幼儿教育专业教师的急需。

其次，对现有幼儿教师要进一步进行整顿和培训提高。农村幼儿教师应挑选思想品德好，热爱幼儿教育事业、具有初中以上文化程度，身体健康的青年担任。对不适宜做幼儿教育工作的，应予调整。对未经系统专业训练的幼儿教师要有计划地进行培训，并列入各地教育行政部门的教师培训计划。各幼儿师范学校、教师进修院校和有条件的中等师范学校，都要承担培训农村幼儿教师的任务。力争在1990年前，通过各种渠道，使多数幼儿教师都能受到一定程度的专业培训，并使多数示范性幼儿园、公社中心幼儿园园长和部分骨干教师达到幼儿师范毕业的程度。

再次，要妥善解决农村幼儿教师的报酬。农村幼儿教师一般应同当地民办教师或社队企业职工待遇相当，或不低于当地农民实际收入的平均水平。计酬形式可采取社（乡）、队（村）统筹工资制，也可采取其他办法，因地制宜，不强求一致，但必须当年兑现。对长期任教，工作成绩显著的幼儿教师，应给予适当奖励。

（三）全面贯彻教育方针，努力提高保教质量。幼儿正处在身心发展极为重要的时期，幼儿园教育的任务是使幼儿在体、智、德、美等各方面都得到良好的发展，为小学教育打好基础，为造就一代新人打好基础。要组织农村幼儿园的园长、教师学习教育部颁发的《幼儿园教育纲要》（试行草案），端正办园思想，研究幼儿特点，重视幼儿品德培养、卫生保健和智力发展，结合农村实际改革教育的内容和方法，因地制宜地开展丰富多彩的活动，防止小学化和成人化，不断摸索农村幼儿教育的规律。有条件的省、市、自治区，还可编写农村补充教材。

为了提高广大农村幼儿园的保教质量，各县要从实际出发，采取措施办好一所示范性幼儿园，并分期分批地办好公社（乡）中心幼儿园，使之成为农村幼儿园的骨干和教学研究基地，起到以点带面的作用。

（四）发展农村幼儿教育，应通过多种渠道筹集资金。可采取社（乡）统筹，生产队（村）自筹，群众集资，家长交纳少量保育费等多种办法。各级教育行政部门应根据财政部1980年制定的《国家预算收支科目》的规定，在地方教育事业经费中列幼儿教育专项。教育基建投资也应包括幼儿教育项目，以保证教育部门办园有计划地发展。在有条件的地方，地方财政还应对农村幼教事业给予适当补助。

要逐步改善办园（班）条件，做到班有活动室，幼儿有课桌椅，园（班）无危房，周围环境无危险，保证幼儿生命安全和身体健康。同时，还应添置一些玩具和教具。

（五）加强对农村幼儿教育工作的领导和管理。各省、市、自治区教育行政部门应配备和充实幼教专职干部，定期对农村幼教工作进行检查督促。县教育部门要负责农村幼教工作的业务指导和园长、教师的培训，办好示范性幼儿园和公社中心幼儿园，加强对幼儿教育的研究，组织交流经验。为把公社中心幼儿园切实办好，充分发挥其骨干作用，县教育部门要逐步选派懂专业的干部担任公社中心园园长或公社幼教辅导员，负责全公社幼儿园（班）的业务指导，组织干部，教师进行业务学习和研究。

各级教育行政部门要在当地党委和政府的领导下，与妇联、卫生、农业等有关部门明确职责，密切配合，协调一致，共同努力，积极推动农村幼儿教育事业健康发展。

学前教育师资建设相关政策

教育部等七部门印发
《关于加强和改进新时代师德师风建设的意见》的通知

（教师〔2019〕10号　2019年11月15日颁布）

各省、自治区、直辖市教育厅（教委）、党委组织部、党委宣传部、发展改革委、财政厅（局）、人力资源社会保障厅（局）、文化和旅游厅（局），新疆生产建设兵团教育局、党委组织部、党委宣传部、发展改革委、财政局、人力资源社会保障局、文化体育广电和旅游局，有关部门（单位）教育司（局），部属各高等学校、部省合建各高等学校：

　　为深入贯彻落实习近平总书记关于教育的重要论述和全国教育大会精神，落实《新时代公民道德建设实施纲要》和《中共中央 国务院关于全面深化新时代教师队伍建设改革的意见》，加强和改进新时代师德师风建设，倡导全社会尊师重教，教育部、中央组织部、中央宣传部、国家发展改革委、财政部、人力资源社会保障部、文化和旅游部研究制定了《关于加强和改进新时代师德师风建设的意见》，现印发给你们，请结合实际认真贯彻执行。

教育部　中央组织部　中央宣传部

国家发展改革委　财政部

人力资源社会保障部　文化和旅游部

2019年11月15日

关于加强和改进新时代师德师风建设的意见

　　为认真贯彻落实《新时代公民道德建设实施纲要》，深入推进实施《中共中央 国务院关于全面深化新时代教师队伍建设改革的意见》，全面提升教师思想政治素质和职业道德水平，现就加强和改进新时代师德师风建设提出如下意见。

　　一、加强师德师风建设的总体要求

　　1.指导思想。以习近平新时代中国特色社会主义思想为指导，深入学习贯彻习近平总书记关于教育的重要论述和全国教育大会精神，把立德树人的成效作为检验学校一切工作的根本标准，把师德师风作为评价教师队伍素质的第一标准，将社会主义核心价值观贯穿师德师风建设全过程，严格制度规定，强化日常教育督导，加大教师权益保护力度，倡导全社会尊师重教，激励广大教师努力成为"四有"好老师，着力培养德智体美劳全面发展的社会主义建设者和接班人。

2. 基本原则

——坚持正确方向。加强党对教育工作的全面领导，坚持社会主义办学方向，确保教师在落实立德树人根本任务中的主体作用得到全面发挥。

——坚持尊重规律。遵循教育规律、教师成长发展规律和师德师风建设规律，注重高位引领与底线要求结合、严管与厚爱并重，不断激发教师内生动力。

——坚持聚焦重点。围绕重点内容，针对突出问题，强化各地各部门的领导责任，压实学校主体责任，引导家庭、社会协同配合，推进师德师风建设工作制度化、常态化。

——坚持继承创新。传承中华优秀师道传统，全面总结改革开放特别是党的十八大以来师德师风建设经验，适应新时代变化，加强创新，推动师德师风建设工作不断深化。

3. 总体目标。经过5年左右努力，基本建立起完备的师德师风建设制度体系和有效的师德师风建设长效机制。教师思想政治素质和职业道德水平全面提升，教师敬业立学、崇德尚美呈现新风貌。教师权益保障体系基本建立，教师安心、热心、舒心、静心从教的良好环境基本形成，师道尊严进一步提振。全社会对教师职业认同度加深，教师政治地位、社会地位、职业地位显著提高，尊师重教蔚然成风。

二、全面加强教师队伍思想政治工作

4. 坚持思想铸魂，用习近平新时代中国特色社会主义思想武装教师头脑。健全教师理论学习制度，开展习近平新时代中国特色社会主义思想系统化、常态化学习，重点加强习近平总书记关于教育的重要论述的学习，使广大教师学懂弄通、入脑入心，自觉用"四个意识"导航，用"四个自信"强基，用"两个维护"铸魂。依托高水平高校建设一批教育基地，同时统筹党校（行政学院）资源，定期开展教师思想政治轮训，使广大教师更好掌握马克思主义立场观点方法，认清中国和世界发展大势，增进对中国特色社会主义的政治认同、思想认同、理论认同、情感认同。

5. 坚持价值导向，引导教师带头践行社会主义核心价值观。将社会主义核心价值观融入教育教学全过程，体现到学校管理及校园文化建设各环节，进一步凝聚起师生员工思想共识，使之成为共同价值追求。弘扬中华优秀传统文化、革命文化和社会主义先进文化，培育科技创新文化，充分发挥文化涵养师德师风功能。身教重于言教，引导教师开展社会实践，深入了解世情、党情、国情、社情、民情，强化教育强国、教育为民的责任担当。健全教师志愿服务制度，鼓励支持广大教师参加志愿服务活动，在服务社会的实践中厚植教育情怀。重视高层次人才、海外归国教师、青年教师的教育引导，增强工作针对性。

6. 坚持党建引领，充分发挥教师党支部和党员教师作用。建强教师党支部，使教师党支部成为涵养师德师风的重要平台。建好党员教师队伍，使党员教师成为践行高尚师德的中坚力量。重视在高层次人才和优秀青年教师中发展党员工作，完善学校领导干部联系教师入党积极分子等制度。开展好"三会一课"，健全党的组织生活各项制度，通过组织集中学习、定期开展主题党日活动、经常开展谈心谈话、组织党员教师与非党员教师结对联系等，充分发挥教师党支部的战斗堡垒作用和党员教师的先锋模范作用。涉及教师利益的重要事项、重点工作，应征求教师党支部意见。

三、大力提升教师职业道德素养

7. 突出课堂育德，在教育教学中提升师德素养。充分发挥课堂主渠道作用，引导广大教师守好讲台主阵地，将立德树人放在首要位置，融入渗透到教育教学全过程，以心育心、以德育德、以人格育人格。把握学生身心发展规律，实现全员全过程全方位育人，增强育人的主动性、针对性、实效性，避免重教书轻育人倾向。加强对新入职教师、青年教师的指导，通过老带新等机制，发挥传帮带作用，使其尽快熟悉教育规律、掌握教育方法，在育人实践中锤炼高尚道德情操。将师德师风教育贯穿师范生培养及教师生涯全过程，师范生必须修学师德教育课程，在职教师培训中要确保每学年有师德师风专题教育。

8. 突出典型树德，持续开展优秀教师选树宣传。大力宣传新时代广大教师阳光美丽、爱岗敬业、甘于奉献、改革创新的新形象。深入挖掘优秀教师典型，综合运用授予荣誉、事迹报告、媒体宣传、创作文艺作品等手段，充分发挥典型引领示范和辐射带动作用。开展多层次的优秀教师选树宣传活动，形成校校有典型、榜样在身边、人人可学可做的局面。组织教师中的"时代楷模"、全国教书育人楷模、国家教学名师、最美教师等开展师德宣讲。鼓励各地各校采取实践反思、情景教学等形式，把一线优秀教师请进课堂，用真人真事诠释师德内涵。

9. 突出规则立德，强化教师的法治和纪律教育。以学习《中华人民共和国教师法》、新时代教师职业行为十项准则系列文件等为重点，提高全体教师的法治素养、规则意识，提升依法执教、规范执教能力。制订教师法治教育大纲，将法治教育纳入各级各类教师培训体系。强化纪律建设，全面梳理教师在课堂教学、关爱学生、师生关系、学术研究、社会活动等方面的纪律要求，依法依规健全规范体系，开展系统化、常态化宣传教育。加强警示教育，引导广大教师时刻自重、自省、自警、自励，坚守师德底线。

四、将师德师风建设要求贯穿教师管理全过程

10. 严格招聘引进，把好教师队伍入口。规范教师资格申请认定，完善教师招聘和引进制度，严格思想政治和师德考察，充分发挥党组织的领导和把关作用，建立科学完备的标准、程序，坚决避免教师招聘引进中的唯分数、唯文凭、唯职称、唯论文、唯帽子等倾向。鼓励有条件的地方和学校结合实际探索开展拟聘人员心理健康测评，作为聘用的重要参考。严格规范教师聘用，将思想政治和师德要求纳入教师聘用合同。加强试用期考察，全面评价聘用人员的思想政治和师德表现，对不合格人员取消聘用，及时解除聘用合同。高度重视从海外引进人才的全方位考察，提升人才引进质量。

11. 严格考核评价，落实师德第一标准。将师德考核摆在教师考核的首要位置，坚持多主体多元评价，以事实为依据，定性与定量相结合，提高评价的科学性和实效性，全面客观评价教师的师德表现。发挥师德考核对教师行为的约束和提醒作用，及时将考核发现的问题向教师反馈，并采取针对性举措帮助教师提高认识、加强整改。强化师德考核结果的运用，师德考核不合格者年度考核应评定为不合格，并取消在教师职称评聘、推优评先、表彰奖励、科研和人才项目申请等方面的资格。

12. 严格师德督导，建立多元监督体系。完善多方广泛参与、客观公正科学合理的师德师风监督机制。加强政府督导，将各级各类学校师德师风建设长效机制落实情况作为对地方政府履行教育职责评价的重要测评内容，针对群众反映强烈的问题、师德师风问题多发的地方开展专项督导。加强学校监督，各级各类学校要在校园显著位置公示学校及教育主管部门举报电话、邮箱等信息，依法依规接受监督举报。强化社会监督，探索建立师德师风监督员制度，定期对学校师德师风建设情况进行监督评议，向教育主管部门反馈，将监督评议情况作为学校及领导班子年度考核的重要内容。

13. 严格违规惩处，治理师德突出问题。推动地方和高校落实新时代教师职业行为十项准则等文件规范，制定具体细化的教师职业行为负面清单。把群众反映强烈、社会影响恶劣的突出问题作为重点从严查处，针对高校教师性骚扰学生、学术不端以及中小学教师违规有偿补课、收受学生和家长礼品礼金等开展集中治理。一经查实，要依规依纪给予组织处理或处分，严重的依法撤销教师资格、清除出教师队伍。建立师德失范曝光平台，健全师德违规通报制度，起到警示震慑作用。建立并共享有关违法信息库，健全教师入职查询制度和有关违法犯罪人员从教限制制度。

五、着力营造全社会尊师重教氛围

14. 强化地位提升，激发教师工作热情。制定教育改革发展和教师队伍建设重大决策、重要文件充分听取教师代表意见。各地重要节庆日活动，邀请优秀教师代表参加。做好优秀教师表彰奖励，依法依规在作出重大贡献、享有崇高声誉的教师中开展"人民教育家"荣誉称号评选授予工作，健全教书育人楷模、模范教师、优秀教师等多元的教师荣誉表彰体系。完善表彰奖励及管理办法，依法依规确定荣誉获得者享受的政治、生活待遇，加强对荣誉获得者后续支持服务。

15. 强化权利保护，维护教师职业尊严。维护教师依法执教的职业权利，推动完善相关法律法规，明确教师教育管理学生的合法职权，研究出台教师惩戒权办法。学校和相关部门依法保障教师履行教育职责，对无过错但客观上发生学生意外伤害的，教师依法不承担责任。教师尊严不可侵害，对发生学生、家长及其亲属等因为教师履职行为而对教师进行侮辱、谩骂、肢体侵害，或者通过网络对教师进行诽谤、恶意炒作等行为，有关部门要高度重视，从严处理，构成违法犯罪的，依法追究相应责任。学校及教育部门应为教师维护合法权益提供必要的法律等方面支持。

16. 强化尊师教育，厚植校园师道文化。从幼儿园开始加强尊师教育，加快形成接续我国优秀传统、符合时代精神的尊师重教文化。推进尊师文化进教材、进课堂、进校园，通过尊师第一课、9月尊师主题月等形式，将尊师重教观念渗透进学生的价值体系。有条件的地方和学校可结合实际统筹有关资源，因地制宜安排一线教师特别是长期从教教师进行疗休养，重点向符合条件的班主任和乡村教师倾斜。做好教师荣休工作，礼敬退休教师，弘扬尊师风尚。建立健全教职工代表大会制度，保障教师参与学校决策的民主权利。加强家庭教育，健全家校联系制度，引导家长尊重学校教育安排，尊敬教师创造发挥，配合学校做好学生的学习教育。

17. 强化各方联动，营造尊师重教氛围。加强展现新时代教师风貌的影视文学作品创作，善用微博、微信、微视频、微电影等新媒体形式，传递教师正能量，让全社会广泛了解教师工作的重要性和特殊性。支持鼓励行业企业在向社会公众提供服务时"教师优先"。鼓励图书馆、博物馆、科技馆、体育场馆以及历史文化古迹和革命纪念馆（地）等对教师实行优待。鼓励社会团体、企业、民间组织对教师出资奖励，或通过依法成立基金、设立项目等方式，支持教师提升能力素质、进行疗休养或予以奖励激励。

六、推进师德师风建设任务落到实处

18. 加强工作保障，强化责任落实。各地各校要把加强师德师风建设、弘扬尊师重教传统作为教师队伍建设的首要任务，夯实学校主体责任，压实学校主要负责人第一责任人责任。高校要强化党委教师工作部建设，明确将教师思想政治和师德师风建设作为其主要职责。各地各校要建立健全责任落实机制，坚持失责必问、问责必严。财政部门要坚持将教师队伍建设作为教育投入重点予以优先保障，按规定统筹现有资金渠道支持师德师风建设。依托现有资源，建设一批师德师风建设基地，加强工作支撑，提高师德师风建设工作的科学性、实效性。

教育部关于印发
《幼儿园教师违反职业道德行为处理办法》的通知

（教师〔2018〕19号　2018年11月8日颁布）

各省、自治区、直辖市教育厅（教委），新疆生产建设兵团教育局：

为深入贯彻习近平新时代中国特色社会主义思想和党的十九大精神，深入贯彻落实全国教育大会精神，扎实推进《中共中央 国务院关于全面深化新时代教师队伍建设改革的意见》的实施，进一步加强师德师风建设，我部研究制定了《幼儿园教师违反职业道德行为处理办法》，现印发给你们，请遵照执行。

教育部
2018年11月8日

幼儿园教师违反职业道德行为处理办法

第一条　为规范幼儿园教师职业行为，保障教师、幼儿的合法权益，根据《中华人民共和国教育法》《中华人民共和国未成年人保护法》《中华人民共和国教师法》《教师资格条例》和《新时代幼儿园教师职业行为十项准则》等法律法规和制度规范，制定本办法。

第二条　本办法所称幼儿园教师包括公办幼儿园、民办幼儿园的教师。

第三条　本办法所称处理包括处分和其他处理。处分包括警告、记过、降低岗位等级或撤职、开除。警告期限为6个月，记过期限为12个月，降低岗位等级或撤职期限为24个月。是中共党员的，同时给予党纪处分。

其他处理包括给予批评教育、诫勉谈话、责令检查、通报批评，以及取消在评奖评优、职务晋升、职称评定、岗位聘用、工资晋级、申报人才计划等方面的资格。取消相关资格的处理执行期限不得少于24个月。

教师涉嫌违法犯罪的，及时移送司法机关依法处理。

第四条 应予处理的教师违反职业道德行为如下：

（一）在保教活动中及其他场合有损害党中央权威和违背党的路线方针政策的言行。

（二）损害国家利益、社会公共利益，或违背社会公序良俗。

（三）通过保教活动、论坛、讲座、信息网络及其他渠道发表、转发错误观点，或编造散布虚假信息、不良信息。

（四）在工作期间玩忽职守、消极怠工，或空岗、未经批准找人替班，利用职务之便兼职兼薪。

（五）在保教活动中遇突发事件、面临危险时，不顾幼儿安危，擅离职守，自行逃离。

（六）体罚和变相体罚幼儿，歧视、侮辱幼儿，猥亵、虐待、伤害幼儿。

（七）采用学校教育方式提前教授小学内容，组织有碍幼儿身心健康的活动。

（八）在入园招生、绩效考核、岗位聘用、职称评聘、评优评奖等工作中徇私舞弊、弄虚作假。

（九）索要、收受幼儿家长财物或参加由家长付费的宴请、旅游、娱乐休闲等活动，推销幼儿读物、社会保险或利用家长资源谋取私利。

（十）组织幼儿参加以营利为目的的表演、竞赛活动，或泄露幼儿与家长的信息。

（十一）其他违反职业道德的行为。

第五条 幼儿园及幼儿园主管部门发现教师存在第四条列举行为的，应当及时组织调查核实，视情节轻重给予相应处理。作出处理决定前，应当听取教师的陈述和申辩，调查了解幼儿情况，听取其他教师、家长委员会或者家长代表意见，并告知教师有要求举行听证的权利。对于拟给予降低岗位等级以上的处分，教师要求听证的，拟作出处理决定的部门应当组织听证。

第六条 给予教师处理，应当坚持公平公正、教育与惩处相结合的原则；应当与其违反职业道德行为的性质、情节、危害程度相适应；应当事实清楚、证据确凿、定性准确、处理恰当、程序合法、手续完备。

第七条 给予教师处理按照以下权限决定：

（一）警告和记过处分，公办幼儿园教师由所在幼儿园提出建议，幼儿园主管部门决定。民办幼儿园教师由所在幼儿园提出建议，幼儿园举办者做出决定，并报主管部门备案。

（二）降低岗位等级或撤职处分，公办幼儿园由教师所在幼儿园提出建议，幼儿园主管部门决定并报同级人事部门备案。民办幼儿园教师由所在幼儿园提出建议，幼儿园举办者做出决定，并报主管部门备案。

（三）开除处分，公办幼儿园在编教师由所在幼儿园提出建议，幼儿园主管部门决定并报同级人事部门备案。未纳入编制管理的教师由所在幼儿园决定并解除其聘任合同，报主管部门备案。民办幼儿园教师由所在幼儿园提出建议，幼儿园举办者做出决定并解除其聘任合同，报主管部门备案。

（四）给予批评教育、诫勉谈话、责令检查、通报批评，以及取消在评奖评优、职务晋升、职称评定、岗位聘用、工资晋级、申报人才计划等方面资格的其他处理，按照管理权限，由教师所在幼儿园或主管部门视其情节轻重作出决定。

第八条 处理决定应当书面通知教师本人并载明认定的事实、理由、依据、期限及申诉途径等内容。

第九条 教师不服处理决定的，可以向幼儿园主管部门申请复核。对复核结果不服的，可以向幼儿园主管部门的上一级行政部门提出申诉。

对教师的处理，在期满后根据悔改表现予以延期或解除，处理决定和处理解除决定都应完整存入人事档案及教师管理信息系统。

第十条 教师受到处分的，符合《教师资格条例》第十九条规定的，由县级以上教育行政部门依法撤销其教师资格。

教师受处分期间暂缓教师资格定期注册。依据《中华人民共和国教师法》第十四条规定丧失教师资格的，不能重新取得教师资格。

教师受记过以上处分期间不能参加专业技术职务任职资格评审。

第十一条 教师被依法判处刑罚的，依据《事业单位工作人员处分暂行规定》给予降低岗位等级或者撤职以上处分。其中，被依法判处有期徒刑以上刑罚的，给予开除处分。教师受到剥夺政治权利或者故意犯罪受到有期徒刑以上刑事处罚的，丧失教师资格。

第十二条 公办幼儿园、民办幼儿园举办者及主管部门不履行或不正确履行师德师风建设管理职责，有下列情形的，上一级行政部门应当视情节轻重采取约谈、诫勉谈话、通报批评、纪律处分和组织处理等方式严肃追究主要负责人、分管负责人和直接责任人的责任：

（一）师德师风长效机制建设、日常教育督导不到位；

（二）师德失范问题排查发现不及时；

（三）对已发现的师德失范行为处置不力、方式不当或拒不处分、拖延处分、推诿隐瞒的；

（四）已作出的师德失范行为处理决定落实不到位，师德失范行为整改不彻底；

（五）多次出现师德失范问题或因师德失范行为引起不良社会影响；

（六）其他应当问责的失职失责情形。

第十三条 省级教育行政部门应当结合当地实际情况制定实施细则，并报国务院教育行政部门备案。

第十四条 本办法自发布之日起施行。

教育部关于印发《新时代高校教师职业行为十项准则》《新时代中小学教师职业行为十项准则》《新时代幼儿园教师职业行为十项准则》的通知（节选）

（教师〔2018〕16号　2018年11月8日颁布）

各省、自治区、直辖市教育厅（教委），新疆生产建设兵团教育局，有关部门（单位）教育司（局），部属各高等学校、部省合建各高等高校：

　　为深入贯彻习近平新时代中国特色社会主义思想和党的十九大精神，深入贯彻落实全国教育大会精神，扎实推进《中共中央 国务院关于全面深化新时代教师队伍建设改革的意见》的实施，进一步加强师德师风建设，我部研究制定了《新时代高校教师职业行为十项准则》《新时代中小学教师职业行为十项准则》《新时代幼儿园教师职业行为十项准则》（以下统称准则）。现印发给你们，请结合实际，认真贯彻执行。

　　一、准则是教师职业行为的基本规范

　　师德师风是评价教师队伍素质的第一标准。长期以来，广大教师牢记使命、不忘初心、爱岗敬业、教书育人、改革创新、服务社会，作出了重大贡献，党和国家高度肯定，学生、家长和社会普遍尊重。但是，也有个别教师放松自我要求，不能认真履职尽责，甚至出现严重违反师德行为，损害教师队伍整体形象。制定教师职业行为准则，明确新时代教师职业规范，针对主要问题、突出问题划定基本底线，是对广大教师的警示提醒和严管厚爱，是深化师德师风建设，造就政治素质过硬、业务能力精湛、育人水平高超的高素质教师队伍的关键之举。

　　二、立即部署扎实开展准则的学习贯彻

　　各地各校要立即行动，结合落实师德师风建设长效机制，开展准则的学习贯彻。要结合本地区、本学校实际进行细化，制定具体化的教师职业行为负面清单及失范行为处理办法，提高针对性、操作性。要做好宣传解读，坚持全覆盖、无死角，采取多种形式帮助广大教师全面理解和准确把握，做到人人应知应做、必知必做，真正把教书育人和自我修养结合起来，时刻自重、自省、自警、自励，自觉做以德立身、以德立学、以德施教、以德育德的楷模，维护教师职业形象，提振师道尊严。

三、把准则要求落实到教师管理具体工作中

要把好教师入口关，在教师招聘、引进时组织开展准则的宣讲，确保每位新入职教师知准则、守底线。要将准则要求体现在教师聘用、聘任合同中，明确有关责任。要强化考核，在教师年度考核、职称评聘、推优评先、表彰奖励等工作中必须进行师德考核，实行师德失范"一票否决"。改进师德考核方式方法，避免形式化、随意化。完善师德考核指标体系，提高科学性、实效性。

四、以有力措施坚决查处师德违规行为

各地各校要按照准则及相应的处理指导意见、处理办法要求，严格举报受理和违规查处。对于发生准则中禁止行为的，要态度坚决，一查到底，依法依规严肃惩处，绝不姑息。对于有虐待、猥亵、性骚扰等严重侵害学生行为的，一经查实，要撤销其所获荣誉、称号，追回相关奖金，依法依规撤销教师资格、解除教师职务、清除出教师队伍，同时还要录入全国教师管理信息系统，任何学校不得再聘任其从事教学、科研及管理等工作。涉嫌违法犯罪的要及时移送司法机关依法处理。要严格落实学校主体责任，建立师德建设责任追究机制，对师德违规行为监管不力、拒不处分、拖延处分或推诿隐瞒等失职失责问题，造成不良影响或严重后果的，要按照干部管理权限严肃追究责任。

各地贯彻落实准则的情况，请及时报告教育部。教育部将适时对落实情况进行督查。

教育部
2018年11月8日

新时代幼儿园教师职业行为十项准则

教师是人类灵魂的工程师,是人类文明的传承者。长期以来,广大教师贯彻党的教育方针,教书育人,呕心沥血,默默奉献,为国家发展和民族振兴作出了重大贡献。新时代对广大教师落实立德树人根本任务提出新的更高要求,为进一步增强教师的责任感、使命感、荣誉感,规范职业行为,明确师德底线,引导广大教师努力成为有理想信念、有道德情操、有扎实学识、有仁爱之心的好老师,着力培养德智体美劳全面发展的社会主义建设者和接班人,特制定以下准则。

一、坚定政治方向。坚持以习近平新时代中国特色社会主义思想为指导,拥护中国共产党的领导,贯彻党的教育方针;不得在保教活动中及其他场合有损害党中央权威和违背党的路线方针政策的言行。

二、自觉爱国守法。忠于祖国,忠于人民,恪守宪法原则,遵守法律法规,依法履行教师职责;不得损害国家利益、社会公共利益,或违背社会公序良俗。

三、传播优秀文化。带头践行社会主义核心价值观,弘扬真善美,传递正能量;不得通过保教活动、论坛、讲座、信息网络及其他渠道发表、转发错误观点,或编造散布虚假信息、不良信息。

四、潜心培幼育人。落实立德树人根本任务,爱岗敬业,细致耐心;不得在工作期间玩忽职守、消极怠工,或空岗、未经批准找人替班,不得利用职务之便兼职兼薪。

五、加强安全防范。增强安全意识,加强安全教育,保护幼儿安全,防范事故风险;不得在保教活动中遇突发事件、面临危险时,不顾幼儿安危,擅离职守,自行逃离。

六、关心爱护幼儿。呵护幼儿健康,保障快乐成长;不得体罚和变相体罚幼儿,不得歧视、侮辱幼儿,严禁猥亵、虐待、伤害幼儿。

七、遵循幼教规律。循序渐进,寓教于乐;不得采用学校教育方式提前教授小学内容，不得组织有碍幼儿身心健康的活动。

八、秉持公平诚信。坚持原则，处事公道，光明磊落，为人正直；不得在入园招生、绩效考核、岗位聘用、职称评聘、评优评奖等工作中徇私舞弊、弄虚作假。

九、坚守廉洁自律。严于律己，清廉从教；不得索要、收受幼儿家长财物或参加由家长付费的宴请、旅游、娱乐休闲等活动，不得推销幼儿读物、社会保险或利用家长资源谋取私利。

十、规范保教行为。尊重幼儿权益，抵制不良风气；不得组织幼儿参加以营利为目的的表演、竞赛等活动，或泄露幼儿与家长的信息。

教育部办公厅关于各地出台公办幼儿园教职工编制标准情况的通报

(教师厅〔2017〕5号　2017年7月12日颁布)

各省、自治区、直辖市教育厅(教委),新疆生产建设兵团教育局:

为学习贯彻落实党的十八届五中全会和国家"十三五"规划关于"鼓励普惠性幼儿园发展"的精神,扎实推进第三期学前教育行动计划的实施,我们梳理归纳了北京、天津、黑龙江、上海、江苏、浙江、安徽、福建、山东、广东、广西、陕西、甘肃、新疆等15个省市出台公办幼儿园教职工编制标准的经验做法,现通报如下:

一、明确基本标准,提供核定依据

一是明确幼儿园班级规模。各地幼儿园规模基本控制在小班20—25人,中班26—30人,大班31—35人。二是明确编制核定比例。多数地方对教职工编制按照教职工与幼儿的一定比例核定,比例从1∶5—1∶10不等。如新疆为1∶5—1∶7,北京为1∶5.5—1∶6,广东为1∶7—1∶10。一些地方明确专任教师按班师比或生师比确定。如浙江按班师比1∶1.5—1∶2的标准执行,安徽、江苏分别按照师生比1∶15和1∶16的比例核定。三是明确结构比例。天津、广东等地规定专任教师和保育员应占到幼儿园教职工总数的80%以上;山东要求专任教师不低于教职工总数的91%。

二、实行附加编制,满足多种需求

多数省份考虑了增编因素,按照教职工编制总量的一定比例核增附加编制,以满足学前教育发展的多种需求。一是考虑因教师脱产进修、产假、支教等因素。广东规定按不超过5%的原则核增,贵州按3%—5%核增机动编制,新疆允许上浮3%—10%的编制。二是考虑招收特殊需要儿童的因素。新疆根据特殊需要儿童数量、类型及残疾程度,配备特殊教育教师,并增加保教人员数量。江苏、山东、甘肃等地也专门针对特殊教育幼儿园核增一定比例编制。三是对农村边远地区实行倾斜。浙江对生源较少的偏远地区、海岛、山区，保证每班至少一名专任教师，对公办乡镇幼儿园核增不超过10%的附加编制。山东对乡镇中心幼儿园按不超过5%核增附加编制，对山区湖区幼儿园、多民族教育幼儿园按不超过8%核增附加编制。四是对寄宿制幼儿园实行倾斜。北京、山东、陕西适当提高寄宿制幼儿园教职工核编比例。甘肃对民族地区幼儿园、寄宿制幼儿园，按不超过5%核定附加编制。江苏可核增5%的调节编制，主要用于农村地区、寄宿制公办幼儿园。

三、深化后勤改革，创新补充方式

按照中央关于改进政府提供公共服务方式、加大购买服务力度的有关精神，一些省份继续深化后勤服务社会化改革，对适合社会力量提供的岗位，探索采取政府购买服务方式解决人员配备问题。广东幼儿园后勤服务人员不占用事业编制，原在编在职后勤服务人员实行实名制，按"老人老办法"管理。广西、浙江、山东、甘肃等省份对于保育员、炊事员、保安及其他后勤岗位服务人员，人员配备标准按行业规定执行，采取向社会购买服务方式解决，不列入编制管理。安徽区别幼儿园教职工不同工作岗位，发挥编制效用最大化，医务保健服务通过签订协议方式由邻近医疗卫生机构提供；辅助岗位人员采取购买服务等方式解决。黑龙江对幼儿园事业编制总额的30%，实行定编不定人，用购买服务的方式聘用人员。

四、加强督查监管，严格规范管理

一是实行动态调整。天津、浙江、安徽、福建、山东、广东、甘肃、新疆等多数地方，根据学前教育发展规划、生源变化趋势和幼儿园布局变化等情况，定期调整幼儿园教职工编制，期限从2—5年不等。山东、新疆还规定在园幼儿数量变化较大的，也可在学年转换期间适时调整。二是严禁挤占编制。甘肃对公办幼儿园教职工编制实行专项管理，规定任何部门和单位不得以任何理由挤占、挪用、截留或者变相占用公办幼儿园教职工编制。广西、新疆严禁挤占、挪用和截留幼儿园教职工编制。三是加强督查监管。贵州把幼儿园教职工编制管理纳入"县级党政主要领导督查考核"和"县级人民政府教育督导评估"体系，加强定期督导检查，并将督导检查结果向同级人民政府和上级教育督导部门报告。陕西要求各级机构编制部门要会同教育等有关部门督促检查标准的执行情况。

  各地要高度重视，主动作为、攻坚克难，积极研究出台公办幼儿园教职工编制标准，努力突破制约学前教育发展的瓶颈问题，切实加强幼儿园教师队伍建设，为学前教育持续健康发展提供有力的支撑和保障。一要认真学习借鉴典型经验做法，结合实际创造条件出台公办幼儿园教职工编制标准，核定公办园教职工编制。二要创新教师补充机制，采取多种方式补足配齐幼儿园教师，加强动态监管，确保达到《幼儿园教职工配备标准（暂行）》的要求。三要严格规范管理，对公办园编制外用人依法签订合同，切实保障待遇，逐步实现同工同酬，依法将幼儿园教职工全员纳入社保体系，坚决杜绝因管理不规范成为影响社会稳定的隐患。

教育部办公厅

2017年7月12日

财政部 教育部关于印发《中小学幼儿园教师国家级培训计划专项资金管理办法》的通知

（财科教〔2016〕29号 2016年12月5日颁布）

省、自治区、直辖市财政厅（局）、教育厅（局、教委），新疆生产建设兵团财务局、教育局：

为规范和加强中小学幼儿园教师国家级培训计划专项资金管理，提高资金使用效益，根据国家有关法律制度规定，财政部、教育部修订了《中小学幼儿园教师国家级培训计划专项资金管理办法》，现予印发，请遵照执行。

附件：中小学幼儿园教师国家级培训计划专项资金管理办法

财政部 教育部
2016年12月5日

中小学幼儿园教师国家级培训计划专项资金管理办法

第一条 为加强和规范中小学幼儿园教师国家级培训计划专项资金管理，提高资金使用效益，提升教师队伍素质，根据国家有关法律制度规定，制定本办法。

第二条 本办法所称中小学幼儿园教师国家级培训计划专项资金（以下简称专项资金），是指中央财政通过专项转移支付安排，用于实施中小学幼儿园教师培训项目的资金。

第三条 专项资金管理遵循"明确目标、突出重点、科学规划、合理安排，责任清晰、规范管理、专款专用、注重实效"的原则。

第四条 专项资金由财政部、教育部根据党中央、国务院有关决策部署和教师培训工作重点确定支持内容。现阶段，集中支持中西部地区乡村教师校长培训。

第五条 专项资金主要用于补助培训期间直接发生的各项费用支出，具体包括：

（一）住宿费是指参训人员培训期间发生的租住房间的费用。

（二）伙食费是指参训人员培训期间发生的用餐费用。

（三）培训场地及设备费是指用于培训的会议室、教室或实验室租金、网络研修平台和相关设备租金。

（四）讲课费是指聘请师资授课所支付的必要报酬。

（五）培训资料费是指培训期间必要的学习资料费、网络课程资源费及办公用品费。

（六）交通费是指用于接送以及统一组织的与培训有关的考察、调研等发生的交通支出。

（七）其他费用是指现场教学费、文体活动费、医药费以及授课教师交通、食宿等支出。

各省级财政、教育部门要根据当地物价水平、国家和各省（区、市）有关培训费管理规定，本着厉行勤俭节约的原则，结合实际合理确定具体指导标准。

第六条 参训人员外出培训发生的交通费，按照相关规定回所在单位报销。

第七条 专项资金采取因素法进行分配。分配因素及其权重和计算公式如下：

基础因素（70%）下设各省份农村专任教师人数等子因素；投入因素（15%）下设省级教师培训投入情况等子因素；绩效因素（15%）。各因素数据主要通过相关统计资料、各省份资金申报材料以及考核结果获得。

计算公式为：

某省份专项资金

$$= \left(\frac{该省份农村专任教师人数}{\sum 有关省份农村专任教师人数} \times 权重 \right.$$

$$+ \frac{该省份教师培训人均投入分档计分}{\sum 有关省份教师培训人均投入分档计分} \times 权重$$

$$\left. + \frac{该省份工作实施考核得分}{\sum 有关省份工作实施考核得分} \times 权重 + \cdots \right)$$

$$\times 专项资金年度预算总额$$

第八条 省级财政、教育部门应当于每年3月15日前向财政部、教育部提出当年专项资金申报材料，并抄送财政部驻当地财政监察专员办事处。逾期不提交的，相应扣减相关分配因素得分。申报材料主要包括：

（一）上年度专项资金安排使用情况，主要包括上年度专项资金使用情况、年度绩效目标完成情况、地方财政投入情况、主要管理措施、问题分析及对策。

（二）当年工作计划，主要包括当年工作目标和绩效目标、重点任务和资金安排计划，绩效目标要明确、具体、可考核。

（三）上年度省级财政安排用于中小学幼儿园教师方面的专项资金统计表及相应预算文件。

第九条 专项资金由财政部、教育部共同管理。教育部提出资金需求测算方案，财政部根据中央财政专项转移支付资金管理相关规定，会同教育部研究确定具体预算金额。

第十条 财政部、教育部于每年全国人民代表大会批准中央预算后九十日内正式下达专项资金预算。每年10月31日前，向各省份提前下达下一年度专项资金预计数。省级财政、教育部门在收到专项资金（含提前下达预计数）后，应当在三十日内按照预算级次合理分配、及时下达，并抄送财政部驻当地财政监察专员办事处。

专项资金支付按照国库集中支付制度有关规定执行。涉及政府采购的，应当按照政府采购有关法律制度执行。

第十一条 培训任务承担单位收到专项资金后，要按照预算和国库管理等有关规定，建立健全内部管理机制，加快预算执行进度。年度未支出的专项资金，按照财政部对结转结余资金管理的有关规定进行管理。

项目完成后，培训任务承担单位据实编报项目决算，经本单位财务部门审核后报送省级教育、财政部门。

第十二条 各级财政、教育部门应当按照《中央对地方专项转移支付绩效目标管理暂行办法》（财预〔2015〕163号）要求，做好绩效目标管理相关工作。

第十三条 财政部、教育部根据各地专项资金使用管理情况，适时开展监督检查和绩效管理。财政部驻各地财政监察专员办事处应当按照工作职责和财政部要求，对专项资金的预算执行实施监管。监督检查、绩效评价和预算执行监管结果作为分配专项资金的重要参考。

第十四条 省级财政、教育部门要加强专项资金使用的管理，对项目区县和培训任务承担单位预算执行、资金使用和财务管理等情况进行监督检查和绩效管理，建立健全全过程预算绩效管理机制，不断提高资金使用效益。监督检查、绩效评价结果将作为培训单位和项目区县遴选的重要依据。

第十五条 专项资金要建立"谁使用、谁负责"的责任机制。严禁将专项资金用于平衡预算、偿还债务、支付利息、对外投资等支出，不得从专项资金中提取工作经费或管理经费。对于挤占、挪用、虚列、套取专项资金等行为，按照《预算法》《财政违法行为处罚处分条例》等国家有关法律规定严肃处理。

第十六条 各级财政、教育部门及其工作人员在专项资金分配方案的制定和复核过程中，违反规定分配专项资金或者向不符合条件的单位（或项目）分配专项资金以及滥用职权、玩忽职守、徇私舞弊的，按照《预算法》《公务员法》《行政监察法》《财政违法行为处罚处分条例》等国家有关法律规定追究责任；涉嫌犯罪的，移送司法机关处理。

第十七条 本办法由财政部、教育部负责解释。各省级财政、教育部门要根据本办法规定，结合本地实际，制定具体管理办法，报财政部、教育部备案，并抄送财政部驻当地财政监察专员办事处。

第十八条 本办法自2017年1月1日起施行。原《中小学幼儿园教师国家级培训计划专项资金管理办法》（财教〔2015〕524号）同时废止。

教育部 财政部关于改革实施中小学幼儿园教师国家级培训计划的通知

（教师〔2015〕10号　2015年8月25日颁布）

各省、自治区、直辖市教育厅（教委）、财政厅（局），新疆生产建设兵团教育局、财务局：

根据《国务院办公厅关于印发乡村教师支持计划（2015—2020年）的通知》（国办发〔2015〕43号）总体部署，为做好乡村教师培训工作，现就改革实施中小学幼儿园教师国家级培训计划（以下简称"国培计划"）的相关事宜通知如下：

一、目标任务

从2015年起，"国培计划"集中支持中西部乡村教师校长培训。继续实施"国培计划"——中西部项目和幼师国培项目，采取顶岗置换、送教下乡、网络研修、短期集中、专家指导、校本研修等方式，对中西部地区乡村中小学幼儿园教师进行专业化培训。继续实施"国培计划"——示范性项目，加强培训团队建设，探索培训新模式，为各地开展乡村教师培训培养"种子"、打造"模子"、探索"路子"。

推进"国培计划"改革创新。改进培训内容，贴近一线乡村教师实际需求；创新培训模式，推行集中面授、网络跟进研修与课堂现场实践相结合的混合式培训；加强培训者队伍建设，打造"干得好、用得上"的乡村教师培训团队；建立乡村教师专业发展支持服务体系，持续提升乡村教师能力素质；优化项目管理，整合高等学校、县级教师发展中心和中小学幼儿园优质资源，实施协同申报，探索教师培训选学和学分管理，形成乡村教师常态化培训机制。

二、工作重点

（一）加强统筹规划，分步推进乡村教师培训

各地要按照"中西部项目和幼师国培项目"实施方案要求，分类研制乡村

中小学教师和乡村幼儿园教师培训规划，分批遴选项目区县，分步扎实推进项目实施。对本地区乡村教师队伍现状进行全面细致调研，深入乡村学校，找准教师发展短板，摸清培训需求，分类细化设计培训项目，确保培训针对性。

（二）实施协同申报，择优遴选乡村教师培训机构

根据培训重心下移到乡村教师的实际需要，推进高等学校、具备资质的公办民办教师培训机构、县级教师发展中心和优质中小学幼儿园协同申报项目。按照公正、公平、公开原则，竞争择优遴选培训任务承担机构。改革完善项目招投标机制，将周期招标与年度报审相结合，对绩效考评优良的单位实行2~3年周期招标制，同时实施年度末位淘汰，调整比例原则上不少于20%。对应纳入政府采购范围的项目，要实行政府采购。高等学校须整合校内培训资源，并建立与县级教师发展中心、优质中小学幼儿园的合作机制。县级教师发展中心应实现教师培训、教研和电教等部门的整合。培训机构要组建高水平培训专家团队，省域外专家原则上不少于1/4。

（三）改进培训内容，贴近乡村教师教育教学实际

依据国家制定的中小学幼儿园教师培训课程标准，科学诊断教师培训需求，分类、分科、分层设计递进式培训课程，开展主题鲜明的培训。将师德教育、法治教育、心理健康教育和信息技术应用等作为培训必修内容。优化课程结构，实现理论课程与实践课程、必修课程与选修课程、专题课程与微课程的有机结合，实践性课程不少于50%。实践性课程以改进教师的教育教学行为为出发点，主要采取实地观摩、跟岗实践、课例研磨、同课异构、情景体验、技能训练和行动研究等形式，注重典型案例应用，强化教师实践参与，帮助教师解决问题、提升技能。采取政府购买、组织开发和征集遴选等方式，以网络课程建设和加工培训生成性课程为重点，形成一批满足乡村教师实际需求的优质培训资源。

（四）推行混合式培训，促进乡村教师学用结合

有效利用教师网络研修社区，切实推行集中面授、网络研修和现场实践相

结合的混合式培训，促进教师边学习、边实践、边提升。将网络研修社区作为培训机构项目申报的必备条件。集中面授重在问题诊断、专家引领、案例示范和实践体验，帮助教师确立发展目标，掌握方法策略，明晰发展路径，形成提升方案。网络研修要利用"个人空间—教师工作坊—研修社区"网络研修体系，建立教师学习共同体，通过专家跟进指导、同伴交流、即时反馈和成果分享，促进教师常态化学习。现场实践要结合区域研修与校本研修，通过线下的有组织学习和自主学习，实践所学内容，形成研修成果，加深专业理解，解决实际问题，总结教学经验。

（五）打造本土化团队，服务乡村教师区域与校本研修

省级教育行政部门按照专家与本地区中小学幼儿园教师比不低于1∶500建立省级教师培训专家团队，主要承担乡村教师培训的项目设计、课程研制、资源开发、巡回指导和绩效评价等工作，一线优秀教师教研员不少于60%。县级教育行政部门按照培训者与本地乡村教师比不低于1∶30建立县级教师培训团队，重点遴选一线优秀教师教研员，主要承担网络研修、送教下乡和校本研修的组织实施工作。省级教育行政部门要建立完善省级培训专家团队和县级教师培训团队的管理机制，统一认定，强化激励，细化考核，动态调整。"示范性项目"重点开展省级培训专家团队专项培训，"中西部项目和幼师国培项目"置换脱产研修重点培训县级教师培训团队成员。

（六）优化项目管理，建立乡村教师常态化培训机制

有效利用高等学校优质资源，充分整合县域资源，建立高等学校、县级教师发展中心、片区研修中心、校本研修四位一体的教师专业发展支持服务体系。依托教师网络研修社区，分学科（领域）成立教师工作坊，形成区域与校本研修良性运行机制。推行教师培训选学，采取教师自主选学与培训团队指导选学相结合的方式，实现教师有效选择培训项目、培训机构和培训课程等，原则上选学人数不少于年度培训人数的1/2。推行教师培训学分管理，建立并完善学分认定登记制度，激发教师参训动力。鼓励支持有条件的高等学校开展教师专业发展学科建设，进行非学历培训与学历教育课程衔接、学分互认试点，推进

培养培训一体化。

三、保障措施

（一）加强组织领导

省级教育、财政部门要加强组织领导，建立省、市、县、校分工合理、责任明确的四级项目管理体系。进一步下移管理重心，建立完善"协同立项、分工负责、协作推进"的工作机制。培训院校（机构）主管领导要高度重视，加强统筹管理，整合优质资源，确保培训质量与水平。项目区县要切实承担起项目管理与落地的责任，充分整合教师培训、教研和电教等部门的资源，加强教师发展中心建设；落实中小学校长和幼儿园园长的校本研修第一责任人制度，有力支持乡村教师专业发展。

（二）健全监管评估体系

国家完善培训机构资质标准，制定乡村教师培训指南，通过大数据评估、参训学员网络匿名评估、专家抽查评估和第三方评估等方式对各地项目实施过程及成效进行监管评估。各地要依据相关标准，细化培训方案评审，做好培训机构遴选工作。依托现有资源，建立项目实施过程监管与绩效评估信息化管理系统，监控培训过程，有效开展培训绩效评估。重点采取专家抽查评估和第三方评估方式，对参训学员应用实效进行评估。加强对培训机构与项目区县的专项督导。建立培训绩效公开制度，将评估结果作为项目区县和培训机构遴选及调整的重要依据。

（三）严格经费使用管理

各地要根据国家相关要求，结合本地实际，合理配置、规范使用项目经费。中央财政经费主要用于支付培训期间发生的住宿费、伙食费、培训场地及设备费、讲课费、培训资料费、交通费。培训食宿安排要厉行勤俭节约，贯彻落实中央八项规定精神，严禁使用培训经费安排与培训无关的参观考察活动。要加强经费使用监管，完善项目预决算，严格经费报销，确保专款专用。各地要落实工作经费，确保项目顺利实施。

附件：1."示范性项目"实施方案

2."中西部项目和幼师国培项目"实施方案

教育部 财政部

2015年8月25日

"示范性项目"实施方案

一、目标任务

"示范性项目"以乡村教师省级培训团队打造、创新完善乡村教师培训模式为重点，大力推行混合式培训，着力推进跨年度递进式培训，加强优质资源开发建设，示范带动高等学校、县级教师发展中心和中小学幼儿园协同体系建设，积极探索教师常态化培训机制，为"中西部项目和幼师国培项目"以及各地教师培训工作的开展，培养"种子"、打造"模子"、探索"路子"。

二、项目设置

（一）培训团队专项研修

主要面向省级乡村教师培训专家团队成员，包括高等学校和教师培训机构的专职培训者、担任兼职培训者的一线优秀教师教研员，采取集中面授与网络研修相结合的方式进行培训能力提升专项培训。专职培训者培训重在提升培训需求诊断能力、方案设计能力、课程开发能力、教学实施能力、教师工作坊主持能力和绩效评估能力等。兼职培训者培训重在提升培训课程开发能力、活动设计能力、教学实施能力和教师工作坊主持能力等。通过专项培训，为各地建立省级乡村教师培训专家团队奠定坚实基础。

（二）乡村教师网络研修创新项目

在各省份遴选项目区县，实施网络研修与校本研修整合培训，依托教师网络研修社区，推动专家指导校本研修，建立校本研修良性运行机制，示范带动各地开展基于网络的校本研修。依托教师工作坊，将集中面授与网络研修相结合，培养教师工作坊主持人，引领区县骨干教师教研员进行工作坊研修，打造信息技术环境下的教师学习共同体，促进教师常态化研修。

（三）乡村名师高端研修

主要面向特级教师和优秀青年教师，采取集中面授与网络研修相结合的方式，以任务驱动为主线，通过诊断测评、行动研究、总结提升和成果推广等环节，开展跨年度递进式培训，帮助优秀教师提炼教学经验，塑造教学风格，凝练教育思想，生成标志性成果，提升教育教学创新能力和培训本地骨干教师的能力，为各地培养一批教育教学改革的引领者和培训专家。

（四）紧缺领域乡村教师培训

主要面向体育美育、特殊教育、学前教育、班主任、心理健康教育、优秀传统文化教育等薄弱学科和紧缺领域的骨干教师，采取集中面授与网络研修相结合的方式进行专项培训，帮助教师解决教育教学实际问题，提高教育教学能力和培训能力，示范引领各地加强紧缺领域教师队伍建设。

（五）乡村骨干校园长培训

主要面向边远贫困地区乡村中小学骨干校长、幼儿园骨干园长和特殊教育学校校长等，采取集中面授与网络研修相结合的方式进行专项培训，帮助校园长更新办学理念，提高治校能力，为各地培养一批引领教育改革发展的带头人。

（六）优质培训课程资源建设

推动培训机构依据中小学幼儿园教师培训课程标准，加工培训生成性课程，重点建设网络课程、微课程和案例资源，建立优质资源库，缓解优质资源短缺状况，提高教师培训质量。建立"开发试用、择优加工、推广应用"的工作机制，促进优质资源共建共享。

三、组织管理

（一）加强统筹指导

完善顶层设计，建立"示范性项目"与各地培训工作的衔接机制，推动各地合理规划项目实施工作，进一步发挥示范引领作用。建立专家指导机制，分项目组建研究指导团队，跟踪项目立项、实施和总结全过程，提炼经验，梳理问题，提出改进建议。

（二）推进协同创新

优化项目管理机制，建立培训机构与地方"联合立项、分工负责、协同推进"的工作机制，强化省级教育行政部门在立项阶段和组织实施过程的参与，确保项目落地。建立培训机构协同创新机制，支持同学科（领域）的培训机构进行协作，重点开展培训方案合作设计、课程共建共享、成果分享交流和专家跨校指导等工作。

（三）优化学员选派管理

细化参训学员选派工作，各省份按照"学员申请、单位推荐、省级审核、网络公示"等程序，遴选符合条件的学员参训。根据项目周期规划，分项目建立参训学员备选库，确保学员提前准备、按时参训。项目办要利用项目管理系统，完善参训学员电子档案管理制度，及时有效记录学员学习过程及参训成效，并反馈至选派单位，激发学员参训动力。

（四）做好成果推广

培训机构要高度重视培训成果推广，依托主流媒体，积极利用网络等新媒体，及时有效展示好学员、好教师、好模式和好成果。项目办要利用项目管理系统，汇集各地工作动态、创新做法和媒体报道等内容，推广各地成果。

"中西部项目和幼师国培项目"实施方案

一、目标任务

中央继续支持中西部省份组织实施"中西部项目和幼师国培项目"，按年度分批遴选项目区县，对乡村中小学幼儿园教师进行2—3年的周期性支持，持续提升乡村教师能力素质。

实施置换脱产研修，建立乡村教师培训团队。实施送教下乡培训和教师网络研修，建立乡村教师专业发展支持服务体系，形成区域与校本研修常态化运行机制。实施短期集中培训，重点支持村小和教学点教师、"特岗教师"、乡村幼儿园教师和乡村校园长培训。

二、主要项目

（一）乡村教师培训团队置换脱产研修

各省份遴选高等学校、国培远程培训机构、市县级教师发展中心和中小学幼儿园协同承担，组织高年级师范生顶岗支教，置换出拟承担送教下乡和网络研修培训任务的中小学幼儿园骨干教师教研员，进行为期4—6个月的脱产研修，可跨年度分段实施。培训主要包括院校集中研修、县级教师发展中心和中小学幼儿园"影子教师"跟岗实践、返岗培训实践和总结提升等四个环节，跟岗实践时间原则上不少于1/3。培训机构须建立工作坊，将网络研修贯穿始终。通过研修，全面提升骨干教师教研员的教育教学能力和培训能力，打造一支"干得好、用得上"的县级教师培训团队。

（二）送教下乡培训

省级统筹，项目区县组织，高等学校、县级教师发展中心、片区研修中心协同承担，以本地教师培训团队为主体，整合全省（区、市）专家资源，分学科组建送培团队，开展送教下乡培训。将送教下乡与校本研修指导并重，以任务驱动为主线，按年度分阶段实施主题式培训，应包括诊断示范、研课磨课、成果展示、总结提升等阶段，切实提升乡村教师课堂教学能力。原则上同一乡镇同一学科每年送培不少于4次，每次不少于2天。县级教师发展中心要将送培课程及生成性成果进行再加工，形成培训资源包，支持乡村中小学幼儿园开展校本研修。

（三）乡村教师网络研修

各省份遴选具备国培远程培训资质的高等学校和教师培训专业机构承担网络研修任务，组织做好任务承担机构与项目区县的对接，每县对接1家机构，支持双方协同开展2—3年周期性培训。培训机构会同项目区县建立县域教师网络研修社区，形成"个人空间-教师工作坊-研修社区"网络研修体系，开展基于网络的区域与校本常态化研修。各省份安排乡村教师网络研修项目50%左右的经费，用于教师信息技术应用能力提升培训。

网络研修包括网络研修与校本研修整合培训和教师工作坊研修两类培训，各地结合本地实际开展。网络研修与校本研修整合培训重在建立基于网络的校本研修常态化运行机制。对具备网络学习条件的中小学幼儿园教师，每年开展不少于120学时的专项培训，第一年应进行不少于50学时的信息技术应用能力提升培训。教师工作坊研修重在利用工作坊，采取集中面授与网络研修相结合的方式，进行跨年度递进式培训，分学科（领域）建立骨干引领全员的常态化学习机制。要统筹设计两级培训，省级教育行政部门采取工作坊研修方式，为区县培养工作坊主持人；集中面授每年不少于15天（分2—3次进行），网络研修不少于60学时，可纳入乡村教师培训团队置换脱产研修实施。项目区县依托工作坊主持人，组建教师工作坊，遴选具备网络学习条件的乡村教师进行研修，不断提升教育教学能力；每坊学员原则上不少于50人，集中面授每年不少于4天（建议分2次进行），网络研修每年不少于80学时。

（四）乡村教师访名校培训

各省份分批组织本地区教学点教师到一线或东部中心城市高等学校、村小教师到本省份省会（首府）或东部中心城市高等学校，进行为期10天左右的集中培训，针对教育教学中存在的突出问题，采取专题讲座、案例研讨与名校观摩等方式，帮助教师开阔视野、更新理念、提升能力。组织"特岗教师"到城市优质中小学校进行为期15天左右的跟岗实践研修，提升课堂教学能力。各地要结合本地实际，开展乡村学校足球教师培训。

各省份遴选高等学校和城市优质幼儿园，采取集中培训和跟岗实践相结合的方式，主要面向乡村新建幼儿园教师和幼儿园转岗教师，开展为期15天左右的专项培训，其中跟岗实践不少于10天。通过培训，提升乡村幼儿园教师保教能力，防止和纠正幼儿园教育"小学化"倾向。

（五）乡村校园长培训

各省份遴选高等学校和城市优质中小学幼儿园，采取集中培训、跟岗实践与网络研修相结合的方式，对乡村中小学校长和幼儿园园长进行为期15天左右的专项培训，内容主要包括乡村教师发展政策、校本研修设计与实施、乡村教师发展支持策略与方法等，提升校园长专业能力。

三、组织管理

（一）加强项目统筹管理

教育部、财政部负责"中西部项目和幼师国培项目"总体规划、统筹管理和评估验收等工作。省级教育、财政部门负责项目组织管理，根据中央总体要求，分别制订年度乡村中小学教师和乡村幼儿园教师培训实施方案，报教育部、财政部评审后组织实施。要重点做好项目规划设计、项目区县与培训机构遴选、项目实施过程监控和培训绩效考核评估等工作；推进项目规范化与科学化管理，以落实项目区县管理责任和推动各方协同为重点，建立健全项目管理制度；建立专家全程指导机制，进行项目设计，跟踪项目实施，强化项目指导，做好项目评价；全面推进项目信息化与精细化管理，依托专门机构做好项目协调管理的具体工作，确保项目顺利实施。

（二）做好项目区县遴选与评估

各省份要本着公正、公平、公开的原则，采取材料评审和专家实地考察相结合的方式，择优遴选项目区县，进行2—3年的周期性支持。申报县（区、市）应重视教师培训工作，实现教师培训、教研和电教等部门整合，县本级财政足额落实培训专项经费，学校按不低于公用经费5%列支培训经费。制订评估标准，切实做好对项目区县培训工作的考核评估，重点评估培训支持服务体系建设、本地教师培训团队建设、教师网络研修社区建设、区域与校本研修运行机制建设等工作，综合工作成效，实行年度末位淘汰，比例原则上不低于10%。

（三）实现项目管理信息化

各省份要依托现有资源，建立完善项目信息化管理系统，实现项目申报、项目评审、学员选派与管理、培训过程监管和绩效评估等全过程的信息化管理。依托信息化管理系统，落实学分认定登记制度，建立参训学员电子档案，有效记录学员学习过程及参训成效，激发学员参训动力。信息化管理系统应与项目区县、培训机构和中小学幼儿园对接，实现信息便捷有效查询。

（四）强化成果推广

各省份要认真做好项目成果的推广工作，依托主流媒体，积极利用网络等新媒体，建立常态化宣传机制，展示项目实施成效及各地涌现的好学员、好教师和好做法，并及时整理加工为培训课程资源。采取现场展示、定期交流等方式，有效推广模式创新、体系建设和机制完善等方面的典型经验和创新做法。

教育部关于印发《普通高中校长专业标准》《中等职业学校校长专业标准》《幼儿园园长专业标准》的通知（节选）

（教师〔2015〕2号　2015年1月10日）

各省、自治区、直辖市教育厅（教委），新疆生产建设兵团教育局：

　　为贯彻党的十八届三中、四中全会精神，落实教育规划纲要和《国务院关于加强教师队伍建设的意见》（国发〔2012〕41号），构建教师队伍建设标准体系，建设高素质普通高中校长、中等职业学校校长、幼儿园园长队伍，我部研究制定了《普通高中校长专业标准》《中等职业学校校长专业标准》《幼儿园园长专业标准》，现印发给你们，请结合实际认真贯彻执行。

附：《普通高中校长专业标准》（略）
《中等职业学校校长专业标准》（略）
《幼儿园园长专业标准》

教育部
2015年1月10日

幼儿园园长专业标准

　　为促进幼儿园园长专业发展，建设高素质幼儿园园长队伍，深入推进学前教育改革与发展，根据《中华人民共和国教育法》等有关法律法规，特制定本标准。

　　园长是履行幼儿园领导与管理工作职责的专业人员。本标准是对幼儿园合格园长专业素质的基本要求，是引领幼儿园园长专业发展的基本准则，是制订幼儿园园长任职资格标准、培训课程标准、考核评价标准的重要依据。

一、办学理念

（一）以德为先

坚持社会主义办园方向和党对教育的领导，贯彻党和国家的教育方针政策，将社会主义核心价值观融入幼儿园工作，履行法律赋予园长的权利和义务，主动维护儿童合法权益；热爱学前教育事业和幼儿园管理工作，具有服务国家、服务人民的社会责任感和使命感；践行职业道德规范，立德树人，关爱幼儿，尊重教职工，为人师表，勤勉敬业，公正廉洁。

（二）幼儿为本

坚持幼儿为本的办园理念，把促进幼儿快乐健康成长作为幼儿园工作的出发点和落脚点，让幼儿度过快乐而有意义的童年；面向全体幼儿，平等对待不同民族、种族、性别、身体状况及家庭状况的幼儿；尊重个体差异，提供适宜教育，促进幼儿富有个性地全面发展；树立科学的儿童观与教育观，使每个幼儿都能接受有质量的教育。

（三）引领发展

园长作为幼儿园改革与发展的带头人，担负引领幼儿园和教师发展的重任。把握正确办园方向，坚持依法办园，建立健全幼儿园各项规章制度，实施科学管理、民主管理，推动幼儿园可持续发展；尊重教师专业发展规律，激发教师自主成长的内在动力。

（四）能力为重

秉承先进教育理念和管理理念，突出园长的领导力和执行力。不断提高规划幼儿园发展、营造育人文化、领导保育教育、引领教师成长、优化内部管理和调适外部环境等方面的能力；坚持在不断的实践与反思过程中，提升自身的专业能力。

（五）终身学习

牢固树立终身学习的观念，将学习作为园长专业发展、改进工作的重要途径；优化专业知识结构，提高科学文化艺术素养；与时俱进，及时了解国内外学前教育改革与发展的趋势；注重学习型组织建设，使幼儿园成为园长、教师、家长与幼儿共同成长的家园。

二、专业要求

专业职责		专业要求
一、规划幼儿园发展	专业理解与认识	1.坚持学前教育的公益性、普惠性，充分认识学前教育对幼儿身心健康、习惯养成、智力发展具有重要意义。 2.重视幼儿园发展规划的制定和实施，凝聚教职工智慧，建立共同发展愿景，明确发展目标，形成办园合力。 3.尊重幼儿教育规律，继承优良办园传统，立足幼儿园实际，因地制宜办好幼儿园。
	专业知识与方法	4.掌握国家的教育方针和相关的法律法规，熟悉《幼儿园工作规程》《幼儿园教育指导纲要（试行）》《3—6岁儿童学习与发展指南》等学前教育的相关政策。 5.了解国内外学前教育改革发展的基本趋势，学习优质幼儿园的成功经验。 6.掌握幼儿园发展规划制定、实施与测评的理论、方法与技术。
	专业能力与行为	7.把握幼儿园发展现状，分析幼儿园发展面临的问题和挑战，形成幼儿园发展思路。 8.组织专家、教职工、家长、社区人士等多方力量参与制定幼儿园发展规划。 9.依据发展规划指导教职工制订并落实学年、学期工作计划，提供人、财、物等条件支持。 10.监测幼儿园发展规划实施过程与成效，根据实施情况修正幼儿园发展规划，调整工作计划，完善行动方案。
二、营造育人文化	专业理解与认识	11.把文化育人作为办园的重要内容与途径，促进幼儿体、智、德、美各方面的协调发展。 12.重视幼儿园文化潜移默化的教育功能，将中华优秀传统文化融入幼儿园文化建设。 13.将尊重和关爱师幼、体现人格尊严、感受和谐快乐作为幼儿园育人文化建设的核心，陶冶幼儿情操、启迪幼儿智慧。
	专业知识与方法	14.具备一定的自然科学、人文社会科学知识，具有良好的品德和艺术修养。 15.了解幼儿园文化建设的基本理论，掌握促进优秀文化融入幼儿园教育的方法和途径。 16.掌握幼儿身心发展特点，理解和欣赏幼儿的特有表达方式。
	专业能力与行为	17.营造体现办园理念的自然环境和人文环境，形成积极向上、宽容友善、充满爱心、健康活泼的园风园貌。 18.营造陶冶教师和幼儿情操的育人氛围，向教师推荐优秀的精神文化作品和幼儿经典读物，防范不良文化的负面影响。 19.根据幼儿身心发展特点和接受能力，将爱学习、爱劳动、爱祖国教育融入幼儿园一日生活和游戏活动之中。 20.凝聚幼儿园文化建设力量，鼓励幼儿积极参与，发挥教师的主导作用，鼓励社会（社区）和家庭参与幼儿园文化建设。

续表

专业职责		专业要求
三、领导保育教育	专业理解与认识	21.坚持保教结合的基本原则，把幼儿的安全与健康放在首位，对幼儿发展有合理期望。 22.珍视游戏和生活的独特价值，尊重和保护幼儿的好奇心和学习兴趣，重视幼儿良好的学习品质培养。将人际交往和社会适应作为幼儿良好社会性发展的重要内容。不得以任何形式提前教授小学内容，防止和克服幼儿园教育"小学化"倾向。 23.尊重教师的保育教育经验和智慧，积极推进保育教育改革。
	专业知识与方法	24.掌握国家关于幼儿不同年龄阶段的发展目标和幼儿园保育教育目标。 25.熟悉幼儿园环境创设、幼儿园一日生活、游戏活动等教育活动组织与实施的知识和方法。 26.了解国内外幼儿园保育教育的发展动态和改革经验，了解教育信息技术在幼儿园管理和保育教育活动中应用的一般原理和方法。
	专业能力与行为	27.落实国家关于保育教育的相关规定，立足本园实际，组织制定并科学实施保育教育活动方案。 28.具备较强的课程领导和管理能力，指导幼儿园教师根据每个幼儿的发展需要，制订个性化的教育方案，组织开展灵活多样的教育活动。 29.建立园长深入班级指导保育教育活动制度，利用日常观察、观摩活动等方式，及时了解、评价保育教育状况并给予建设性反馈。 30.领导和保障保育教育研究活动的开展，提升保育教育水平。
四、引领教师成长	专业理解与认识	31.尊重、信任、团结和赏识每一位保教人员，促进保教人员的团结合作。 32.重视园长在教师专业发展过程中的引领作用，积极创设条件，激励教师的专业发展。 33.具有明确的建立教师专业发展共同体的意识。
	专业知识与方法	34.把握保教人员的职业素养要求，明确幼儿园教师的权利和义务。 35.熟悉幼儿园教师专业发展各阶段的规律和特点，掌握指导教师开展保育教育实践与研究的方法。 36.掌握园本教研、合作学习等学习型组织建设的方法以及激励教师主动发展的策略。
	专业能力与行为	37.了解教师专业发展的需求，鼓励支持教师积极参加在职能力提升培训，为教师创造并提供专业发展的条件和环境。 38.建立健全教师专业发展激励和评价制度，构建教研训一体的机制，落实每位教师五年一周期不少于360学时的培训要求。 39.培养优良的师德师风，落实教师职业道德规范要求和违反职业道德行为处理办法，引导支持教师坚定理想信念、提高道德情操、掌握扎实学识、秉持仁爱之心，不断提升教师的精神境界。增强保教人员法治意识，严禁歧视、虐待、体罚和变相体罚等损害幼儿身心健康的行为。 40.维护和保障教职工合法权益和待遇，关爱教职工身心健康，建立优教优酬的激励制度。

续表

专业职责	专业要求	
五、优化内部管理	专业理解与认识	41.坚持依法办园，自觉接受教职工、家长和社会的监督。 42.崇尚以德治园，注重园长榜样示范、人格魅力、专业引领在管理中的积极作用。 43.尊重幼儿园管理规律，实行科学管理与民主管理。
	专业知识与方法	44.掌握国家对幼儿园管理的法律法规、政策要求和园长的职责定位。 45.熟悉幼儿园管理的基本知识，了解国内外幼儿园管理的先进经验。 46.掌握幼儿园园舍规划、卫生保健、安全保卫、教职工管理、财务资产等管理方法与实务。
	专业能力与行为	47.形成幼儿园领导班子的凝聚力，认真听取党组织对幼儿园重大决策的意见，充分发挥党组织的政治核心作用。 48.建立健全幼儿园管理的各项规章制度，严格落实教师、保育员、保健医、保安、厨师等岗位职责，提高幼儿园管理规范化、科学化水平。 49.建立教职工大会或教职工代表会议制度，推行园务公开，尊重和保障教职工参与幼儿园管理的民主权利，有条件具备的幼儿园可根据需要建立园务委员会。 50.建立和完善幼儿园应急机制，制定相应预案，定期实施安全演练，指导教职工正确应对和妥善处置各类自然灾害、公共卫生、意外伤害等突发事件。
六、调适外部环境	专业理解与认识	51.充分认识家庭是幼儿园重要的合作伙伴，积极争取家长的理解、支持和主动参与，促进家园共育。 52.重视利用自然环境和社会（社区）的教育资源，扩展幼儿生活和学习的空间。 53.注重引导幼儿适当参与社会生活，丰富生活经验，发展社会性。
	专业知识与方法	54.掌握幼儿园与家长、相关社会机构及部门有效沟通的策略与方法。 55.熟悉社会（社区）教育资源的功能与特点。 56.指导教师了解幼儿家庭教育的基本情况，掌握家园共育的知识与方法。
	专业能力与行为	57.建立幼儿园对外合作与交流机制，开放办园，形成幼儿园与家庭、社会（社区）及园际间的良性互动。 58.面向家庭和社会（社区）开展公益性科学育儿的指导和宣传，利用家长学校、家长会、家长开放日等形式，帮助家长了解幼儿园保教情况。开展家庭教育指导，注重通过多种途径，转变家长教育观念，提高家长科学育儿能力。 59.加强幼儿园与社会（社区）的联系，利用文化、交通、消防等部门的社会教育资源，丰富幼儿园的教育活动。 60.引导家长委员会及社会有关人士参与幼儿园教育、管理工作，吸纳合理建议。

三、实施意见

（一）本标准适用于国家和社会力量举办的幼儿园正、副职园长。各省、自治区、直辖市教育行政部门可以依据本标准制定符合本地区实际情况的实施意见。

（二）各级教育行政部门要将本标准作为幼儿园园长队伍建设和管理的重要依据。根据学前教育改革发展的需要，充分发挥本标准的引领和导向作用，制订幼儿园园长队伍建设规划。严格幼儿园园长任职资格标准，完善幼儿园园长选拔任用制度。建立幼儿园园长培养培训质量保障体系，形成科学有效的幼儿园园长队伍建设与管理机制，为促进学前教育发展提供制度保障。

（三）幼儿园园长培训机构要将本标准作为园长培训的主要依据。重视园长职业特点，加强相关学科和专业建设。根据园长专业发展阶段的不同需求，完善培训方案，科学设置培训课程，改革培训模式和方法。加强园长培训的师资队伍建设，开展园长专业成长的科学研究，促进园长专业发展。

（四）幼儿园园长要将本标准作为自身专业发展的基本准则。制订自我专业发展规划，爱岗敬业，增强专业发展自觉性。主动参加园长培训和自主研修，不断提升专业发展水平，努力成为学前教育和幼儿园管理专家。

教育部关于成立教育部高等学校幼儿园教师培养等教学指导委员会的通知

（教师函〔2014〕4号　2014年3月17日）

各省、自治区、直辖市教育厅（教委），新疆生产建设兵团教育局，部属有关高等学校，有关单位：

为深入贯彻落实党的十八大和十八届三中全会精神，全面落实教育规划纲要，充分发挥专家学者对教师教育改革的研究、咨询、指导作用，推动教师教育内涵式发展，大力提升教师培养质量，经研究，决定成立教育部高等学校幼儿园教师培养教学指导委员会、小学教师培养教学指导委员会、中学教师培养教学指导委员会、中等职业学校教师培养教学指导委员会和特殊教育教师培养教学指导委员会（以下简称教师培养教学指导委员会）。现将有关事项通知如下：

一、教师培养教学指导委员会性质

教师培养教学指导委员会是教育部聘请并领导的专家组织，具有非常设学术机构的性质，接受教育部的委托，开展教师培养的研究、咨询、指导、服务等工作。

二、教师培养教学指导委员会主要任务

（一）组织和开展幼儿园、小学、中学、中等职业学校和特殊教育教师培养中教学领域的理论与实践研究。

（二）就高等学校师范教育类学科专业建设、课程资源建设、教育教学改革等工作向教育部提出咨询意见和建议。

（三）研究制订师范教育类教学质量标准。

（四）承担师范教育类专业评估及专业设置的咨询工作。

（五）组织和开展教学研讨和信息交流等工作。

（六）承担教育部委托的其他任务。

三、教师培养教学指导委员会组成

教师培养教学指导委员会委员是在省（区、市）教育行政部门、相关高等学校和上届教师培养教学指导委员会推荐基础上，经我部认真遴选并广泛征求意见选聘的人员（具体名单见附件）；由我部颁发聘书聘任，任期自2014年3月至2017年12月31日止；教师培养教学指导委员会设主任委员1人、副主任委员2—4人、秘书长1人。教师培养教学指导委员会的工作由主任委员主持，副主任委员协助，秘书长协助主任和副主任委员处理日常工作。秘书长原则上在主任委员所在高校聘请。

四、其他

有关高等学校和单位要积极支持教师培养教学指导委员会的工作，委员所在单位应为委员提供参加教师培养教学指导委员会工作的必要支持。

附件：1. 教育部高等学校幼儿园教师培养教学指导委员会委员名单（略）
2. 教育部高等学校小学教师培养教学指导委员会委员名单（略）
3. 教育部高等学校中学教师培养教学指导委员会委员名单（略）
4. 教育部高等学校中等职业学校教师培养教学指导委员会委员名单（略）
5. 教育部高等学校特殊教育教师培养教学指导委员会委员名单（略）

教育部

2014年3月17日

教育部关于印发《幼儿园教职工配备标准（暂行）》的通知

（教师〔2013〕1号　2013年1月8日颁布）

各省、自治区、直辖市教育厅（教委），新疆生产建设兵团教育局：

为贯彻落实《国家中长期教育改革和发展规划纲要（2010—2020年）》《国务院关于加强教师队伍建设的意见》（国发〔2012〕41号）和《教育部中央编办财政部人力资源社会保障部关于加强幼儿园教师队伍建设的意见》（教师〔2012〕11号），进一步规范各类幼儿园用人行为，我部研究制定了《幼儿园教职工配备标准（暂行）》（以下简称《标准》）。现印发给你们，并提出如下要求：

一、明确执行时间。自印发之日起，各地新设幼儿园教职工配备按照《标准》执行，已设幼儿园在三年内逐步达到《标准》要求。

二、制定实施方案。《标准》为基本标准，各地可根据当地经济社会发展水平和学前教育发展的实际情况，制定适合本地的具体实施方案。

三、加强动态监管。各地要高度重视幼儿园教师队伍建设，将《标准》作为办园的基本标准之一，补足配齐幼儿园教师，切实加强对各类幼儿园教职工配备情况的动态监管。

附件：幼儿园教职工配备标准（暂行）

教育部

2013年1月8日

幼儿园教职工配备标准（暂行）

幼儿园教职工配备标准是幼儿园办园标准的重要内容，是促进幼儿园教师队伍建设的重要手段。为规范幼儿园办园行为，促进幼儿园教师队伍建设，满足幼儿在园生活、游戏和学习的需要，确保幼儿接受基本的、有质量的学前教育，促进幼儿健康成长，特制定本标准。

一、教职工与幼儿的比例

幼儿园教职工包括专任教师、保育员、卫生保健人员、行政人员、教辅人员、工勤人员。幼儿园保教人员包括专任教师和保育员。幼儿园应当按照服务类型、教职工与幼儿以及保教人员与幼儿的一定比例配备教职工,满足保教工作的基本需要。不同服务类型幼儿园教职工与幼儿的配备比例见表1。

表1 不同服务类型幼儿园教职工与幼儿的配备比例

服务类型	全园教职工与幼儿比	全园保教人员与幼儿比
全日制	1∶5~1∶7	1∶7~1∶9
半日制	1∶8~1∶10	1∶11~1∶13

二、专任教师和保育员配备

幼儿园应根据服务类型、幼儿年龄和班级规模配备数量适宜的专任教师和保育员,使每位幼儿在一日生活、游戏和学习中都能得到成人适当的照顾、帮助和指导。

全日制幼儿园每班配备2名专任教师和1名保育员,或配备3名专任教师;半日制幼儿园每班配备2名专任教师,有条件的可配备1名保育员。

寄宿制幼儿园至少应在全日制幼儿园基础上每班增配1名专任教师和1名保育员。

单班学前教育机构,如村学前教育教学点、幼儿班等,一般应配备2名专任教师,有条件的可配备1名保育员。

对所辖社区或村级幼儿园(班)负有管理和指导职责的中心幼儿园,应根据实际工作任务和需要增配巡回指导教师。

招收特殊需要儿童的幼儿园应根据特殊需要儿童的数量、类型及残疾程度,配备相应的特殊教育教师,并增加保教人员的配备数量。

幼儿园应根据当地学前教育发展的实际情况,增设教师岗位类别和数量,满足本园发展和保教工作的需要,并确保在教师进修、支教、病产假等情况下有可供临时顶岗的保教人员。

不同服务类型幼儿园各年龄班和混龄班班级规模、专任教师和保育员的配备标准见表2。寄宿制幼儿园每班幼儿人数酌减。

表2　幼儿园班级规模及专任教师和保育员配备标准

年龄班	班级规模（人）	全日制		半日制	
		专任教师	保育员	专任教师	保育员
小班（3~4岁）	20~25	2	1	2	有条件的应配备1名保育员
中班（4~5岁）	25~30	2	1	2	
大班（5~6岁）	30~35	2	1	2	
混龄班	<30	2	1	2~3	

三、其他人员配备

园长：6个班以下的幼儿园设1名，6~9个班的幼儿园不超过2名，10个班及以上的幼儿园可设3名。

卫生保健人员：根据《托儿所幼儿园卫生保健工作规范》配备。

炊事人员：幼儿园应根据餐点提供的实际需要和就餐幼儿人数配备适宜的炊事人员。每日三餐一点的幼儿园每40~45名幼儿配1名；少于三餐一点的幼儿园酌减；在园幼儿人数少于40名的供餐幼儿园（班）应配备1名专职炊事员。

财会人员：根据国家和地方有关财会工作规定配备。

安保人员：根据国家和地方有关安保工作规定配备。

幼儿园应根据实际需要配备数量适宜的教职工，积极实行一岗多责，提高用人效益。

四、本标准为各级各类幼儿园的合格标准。各地可根据当地经济社会发展水平和学前教育发展的实际情况，制定适合本地的具体实施方案

五、本标准自发布之日起实行

教育部中央编办财政部人力资源和社会保障部关于加强幼儿园教师队伍建设的意见

（教师〔2012〕11号 2012年9月20日颁布）

各省、自治区、直辖市教育厅（教委）、编办、财政厅（局）、人力资源社会保障厅（局），新疆生产建设兵团教育局、编办、财务局、人事局、劳动和社会保障局：

幼儿园教师承担着保育和教育的双重职能，关系到亿万儿童的健康成长，关系到学前教育事业的健康发展。为贯彻落实《国家中长期教育改革和发展规划纲要（2010—2020年）》《国务院关于当前发展学前教育的若干意见》（国发〔2010〕41号）和《国务院关于加强教师队伍建设的意见》（国发〔2012〕41号），大力加强幼儿园教师队伍建设，现提出以下意见：

一、明确幼儿园教师队伍建设的目标。各地要按照构建覆盖城乡、布局合理的学前教育公共服务体系的要求，结合本地实际，科学确定幼儿园教师队伍建设的目标。到2015年，幼儿园教师数量基本满足办园需要，专任教师达到国家学历标准要求，取得职务（职称）的教师比例明显提高。到2020年，形成一支热爱儿童、师德高尚、业务精良、结构合理的幼儿园教师队伍。

二、补足配齐幼儿园教师。国家出台幼儿园教师配备标准，满足正常教育教学需求。各地结合实际合理确定公办幼儿园教职工编制，具备条件的省（区、市）可制定公办幼儿园教职工编制标准，严禁挤占、挪用幼儿园教职工编制。企事业单位办、集体办、民办幼儿园按照配备标准，配足配齐教师。采用派驻公办教师等方式对企事业单位办、集体办幼儿园和普惠性民办幼儿园进行扶持。

各地根据学前教育事业发展和幼儿园实际工作需要，建立幼儿园教师长效补充机制。公办幼儿园教师实行公开招聘制度。加强对各类幼儿园教职工配备情况的动态监管，把教职工资质及流动情况作为幼儿园保教质量评估监测的重要内容。启动实施支持中西部农村边远地区开展学前教育巡回支教试点工作,吸引优秀人才到农村边远贫困地区幼儿园任教。

三、完善幼儿园教师资格制度。全面实施幼儿园教师资格考试制度,印发幼儿园教师资格考试标准,深化教师资格考试内容改革。幼儿园教师须取得相应教师资格证书。具有其他学段教师资格证书的教师到幼儿园工作,应在上岗前接受教育部门组织的学前教育专业培训。

四、建立幼儿园园长任职资格制度。国家制定幼儿园园长专业标准和任职资格标准,提高园长专业化水平。省级教育行政部门制定幼儿园园长任职资格制度实施办法。教育部门办幼儿园园长由县级及以上教育行政部门聘任。企事业单位办、集体办、民办幼儿园园长由举办者按国家和地方相关规定聘任,报当地教育行政部门审核。

五、完善幼儿园教师职务(职称)评聘制度。合理确定幼儿园教师岗位结构比例。完善符合幼儿园教师工作特点的评价标准,重点突出幼儿园教师的师德、工作业绩和保教能力。结合事业发展和人才发展规划,合理确定幼儿园高级、中级、初级岗位之间的结构比例。对长期在农村基层和艰苦边远地区工作的幼儿园教师,在职务(职称)方面实行倾斜政策。确保民办和公办幼儿园教师公平参与职务(职称)评聘。

六、提高幼儿园教师培养培训质量。全面落实幼儿园教师专业标准,提高教师专业化水平。办好中等幼儿师范学校。重点建设一批幼儿师范高等专科学校。办好高等师范院校学前教育专业。依托高等师范院校重点建设一批幼儿园教师培养培训基地。积极探索初中毕业起点5年制学前教育专科学历教师培养模式。实行幼儿园教师5年一周期不少于360学时的全员培训制度,培训经费纳入同级财政预算。幼儿园按照年度公用经费总额的5%安排教师培训经费。扩大实施幼儿园教师国家级培训计划。加大面向农村的幼儿园教师培养培训力度。

七、建立幼儿园教师待遇保障机制。公办幼儿园教师执行统一的岗位绩效工资制度，享受规定的工资倾斜政策，企事业单位办、集体办、民办幼儿园教师工资和社会保险由举办者依法保障。幼儿园教师按国家有关规定参加社会保险并依法享受社会保险待遇。对长期在农村基层和艰苦边远地区工作的幼儿园教师，实行工资倾斜政策。鼓励地方政府将符合条件的农村幼儿园教师住房纳入保障性安居工程统筹予以解决，改善农村幼儿园教师工作和生活条件。

八、确保各项政策措施落实到位。地方各级教育、编制、财政、人力资源社会保障等有关部门要充分认识加强幼儿园教师队伍建设的重要性和紧迫性，健全工作机制，加强统筹协调，建立督促检查、考核奖惩和问责机制，确保加强幼儿园教师队伍建设的各项措施落到实处、取得实效。

教育部 中央编办 财政部 人力资源社会保障部

2012年9月20日

教育部关于印发《幼儿园教师专业标准（试行）》《小学教师专业标准（试行）》和《中学教师专业标准（试行）》的通知（节选）

（教师〔2012〕1号　2012年2月10日颁布）

各省、自治区、直辖市教育厅（教委），新疆生产建设兵团教育局，部属师范大学：

为贯彻党的十七届六中全会精神，落实教育规划纲要，构建教师专业标准体系，建设高素质专业化教师队伍，教育部研究制定了《幼儿园教师专业标准（试行）》《小学教师专业标准（试行）》和《中学教师专业标准（试行）》（以下简称《专业标准》），现印发给你们，请结合实际认真贯彻执行。并就有关事项通知如下：

《专业标准》是国家对幼儿园、小学和中学合格教师专业素质的基本要求，是教师实施教育教学行为的基本规范，是引领教师专业发展的基本准则，是教师培养、准入、培训、考核等工作的重要依据。当前和今后一个时期，各地教育行政部门、开展教师教育的院校、中小学校和幼儿园要把贯彻落实《专业标准》作为加强教师队伍建设的重要任务和举措，认真制定工作方案，精心组织实施，务求取得实效。

各地、各校要采取宣讲、讨论、座谈、培训等多种形式，组织开展《专业标准》专题学习活动。充分利用报刊、电视、网络等各类媒体，广泛宣传《专业标准》的重要意义和主要内容，进一步提高全社会对教师专业特性的认识。通过学习宣传，帮助广大中小学、幼儿园教师和师范生准确理解《专业标准》的基本理念，全面把握《专业标准》的内容要求，切实增强专业发展的自觉性，把《专业标准》作为开展教育教学实践、提升专业发展水平的行为准则。

各地、各校要紧密结合实际，抓紧制定贯彻落实《专业标准》的具体措施。要依据《专业标准》调整教师培养方案，编写教育教学类课程教材，作为教师教育类课程的重要内容。将《专业标准》作为"国培计划"和"省培计划"

等各级培训的重要内容,依据《专业标准》制定教师培训课程指南。将《专业标准》作为中小学和幼儿园教师考核的重要依据,进一步细化考核的内容和指标。教育部将组织编写《专业标准》解读,组织有关专家赴部分师范院校进行宣讲,并结合教师资格考试改革试点工作,适时修改完善教师资格考试标准和考试大纲。

各地、各部属师范大学学习宣传和贯彻落实《专业标准》情况要及时报送教育部。

附件:1. 幼儿园教师专业标准(试行).doc(略)

2. 小学教师专业标准(试行).doc(略)

3. 中学教师专业标准(试行).doc(略)

中华人民共和国教育部

2012年2月10日

幼儿园教师专业标准（试行）

为促进幼儿园教师专业发展，建设高素质幼儿园教师队伍，根据《中华人民共和国教师法》，特制定《幼儿园教师专业标准（试行）》（以下简称《专业标准》）。

幼儿园教师是履行幼儿园教育教学工作职责的专业人员，需要经过严格的培养与培训，具有良好的职业道德，掌握系统的专业知识和专业技能。《专业标准》是国家对合格幼儿园教师专业素质的基本要求，是幼儿园教师实施保教行为的基本规范，是引领幼儿园教师专业发展的基本准则，是幼儿园教师培养、准入、培训、考核等工作的重要依据。

一、基本理念

（一）师德为先

热爱学前教育事业，具有职业理想，践行社会主义核心价值体系，履行教师职业道德规范，依法执教。关爱幼儿，尊重幼儿人格，富有爱心、责任心、耐心和细心；为人师表，教书育人，自尊自律，做幼儿健康成长的启蒙者和引路人。

（二）幼儿为本

尊重幼儿权益，以幼儿为主体，充分调动和发挥幼儿的主动性；遵循幼儿身心发展特点和保教活动规律，提供适合的教育，保障幼儿快乐健康成长。

（三）能力为重

把学前教育理论与保教实践相结合，突出保教实践能力；研究幼儿，遵循幼儿成长规律，提升保教工作专业化水平；坚持实践、反思、再实践、再反思，不断提高专业能力。

（四）终身学习

学习先进学前教育理论，了解国内外学前教育改革与发展的经验和做法；优化知识结构，提高文化素养；具有终身学习与持续发展的意识和能力，做终身学习的典范。

二、基本内容

维度	领域	基本要求
专业理念与师德	(一)职业理解与认识	1.贯彻党和国家教育方针政策,遵守教育法律法规。 2.理解幼儿保教工作的意义,热爱学前教育事业,具有职业理想和敬业精神。 3.认同幼儿园教师的专业性和独特性,注重自身专业发展。 4.具有良好职业道德修养,为人师表。 5.具有团队合作精神,积极开展协作与交流。
	(二)对幼儿的态度与行为	6.关爱幼儿,重视幼儿身心健康,将保护幼儿生命安全放在首位。 7.尊重幼儿人格,维护幼儿合法权益,平等对待每一位幼儿。不讽刺、挖苦、歧视幼儿,不体罚或变相体罚幼儿。 8.信任幼儿,尊重个体差异,主动了解和满足有益于幼儿身心发展的不同需求。 9.重视生活对幼儿健康成长的重要价值,积极创造条件,让幼儿拥有快乐的幼儿园生活。
	(三)幼儿保育和教育的态度与行为	10.注重保教结合,培育幼儿良好的意志品质,帮助幼儿养成良好的行为习惯。 11.注重保护幼儿的好奇心,培养幼儿的想象力,发掘幼儿的兴趣爱好。 12.重视环境和游戏对幼儿发展的独特作用,创设富有教育意义的环境氛围,将游戏作为幼儿的主要活动。 13.重视丰富幼儿多方面的直接经验,将探索、交往等实践活动作为幼儿最重要的学习方式。 14.重视自身日常态度言行对幼儿发展的重要影响与作用。 15.重视幼儿园、家庭和社区的合作,综合利用各种资源。
	(四)个人修养与行为	16.富有爱心、责任心、耐心和细心。 17.乐观向上、热情开朗,有亲和力。 18.善于自我调节情绪,保持平和心态。 19.勤于学习,不断进取。 20.衣着整洁得体,语言规范健康,举止文明礼貌。
专业知识	(五)幼儿发展知识	21.了解关于幼儿生存、发展和保护的有关法律法规及政策规定。 22.掌握不同年龄幼儿身心发展特点、规律和促进幼儿全面发展的策略与方法。 23.了解幼儿在发展水平、速度与优势领域等方面的个体差异,掌握对应的策略与方法。 24.了解幼儿发展中容易出现的问题与适宜的对策。 25.了解有特殊需要幼儿的身心发展特点及教育策略与方法。
	(六)幼儿保育和教育知识	26.熟悉幼儿园教育的目标、任务、内容、要求和基本原则。 27.掌握幼儿园各领域教育的学科特点与基本知识。 28.掌握幼儿园环境创设、一日生活安排、游戏与教育活动、保育和班级管理的知识与方法。 29.熟知幼儿园的安全应急预案,掌握意外事故和危险情况下幼儿安全防护与救助的基本方法。 30.掌握观察、谈话、记录等了解幼儿的基本方法和教育心理学的基本原理和方法。 31.了解0—3岁婴幼儿保教和幼小衔接的有关知识与基本方法。
	(七)通识性知识	32.具有一定的自然科学和人文社会科学知识。 33.了解中国教育基本情况。 34.具有相应的艺术欣赏与表现知识。 35.具有一定的现代信息技术知识。

续表

维度	领域	基本要求
专业能力	(八)环境的创设与利用	36.建立良好的师幼关系,帮助幼儿建立良好的同伴关系,让幼儿感到温暖和愉悦。 37.建立班级秩序与规则,营造良好的班级氛围,让幼儿感到安全、舒适。 38.创设有助于促进幼儿成长、学习、游戏的教育环境。 39.合理利用资源,为幼儿提供和制作适合的玩教具和学习材料,引发和支持幼儿的主动活动。
	(九)一日生活的组织与保育	40.合理安排和组织一日生活的各个环节,将教育灵活地渗透到一日生活中。 41.科学照料幼儿日常生活,指导和协助保育员做好班级常规保育和卫生工作。 42.充分利用各种教育契机,对幼儿进行随机教育。 43.有效保护幼儿,及时处理幼儿的常见事故,危险情况优先救护幼儿。
	(十)游戏活动的支持与引导	44.提供符合幼儿兴趣需要、年龄特点和发展目标的游戏条件。 45.充分利用与合理设计游戏活动空间,提供丰富、适宜的游戏材料,支持、引发和促进幼儿的游戏。 46.鼓励幼儿自主选择游戏内容、伙伴和材料,支持幼儿主动地、创造性地开展游戏,充分体验游戏的快乐和满足。 47.引导幼儿在游戏活动中获得身体、认知、语言和社会性等多方面的发展。
	(十一)教育活动的计划与实施	48.制订阶段性的教育活动计划和具体活动方案。 49.在教育活动中观察幼儿,根据幼儿的表现和需要,调整活动,给予适宜的指导。 50.在教育活动的设计和实施中体现趣味性、综合性和生活化,灵活运用各种组织形式和适宜的教育方式。 51.提供更多的操作探索、交流合作、表达表现的机会,支持和促进幼儿主动学习。
	(十二)激励与评价	52.关注幼儿日常表现,及时发现和赏识每个幼儿的点滴进步,注重激发和保护幼儿的积极性、自信心。 53.有效运用观察、谈话、家园联系、作品分析等多种方法,客观地、全面地了解和评价幼儿。 54.有效运用评价结果,指导下一步教育活动的开展。
	(十三)沟通与合作	55.使用符合幼儿年龄特点的语言进行保教工作。 56.善于倾听,和蔼可亲,与幼儿进行有效沟通。 57.与同事合作交流,分享经验和资源,共同发展。 58.与家长进行有效沟通合作,共同促进幼儿发展。 59.协助幼儿园与社区建立合作互助的良好关系。
	(十四)反思与发展	60.主动收集分析相关信息,不断进行反思,改进保教工作。 61.针对保教工作中的现实需要与问题,进行探索和研究。 62.制定专业发展规划,积极参加专业培训,不断提高自身专业素质。

三、实施建议

(一)各级教育行政部门要将《专业标准》作为幼儿园教师队伍建设的基本依据。根据学前教育改革发展的需要,充分发挥《专业标准》引领和导向作用，深化教师教育改革，建立教师教育质量保障体系，不断提高幼儿园教师培养培训质量。制定幼儿园教师准入标准，严把幼儿园教师入口关；制定幼儿园教师聘任（聘用）、考核、退出等管理制度，保障教师合法权益，形成科学有效的幼儿园教师队伍管理和督导机制。

（二）开展幼儿园教师教育的院校要将《专业标准》作为幼儿园教师培养培训的主要依据。重视幼儿园教师职业特点，加强学前教育学科和专业建设。完善幼儿园教师培养培训方案，科学设置教师教育课程，改革教育教学方式；重视幼儿园教师职业道德教育，重视社会实践和教育实习；加强从事幼儿园教师教育的师资队伍建设，建立科学的质量评价制度。

（三）幼儿园要将《专业标准》作为教师管理的重要依据。制定幼儿园教师专业发展规划，注重教师职业理想与职业道德教育，增强教师育人的责任感与使命感；开展园本研修，促进教师专业发展；完善教师岗位职责和考核评价制度，健全幼儿园教师绩效管理机制。

（四）幼儿园教师要将《专业标准》作为自身专业发展的基本依据。制定自我专业发展规划，爱岗敬业，增强专业发展自觉性；大胆开展保教实践，不断创新；积极进行自我评价，主动参加教师培训和自主研修，逐步提升专业发展水平。

学校教职工代表大会规定

（教育部令第32号　2011年12月8日颁布）

第一章　总　则

第一条　为依法保障教职工参与学校民主管理和监督，完善现代学校制度，促进学校依法治校，依据教育法、教师法、工会法等法律，制定本规定。

第二条　本规定适用于中国境内公办的幼儿园和各级各类学校（以下统称学校）。

民办学校、中外合作办学机构参照本规定执行。

第三条　学校教职工代表大会（以下简称教职工代表大会）是教职工依法参与学校民主管理和监督的基本形式。

学校应当建立和完善教职工代表大会制度。

第四条　教职工代表大会应当高举中国特色社会主义伟大旗帜，以马克思列宁主义、毛泽东思想、邓小平理论和"三个代表"重要思想为指导，深入贯彻落实科学发展观，全面贯彻执行党的基本路线和教育方针，认真参与学校民主管理和监督。

第五条　教职工代表大会和教职工代表大会代表应当遵守国家法律法规，遵守学校规章制度，正确处理国家、学校、集体和教职工的利益关系。

第六条　教职工代表大会在中国共产党学校基层组织的领导下开展工作。教职工代表大会的组织原则是民主集中制。

第二章　职　权

第七条　教职工代表大会的职权是：

（一）听取学校章程草案的制定和修订情况报告，提出修改意见和建议；

（二）听取学校发展规划、教职工队伍建设、教育教学改革、校园建设以及其他重大改革和重大问题解决方案的报告，提出意见和建议；

（三）听取学校年度工作、财务工作、工会工作报告以及其他专项工作报告，提出意见和建议；

（四）讨论通过学校提出的与教职工利益直接相关的福利、校内分配实施方案以及相应的教职工聘任、考核、奖惩办法；

（五）审议学校上一届（次）教职工代表大会提案的办理情况报告；

（六）按照有关工作规定和安排评议学校领导干部；

（七）通过多种方式对学校工作提出意见和建议，监督学校章程、规章制度和决策的落实，提出整改意见和建议；

（八）讨论法律法规规章规定的以及学校与学校工会商定的其他事项。

教职工代表大会的意见和建议，以会议决议的方式做出。

第八条 学校应当建立健全沟通机制，全面听取教职工代表大会提出的意见和建议，并合理吸收采纳；不能吸收采纳的，应当做出说明。

第三章 教职工代表大会代表

第九条 凡与学校签订聘任聘用合同、具有聘任聘用关系的教职工，均可当选为教职工代表大会代表。

教职工代表大会代表占全体教职工的比例，由地方省级教育等部门确定；地方省级教育等部门没有确定的，由学校自主确定。

第十条 教职工代表大会代表以学院、系（所、年级）、室（组）等为单位，由教职工直接选举产生。

教职工代表大会代表可以按照选举单位组成代表团（组），并推选出团（组）长。

第十一条 教职工代表大会代表以教师为主体，教师代表不得低于代表总数的60％，并应当根据学校实际，保证一定比例的青年教师和女教师代表。民族地区的学校和民族学校，少数民族代表应当占有一定比例。

教职工代表大会代表接受选举单位教职工的监督。

第十二条 教职工代表大会代表实行任期制,任期3年或5年,可以连选连任。

选举、更换和撤换教职工代表大会代表的程序,由学校根据相关规定,并结合本校实际予以明确规定。

第十三条 教职工代表大会代表享有以下权利:

(一)在教职工代表大会上享有选举权、被选举权和表决权;

(二)在教职工代表大会上充分发表意见和建议;

(三)提出提案并对提案办理情况进行询问和监督;

(四)就学校工作向学校领导和学校有关机构反映教职工的意见和要求;

(五)因履行职责受到压制、阻挠或者打击报复时,向有关部门提出申诉和控告。

第十四条 教职工代表大会代表应当履行以下义务:

(一)努力学习并认真执行党的路线方针政策、国家的法律法规、党和国家关于教育改革发展的方针政策,不断提高思想政治素质和参与民主管理的能力;

(二)积极参加教职工代表大会的活动,认真宣传、贯彻教职工代表大会决议,完成教职工代表大会交给的任务;

(三)办事公正,为人正派,密切联系教职工群众,如实反映群众的意见和要求;

(四)及时向本部门教职工通报参加教职工代表大会活动和履行职责的情况,接受评议监督;

(五)自觉遵守学校的规章制度和职业道德,提高业务水平,做好本职工作。

第四章 组织规则

第十五条 有教职工80人以上的学校,应当建立教职工代表大会制度;不足80人的学校,建立由全体教职工直接参加的教职工大会制度。

学校根据实际情况，可在其内部单位建立教职工代表大会制度或者教职工大会制度，在该范围内行使相应的职权。

教职工大会制度的性质、领导关系、组织制度、运行规则等，与教职工代表大会制度相同。

第十六条 学校应当遵守教职工代表大会的组织规则，定期召开教职工代表大会，支持教职工代表大会的活动。

第十七条 教职工代表大会每学年至少召开一次。

遇有重大事项，经学校、学校工会或1/3以上教职工代表大会代表提议，可以临时召开教职工代表大会。

第十八条 教职工代表大会每3年或5年为一届。期满应当进行换届选举。

第十九条 教职工代表大会须有2/3以上教职工代表大会代表出席。

教职工代表大会根据需要可以邀请离退休教职工等非教职工代表大会代表，作为特邀或列席代表参加会议。特邀或列席代表在教职工代表大会上不具有选举权、被选举权和表决权。

第二十条 教职工代表大会的议题，应当根据学校的中心工作、教职工的普遍要求，由学校工会提交学校研究确定，并提请教职工代表大会表决通过。

第二十一条 教职工代表大会的选举和表决，须经教职工代表大会代表总数半数以上通过方为有效。

第二十二条 教职工代表大会在教职工代表大会代表中推选人员，组成主席团主持会议。

主席团应当由学校各方面人员组成，其中包括学校、学校工会主要领导，教师代表应占多数。

第二十三条 教职工代表大会可根据实际情况和需要设立若干专门委员会（工作小组），完成教职工代表大会交办的有关任务。专门委员会（工作小组）对教职工代表大会负责。

第二十四条 教职工代表大会根据实际情况和需要，可以在教职工代表大会代表中选举产生执行委员会。执行委员会中，教师代表应占多数。

教职工代表大会闭会期间，遇有急需解决的重要问题，可由执行委员会联系有关专门委员会（工作小组）与学校有关机构协商处理。其结果向下一次教职工代表大会报告。

第五章 工作机构

第二十五条 学校工会为教职工代表大会的工作机构。

第二十六条 学校工会承担以下与教职工代表大会相关的工作职责：

（一）做好教职工代表大会的筹备工作和会务工作，组织选举教职工代表大会代表，征集和整理提案，提出会议议题、方案和主席团建议人选；

（二）教职工代表大会闭会期间，组织传达贯彻教职工代表大会精神，督促检查教职工代表大会决议的落实，组织各代表团（组）及专门委员会（工作小组）的活动，主持召开教职工代表团（组）长、专门委员会（工作小组）负责人联席会议；

（三）组织教职工代表大会代表的培训，接受和处理教职工代表大会代表的建议和申诉；

（四）就学校民主管理工作向学校党组织汇报，与学校沟通；

（五）完成教职工代表大会委托的其他任务。

选举产生执行委员会的学校，其执行委员会根据教职工代表大会的授权，可承担前款有关职责。

第二十七条 学校应当为学校工会承担教职工代表大会工作机构的职责提供必要的工作条件和经费保障。

第六章 附 则

第二十八条 学校可以在其下属单位建立教职工代表大会制度，在该单位范围内实行民主管理和监督。

第二十九条 省、自治区、直辖市人民政府教育行政部门，可以与本地区有关组织联合制定本行政区域内学校教职工代表大会的相关规定。

有关学校根据本规定和所在地区的相关规定，可以制定相应的教职工代表大会或者教职工大会的实施办法。

第三十条 本规定自2012年1月1日起施行。1985年1月28日教育部、原中国教育工会印发的《高等学校教职工代表大会暂行条例》同时废止。

学前教育内部管理相关政策

国家教育委员会关于开展幼儿园园长岗位培训工作的意见

(教人〔1996〕11号 1996年1月25日颁布)

各省、自治区、直辖市教育委员会、教育厅、天津市教育局,国务院有关部委教育司(局):

近年来,各级教育行政部门采取多种形式,积极开展幼儿园园长培训工作,园长队伍的政治与业务素质得到了较大的提高。但是,其整体素质还不能适应新时期幼儿教育事业的发展和改革的需要。因此,进一步搞好园长培训工作,是深入贯彻《幼儿园管理条例》和《幼儿园工作规程(试行)》,不断提高幼儿园保教质量,深化幼儿教育改革的一项十分紧迫的任务。为此,现就幼儿园园长培训工作,提出如下意见:

一、培训工作的基本要求

幼儿园园长的岗位培训,是按照《全国幼儿园园长任职资格、职责和岗位要求(试行)》开展的任职资格培训。

开展幼儿园园长岗位培训工作,应以马列主义毛泽东思想和建设有中国特色社会主义理论,以及党的基本路线为指导,贯彻理论与实践相结合,按需施教,学用结合,注重实效的原则。要将园长的培训与考核、任用紧密地结合起来,逐步建立起比较完善的幼儿园园长岗位培训制度。

要采取多种形式开展培训工作,争取用五年左右的时间将全国幼儿园园长轮训一遍,使园长的政治、业务素质得到较大的提高,能够正确理解和贯彻执行党和国家的教育方针和政策,树立正确的教育思想,具有履行岗位职责必备的基本知识与能力。

二、培训的内容与形式

幼儿园园长的岗位培训,主要包括建设有中国特色社会主义理论,党和国家的教育方针、政策、法规,幼儿教育的基本理论,幼儿园管理,以及国内外幼儿教育改革动向等方面的内容。

为确保培训的质量，各地举办幼儿园园长岗位培训班，应参照我委拟定的《全国幼儿园园长岗位培训指导性教学计划（试行草案）》（见附件）进行安排。我委基础教育司已着手组织力量，编写幼儿园园长岗位培训的教学大纲及教材，各地也可以根据实际情况，选编一些教学参考资料。

幼儿园园长岗位培训，可以采取短期脱产、半脱产和业余学习等多种形式进行。

三、培训工作的主要措施

1. 提高认识，加强领导

各级教育行政部门要重视和加强幼儿园园长培训工作，确定一名负责同志分管，并由职能机构纳入工作计划，制定切合当地实际的培训规划及具体措施，及时研究、解决培训工作中的重要问题。

各省、自治区、直辖市教育行政部门要加强对各地园长培训工作的领导，可选择不同类型的地（市）搞好岗位培训试点，并取得经验。在此基础上积极稳妥地推开，真正收到实效，并逐步使岗位培训规范化、制度化。

2. 加强培训基地的建设

各省（自治区、直辖市）教育行政部门应积极落实幼儿园园长岗位培训基地，严格培训基地的审批制度。要依靠现有的幼儿师范学校、中等师范学校、教师进修学校、教育（教育行政）学院，以及有关高等师范院校的力量培训幼儿园园长。凡承担该项任务的单位，必须经地（市）以上教育行政部门审核批准。

幼儿园园长岗位培训工作所需经费，应参照国家教委《关于加强全国中小学校长培训工作的意见》（教人〔1995〕035号）执行。

承担培训幼儿园园长讲课任务的师资主要从培训机构现有教师中选聘。还可聘请有经验的教育行政部门领导、幼教专家学者和优秀的园长讲课。

3. 培训与干部考核、任用相结合

幼儿园园长参加岗位培训，经考试、考查成绩合格，发给岗位培训合格证书（或专项结业证书）。岗位培训成绩存入本人档案，是考核、任用园长的依据之一。岗位培训合格证书应由（地）市级教育行政部门审核、颁发。

要积极创造条件，安排在职园长分期分批接受岗位培训，并达到规定要求；将任园长职务的，先进行岗前培训，并经考核后，再上岗任职。

已经开展过园长培训的省、自治区、直辖市，应对照《全国幼儿园园长岗位培训指导性教学计划（试行草案）》和《全国幼儿园园长岗位培训课程教学大纲》的要求进行检查，对于缺少的内容要进行补课，通过补考后，方可颁发证书。

附件：全国幼儿园园长岗位培训指定性教学计划（试行草案）

中华人民共和国国家教育委员会

1996年1月25日

全国幼儿园园长岗位培训指导性教学计划(试行草案)

一、培训对象

培训对象为在职幼儿园园长及其后备干部。

二、培训目的和要求

通过岗位培训，使园长的政治、业务素质得到较大的提高，能够正确理解和贯彻执行党和国家的教育方针政策，树立正确的教育思想，具备履行岗位职责必备的基本知识与能力。

三、培训的形式和时间

全脱产培训的时间为12周。

如以业余、自学方式进行，可在一年时间内，利用每周脱产半天（或每月集中2、3天）以及在寒暑假集中15—20天时间，按本计划规定的课程（可单科独进），组织园长自修的基础上，接受约200个学时的面授辅导（包括收看电视讲座）及考试、考查。

四、课程设置(见附表)

五、教学要求

1. 坚持理论联系实际，学以致用的原则，针对幼儿教育改革与发展的实际，注重结合幼儿园管理案例进行教学。

2. 要突出岗位培训的特点，贯彻重点讲授、自学、讨论、辅导、答疑相辅助的原则，合理安排讲解、自学、研讨的时间比例。

六、考核与结业

建立严格的考试、考查制度，学完每门课程都应进行考试、考查。园长在学习过程中，结合幼儿园工作实际，撰写的专题论文或研究报告，属考试、考查的重要方面，应认真对待。

附表

课程	学时	教学目的	主要内容
党的方针政策	40	使学员领会党的三中全会以来的路线、方针、政策，自觉坚持四项基本原则，坚定正确的办园方向。	1.邓小平关于建设有中国特色的社会主义理论。 2.时事政治。
幼儿教育政策与法规	40	使学员明确党和国家的教育方针、主要政策，及其法规的基本精神和内容，增强执行各项政策和法规的自觉性，树立依法治教的观念。	1.党和国家的教育方针主要政策及其法规的基本内容。 2.我国幼儿教育的政策和法规。 3.教育立法基本知识。 4.教育法规执法知识。
幼儿园管理	60	使学员较系统地学习掌握幼儿园管理的基本理论及其管理技能，了解幼儿园的先进管理经验，提高领导和管理幼儿园的能力和水平。	1.管理概述与管理理论。 2.幼儿园管理的内容与原则。 3.幼儿园的行政管理。 4.幼儿园保育和教育工作管理。 5.幼儿园总务工作管理。 6.幼儿园工作评价。
幼儿园的教育	80	使学员更深入地认识幼儿园教育的本质和规律，树立正确的教育思想和教育观念，提高领导幼儿园教育工作的理论水平的实际能力。	1.幼儿园的儿童。 2.幼儿园教师。 3.幼儿园课程。 4.幼儿园环境。 5.幼儿园教育计划。 6.幼儿园与家庭社会的合作。

续表

课程	学时	教学目的	主要内容
幼儿园教育动态专题讲座	20	使学员了解国内外幼儿教育改革与发展的最新动态，开阔思路与眼界，更好地指导工作。	1.国内幼儿教育改革的动态。 2.国外幼儿教育最新信息。
实践活动		通过自学、交流研讨、参观等活动，学习先进的管理经验提高分析问题和解决问题的能力。	1.到不同类型的幼儿园进行实地考察。 2.分析研讨幼儿园管理案例。 3.交流幼儿园管理经验。 4.撰写对改进幼儿园工作有实际意义的论文或报告。
总课时（不包括实践课）	240		

教育部办公厅关于开展幼儿园"小学化"专项治理工作的通知

(教基厅函〔2018〕57号　2018年7月5日颁布)

各省、自治区、直辖市教育厅(教委),新疆生产建设兵团教育局:

近年来,各地坚持发展与质量并重,促进幼儿园保育教育水平不断提高。但一些幼儿园违背幼儿身心发展规律和认知特点,提前教授小学内容、强化知识技能训练,"小学化"倾向比较严重,这不仅剥夺了幼儿童年的快乐,更挫伤了幼儿的学习兴趣,影响了身心健康发展。为深入贯彻落实《幼儿园工作规程》《幼儿园教育指导纲要(试行)》和《3—6岁儿童学习与发展指南》,推进幼儿园科学保教,现就开展幼儿园"小学化"专项治理工作通知如下。

一、指导思想

以习近平新时代中国特色社会主义思想为指导,深入贯彻落实党的十九大精神,全面贯彻党的教育方针,落实立德树人根本任务,遵循幼儿年龄特点和身心发展规律,建立完善科学保教的长效机制。通过自查摸排、全面整改和专项督查,促进幼儿园树立科学保教观念,落实以游戏为基本活动,坚决纠正"小学化"倾向,切实提高幼儿园科学保教水平,促进幼儿身心健康发展。

二、治理任务

1.严禁教授小学课程内容。对于提前教授汉语拼音、识字、计算、英语等小学课程内容的,要坚决予以禁止。对于幼儿园布置幼儿完成小学内容家庭作业、组织小学内容有关考试测验的,要坚决予以纠正。社会培训机构也不得以学前班、幼小衔接等名义提前教授小学内容,各地要结合校外培训机构治理予以规范。

2.纠正"小学化"教育方式。针对幼儿园不能坚持以游戏为基本活动,脱离幼儿生活情境,以课堂集中授课方式为主组织安排一日活动;或以机械背诵、记忆、抄写、计算等方式进行知识技能性强化训练的行为,要坚决予以纠正。要引导幼儿园园长、教师及家长树立科学育儿观念,坚持以幼儿为本,尊重幼儿学习兴趣和需求，以游戏为基本活动，灵活运用集体、小组和个别活动等多种形式，合理安排和组织幼儿一日生活，促进幼儿在活动中通过亲身体验、直接感知、实践操作进行自主游戏和学习探究。

3. 整治"小学化"教育环境。对于未按规定创设多种活动区域（区角），未提供充足的玩教具、游戏材料和图书，缺乏激发幼儿探究兴趣、强健体魄、自主游戏的教育环境的，要调整幼儿园活动区域设置，合理利用室内外环境，创设开放的、多样的区域活动空间，并配备必要的符合幼儿年龄特点的玩教具、游戏材料、图画书；要充分利用本地生活和自然资源，遴选、开发、设计一批适宜幼儿的游戏活动，丰富游戏资源，满足幼儿开展游戏活动的基本需要。

4. 解决教师资质能力不合格问题。对于不具备幼儿园教师资格的，要督促其参加专业技能补偿培训并通过考试取得幼儿园教师资格证，仍不能取得教师资格的，要限期予以调整。对于不适应科学保教需要，习惯于"小学化"教学，不善于按照幼儿身心发展规律和特点组织开展游戏活动的，要通过开展岗位适应性规范培训，提高幼儿园教师科学保教能力。

5. 小学坚持零起点教学。对于小学起始年级未按国家课标规定实施零起点教学、压缩课时、超前超标教学，以及在招生入学中面向幼儿组织小学内容的知识能力测试，或以幼儿参加有关竞赛成绩及证书作为招生依据的，要坚决纠正，并视具体情节追究校长和有关教师的责任，纳入规范办学诚信记录。

三、治理步骤

专项治理分四个阶段进行。

第一阶段：全面部署。地方各级教育行政部门要认真制订治理方案，明确工作要求，于2018年8月底前完成。

第二阶段：自查与摸排。幼儿园、小学、培训机构按要求进行自查，教育行政部门组织抽查和摸排，于2018年12月底完成。

第三阶段：全面整改。根据自查和摸排的情况，坚持边查边改、及时整改，坚决纠正"小学化"倾向的各种错误行为。总体整改工作于2019年4月底前完成。

第四阶段：专项督查。国务院教育督导委员会办公室、教育部及各省级教育督导机构和教育行政部门开展专项督查，于2019年6月底前完成。

四、组织实施

1.加强组织领导。开展幼儿园"小学化"专项治理，事关人民群众切身利益，事关幼儿身心健康成长，事关学前教育事业科学发展，意义十分重大。各地务必要高度重视，切实加强组织领导，认真制订专项治理工作方案，压实职能部门推进责任，强化幼儿园主体责任，明确工作目标，采取有效措施，确保如期完成治理任务。

2.强化园长教师培训。各地要按教育部有关要求，认真制定幼儿园教师专项培训方案，本着"缺什么，补什么"的原则，切实加强新教师入职培训、初任园长任职资格培训、民办幼儿园园长专项培训、幼儿园转岗教师岗位培训、幼儿园教师专业技能补偿培训、师德师风和安全意识全员培训等，在2020年12月底前，要对幼儿园园长和教师进行一轮全员培训。要完善区域教研和园本教研制度，确保基层幼儿园园长和教师能够得到经常性的业务指导，切实提高园长教师科学保教能力。

3.健全长效机制。各地要认真落实挂牌责任督学制度，把纠正"小学化"问题作为督导的重要内容，建立定期督导与报告制度。对办园教学行为不规范、存在"小学化"倾向的幼儿园、小学及社会培训机构要责令限期整改，对问题频发、社会反映强烈的，实行年检一票否决，并严肃追究其主要负责人的责任。各级教育行政部门要设置专门举报监督电话和信箱，自觉接受家长和社会监督。要充分利用各种媒体，加大宣传力度，广泛宣传科学育儿理念，为广大幼儿身心健康发展营造良好环境。

教育部办公厅

2018年7月4日

教育部关于印发《3—6岁儿童学习与发展指南》的通知

（教基二〔2012〕4号　2012年10月9日颁布）

各省、自治区、直辖市教育厅（教委），新疆生产建设兵团教育局：

为深入贯彻教育规划纲要，落实《国务院关于当前发展学前教育的若干意见》（国发〔2010〕41号），帮助广大幼儿园教师和家长了解3—6岁幼儿学习与发展的基本规律和特点，全面提高科学保教水平，我部组织专家研究制定了《3—6岁儿童学习与发展指南》（以下简称《指南》）。《指南》广泛征求了各方面的意见，经教育部学前教育专家指导委员会审议通过。现予印发，并就《指南》贯彻落实的有关工作通知如下：

1. 开展全员培训。各地要把《指南》作为当前幼儿园教职工、学前教育教研人员和管理干部业务培训的主要内容。省级和地市级教育行政部门要重点做好幼教干部、教研人员和骨干教师培训，区县一级要组织全员培训。要全面理解和准确把握《指南》的精神实质，切实把先进的教育理念和科学的教育方法落实到幼儿园保教工作的各个环节。要创新培训方式，提高培训的针对性和实效性。

2. 建设一批实验区。地方各级教育行政部门要认真抓好贯彻落实《指南》的实验和经验推广工作。要结合本地实际确定一批实验区，省一级抓好一个地（市），地市一级抓好1—2个县（区）。要组建专家团队，有效整合资源，针对《指南》实施过程中的困难和问题，为实验区提供专业支持。

3. 抓好幼小衔接。地方各级教育行政部门要制定相关配套政策，采取有效措施，严禁幼儿园提前学习小学教育内容，严禁小学举办各种形式的入学选拔考试，严禁小学一年级以任何理由压缩课程或加快课程进度。积极探索幼儿园和小学的双向衔接，为《指南》的全面贯彻落实创造条件。

4. 加强社会宣传。要充分发挥学前教育教科研机构和幼儿园的专业优势，发挥各种大众传媒的作用，组织开展形式多样的宣传活动。要以深入浅出的语言、喜闻乐见的形式，广泛宣传《指南》的教育理念和教育方法，提高广大家长的科学育儿能力，实现家园共育。

5. 加强组织领导。各地要高度重视《指南》的贯彻落实，切实解决好必要的条件保障。要特别重视《指南》在农村幼儿园的贯彻落实工作，通过专家巡回指导、城乡幼儿园帮扶结对等形式，加大对农村幼儿园的扶持力度。

我部将适时组织开展相关培训、试点经验交流等活动。各地实施《指南》的情况、实施过程中的好做法、好经验以及有关困难、问题请及时报我部基础教育二司。

教育部
2012年10月9日

3—6岁儿童学习与发展指南

说明

一、为深入贯彻《国家中长期教育改革和发展规划纲要（2010—2020年）》和《国务院关于当前发展学前教育的若干意见》（国发〔2010〕41号），指导幼儿园和家庭实施科学的保育和教育，促进幼儿身心全面和谐发展，制定《3—6岁儿童学习与发展指南》（以下简称《指南》）。

二、《指南》以为幼儿后继学习和终身发展奠定良好素质基础为目标，以促进幼儿体、智、德、美各方面的协调发展为核心，通过提出3—6岁各年龄段儿童学习与发展目标和相应的教育建议，帮助幼儿园教师和家长了解3—6岁幼儿学习与发展的基本规律和特点，建立对幼儿发展的合理期望，实施科学的保育和教育，让幼儿度过快乐而有意义的童年。

三、《指南》从健康、语言、社会、科学、艺术五个领域描述幼儿的学习与发展。每个领域按照幼儿学习与发展最基本、最重要的内容划分为若干方面。每个方面由学习与发展目标和教育建议两部分组成。

目标部分分别对3—4岁、4—5岁、5—6岁三个年龄段末期幼儿应该知道什么、能做什么，大致可以达到什么发展水平提出了合理期望，指明了幼儿学习与发展的具体方向；教育建议部分列举了一些能够有效帮助和促进幼儿学习与发展的教育途径与方法。

原则

实施《指南》应把握以下几个方面：

1. 关注幼儿学习与发展的整体性。儿童的发展是一个整体，要注重领域之间、目标之间的相互渗透和整合，促进幼儿身心全面协调发展，而不应片面追求某一方面或几方面的发展。

2. 尊重幼儿发展的个体差异。幼儿的发展是一个持续、渐进的过程，同时也表现出一定的阶段性特征。每个幼儿在沿着相似进程发展的过程中，各自的发展速度和到达某一水平的时间不完全相同。要充分理解和尊重幼儿发展进程中的个别差异，支持和引导他们从原有水平向更高水平发展，按照自身的速度和方式到达《指南》所呈现的发展"阶梯"，切忌用一把"尺子"衡量所有幼儿。

3. 理解幼儿的学习方式和特点。幼儿的学习是以直接经验为基础，在游戏和日常生活中进行的。要珍视游戏和生活的独特价值，创设丰富的教育环境，合理安排一日生活，最大限度地支持和满足幼儿通过直接感知、实际操作和亲身体验获取经验的需要，严禁"拔苗助长"式的超前教育和强化训练。

4. 重视幼儿的学习品质。幼儿在活动过程中表现出的积极态度和良好行为倾向是终身学习与发展所必需的宝贵品质。要充分尊重和保护幼儿的好奇心和学习兴趣，帮助幼儿逐步养成积极主动、认真专注、不怕困难、敢于探究和尝试、乐于想象和创造等良好学习品质。忽视幼儿学习品质培养，单纯追求知识技能学习的做法是短视而有害的。

目标

一、健康

健康是指人在身体、心理和社会适应方面的良好状态。幼儿阶段是儿童身体发育和机能发展极为迅速的时期，也是形成安全感和乐观态度的重要阶段。发育良好的身体、愉快的情绪、强健的体质、协调的动作、良好的生活习惯和基本生活能力是幼儿身心健康的重要标志，也是其他领域学习与发展的基础。

为有效促进幼儿身心健康发展，成人应为幼儿提供合理均衡的营养，保证充足的睡眠和适宜的锻炼，满足幼儿生长发育的需要；创设温馨的人际环境，让幼儿充分感受到亲情和关爱，形成积极稳定的情绪情感；帮助幼儿养成良好的生活与卫生习惯，提高自我保护能力，形成使其终身受益的生活能力和文明生活方式。

幼儿身心发育尚未成熟，需要成人的精心呵护和照顾，但不宜过度保护和包办代替，以免剥夺幼儿自主学习的机会，养成过于依赖的不良习惯，影响其主动性、独立性的发展。

（一）身心状况

目标1　具有健康的体态

3~4岁	4~5岁	5~6岁
1.身高和体重适宜。参考标准： 男孩： 身高：94.9~111.7厘米 体重：12.7~21.2公斤 女孩： 身高：94.1~111.3厘米 体重：12.3~21.5公斤 2.在提醒下能自然坐直、站直。	1.身高和体重适宜。参考标准： 男孩： 身高：100.7~119.2厘米 体重：14.1~24.2公斤 女孩： 身高：99.9~118.9厘米 体重：13.7~24.9公斤 2.在提醒下能保持正确的站、坐和行走姿势。	1.身高和体重适宜。参考标准： 男孩： 身高：106.1~125.8厘米 体重：15.9~27.1公斤 女孩： 身高：104.9~125.4厘米 体重：15.3~27.8公斤 2.经常保持正确的站、坐和行走姿势。

注：身高和体重数据来源：《2006年世界卫生组织儿童生长标准》4、5、6周岁儿童身高和体重的参考数据。

教育建议：

1.为幼儿提供营养丰富、健康的饮食。如：

参照《中国孕期、哺乳期妇女和0~6岁儿童膳食指南》，为幼儿提供谷物、蔬菜、水果、肉、奶、蛋、豆制品等多样化的食物，均衡搭配。

烹调方式要科学，尽量少煎炸、烧烤、腌制。

2.保证幼儿每天睡11~12小时，其中午睡一般应达到2小时左右。午睡时间可根据幼儿的年龄、季节的变化和个体差异适当减少。

3.注意幼儿的体态，帮助他们形成正确的姿势。如：

提醒幼儿要保持正确的站、坐、走姿势；发现有八字脚、罗圈腿、驼背等骨骼发育异常的情况，应及时就医矫治。

桌、椅和床要合适。椅子的高度以幼儿写画时双脚能自然着地、大腿基本保持水平状为宜；桌子的高度以写画时身体能坐直，不驼背、不耸肩为宜；床不宜过软。

4.每年为幼儿进行健康检查。

目标2　情绪安定愉快

3~4岁	4~5岁	5~6岁
1.情绪比较稳定,很少因一点小事哭闹不止。 2.有比较强烈的情绪反应时,能在成人的安抚下逐渐平静下来。	1.经常保持愉快的情绪,不高兴时能较快缓解。 2.有比较强烈情绪反应时,能在成人提醒下逐渐平静下来。 3.愿意把自己的情绪告诉亲近的人,一起分享快乐或求得安慰。	1.经常保持愉快的情绪。知道引起自己某种情绪的原因,并努力缓解。 2.表达情绪的方式比较适度,不乱发脾气。 3.能随着活动的需要转换情绪和注意。

教育建议:

1.营造温暖、轻松的心理环境,让幼儿形成安全感和信赖感。如:

·保持良好的情绪状态,以积极、愉快的情绪影响幼儿。

·以欣赏的态度对待幼儿。注意发现幼儿的优点,接纳他们的个体差异,不简单与同伴做横向比较。

·幼儿做错事时要冷静处理,不厉声斥责,更不能打骂。

2.帮助幼儿学会恰当表达和调控情绪。如:

·成人用恰当的方式表达情绪,为幼儿做出榜样。如生气时不乱发脾气,不迁怒于人。

·成人和幼儿一起谈论自己高兴或生气的事,鼓励幼儿与人分享自己的情绪。

·允许幼儿表达自己的情绪,并给予适当的引导。如幼儿发脾气时不硬性压制,等其平静后告诉他什么行为是可以接受的。

·发现幼儿不高兴时,主动询问情况,帮助他们化解消极情绪。

目标3　具有一定的适应能力

3~4岁	4~5岁	5~6岁
1.能在较热或较冷的户外环境中活动。 2.换新环境时情绪能较快稳定,睡眠、饮食基本正常。 3.在帮助下能较快适应集体生活。	1.能在较热或较冷的户外环境中连续活动半小时左右。 2.换新环境时较少出现身体不适。 3.能较快适应人际环境中发生的变化。如换了新老师能较快适应。	1.能在较热或较冷的户外环境中连续活动半小时以上。 2.天气变化时较少感冒,能适应车、船等交通工具造成的轻微颠簸。 3.能较快融入新的人际关系环境。如换了新的幼儿园或班级能较快适应。

教育建议：

1. 保证幼儿的户外活动时间，提高幼儿适应季节变化的能力。

·幼儿每天的户外活动时间一般不少于两小时，其中体育活动时间不少于1小时，季节交替时要坚持。

·气温过热或过冷的季节或地区应因地制宜，选择温度适当的时间段开展户外活动，也可根据气温的变化和幼儿的个体差异，适当减少活动的时间。

2. 经常与幼儿玩拉手转圈、秋千、转椅等游戏活动，让幼儿适应轻微的摆动、颠簸、旋转，促进其平衡机能的发展。

3. 锻炼幼儿适应生活环境变化的能力。如：

·注意观察幼儿在新环境中的饮食、睡眠、游戏等方面的情况，采取相应的措施帮助他们尽快适应新环境。

·经常带幼儿接触不同的人际环境，如参加亲戚朋友聚会，多和不熟悉的小朋友玩，使幼儿较快适应新的人际关系。

（二）动作发展

目标1　具有一定的平衡能力，动作协调、灵敏

3~4岁	4~5岁	5~6岁
1. 能沿地面直线或在较窄的低矮物体上走一段距离。 2. 能双脚灵活交替上下楼梯。 3. 能身体平稳地双脚连续向前跳。 4. 分散跑时能躲避他人的碰撞。 5. 能双手向上抛球。	1. 能在较窄的低矮物体上平稳地走一段距离。 2. 能以匍匐、膝盖悬空等多种方式钻爬。 3. 能助跑跨跳过一定距离或助跑跨跳过一定高度的物体。 4. 能与他人玩追逐、躲闪跑的游戏。 5. 能连续自抛自接球。	1. 能在斜坡、荡桥和有一定间隔的物体上较平稳地行走。 2. 能以手脚并用的方式安全地爬攀登架、网等。 3. 能连续跳绳。 4. 能躲避他人滚过来的球或扔过来的沙包。 5. 能连续拍球。

教育建议：

1. 利用多种活动发展身体平衡和协调能力。如：

·走平衡木，或沿着地面直线、田埂行走。

·玩跳房子、踢毽子、蒙眼走路、踩小高跷等游戏活动。

2. 发展幼儿动作的协调性和灵活性。如：

·鼓励幼儿进行跑跳、钻爬、攀登、投掷、拍球等活动。

·玩跳竹竿、滚铁环等传统体育游戏。

3. 对于拍球、跳绳等技能性活动，不要过于要求数量，更不能机械训练。

4. 结合活动内容对幼儿进行安全教育，注重在活动中培养幼儿的自我保护能力。

目标2　具有一定的力量和耐力

3~4岁	4~5岁	5~6岁
1.能双手抓杠悬空吊起10秒左右。 2.能单手将沙包向前投掷两米左右。 3.能单脚连续向前跳两米左右。 4.能快跑15米左右。 5．能行走1公里左右（途中可适当停歇）。	1.能双手抓杠悬空吊起15秒左右。 2.能单手将沙包向前投掷4米左右。 3.能单脚连续向前跳5米右。 4.能快跑20米左右。 5.能连续行走1.5公里左右（途中可适当停歇）。	1.能双手抓杠悬空吊起20秒左右。 2.能单手将沙包向前投掷5米左右。 3.能单脚连续向前跳8米左右。 4.能快跑25米左右。 5.能连续行走1.5公里以上（途中可适当停歇）。

教育建议：

1. 开展丰富多样、适合幼儿年龄特点的各种身体活动，如走、跑、跳、攀、爬等，鼓励幼儿坚持下来，不怕累。

2. 日常生活中鼓励幼儿多走路、少坐车；自己上下楼梯、自己背包。

目标3　手的动作灵活协调

3~4岁	4~5岁	5~6岁
1.能用笔涂涂画画。 2.能熟练地用勺子吃饭。 3．能用剪刀沿直线剪，边线基本吻合。	1.能沿边线较直地画出简单图形，或能边线基本对齐地折纸。 2.会用筷子吃饭。 3.能沿轮廓线剪出由直线构成的简单图形，边线吻合。	1.能根据需要画出图形，线条基本平滑。 2.能熟练使用筷子。 3.能沿轮廓线剪出由曲线构成的简单图形，边线吻合且平滑。 4.能使用简单的劳动工具或用具。

教育建议：

1. 创造条件和机会，促进幼儿手的动作灵活协调。如：

·提供画笔、剪刀、纸张、泥团等工具和材料，或充分利用各种自然、废旧材料和常见物品，让幼儿进行画、剪、折、粘等美工活动。

·引导幼儿生活自理或参与家务劳动，发展其手的动作。如练习自己用筷子吃饭、扣扣子，帮助家人择菜叶、做面食等。

· 幼儿园在布置娃娃家、商店等活动区时，多提供原材料和半成品，让幼儿有更多机会参与制作活动。

2. 引导幼儿注意活动安全。如：

· 为幼儿提供的塑料粒、珠子等活动材料要足够大，材质要安全，以免造成异物进入气管、铅中毒等伤害。提供幼儿用安全剪刀。

· 为幼儿示范拿筷子、握笔的正确姿势以及使用剪刀、锤子等工具的方法。

· 提醒幼儿不要拿剪刀等锋利工具玩耍，用完后要放回原处。

（三）生活习惯与生活能力

目标1　具有良好的生活与卫生习惯

3~4岁	4~5岁	5~6岁
1.在提醒下，按时睡觉和起床，并能坚持午睡。 2.喜欢参加体育活动。 3.在引导下，不偏食、挑食。喜欢吃瓜果、蔬菜等新鲜食品。 4.愿意饮用白开水，不贪喝饮料。 5.不用脏手揉眼睛，连续看电视等不超过15分钟。 6.在提醒下，每天早晚刷牙、饭前便后洗手。	1.每天按时睡觉和起床，并能坚持午睡。 2.喜欢参加体育活动。 3.不偏食、挑食，不暴饮暴食。喜欢吃瓜果、蔬菜等新鲜食品。 4.常喝白开水，不贪喝饮料。 5.知道保护眼睛，不在光线过强或过暗的地方看书，连续看电视等不超过20分钟。 6.每天早晚刷牙、饭前便后洗手，方法基本正确。	1.养成每天按时睡觉和起床的习惯。 2.能主动参加体育活动。 3.吃东西时细嚼慢咽。 4.主动饮用白开水，不贪喝饮料。 5.主动保护眼睛。不在光线过强或过暗的地方看书，连续看电视等不超过30分钟。 6.每天早晚主动刷牙，饭前便后主动洗手，方法正确。

教育建议：

1. 让幼儿保持有规律的生活，养成良好的作息习惯。如早睡早起、每天午睡、按时进餐、吃好早餐等。

2. 帮助幼儿养成良好的饮食习惯。如：

· 合理安排餐点，帮助幼儿养成定点、定时、定量进餐的习惯。

· 帮助幼儿了解食物的营养价值，引导他们不偏食不挑食、少吃或不吃不利于健康的食品；多喝白开水，少喝饮料。

· 吃饭时不过分催促，提醒幼儿细嚼慢咽，不要边吃边玩。

3. 帮助幼儿养成良好的个人卫生习惯。如：

· 早晚刷牙、饭后漱口。

· 勤为幼儿洗澡、换衣服、剪指甲。

· 提醒幼儿保护五官，如不乱挖耳朵、鼻孔，看电视时保持3米左右的距离等。

4. 激发幼儿参加体育活动的兴趣，养成锻炼的习惯。如：

· 为幼儿准备多种体育活动材料，鼓励他们选择自己喜欢的材料开展活动。

· 经常和幼儿一起在户外运动和游戏，鼓励幼儿和同伴一起开展体育活动。

· 和幼儿一起观看体育比赛或有关体育赛事的电视节目，培养他们对体育活动的兴趣。

目标2　具有基本的生活自理能力

3~4岁	4~5岁	5~6岁
1.在帮助下能穿脱衣服或鞋袜。 2.能将玩具和图书放回原处。	1.能自己穿脱衣服、鞋袜、扣纽扣。 2.能整理自己的物品。	1.能知道根据冷热增减衣服。 2.会自己系鞋带。 3.能按类别整理好自己的物品。

教育建议：

1. 鼓励幼儿做力所能及的事情，对幼儿的尝试与努力给予肯定，不因做不好或做得慢而包办代替。

2. 指导幼儿学习和掌握生活自理的基本方法，如穿脱衣服和鞋袜、洗手洗脸、擦鼻涕、擦屁股的正确方法。

3. 提供有利于幼儿生活自理的条件。如：

· 提供一些纸箱、盒子，供幼儿收拾和存放自己的玩具、图书或生活用品等。

· 幼儿的衣服、鞋子等要简单实用，便于自己穿脱。

目标3　具备基本的安全知识和自我保护能力

3~4岁	4~5岁	5~6岁
1.不吃陌生人给的东西，不跟陌生人走。 2.在提醒下能注意安全，不做危险的事。 3.在公共场所走失时，能向警察或有关人员说出自己和家长的名字、电话号码等简单信息。	1.知道在公共场合不远离成人的视线单独活动。 2.认识常见的安全标志，能遵守安全规则。 3.运动时能主动躲避危险。 4.知道简单的求助方式。	1.未经大人允许不给陌生人开门。 2.能自觉遵守基本的安全规则和交通规则。 3.运动时能注意安全，不给他人造成危险。 4.知道一些基本的防灾知识。

教育建议：

1. 创设安全的生活环境，提供必要的保护措施。如：

·要把热水瓶、药品、火柴、刀具等物品放到幼儿够不到的地方；阳台或窗台要有安全保护措施；要使用安全的电源插座等。

·在公共场所要注意照看好幼儿；幼儿乘车、乘电梯时要有成人陪伴；不把幼儿单独留在家里或汽车里等。

2. 结合生活实际对幼儿进行安全教育。如：

·外出时，提醒幼儿要紧跟成人，不远离成人的视线，不跟陌生人走，不吃陌生人给的东西；不在河边和马路边玩耍；要遵守交通规则等。

·帮助幼儿了解周围环境中不安全的事物，不做危险的事。如不动热水壶，不玩火柴或打火机，不摸电源插座，不攀爬窗户或阳台等。

·帮助幼儿认识常见的安全标识，如小心触电、小心有毒、禁止下河游泳、紧急出口等。

·告诉幼儿不允许别人触摸自己的隐私部位。

3. 教给幼儿简单的自救和求救的方法。如：

·记住自己家庭的住址、电话号码、父母的姓名和单位，一旦走失时知道向成人求助，并能提供必要信息。

·遇到火灾或其他紧急情况时，知道要拨打"110""120""119"等求救电话。

·可利用图书、音像等材料对幼儿进行逃生和求救方面的教育，并运用游戏方式模拟练习。

·幼儿园应定期进行火灾、地震等自然灾害的逃生演习。

二、语言

语言是交流和思维的工具。幼儿期是语言发展，特别是口语发展的重要时期。幼儿语言的发展贯穿于各个领域，也对其他领域的学习与发展有着重要的影响：幼儿在运用语言进行交流的同时，也在发展着人际交往能力、理解他人和判断交往情境的能力、组织自己思想的能力。通过语言获取信息，幼儿的学习逐步超越个体的直接感知。

幼儿的语言能力是在交流和运用的过程中发展起来的。应为幼儿创设自由、宽松的语言交往环境，鼓励和支持幼儿与成人、同伴交流，让幼儿想说、敢说、喜欢说并能得到积极回应。为幼儿提供丰富、适宜的低幼读物，经常和幼儿一起看图书、讲故事，丰富其语言表达能力，培养阅读兴趣和良好的阅读习惯，进一步拓展学习经验。

幼儿的语言学习需要相应的社会经验支持，应通过多种活动扩展幼儿的生活经验，丰富语言的内容，增强理解和表达能力。应在生活情境和阅读活动中引导幼儿自然而然地产生对文字的兴趣，用机械记忆和强化训练的方式让幼儿过早识字不符合其学习特点和接受能力。

（一）倾听与表达

目标1　认真听并能听懂常用语言

3~4岁	4~5岁	5~6岁
1.别人对自己说话时能注意听并做出回应。 2.能听懂日常会话。	1.在群体中能有意识地听与自己有关的信息。 2.能结合情境感受到不同语气、语调所表达的不同意思。 3.方言地区和少数民族幼儿能基本听懂普通话。	1.在集体中能注意听老师或其他人讲话。 2.听不懂或有疑问时能主动提问。 3.能结合情境理解一些表示因果、假设等相对复杂的句子。

教育建议：

1. 多给幼儿提供倾听和交谈的机会。如经常和幼儿一起谈论他感兴趣的话题，或一起看图书、讲故事。

2. 引导幼儿学会认真倾听。如：

·成人要耐心倾听别人（包括幼儿）的讲话，等别人讲完再表达自己的观点。

·与幼儿交谈时，要用幼儿能听得懂的语言。

·对幼儿提要求和布置任务时要求他注意听，鼓励他主动提问。

3. 对幼儿讲话时，注意结合情境使用丰富的语言，以便于幼儿理解。如：

- 说话时注意语气、语调，让幼儿感受语气、语调的作用。如对幼儿的不合理要求以比较坚定的语气表示不同意；讲故事时，尽量把故事人物高兴、悲伤的心情用不同的语气、语调表现出来。

- 根据幼儿的理解水平有意识地使用一些反映因果、假设、条件等关系的句子。

目标2　愿意讲话并能清楚地表达

3~4岁	4~5岁	5~6岁
1.愿意在熟悉的人面前说话，能大方地与人打招呼。 2.基本会说本民族或本地区的语言。 3.愿意表达自己的需要和想法，必要时能配以手势动作。 4.能口齿清楚地说儿歌、童谣或复述简短的故事。	1.愿意与他人交谈，喜欢谈论自己感兴趣的话题。 2.会说本民族或本地区的语言，基本会说普通话。少数民族聚居地区幼儿会用普通话进行日常会话。 3.能基本完整地讲述自己的所见所闻和经历的事情。 4.讲述比较连贯。	1.愿意与他人讨论问题，敢在众人面前说话。 2.会说本民族或本地区的语言和普通话，发音正确清晰。少数民族聚居地区幼儿基本会说普通话。 3.能有序、连贯、清楚地讲述一件事情。 4.讲述时能使用常见的形容词、同义词等，语言比较生动。

教育建议：

1. 为幼儿创造说话的机会并体验语言交往的乐趣。

- 每天有足够的时间与幼儿交谈。如谈论他们感兴趣的话题，询问和听取他们对自己事情的意见等。

- 尊重和接纳幼儿的说话方式，无论幼儿的表达水平如何，都应认真地倾听并给予积极的回应。

- 鼓励和支持幼儿与同伴一起玩耍、交谈，相互讲述见闻、趣事或看过的图书、动画片等。

- 方言和少数民族地区应积极为幼儿创设用普通话交流的语言环境。

2. 引导幼儿清楚地表达。如：

- 和幼儿讲话时，成人自身的语言要清楚、简洁。

- 当幼儿因为急于表达而说不清楚的时候，提醒他不要着急，慢慢说；同时要耐心倾听，给予必要的补充，帮助他理清思路并清晰地说出来。

目标3　具有文明的语言习惯

3~4岁	4~5岁	5~6岁
1.与别人讲话时知道眼睛要看着对方。 2.说话自然，声音大小适中。 3.能在成人的提醒下使用恰当的礼貌用语。	1.别人对自己讲话时能回应。 2.能根据场合调节自己说话声音的大小。 3.能主动使用礼貌用语，不说脏话、粗话。	1.别人讲话时能积极主动地回应。 2.能根据谈话对象和需要，调整说话的语气。 3.懂得按次序轮流讲话，不随意打断别人。 4.能依据所处情境使用恰当的语言。如在别人难过时会用恰当的语言表示安慰。

教育建议：

1. 成人注意语言文明，为幼儿做出表率。如：

· 与他人交谈时，认真倾听，使用礼貌用语。

· 在公共场合不大声说话，不说脏话、粗话。

· 幼儿表达意见时，成人可蹲下来，眼睛平视幼儿，耐心听他把话说完。

2. 帮助幼儿养成良好的语言行为习惯。如：

· 结合情境提醒幼儿一些必要的交流礼节。如对长辈说话要有礼貌，客人来访时要打招呼，得到帮助时要说谢谢等。

· 提醒幼儿遵守集体生活的语言规则，如轮流发言，不随意打断别人讲话等。

· 提醒幼儿注意公共场所的语言文明，如不大声喧哗。

（二）阅读与书写准备

目标1　喜欢听故事，看图书

3~4岁	4~5岁	5~6岁
1.主动要求成人讲故事、读图书。 2.喜欢跟读韵律感强的儿歌、童谣。 3.爱护图书，不乱撕、乱扔。	1.反复看自己喜欢的图书。 2.喜欢把听过的故事或看过的图书讲给别人听。 3.对生活中常见的标识、符号感兴趣，知道它们表示一定的意义。	1.专注地阅读图书。 2.喜欢与他人一起谈论图书和故事的有关内容。 3.对图书和生活情境中的文字符号感兴趣，知道文字表示一定的意义。

教育建议：

1. 为幼儿提供良好的阅读环境和条件。如：

· 提供一定数量、符合幼儿年龄特点、富有童趣的图画书。

· 提供相对安静的地方，尽量减少干扰，保证幼儿自主阅读。

2. 激发幼儿的阅读兴趣，培养阅读习惯。如：

· 经常抽时间与幼儿一起看图书、讲故事。

· 提供童谣、故事和诗歌等不同体裁的儿童文学作品，让幼儿自主选择和阅读。

· 当幼儿遇到感兴趣的事物或问题时，和他一起查阅图书资料，让他感受图书的作用，体会通过阅读获取信息的乐趣。

3. 引导幼儿体会标识、文字符号的用途。如：

· 向幼儿介绍医院、公用电话等生活中的常见标识，让他知道标识可以代表具体事物。

· 结合生活实际，帮助幼儿体会文字的用途。如买来新玩具时，把说明书上的文字念给幼儿听，了解玩具的玩法。

目标2　具有初步的阅读理解能力

3~4岁	4~5岁	5~6岁
1.能听懂短小的儿歌或故事。 2.会看画面，能根据画面说出图中有什么，发生了什么事等。 3.能理解图书上的文字是和画面对应的，是用来表达画面意义的。	1. 能大体讲出所听故事的主要内容。 2. 能根据连续画面提供的信息，大致说出故事的情节。 3. 能随着作品的展开产生喜悦、担忧等相应的情绪反应，体会作品所表达的情绪情感。	1.能说出所阅读的幼儿文学作品的主要内容。 2. 能根据故事的部分情节或图书画面的线索猜想故事情节的发展，或续编、创编故事。 3. 对看过的图书、听过的故事能说出自己的看法。 4. 能初步感受文学语言的美。

教育建议：

1. 经常和幼儿一起阅读，引导他以自己的经验为基础理解图书的内容。如：

· 引导幼儿仔细观察画面，结合画面讨论故事内容，学习建立画面与故事内容的联系。

· 和幼儿一起讨论或回忆书中的故事情节，引导他有条理地说出故事的大致内容。

· 在给幼儿读书或讲故事时，可先不告诉名字，让幼儿听完后自己命名，并说出这样命名的理由。

· 鼓励幼儿自主阅读，并与他人讨论自己在阅读中的发现、体会和想法。

2. 在阅读中发展幼儿的想象和创造能力。如：

· 鼓励幼儿依据画面线索讲述故事，大胆推测、想象故事情节的发展，改编故事部分情节或续编故事结尾。

· 鼓励幼儿用故事表演、绘画等不同的方式表达自己对图书和故事的理解。

· 鼓励和支持幼儿自编故事，并为自编的故事配上图画，制成图画书。

3. 引导幼儿感受文学作品的美。如：

· 有意识地引导幼儿欣赏或模仿文学作品的语言节奏和韵律。

· 给幼儿读书时，通过表情、动作和抑扬顿挫的声音传达书中的情绪情感，让幼儿体会作品的感染力和表现力。

目标3　具有书面表达的愿望和初步技能

3~4岁	4~5岁	5~6岁
喜欢用涂涂画画表达一定的意思。	1.愿意用图画和符号表达自己的愿望和想法。 2.在成人提醒下，写写画画时姿势正确。	1.愿意用图画和符号表现事物或故事。 2.会正确书写自己的名字。 3.写画时姿势正确。

教育建议：

1. 让幼儿在写写画画的过程中体验文字符号的功能，培养书写兴趣。如：

· 准备供幼儿随时取放的纸、笔等材料，也可利用沙地、树枝等自然材料，满足幼儿自由涂画的需要。

· 鼓励幼儿将自己感兴趣的事情或故事画下来并讲给别人听，让幼儿体会写写画画的方式可以表达自己的想法和情感。

·把幼儿讲过的事情用文字记录下来,并念给他听,使幼儿知道说的话可以用文字记录下来,从中体会文字的用途。

2. 在绘画和游戏中做必要的书写准备,如:

·通过把虚线画出的图形轮廓连成实线等游戏,促进手眼协调,同时帮助幼儿学习由上至下、由左至右的运笔技能。

·鼓励幼儿学习书写自己的名字。

·提醒幼儿写画时保持正确姿势。

三、社会

幼儿社会领域的学习与发展过程是其社会性不断完善并奠定健全人格基础的过程。人际交往和社会适应是幼儿社会学习的主要内容,也是其社会性发展的基本途径。幼儿在与成人和同伴交往的过程中,不仅学习如何与人友好相处,也在学习如何看待自己、对待他人,不断发展适应社会生活的能力。良好的社会性发展对幼儿身心健康和其他各方面的发展都具有重要影响。

家庭、幼儿园和社会应共同努力,为幼儿创设温暖、关爱、平等的家庭和集体生活氛围,建立良好的亲子关系、师生关系和同伴关系,让幼儿在积极健康的人际关系中获得安全感和信任感,发展自信和自尊,在良好的社会环境及文化的熏陶中学会遵守规则,形成基本的认同感和归属感。

幼儿的社会性主要是在日常生活和游戏中通过观察和模仿潜移默化地发展起来的。成人应注重自己言行的榜样作用,避免简单生硬的说教。

（一）人际交往

目标1　愿意与人交往

3~4岁	4~5岁	5~6岁
1. 愿意和小朋友一起游戏。 2. 愿意与熟悉的长辈一起活动。	1. 喜欢和小朋友一起游戏,有经常一起玩的小伙伴。 2. 喜欢和长辈交谈,有事愿意告诉长辈。	1. 有自己的好朋友,也喜欢结交新朋友。 2. 有问题愿意向别人请教。 3. 有高兴的或有趣的事愿意与大家分享。

教育建议：

1. 主动亲近和关心幼儿，经常和他一起游戏或活动，让幼儿感受到与成人交往的快乐，建立亲密的亲子关系和师生关系。

2. 创造交往的机会，让幼儿体会交往的乐趣。如：

·利用走亲戚、到朋友家做客或有客人来访的时机，鼓励幼儿与他人接触和交谈。

·鼓励幼儿参加小朋友的游戏，邀请小朋友到家里玩，感受有朋友一起玩的快乐。

·幼儿园应多为幼儿提供自由交往和游戏的机会，鼓励他们自主选择、自由结伴开展活动。

目标2　能与同伴友好相处

3~4岁	4~5岁	5~6岁
1. 想加入同伴的游戏时，能友好地提出请求。 2. 在成人指导下，不争抢、不独霸玩具。 3. 与同伴发生冲突时，能听从成人的劝解。	1. 会运用介绍自己、交换玩具等简单技巧加入同伴游戏。 2. 对大家都喜欢的东西能轮流、分享。 3. 与同伴发生冲突时，能在他人帮助下和平解决。 4. 活动时愿意接受同伴的意见和建议。 5. 不欺负弱小。	1. 能想办法吸引同伴和自己一起游戏。 2. 活动时能与同伴分工合作，遇到困难能一起克服。 3. 与同伴发生冲突时能自己协商解决。 4. 知道别人的想法有时和自己不一样，能倾听和接受别人的意见，不能接受时会说明理由。 5. 不欺负别人，也不允许别人欺负自己。

教育建议：

1. 结合具体情境，指导幼儿学习交往的基本规则和技能。如：

·当幼儿不知怎样加入同伴游戏，或提出请求不被接受时，建议他拿出玩具邀请大家一起玩；或者扮成某个角色加入同伴的游戏。

·对幼儿与别人分享玩具、图书等行为给予肯定，让他对自己的表现感到高兴和满足。

·当幼儿与同伴发生矛盾或冲突时，指导他尝试用协商、交换、轮流玩、合作等方式解决冲突。

·利用相关的图书、故事，结合幼儿的交往经验，和他讨论什么样的行为受大家欢迎，想要得到别人的接纳应该怎样做。

· 幼儿园应多为幼儿提供需要大家齐心协力才能完成的活动,让幼儿在具体活动中体会合作的重要性,学习分工合作。

2. 结合具体情境,引导幼儿换位思考,学习理解别人。如:

· 幼儿有争抢玩具等不友好行为时,引导他们想想"假如你是那个小朋友,你有什么感受?"让幼儿学习理解别人的想法和感受。

3. 和幼儿一起谈谈他的好朋友,说说喜欢这个朋友的原因,引导他多发现同伴的优点、长处。

目标3　具有自尊、自信、自主的表现

3~4岁	4~5岁	5~6岁
1. 能根据自己的兴趣选择游戏或其他活动。 2. 为自己的好行为或活动成果感到高兴。 3. 自己能做的事情愿意自己做。 4. 喜欢承担一些小任务。	1. 能按自己的想法进行游戏或其他活动。 2. 知道自己的一些优点和长处,并对此感到满意。 3. 自己的事情尽量自己做,不愿意依赖别人。 4. 敢于尝试有一定难度的活动和任务。	1. 能主动发起活动或在活动中出主意、想办法。 2. 做了好事或取得了成功后还想做得更好。 3. 自己的事情自己做,不会的愿意学。 4. 主动承担任务,遇到困难能够坚持而不轻易求助。 5. 与别人的看法不同时,敢于坚持自己的意见并说出理由。

教育建议:

1. 关注幼儿的感受,保护其自尊心和自信心。如:

· 能以平等的态度对待幼儿,使幼儿切实感受到自己被尊重。

· 对幼儿好的行为表现多给予具体、有针对性的肯定和表扬,让他对自己优点和长处有所认识并感到满足和自豪。

· 不要拿幼儿的不足与其他幼儿的优点作比较。

2. 鼓励幼儿自主决定,独立做事,增强其自尊心和自信心。如:

· 与幼儿有关的事情要征求他的意见,即使他的意见与成人不同,也要认真倾听,接受他的合理要求。

· 在保证安全的情况下,支持幼儿按自己的想法做事;或提供必要的条件,帮助他实现自己的想法。

· 幼儿自己的事情尽量放手让他自己做,即使做得不够好,也应鼓励并给予一定的指导，让他在做事中树立自尊和自信。

- 鼓励幼儿尝试有一定难度的任务，并注意调整难度，让他感受经过努力获得的成就感。

目标4　关心尊重他人

3~4岁	4~5岁	5~6岁
1.长辈讲话时能认真听，并能听从长辈的要求。 2.身边的人生病或不开心时表示同情。 3.在提醒下能做到不打扰别人。	1.会用礼貌的方式向长辈表达自己的要求和想法。 2.能注意到别人的情绪，并有关心、体贴的表现。 3.知道父母的职业，能体会到父母为养育自己所付出的辛劳。	1.能有礼貌地与人交往。 2.能关注别人的情绪和需要，并能给予力所能及的帮助。 3.尊重为大家提供服务的人，珍惜他们的劳动成果。 4.接纳、尊重与自己的生活方式或习惯不同的人。

教育建议：

1. 成人以身作则，以尊重、关心的态度对待自己的父母、长辈和其他人。如：

- 经常问候父母，主动做家务。
- 礼貌地对待老年人，如坐车时主动为老人让座。
- 看到别人有困难能主动关心并给予一定的帮助。

2. 引导幼儿尊重、关心长辈和身边的人，尊重他人劳动及成果。如：

- 提醒幼儿关心身边的人，如妈妈累了，知道让她安静休息一会儿。
- 借助故事、图书等给幼儿讲讲父母抚育孩子成长的经历，让幼儿理解和体会父爱与母爱。
- 结合实际情境，提醒幼儿注意别人的情绪，了解他们的需要，给予适当的关心和帮助。
- 利用生活机会和角色游戏，帮助幼儿了解与自己关系密切的社会服务机构及其工作，如商场、邮局、医院等，体会这些机构给大家提供的便利和服务，懂得尊重工作人员的劳动，珍惜劳动成果。

3. 引导幼儿学习用平等、接纳和尊重的态度对待差异。如：

- 了解每个人都有自己的兴趣、爱好和特长，可以相互学习。

·利用民间游戏、传统节日等,适当向幼儿介绍我国主要民族和世界其他国家和民族的文化,帮助幼儿感知文化的多样性和差异性,理解人们之间是平等的,应该互相尊重,友好相处。

(二)社会适应

目标1　喜欢并适应群体生活

3~4岁	4~5岁	5~6岁
1.对群体活动有兴趣。 2.对幼儿园的生活好奇,喜欢上幼儿园。	1.愿意并主动参加群体活动。 2.愿意与家长一起参加社区的一些群体活动。	1.在群体活动中积极、快乐。 2.对小学生活有好奇和向往。

教育建议:

1. 经常和幼儿一起参加一些群体性的活动,让幼儿体会群体活动的乐趣。如:参加亲戚、朋友和同事间的聚会以及适合幼儿参加的社区活动等,支持幼儿和不同群体的同伴一起游戏,丰富其群体活动的经验。

2. 幼儿园组织活动时,可以经常打破班级的界限,让幼儿有更多机会参加不同群体的活动。

3. 带领大班幼儿参观小学,讲讲小学有趣的活动,唤起他们对小学生活的好奇和向往,为入学做好心理准备。

目标2　遵守基本的行为规范

3~4岁	4~5岁	5~6岁
1.在提醒下,能遵守游戏和公共场所的规则。 2.知道不经允许不能拿别人的东西,借别人的东西要归还。 3.在成人提醒下,爱护玩具和其他物品。	1.感受规则的意义,并能基本遵守规则。 2.不私自拿不属于自己的东西。 3.知道说谎是不对的。 4.知道接受了的任务要努力完成。 5.在提醒下,能节约粮食、水电等。	1.理解规则的意义,能与同伴协商制定游戏和活动规则。 2.爱惜物品,用别人的东西时也知道爱护。 3.做了错事敢于承认,不说谎。 4.能认真负责地完成自己所接受的任务。 5.爱护身边的环境,注意节约资源。

教育建议:

1.成人要遵守社会行为规则,为幼儿树立良好的榜样。如:

• 答应幼儿的事一定要做到、尊老爱幼、爱护公共环境，节约水电等。

2. 结合社会生活实际，帮助幼儿了解基本行为规则或其他游戏规则，体会规则的重要性，学习自觉遵守规则。如：

• 经常和幼儿玩带有规则的游戏，遵守共同约定的游戏规则。

• 利用实际生活情境和图书故事，向幼儿介绍一些必要的社会行为规则，以及为什么要遵守这些规则。

• 在幼儿园的区域活动中，创设情境，让幼儿体会没有规则的不方便，鼓励他们讨论制定规则并自觉遵守。

• 对幼儿表现出的遵守规则的行为要及时肯定，对违规行为给予纠正。如：幼儿主动为老人让座时要表扬；幼儿损害别人的物品或公共物品时要及时制止并主动赔偿。

3. 教育幼儿要诚实守信。如：

• 对幼儿诚实守信的行为要及时肯定。

• 允许幼儿犯错误，告诉他改了就好。不要打骂幼儿，以免他因害怕惩罚而说谎。

• 小年龄幼儿经常分不清想象和现实，成人不要误认为他是在说谎。

• 发现幼儿说谎时，要反思是否是因自己对幼儿的要求过高过严造成的。如果是，要及时调整自己的行为，同时要严肃地告诉幼儿说谎是不对的。

• 经常给幼儿分配一些力所能及的任务，要求他完成并及时给予表扬，培养他的责任感和认真负责的态度。

目标3　具有初步的归属感

3~4岁	4~5岁	5~6岁
1. 知道和自己一起生活的家庭成员及与自己的关系，体会到自己是家庭的一员。 2. 能感受到家庭生活的温暖，爱父母，亲近与信赖长辈。 3. 能说出自己家所在街道、小区（乡镇、村）的名称。 4. 认识国旗，知道国歌。	1. 喜欢自己所在的幼儿园和班级，积极参加集体活动。 2. 能说出自己家所在地的省、市、县（区）名称，知道当地有代表性的物产或景观。 3. 知道自己是中国人。 4. 奏国歌、升国旗时能自动站好。	1. 愿意为集体做事，为集体的成绩感到高兴。 2. 能感受到家乡的发展变化并为此感到高兴。 3. 知道自己的民族，知道中国是一个多民族的大家庭，各民族之间要互相尊重，团结友爱。 4. 知道国家一些重大成就，爱祖国，为自己是中国人感到自豪。

教育建议：

1. 亲切地对待幼儿，关心幼儿，让他感到长辈是可亲、可近、可信赖的，家庭和幼儿园是温暖的。如：

· 多和孩子一起游戏、谈笑，尽量在家庭和班级中营造温馨的氛围。

· 通过和幼儿一起翻阅照片、讲幼儿成长的故事等，让幼儿感受到家庭和幼儿园的温暖，老师的和蔼可亲，对养育自己的人产生感激之情。

2. 吸引和鼓励幼儿参加集体活动，萌发集体意识。如：

· 幼儿园和班级里的重大事情和计划，请幼儿集体讨论决定。

· 幼儿园应经常组织多种形式的集体活动，萌发幼儿的集体荣誉感。

3. 运用幼儿喜闻乐见和能够理解的方式激发幼儿爱家乡、爱祖国的情感。如：

· 和幼儿说一说或在地图上找一找自己家所在的省、市、县（区）名称。

· 和幼儿一起外出游玩，一起看有关的电视节目或画报等；和他们一起收集有关家乡、祖国各地的风景名胜、著名的建筑、独特物产的图片等，在观看和欣赏的过程中激发幼儿的自豪感和热爱之情。

· 利用电视节目或参加升旗等活动，向幼儿介绍国旗、国歌以及观看升旗、奏国歌的礼仪。

· 向幼儿介绍反映中国人聪明才智的发明和创造，激发幼儿的民族自豪感。

四、科学

幼儿的科学学习是在探究具体事物和解决实际问题中，尝试发现事物间的异同和联系的过程。幼儿在对自然事物的探究和运用数学解决实际生活问题的过程中，不仅获得丰富的感性经验，充分发展形象思维，而且初步尝试归类、排序、判断、推理，逐步发展逻辑思维能力，为其他领域的深入学习奠定基础。

幼儿科学学习的核心是激发探究兴趣，体验探究过程，发展初步的探究能力。成人要善于发现和保护幼儿的好奇心，充分利用自然和实际生活机会，引导幼儿通过观察、比较、操作、实验等方法，学习发现问题、分析问题和解决问题；帮助幼儿不断积累经验，并运用于新的学习活动，形成受益终身的学习态度和能力。

幼儿的思维特点是以具体形象思维为主,应注重引导幼儿通过直接感知、亲身体验和实际操作进行科学学习,不应为追求知识和技能的掌握,对幼儿进行灌输和强化训练。

(一)科学探究

目标1　亲近自然,喜欢探究

3~4岁	4~5岁	5~6岁
1. 喜欢接触大自然,对周围的很多事物和现象感兴趣。 2. 经常问各种问题,或好奇地摆弄物品。	1. 喜欢接触新事物,经常问一些与新事物有关的问题。 2. 常常动手动脑探索物体和材料,并乐在其中。	1. 对自己感兴趣的问题总是刨根问底。 2. 能经常动手动脑寻找问题的答案。 3. 探索中有所发现时感到兴奋和满足。

教育建议:

1. 经常带幼儿接触大自然,激发其好奇心与探究欲望。如:

· 为幼儿提供一些有趣的探究工具,用自己的好奇心和探究积极性感染和带动幼儿。

· 和幼儿一起发现并分享周围新奇、有趣的事物或现象,一起寻找问题的答案。

· 通过拍照和画图等方式保留和积累有趣的探索与发现。

2. 真诚地接纳、多方面支持和鼓励幼儿的探索行为。如:

· 认真对待幼儿的问题,引导他们猜一猜、想一想,有条件时和幼儿一起做一些简易的调查或有趣的小实验。

· 容忍幼儿因探究而弄脏、弄乱、甚至破坏物品的行为,引导他们活动后做好收拾整理。

· 多为幼儿选择一些能操作、多变化、多功能的玩具材料或废旧材料,在保证安全的前提下,鼓励幼儿拆装或动手自制玩具。

目标2　具有初步的探究能力

3~4岁	4~5岁	5~6岁
1.对感兴趣的事物能仔细观察，发现其明显特征。 2.能用多种感官或动作去探索物体，关注动作所产生的结果。	1.能对事物或现象进行观察比较，发现其相同与不同。 2.能根据观察结果提出问题，并大胆猜测答案。 3.能通过简单的调查收集信息。 4.能用图画或其他符号进行记录。	1.能通过观察、比较与分析，发现并描述不同种类物体的特征或某个事物前后的变化。 2.能用一定的方法验证自己的猜测。 3.在成人的帮助下能制定简单的调查计划并执行。 4.能用数字、图画、图表或其他符号记录。 5.探究中能与他人合作与交流。

教育建议：

1.有意识地引导幼儿观察周围事物，学习观察的基本方法，培养观察与分类能力。如：

·支持幼儿自发的观察活动，对其发现表示赞赏。

·通过提问等方式引导幼儿思考并对事物进行比较观察和连续观察。

·引导幼儿在观察和探索的基础上，尝试进行简单的分类、概括。如根据运动方式给动物分类，根据生长环境给植物分类，根据外部特征给物体分类，等等。

2.支持和鼓励幼儿在探究的过程中积极动手动脑寻找答案或解决问题。如：

·鼓励幼儿根据观察或发现提出值得继续探究的问题，或成人提出有探究意义且能激发幼儿兴趣的问题。如皮球、轮胎、竹筒等物体滚动时都走直线吗？怎样让橡皮泥球浮在水面上？

·支持和鼓励幼儿大胆联想、猜测问题的答案，并设法验证。如玩风车时，鼓励幼儿猜测风车转动方向及速度快慢的原因和条件，并实际去验证。

·支持、引导幼儿学习用适宜的方法探究和解决问题，或为自己的想法收集证据。如想知道院子里有多少种植物，可以进行实地调查；想知道球在平地上还是在斜坡上滚得快，可以动手试一试；想证明影子的方向与太阳的位置有关，可以做个小实验进行验证等。

3. 鼓励和引导幼儿学习做简单的计划和记录，并与他人交流分享。如：

· 和幼儿共同制订调查计划，讨论调查对象、步骤和方法等，也可以和幼儿一起设法用图画、箭头等标识呈现计划。

· 鼓励幼儿用绘画、照相、做标本等办法记录观察和探究的过程与结果，注意要让记录有意义，通过记录帮助幼儿丰富观察经验、建立事物之间的联系和分享发现。

· 支持幼儿与同伴合作探究与分享交流，引导他们在交流中尝试整理、概括自己探究的成果，体验合作探究和发现的乐趣。如一起讨论和分享自己的问题与发现，一起想办法收集资料和验证猜测。

4. 帮助幼儿回顾自己探究过程，讨论自己做了什么，怎么做的，结果与计划目标是否一致，分析一下原因以及下一步要怎样做等。

目标3　在探究中认识周围事物和现象

3~4岁	4~5岁	5~6岁
1. 认识常见的动植物，能注意并发现周围的动植物是多种多样的。 2. 能感知和发现物体和材料的软硬、光滑和粗糙等特性。 3. 能感知和体验天气对自己生活和活动的影响。 4. 初步了解和体会动植物和人们生活的关系。	1. 能感知和发现动植物的生长变化及其基本条件。 2. 能感知和发现常见材料的溶解、传热等性质或用途。 3. 能感知和发现简单物理现象，如物体形态或位置变化等。 4. 能感知和发现不同季节的特点，体验季节对动植物和人的影响。 5. 初步感知常用科技产品与自己生活的关系，知道科技产品有利也有弊。	1. 能察觉到动植物的外形特征、习性与生存环境的适应关系。 2. 能发现常见物体的结构与功能之间的关系。 3. 能探索并发现常见的物理现象产生的条件或影响因素，如影子、沉浮等。 4. 感知并了解季节变化的周期性，知道变化的顺序。 5. 初步了解人们的生活与自然环境的密切关系，知道尊重和珍惜生命，保护环境。

教育建议：

1. 支持幼儿在接触自然、生活事物和现象中积累有益的直接经验和感性认识。如：

· 和幼儿一起通过户外活动、参观考察、种植和饲养活动，感知生物的多样性和独特性，以及生长发育、繁殖和死亡的过程。

· 给幼儿提供丰富的材料和适宜的工具，支持幼儿在游戏过程中探索并感知常见物质、材料的特性和物体的结构特点。

2. 引导幼儿在探究中思考，尝试进行简单的推理和分析，发现事物之间明显的关联。如：

· 引导5岁以上幼儿关注和思考动植物的外部特征、习性与生活环境对动植物生存的意义。如兔子的长耳朵具有自我保护的作用；植物种子的形状有助于其传播等。

· 引导幼儿根据常见物质、材料的特性和物体的结构特点，推测和证实它们的用途。如带轮子的物体方便移动；不同用途的车辆有不同的结构等。

3. 引导幼儿关注和了解自然、科技产品与人们生活的密切关系，逐渐懂得热爱、尊重、保护自然。如：

· 结合幼儿的生活需要，引导他们体会人与自然、动植物的依赖关系。如：动植物、季节变化与人们生活的关系、常见灾害性天气给人们生产和生活带来的影响等。

· 和幼儿一起讨论常见科技产品的用途和弊端，如汽车等交通工具给生活带来的方便和对环境的污染等。

（二）数学认知

目标1　初步感知生活中数学的有用和有趣

3~4岁	4~5岁	5~6岁
1. 感知和发现周围物体的形状是多种多样的，对不同的形状感兴趣。 2. 体验和发现生活中很多地方都用到数。	1. 在指导下，感知和体会有些事物可以用形状来描述。 2. 在指导下，感知和体会有些事物可以用数来描述，对环境中各种数字的含义有进一步探究的兴趣。	1. 能发现事物简单的排列规律，并尝试创造新的排列规律。 2. 能发现生活中许多问题都可以用数学的方法来解决，体验解决问题的乐趣。

教育建议：

1. 引导幼儿注意事物的形状特征，尝试用表示形状的词来描述事物，体会描述的生动形象性和趣味性。如：

· 参观游览后，和幼儿一起谈论所看到的事物的形状，鼓励幼儿产生联想，并用自己的语言进行描述。如熊猫的身体圆圆的，全身好像是一个个的圆形组成的。

·和幼儿交谈或读书讲故事时，适当地运用一些有关形状的词汇来描述事物，如看图片时，和幼儿讨论奥运会场馆的形状，体会为什么有的场馆叫"水立方"，有的叫"鸟巢"。

2. 引导幼儿感知和体会生活中很多地方都用到数，关注周围与自己生活密切相关的数的信息，体会数可以代表不同的意义。如：

·和幼儿一起寻找发现生活中用数字做标识的事物，如电话号码、时钟、日历和商品的价签等。

·引导幼儿了解和感受数用在不同的地方，表示的意义是不一样的。如天气预报中表示气温的数代表冷热状况；钟表上的数表明时间的早晚等。

·鼓励幼儿尝试使用数的信息进行一些简单的推理。如知道今天是星期五，能推断明天是星期六，爸爸妈妈休息。

3. 引导幼儿观察发现按照一定规律排列的事物，体会其中的排列特点与规律，并尝试自己创造出新的排列规律。如：

·和幼儿一起发现和体会按一定顺序排列的队形整齐有序。

·提供具有重复性旋律和词语的音乐、儿歌和故事，或利用环境中有序排列的图案（如按颜色间隔排列的瓷砖、按形状间隔排列的珠帘等），鼓励幼儿发现和感受其中的规律。

·鼓励幼儿尝试自己设计有规律的花边图案、创编有一定规律的动作，或者按某种规律进行搭建活动。

·引导幼儿体会生活中很多事情都是有一定顺序和规律的，如一周七天的顺序是从周一到周日，一年四季按照春夏秋冬轮回等。

4. 鼓励和支持幼儿发现、尝试解决日常生活中需要用到数学的问题，体会数学的用处。如：

·拍球、跳绳、跳远或投沙包时，可通过数数、测量的方法确定名次。

·讨论春游去哪里玩时，让幼儿商量想去哪里玩？每个想去的地方有多少人？根据统计结果做出决定。

·滑滑梯时，按照"先来先玩"的规则有序地排队玩。

目标2　感知和理解数、量及数量关系

3~4岁	4~5岁	5~6岁
1.能感知和区分物体的大小、多少、高矮长短等量方面的特点，并能用相应的词表示。 2.能通过一一对应的方法比较两组物体的多少。 3.能手口一致地点数5个以内的物体，并能说出总数。能按数取物。 4.能用数词描述事物或动作。如我有4本图书。	1.能感知和区分物体的粗细、厚薄、轻重等量方面的特点，并能用相应的词语描述。 2.能通过数数比较两组物体的多少。 3.能通过实际操作理解数与数之间的关系，如5比4多1；2和3合在一起是5。 4.会用数词描述事物的排列顺序和位置。	1.初步理解量的相对性。 2.借助实际情境和操作（如合并或拿取）理解"加"和"减"的实际意义。 3.能通过实物操作或其他方法进行10以内的加减运算。 4.能用简单的记录表、统计图等表示简单的数量关系。

教育建议：

1.引导幼儿感知和理解事物"量"的特征。如：

·感知常见事物的大小、多少、高矮、粗细等量的特征，学习使用相应的词汇描述这些特征。

·结合具体事物让幼儿通过多次比较逐渐理解"量"是相对的。如小亮比小明高，但比小强矮。

·收拾物品时，根据情况，鼓励幼儿按照物体量的特征分类整理。如整理图书时按照大小摆放。

2.结合日常生活，指导幼儿学习通过对应或数数的方式比较物体的多少。如：

·鼓励幼儿在一对一配对的过程中发现两组物体的多少。如，在给桌子上的每个碗配上勺子时，发现碗和勺多少的不同。

·鼓励幼儿通过数数比较两样东西的多少。如数一数有多少个苹果，多少个梨，判断苹果和梨哪个多，哪个少。

3.利用生活和游戏中的实际情境，引导幼儿理解数概念。如：

·结合生活需要，和幼儿一起手口一致点数物体，得出物体的总数。

·通过点数的方式让幼儿体会物体的数量不会因排列形式、空间位置的不同而发生变化。如鼓励幼儿将一定数量的扣子以不同的形式摆放,体会扣子的数量是不变的。

·结合日常生活,为幼儿提供"按数取物"的机会,如游戏时,请幼儿按要求拿出几个球。

4. 通过实物操作引导幼儿理解数与数之间的关系,并用"加"或"减"的办法来解决问题。如:

·游戏中遇到让4个小动物住进两间房子的问题,或生活中遇到将5块饼干分给两个小朋友问题时,让幼儿尝试不同的分法。

·鼓励幼儿尝试自己解决生活中的数学问题。如家里来了5位客人,桌子上只有3个杯子,还需要几个杯子等。

·购少量物品时,有意识地鼓励幼儿参与计算和付款的过程等。

目标3　感知形状与空间关系

3~4岁	4~5岁	5~6岁
1. 能注意物体较明显的形状特征,并能用自己的语言描述。 2. 能感知物体基本的空间位置与方位,理解上下、前后、里外等方位词。	1. 能感知物体的形体结构特征,画出或拼搭出该物体的造型。 2. 能感知和发现常见几何图形的基本特征,并能进行分类。 3. 能使用上下、前后、里外、中间、旁边等方位词描述物体的位置和运动方向。	1. 能用常见的几何形体有创意地拼搭和画出物体的造型。 2. 能按语言指示或根据简单示意图正确取放物品。 3. 能辨别自己的左右。

教育建议:

1. 用多种方法帮助幼儿在物体与几何形体之间建立联系。如:

·引导幼儿感受生活中各种物品的形状特征,并尝试识别和描述。如感受和识别盘子、桌子、车轮、地砖等物品的形状特征。

·鼓励和支持幼儿用积木、纸盒、拼板等各种形状材料进行建构游戏或制作活动。如用长方形的纸盒加两个圆形瓶盖制作"汽车"。

·收拾整理积木时,引导幼儿体验图形之间的转换。如两个三角形可组合成一个正方形，两个正方形可组合成一个长方形。

·引导幼儿注意观察生活物品的图形特征，鼓励他们按形状分类整理物品。

2. 丰富幼儿空间方位识别的经验，引导幼儿运用空间方位经验解决问题。如：

·请幼儿取放物体时，使用他们能够理解的方位词，如把桌子下面的东西放到窗台上，把花盆放在大树旁边等。

·和幼儿一起识别熟悉场所的位置。如超市在家的旁边，邮局在幼儿园的前面。

·在体育、音乐和舞蹈活动中，引导幼儿感受空间方位和运动方向。

·和幼儿玩按指令找宝的游戏。对年龄小的幼儿要求他们按语言指令寻找，对年龄大些的幼儿可要求按照简单的示意图寻找。

五、艺术

艺术是人类感受美、表现美和创造美的重要形式，也是表达自己对周围世界的认识和情绪态度的独特方式。

每个幼儿心里都有一颗美的种子。幼儿艺术领域学习的关键在于充分创造条件和机会，在大自然和社会文化生活中萌发幼儿对美的感受和体验，丰富其想象力和创造力，引导幼儿学会用心灵去感受和发现美，用自己的方式去表现和创造美。

幼儿对事物的感受和理解不同于成人，他们表达自己认识和情感的方式也有别于成人。幼儿独特的笔触、动作和语言往往蕴含着丰富的想象和情感，成人应对幼儿的艺术表现给予充分的理解和尊重，不能用自己的审美标准去评判幼儿，更不能为追求结果的"完美"而对幼儿进行千篇一律的训练，以免扼杀其想象与创造的萌芽。

（一）感受与欣赏

目标1　喜欢自然界与生活中美的事物

3~4岁	4~5岁	5~6岁
1. 喜欢观看花草树木、日月星空等大自然中美的事物。 2. 容易被自然界中的鸟鸣、风声、雨声等好听的声音所吸引。	1. 在欣赏自然界和生活环境中美的事物时，关注其色彩、形态等特征。 2. 喜欢倾听各种好听的声音，感知声音的高低、长短、强弱等变化。	1. 乐于收集美的物品或向别人介绍所发现的美的事物。 2. 乐于模仿自然界和生活环境中有特点的声音，并产生相应的联想。

教育建议：

1. 和幼儿一起感受、发现和欣赏自然环境和人文景观中美的事物。如：

· 让幼儿多接触大自然，感受和欣赏美丽的景色和好听的声音。

· 经常带幼儿参观园林、名胜古迹等人文景观，讲讲有关的历史故事、传说，与幼儿一起讨论和交流对美的感受。

2. 和幼儿一起发现美的事物的特征，感受和欣赏美。如：

· 让幼儿观察常见动植物以及其他物体，引导幼儿用自己的语言、动作等描述它们美的方面，如颜色、形状、形态等。

· 让幼儿倾听和分辨各种声响，引导幼儿用自己的方式来表达他对音色、强弱、快慢的感受。

· 支持幼儿收集喜欢的物品并和他一起欣赏。

目标2　喜欢欣赏多种多样的艺术形式和作品

3~4岁	4~5岁	5~6岁
1. 喜欢听音乐或观看舞蹈、戏剧等表演。 2. 乐于观看绘画、泥塑或其他艺术形式的作品。	1. 能够专心地观看自己喜欢的文艺演出或艺术品，有模仿和参与的愿望。 2. 欣赏艺术作品时会产生相应的联想和情绪反应。	1. 艺术欣赏时常常用表情、动作、语言等方式表达自己的理解。 2. 愿意和别人分享、交流自己喜爱的艺术作品和美感体验。

教育建议：

1. 创造条件让幼儿接触多种艺术形式和作品。如：

·经常让幼儿接触适宜的、各种形式的音乐作品,丰富幼儿对音乐的感受和体验。

·和幼儿一起用图画、手工制品等装饰和美化环境。

·带幼儿观看或共同参与传统民间艺术和地方民俗文化活动,如皮影戏、剪纸和捏面人等。

·有条件的情况下,带幼儿去剧院、美术馆、博物馆等欣赏文艺表演和艺术作品。

2.尊重幼儿的兴趣和独特感受,理解他们欣赏时的行为。如:

·理解和尊重幼儿在欣赏艺术作品时的手舞足蹈、即兴模仿等行为。

·当幼儿主动介绍自己喜爱的舞蹈、戏曲、绘画或工艺品时,要耐心倾听并给予积极回应和鼓励。

(二)表现与创造

目标1 喜欢进行艺术活动并大胆表现

3~4岁	4~5岁	5~6岁
1.经常自哼自唱或模仿有趣的动作、表情和声调。 2.经常涂涂画画、粘粘贴贴并乐在其中。	1.经常唱唱跳跳,愿意参加歌唱、律动、舞蹈、表演等活动。 2.经常用绘画、捏泥、手工制作等多种方式表现自己的所见所想。	1.积极参与艺术活动,有自己比较喜欢的活动形式。 2.能用多种工具、材料或不同的表现手法表达自己的感受和想象。 3.艺术活动中能与他人相互配合,也能独立表现。

教育建议:

1.创造机会和条件,支持幼儿自发的艺术表现和创造。

·提供丰富的便于幼儿取放的材料、工具或物品,支持幼儿进行自主绘画、手工、歌唱、表演等艺术活动。

·经常和幼儿一起唱歌、表演、绘画、制作,共同分享艺术活动的乐趣。

2.营造安全的心理氛围,让幼儿敢于并乐于表达表现。如:

·欣赏和回应幼儿的哼哼唱唱、模仿表演等自发的艺术活动,赞赏他独特的表现方式。

·在幼儿自主表达创作过程中,不过多干预或把自己的意愿强加给幼儿,在幼儿需要时再给予具体的帮助。

·了解并倾听幼儿艺术表现的想法或感受,领会并尊重幼儿的创作意图,不简单用"像不像""好不好"等成人标准来评价。

· 展示幼儿的作品，鼓励幼儿用自己的作品或艺术品布置环境。

目标2 具有初步的艺术表现与创造能力

3~4岁	4~5岁	5~6岁
1.能模仿学唱短小歌曲。 2. 能跟随熟悉的音乐做身体动作。 3. 能用声音、动作、姿态模拟自然界的事物和生活情景。 4. 能用简单的线条和色彩大体画出自己想画的人或事物。	1. 能用自然的、音量适中的声音基本准确地唱歌。 2. 能通过即兴哼唱、即兴表演或给熟悉的歌曲编词来表达自己的心情。 3. 能用拍手、踏脚等身体动作或可敲击的物品敲打节拍和基本节奏。 4. 能运用绘画、手工制作等表现自己观察到或想象的事物。	1. 能用基本准确的节奏和音调唱歌。 2. 能用律动或简单的舞蹈动作表现自己的情绪或自然界的情景。 3. 能自编自演故事，并为表演选择和搭配简单的服饰、道具或布景。 4. 能用自己制作的美术作品布置环境、美化生活。

教育建议：

尊重幼儿自发的表现和创造，并给予适当的指导。如：

· 鼓励幼儿在生活中细心观察、体验，为艺术活动积累经验与素材。如：观察不同树种的形态、色彩等。

· 提供丰富的材料，如图书、照片、绘画或音乐作品等，让幼儿自主选择，用自己喜欢的方式去模仿或创作，成人不做过多要求。

· 根据幼儿的生活经验，与幼儿共同确定艺术表达表现的主题，引导幼儿围绕主题展开想象，进行艺术表现。

· 幼儿绘画时，不宜提供范画，特别不应要求幼儿完全按照范画来画。

· 肯定幼儿作品的优点，用表达自己感受的方式引导其提高。如，"你的画用了这么多红颜色，感觉就像过年一样喜庆""你扮演的大灰狼声音真像，要是表情再凶一点就更好了"等。

教育部关于在中小学幼儿园广泛深入开展节约教育的意见

(教基一〔2013〕5号　2013年3月21日)

各省、自治区、直辖市教育厅（教委），新疆生产建设兵团教育局：

为贯彻落实中央关于厉行勤俭节约、反对铺张浪费的精神，今年1～2月教育部印发了《关于做好2013年春季开学工作的通知》(教办〔2013〕1号)和《关于勤俭节约办教育建设节约型校园的通知》(教发〔2013〕4号)，对教育系统厉行节约工作作出部署。各地和学校正在积极行动，采取很多措施贯彻落实。鉴于中小学、幼儿园节约教育的特殊重要性，现提出如下意见。

一、充分认识节约教育的重要意义

勤俭节约是中华民族的传统美德，是社会文明进步的重要标志。我国处于社会主义初级阶段，资源缺乏，贫困人口多，对青少年儿童进行勤俭节约教育，使他们从小养成勤俭节约思想意识和行为习惯，不仅有利于他们自身的健康成长，而且会影响家庭和社会，关系到国家和民族的未来。加强节约教育意义重大，刻不容缓。

二、全面持续开展"光盘行动"

各地要把节约粮食教育作为节约教育的重中之重，切实抓紧抓好，务求成效。每所学校、幼儿园都要制订防止餐桌浪费的具体办法，并真正落到实处。寄宿制学校尤其要加强食堂的精细化、人性化管理，提倡小份多次管饱的文明用餐方式。中小学要加强学生自我教育和管理，普遍设立"学生文明就餐监督员"。通过努力，杜绝舌尖上的浪费，让节约粮食光荣、浪费粮食可耻的观念深入人心。

三、全员参与勤俭节约体验活动

各地中小学要组织学生开展以勤俭节约为主题的体验活动。组织学生到节粮、节水、环保等方面的社会实践基地，观察了解节粮节水节能的知识和方法，开展相关研究性学习。组织开展餐饮消费、办公用纸、家庭用水等情况的社会调查。城市学校要在每个学段至少安排一次农业生产劳动，农村学校要普及校园种植养殖，建立"学校+农户试验田"，坚持"绿色证书"制度，让学生获得劳动的切身体验，认识到粒粒皆辛苦，从而真正形成尊重劳动人民和劳动成果的思想感情。

四、将节俭行为纳入综合素质评价

各校要结合实际，制定详细的评价办法，将学生日常节俭行为习惯养成情况作为重要指标，纳入到学生综合素质评价，与评优评先结合起来。组织开展学生"节约之星"争创活动，发挥榜样作用，激励学生参与节约行动。

五、建立健全学校节约教育制度

中小学要在学校管理各个环节体现节约要求，自觉抵制奢侈浪费行为。编制学校年度节约计划，推广使用节能的照明、采暖、电教等设备设施。结合中小学生守则和日常行为规范，建立健全各种规章制度，细化勤俭节约条款。各地要将节约教育开展情况作为考核校长、教师的重要内容，并与教师绩效工资挂钩。校长、教师要以身作则，在勤俭节约方面为学生做出表率。

六、加强节约教育督导检查

各级教育督导机构要将地方和学校开展节约教育、建设节约型校园情况纳入教育督导指标体系，并开展经常性督导检查。每学期都要开展节约教育专项督导检查。将督导结果向社会公布，对开展节约教育不力的地方和学校要予以通报，对存在严重浪费现象的地方和学校要责成有关部门严肃处理。

七、加大节约教育宣传力度

各级教育部门要主动会同宣传部门充分利用各种媒体，组织节约教育专题报道，形成宣传声势，营造良好舆论氛围。要对开展节约教育好的地方和学校及时大力推介。各地要设立举报电话和举报平台，认真受理举报，对浪费现象严重的地方和学校，一经查实，要予以曝光。

各级教育部门和中小学、幼儿园要高度重视节约教育工作，迅速行动起来，认真部署安排，制定具体方案，引导广大中小学生和幼儿园幼儿从我做起、从身边小事做起，让勤俭节约蔚然成风。

教育部
2013年3月21日

卫生部关于印发《托儿所幼儿园卫生保健工作规范》的通知

（卫妇社发〔2012〕35号　2012年5月9日颁布）

各省、自治区卫生厅局，新疆生产建设兵团卫生局：

　　为贯彻落实《托儿所幼儿园卫生保健管理办法》(卫生部教育部令第76号)，加强托儿所、幼儿园卫生保健工作，切实提高托幼机构卫生保健工作质量，我们组织专家对1985年印发的《托儿所、幼儿园卫生保健制度》进行了修订，形成了《托儿所幼儿园卫生保健工作规范》。现印发给你们，请遵照执行。

　　附件：托儿所幼儿园卫生保健工作规范

卫生部
2012年5月9日

托儿所幼儿园卫生保健工作规范

为贯彻落实《托儿所幼儿园卫生保健管理办法》（以下简称《管理办法》），加强托儿所、幼儿园（以下简称托幼机构）卫生保健工作，切实提高托幼机构卫生保健工作质量，特制定《托儿所幼儿园卫生保健工作规范》（以下简称《规范》）。

托幼机构卫生保健工作的主要任务是贯彻预防为主、保教结合的工作方针，为集体儿童创造良好的生活环境，预防控制传染病，降低常见病的发病率，培养健康的生活习惯，保障儿童的身心健康。

第一部分　卫生保健工作职责

一、托幼机构

（一）按照《管理办法》要求，设立保健室或卫生室，其设置应当符合本《规范》保健室设置基本要求。根据接收儿童数量配备符合相关资质的卫生保健人员。

（二）新设立的托幼机构，应当按照本《规范》卫生评价的要求进行设计和建设，招生前应当取得县级以上卫生行政部门指定的医疗卫生机构出具的符合本《规范》的卫生评价报告。

（三）制订适合本园（所）的卫生保健工作制度和年度工作计划，定期检查各项卫生保健制度的落实情况。

（四）严格执行工作人员和儿童入园（所）及定期健康检查制度。坚持晨午检及全日健康观察工作，卫生保健人员应当深入各班巡视。做好儿童转园（所）健康管理工作。定期开展儿童生长发育监测和五官保健，将儿童体检结果及时反馈给家长。

（五）加强园（所）的传染病预防控制工作。做好入园（所）儿童预防接种证的查验，配合有关部门按时完成各项预防接种工作。建立儿童传染病预防控制制度，做好晨午检，儿童缺勤要追查，因病缺勤要登记。明确传染病疫情报告人，发现传染病病人或疑似传染病人要早报告、早治疗，相关班级要重点消毒管理。做好园（所）内环境卫生、各项日常卫生和消毒工作。

（六）加强园（所）的伤害预防控制工作，建立因伤害缺勤登记报告制度，及时发现安全隐患，做好园（所）内伤害干预和评估工作。

（七）根据各年龄段儿童的生理、心理特点，在卫生保健人员参与下制订合理的一日生活制度和体格锻炼计划，开展适合儿童年龄特点的保育工作和体格锻炼。

（八）严格执行食品安全工作要求，配备食堂从业、管理人员和食品安全监管人员，制订各岗位工作职责，上岗前应当参加食品安全法律法规和儿童营养等专业知识培训。做好儿童的膳食管理工作，为儿童提供符合营养要求的平衡膳食。

（九）卫生保健人员应当按时参加妇幼保健机构召开的工作例会，并接受相关业务培训与指导；定期对托幼机构内工作人员进行卫生保健知识的培训；积极开展传染病、常见病防治的健康教育，负责消毒隔离工作的检查指导，做好疾病的预防与管理。

（十）根据工作要求，完成各项卫生保健工作记录的填写，作好各种统计分析，并将数据按要求及时上报辖区内妇幼保健机构。

二、妇幼保健机构

（一）配合卫生行政部门，制订辖区内托幼机构卫生保健工作规划、年度计划并组织实施，制订辖区内托幼机构卫生保健工作评估实施细则，建立完善的质量控制体系和评估制度。

（二）依据《管理办法》，由卫生行政部门指定的妇幼保健机构对新设立的托幼机构进行招生前的卫生评价工作，并出具卫生评价报告。

（三）受卫生行政部门委托，妇幼保健机构对取得办园（所）资格的托幼机构每3年进行1次卫生保健工作综合评估，并将结果上报卫生行政部门。

（四）地市级以上妇幼保健机构负责对当地托幼机构卫生保健人员进行岗

前培训及考核，合格者颁发培训合格证。县级以上妇幼保健机构每年至少组织1次相关知识的业务培训或现场观摩活动。

（五）妇幼保健机构定期对辖区内的托幼机构卫生保健工作进行业务指导。内容包括一日生活安排、儿童膳食、体格锻炼、健康检查、卫生消毒、疾病预防、伤害预防、心理行为保健、健康教育、卫生保健资料管理等工作。

（六）协助辖区内食品药品监督管理、卫生监督和疾病预防控制等部门，开展食品安全、传染病预防与控制宣传教育等工作。

（七）对辖区内承担托幼机构儿童和工作人员健康检查服务的医疗卫生机构进行相关专业技术的指导和培训。

（八）负责定期组织召开辖区内托幼机构卫生保健工作例会，交流经验、学习卫生保健知识和技能。收集信息，掌握辖区内托幼机构卫生保健情况，为卫生行政部门决策提供相关依据。

三、相关机构

（一）疾病预防控制机构负责定期为托幼机构提供疾病预防控制的宣传、咨询服务和指导。

（二）卫生监督执法机构依法对托幼机构的饮用水卫生、传染病预防和控制等工作进行监督检查。

（三）食品药品监督管理机构中负责餐饮服务监督管理的部门依法加强对托幼机构食品安全的指导与监督检查。

（四）乡镇卫生院、村卫生室和社区卫生服务中心（站）应通过妇幼卫生网络、预防接种系统以及日常医疗卫生服务等多种途径掌握辖区中的适龄儿童数，并加强与托幼机构的联系，取得配合，做好儿童的健康管理。

第二部分　卫生保健工作内容与要求

一、一日生活安排

（一）托幼机构应当根据各年龄段儿童的生理、心理特点，结合本地区的季节变化和本托幼机构的实际情况，制订合理的生活制度。

（二）合理安排儿童作息时间和睡眠、进餐、大小便、活动、游戏等各个生活环节的时间、顺序和次数，注意动静结合、集体活动与自由活动结合、室内活动与室外活动结合，不同形式的活动交替进行。

（三）保证儿童每日充足的户外活动时间。全日制儿童每日不少于2小时，寄宿制儿童不少于3小时，寒冷、炎热季节可酌情调整。

（四）根据儿童年龄特点和托幼机构服务形式合理安排每日进餐和睡眠时间。制订餐、点数，儿童正餐间隔时间3.5～4小时，进餐时间20～30分钟／餐，餐后安静活动或散步时间10～15分钟。3～6岁儿童午睡时间根据季节以2～2.5小时／日为宜，3岁以下儿童日间睡眠时间可适当延长。

（五）严格执行一日生活制度，卫生保健人员应当每日巡视，观察班级执行情况，发现问题及时予以纠正，以保证儿童在托幼机构内生活的规律性和稳定性。

二、儿童膳食

（一）膳食管理

1. 托幼机构食堂应当按照《食品安全法》《食品安全法实施条例》以及《餐饮服务许可管理办法》《餐饮服务食品安全监督管理办法》《学校食堂与学生集体用餐卫生管理规定》等有关法律法规和规章的要求，取得《餐饮服务许可证》，建立健全各项食品安全管理制度。

2. 托幼机构应当为儿童提供符合国家《生活饮用水卫生标准》的生活饮用水。保证儿童按需饮水。每日上、下午各1～2次集中饮水，1～3岁儿童饮水量50～100毫升／次，3～6岁儿童饮水量100～150毫升／次，并根据季节变化酌情调整饮水量。

3. 儿童膳食应当专人负责，建立有家长代表参加的膳食委员会并定期召开会议，进行民主管理。工作人员与儿童膳食要严格分开，儿童膳食费专款专用，账目每月公布，每学期膳食收支盈亏不超过2%。

4. 儿童食品应当在具有《食品生产许可证》或《食品流通许可证》的单位采购。食品进货前必须采购查验及索票索证，托幼机构应建立食品采购和验收记录。

5. 儿童食堂应当每日清扫、消毒，保持内外环境整洁。食品加工用具必须生熟标识明确、分开使用、定位存放。餐饮具、熟食盛器应在食堂或清洗消毒间集中清洗消毒，消毒后保洁存放。库存食品应当分类、注有标识、注明保质日期、定位储藏。

6. 禁止加工变质、有毒、不洁、超过保质期的食物，不得制作和提供冷荤凉菜。留样食品应当按品种分别盛放于清洗消毒后的密闭专用容器内，在冷藏条件下存放48小时以上；每样品种不少于100克以满足检验需要，并作好记录。

7. 进餐环境应当卫生、整洁、舒适。餐前做好充分准备，按时进餐，保证儿童情绪愉快，培养儿童良好的饮食行为和卫生习惯。

（二）膳食营养

1. 托幼机构应当根据儿童生理需求，以《中国居民膳食指南》为指导，参考"中国居民膳食营养素参考摄入量（DRIs）"和各类食物每日参考摄入量（见表），制订儿童膳食计划。

2. 根据膳食计划制订带量食谱，1～2周更换1次。食物品种要多样化且合理搭配。

3. 在主副食的选料、洗涤、切配、烹调的过程中，方法应当科学合理，减少营养素的损失，符合儿童清淡口味，达到营养膳食的要求。烹调食物注意色、香、味、形，提高儿童的进食兴趣。

4. 托幼机构至少每季度进行1次膳食调查和营养评估。儿童热量和蛋白质平均摄入量全日制托幼机构应当达到"DRIs"的80%以上，寄宿制托幼机构应当达到"DRIs"的90%以上。维生素A、维生素B_1、维生素B_2、维生素C及矿物质钙、铁、锌等应当达到"DRIs"的80%以上。三大营养素热量占总热量的百分比是蛋白质12%～15%，脂肪30%～35%，碳水化合物50%～60%。每日早餐、午餐、晚餐热量分配比例为30%、40%和30%。优质蛋白质占蛋白质总量的50%以上。

5. 有条件的托幼机构可为贫血、营养不良、食物过敏等儿童提供特殊膳食。

不提供正餐的托幼机构，每日至少提供1次点心。

儿童各类食物每日参考摄入量

食物种类	1~3岁	3~6岁
谷类	100~150克	180~260克
蔬菜类	150~200克	200~250克
水果类	150~200克	150~300克
鱼虾类	100克	40~50克
禽畜肉类		30~40克
蛋类		60克
液态奶	350~500毫升	300~400毫升
大豆及豆制品	—	25克
烹调油	20~25克	25~30克

注：《中国孕期、哺乳期妇女和0~6岁儿童膳食指南》（中国营养学会妇幼分会，2010年）

三、体格锻炼

（一）托幼机构应当根据儿童的年龄及生理特点，每日有组织地开展各种形式的体格锻炼，掌握适宜的运动强度，保证运动量，提高儿童身体素质。

（二）保证儿童室内外运动场地和运动器械的清洁、卫生、安全，做好场地布置和运动器械的准备。定期进行室内外安全隐患排查。

（三）利用日光、空气、水和器械，有计划地进行儿童体格锻炼。做好运动前的准备工作。运动中注意观察儿童面色、精神状态、呼吸、出汗量和儿童对锻炼的反应，若有不良反应要及时采取措施或停止锻炼；加强运动中的保护，避免运动伤害。运动后注意观察儿童的精神、食欲、睡眠等状况。

（四）全面了解儿童健康状况，患病儿童停止锻炼；病愈恢复期的儿童运动量要根据身体状况予以调整；体弱儿童的体格锻炼进程应当较健康儿童缓慢，时间缩短，并要对儿童运动反应进行仔细的观察。

四、健康检查

（一）儿童健康检查

1. 入园（所）健康检查

（1）儿童入托幼机构前应当经医疗卫生机构进行健康检查，合格后方可入园（所）。

（2）承担儿童入园（所）体检的医疗卫生机构及人员应当取得相应的资格，并接受相关专业技术培训。应当按照《管理办法》规定的项目开展健康检查，规范填写"儿童入园（所）健康检查表（见附件1）"，不得违反规定擅自改变健康检查项目。

（3）儿童入园（所）体检中发现疑似传染病者应当"暂缓入园（所）"，及时确诊治疗。

（4）儿童入园（所）时，托幼机构应当查验"儿童入园（所）健康检查表""0~6岁儿童保健手册""预防接种证"。

发现没有预防接种证或未依照国家免疫规划受种的儿童，应当在30日内向托幼机构所在地的接种单位或县级疾病预防控制机构报告，督促监护人带儿童到当地规定的接种单位补证或补种。托幼机构应当在儿童补证或补种后复验预防接种证。

2. 定期健康检查

（1）承担儿童定期健康检查的医疗卫生机构及人员应当取得相应的资格。儿童定期健康检查项目包括：测量身长（身高）、体重，检查口腔、皮肤、心肺、肝脾、脊柱、四肢等，测查视力、听力，检测血红蛋白或血常规。

（2）1~3岁儿童每年健康检查2次，每次间隔6个月；3岁以上儿童每年健康检查1次。所有儿童每年进行1次血红蛋白或血常规检测。1~3岁儿童每年进行1次听力筛查；4岁以上儿童每年检查1次视力。体检后应当及时向家长反馈健康检查结果。

（3）儿童离开园（所）3个月以上需重新按照入园（所）检查项目进行健

康检查。

（4）转园（所）儿童持原托幼机构提供的"儿童转园（所）健康证明""0~6岁儿童保健手册"可直接转园（所）。"儿童转园（所）健康证明"有效期3个月。

3. 晨午检及全日健康观察

（1）做好每日晨间或午间入园（所）检查。检查内容包括询问儿童在家有无异常情况，观察精神状况、有无发热和皮肤异常，检查有无携带不安全物品等，发现问题及时处理。

（2）应当对儿童进行全日健康观察，内容包括饮食、睡眠、大小便、精神状况、情绪、行为等，并作好观察及处理记录。

（3）卫生保健人员每日深入班级巡视2次，发现患病、疑似传染病儿童应当尽快隔离并与家长联系，及时到医院诊治，并追访诊治结果。

（4）患病儿童应当离园（所）休息治疗。如果接受家长委托喂药时，应当做好药品交接和登记，并请家长签字确认。

（二）工作人员健康检查。

1. 上岗前健康检查

（1）托幼机构工作人员上岗前必须按照《管理办法》的规定，经县级以上人民政府卫生行政部门指定的医疗卫生机构进行健康检查（见附件2），取得"托幼机构工作人员健康合格证"后方可上岗。

（2）精神病患者或者有精神病史者不得在托幼机构工作。

2. 定期健康检查

（1）托幼机构在岗工作人员必须按照《管理办法》规定的项目每年进行1次健康检查（见附件2）。

（2）在岗工作人员患有精神病者，应当立即调离托幼机构。

（3）凡患有下列症状或疾病者须离岗，治愈后须持县级以上人民政府卫生行政部门指定的医疗卫生机构出具的诊断证明，并取得"托幼机构工作人员健康合格证"后，方可回园（所）工作。

1）发热、腹泻等症状；

2）流感、活动性肺结核等呼吸道传染性疾病；

3）痢疾、伤寒、甲型病毒性肝炎、戊型病毒性肝炎等消化道传染性疾病；

4）淋病、梅毒、滴虫性阴道炎、化脓性或者渗出性皮肤病等。

（4）体检过程中发现异常者，由体检的医疗卫生机构通知托幼机构的患病工作人员到相关专科进行复查和确诊，并追访诊治结果。

五、卫生与消毒

（一）环境卫生

1. 托幼机构应当建立室内外环境卫生清扫和检查制度，每周全面检查1次并记录，为儿童提供整洁、安全、舒适的环境。

2. 室内应当有防蚊、蝇、鼠、虫及防暑和防寒设备，并放置在儿童接触不到的地方。集中消毒应在儿童离园（所）后进行。

3. 保持室内空气清新、阳光充足。采取湿式清扫方式清洁地面。厕所做到清洁通风、无异味，每日定时打扫，保持地面干燥。便器每次用后及时清洗干净。

4. 卫生洁具各班专用专放并有标记。抹布用后及时清洗干净，晾晒、干燥后存放；拖布清洗后应当晾晒或控干后存放。

5. 枕席、凉席每日用温水擦拭，被褥每月暴晒1~2次，床上用品每月清洗1~2次。

6. 保持玩具、图书表面的清洁卫生，每周至少进行1次玩具清洗，每2周图书翻晒1次。

（二）个人卫生

1. 儿童日常生活用品专人专用，保持清洁。要求每人每日1巾1杯专用，每人1床位1被。

2. 培养儿童良好卫生习惯。饭前便后应当用肥皂、流动水洗手，早晚洗脸、刷牙，饭后漱口，做到勤洗头洗澡换衣、勤剪指（趾）甲，保持服装整洁。

3. 工作人员应当保持仪表整洁，注意个人卫生。饭前便后和护理儿童前应用肥皂、流动水洗手；上班时不戴戒指，不留长指甲；不在园（所）内吸烟。

（三）预防性消毒

1. 儿童活动室、卧室应当经常开窗通风，保持室内空气清新。每日至少开窗通风2次，每次至少10~15分钟。在不适宜开窗通风时，每日应当采取其他方法对室内空气消毒2次。

2. 餐桌每餐使用前消毒。水杯每日清洗消毒，用水杯喝豆浆、牛奶等易附着于杯壁的饮品后，应当及时清洗消毒。反复使用的餐巾每次使用后消毒。擦手毛巾每日消毒1次。

3. 门把手、水龙头、床围栏等儿童易触摸的物体表面每日消毒1次。坐便器每次使用后及时冲洗，接触皮肤部位及时消毒。

4. 使用符合国家标准或规定的消毒器械和消毒剂。环境和物品的预防性消毒方法应当符合要求（见附件3）。

六、传染病预防与控制

（一）督促家长按免疫程序和要求完成儿童预防接种。配合疾病预防控制机构做好托幼机构儿童常规接种、群体性接种或应急接种工作。

（二）托幼机构应当建立传染病管理制度。托幼机构内发现传染病疫情或疑似病例后，应当立即向属地疾病预防控制机构（农村乡镇卫生院防保组）报告。

（三）班级老师每日登记本班儿童的出勤情况。对因病缺勤的儿童，应当了解儿童的患病情况和可能的原因，对疑似患传染病的，要及时报告给园（所）疫情报告人。园（所）疫情报告人接到报告后应当及时追查儿童的患病情况和可能的病因，以做到对传染病人的早发现。

（四）托幼机构内发现疑似传染病例时，应当及时设立临时隔离室，对患儿采取有效的隔离控制措施。临时隔离室内环境、物品应当便于实施随时性消毒与终末消毒，控制传染病在园(所)内暴发和续发。

（五）托幼机构应当配合当地疾病预防控制机构对被传染病病原体污染（或可疑污染）的物品和环境实施随时性消毒与终末消毒。

（六）发生传染病期间，托幼机构应当加强晨午检和全日健康观察，并采取必要的预防措施，保护易感儿童。对发生传染病的班级按要求进行医学观察，医学观察期间该班与其他班相对隔离，不办理入托和转园（所）手续。

（七）卫生保健人员应当定期对儿童及其家长开展预防接种和传染病防治知识的健康教育，提高其防护能力和意识。传染病流行期间，加强对家长的宣传工作。

（八）患传染病的儿童隔离期满后，凭医疗卫生机构出具的痊愈证明方可返回园（所）。根据需要，来自疫区或有传染病接触史的儿童，检疫期过后方可入园（所）。

七、常见病预防与管理

（一）托幼机构应当通过健康教育普及卫生知识，培养儿童良好的卫生习惯；提供合理平衡膳食；加强体格锻炼，增强儿童体质，提高对疾病的抵抗能力。

（二）定期开展儿童眼、耳、口腔保健，发现视力低常、听力异常、龋齿等问题进行登记管理，督促家长及时带患病儿童到医疗卫生机构进行诊断及矫治。

（三）对贫血、营养不良、肥胖等营养性疾病儿童进行登记管理，对中重度贫血和营养不良儿童进行专案管理，督促家长及时带患病儿童进行治疗和复诊。

（四）对先心病、哮喘、癫痫等疾病儿童，及对有药物过敏史或食物过敏史的儿童进行登记，加强日常健康观察和保育护理工作。

（五）重视儿童心理行为保健，开展儿童心理卫生知识的宣传教育，发现心理行为问题的儿童及时告知家长到医疗保健机构进行诊疗。

八、伤害预防

（一）托幼机构的各项活动应当以儿童安全为前提，建立定期全园（所）安全排查制度，落实预防儿童伤害的各项措施。

（二）托幼机构的房屋、场地、家具、玩教具、生活设施等应当符合国家相关安全标准和规定。

（三）托幼机构应当建立重大自然灾害、食物中毒、踩踏、火灾、暴力等突发事件的应急预案，如果发生重大伤害时应当立即采取有效措施，并及时向上级有关部门报告。

（四）托幼机构应当加强对工作人员、儿童及监护人的安全教育和突发事件应急处理能力的培训，定期进行安全演练，普及安全知识，提高自我保护和自救的能力。

（五）保教人员应当定期接受预防儿童伤害相关知识和急救技能的培训，做好儿童安全工作，消除安全隐患，预防跌落、溺水、交通事故、烧（烫）伤、中毒、动物致伤等伤害的发生。

九、健康教育

（一）托幼机构应当根据不同季节、疾病流行等情况制订全年健康教育工作计划，并组织实施。

（二）健康教育的内容包括膳食营养、心理卫生、疾病预防、儿童安全以及良好行为习惯的培养等。健康教育的形式包括举办健康教育课堂、发放健康教育资料、宣传专栏、咨询指导、家长开放日等。

（三）采取多种途径开展健康教育宣传。每季度对保教人员开展1次健康讲座，每学期至少举办1次家长讲座。每班有健康教育图书，并组织儿童开展健康教育活动。

（四）做好健康教育记录，定期评估相关知识知晓率、良好生活卫生习惯养成、儿童健康状况等健康教育效果。

十、信息收集

（一）托幼机构应当建立健康档案，包括：托幼机构工作人员健康合格证、儿童入园（所）健康检查表、儿童健康检查表或手册、儿童转园（所）健康证明。

（二）托幼机构应当对卫生保健工作进行记录，内容包括：出勤、晨午检及全日健康观察、膳食管理、卫生消毒、营养性疾病、常见病、传染病、伤害和健康教育等记录（见附件4）。

（三）工作记录和健康档案应当真实、完整、字迹清晰。工作记录应当及时归档，至少保存3年。

（四）定期对儿童出勤、健康检查、膳食营养、常见病和传染病等进行统计分析，掌握儿童健康及营养状况（见附件5）。

（五）有条件的托幼机构可应用计算机软件对儿童体格发育评价、膳食营养评估等卫生保健工作进行管理。

第三部分 新设立托幼机构招生前卫生评价

一、卫生评价流程

（一）新设立的托幼机构，应当按照本《规范》卫生评价的标准进行设计和建设，招生前须向县级以上地方人民政府卫生行政部门指定的医疗卫生机构提交"托幼机构卫生评价申请书"（见附件6）。

（二）由县级以上地方人民政府卫生行政部门指定的医疗卫生机构负责组织专业人员，根据"新设立托幼机构招生前卫生评价表"（见附件7）的要求，在20个工作日内对提交申请的托幼机构进行卫生评价。根据检查结果出具"托幼机构卫生评价报告"（见附件8）。

（三）凡卫生评价为"合格"的托幼机构，即可向教育部门申请注册；凡卫生评价为"不合格"的托幼机构，整改后方可重新申请评价。

二、卫生评价标准

（一）环境卫生

1. 园（所）内建筑物、户外场地、绿化用地及杂物堆放场地等总体布局合理，有明确功能分区。

2. 室外活动场地地面应平整、防滑、无障碍，无尖锐突出物。

3. 活动器材安全性符合国家相关规定。园（所）内严禁种植有毒、带刺的植物。

4. 室内环境的甲醛、苯及苯系物等检测结果符合国家要求。

5. 室内空气清新、光线明亮，安装防蚊蝇等有害昆虫的设施。

6. 每班有独立的厕所、盥洗室。每班厕所内设有污水池，盥洗室内有洗涤池。

7. 盥洗室内有流动水洗手装置，水龙头数量和间距设置合理。

（二）个人卫生

1. 保证儿童每人每日1巾1杯专用，并有相应消毒设施。寄宿制儿童每人有专用洗漱用品。

2. 每班应当有专用的儿童水杯架、饮水设施及毛巾架，标识清楚，毛巾间距合理。

3. 儿童有安全、卫生、独自使用的床位和被褥。

（三）食堂卫生

1. 食堂按照《餐饮服务许可审查规范》建设，必须获得《餐饮服务许可证》。

2. 园（所）内应设置区域性餐饮具集中清洗消毒间，消毒后有保洁存放设施。应当配有食物留样专用冰箱，并有专人管理。

3. 炊事人员与儿童配备比例：提供每日三餐一点的托幼机构应当达到1∶50，提供每日一餐二点或二餐一点的1∶80。

（四）保健室或卫生室设置

1. 根据《托儿所幼儿园卫生保健管理办法》要求，设立保健室或卫生室。卫生室需有"医疗机构执业许可证"。

2. 保健室面积不少于12平方米，设有儿童观察床、桌椅、药品柜、资料柜、流动水或代用流动水等设施。

3. 保健室应配备儿童杠杆式体重秤、身高计（供2岁以上儿童使用）、量床（供2岁及以下儿童使用）、国际标准视力表或标准对数视力表灯箱、体围测量软尺等设备，以及消毒压舌板、体温计、手电筒等晨检用品。

4. 保健室应配备消毒剂、紫外线消毒灯或其他空气消毒装置。

（五）卫生保健人员配备

1. 托幼机构的法定代表人或者负责人是本机构卫生保健工作的第一责任人。

2. 根据预招收儿童的数量配备符合国家规定的卫生保健人员。按照收托150名儿童至少设1名专职卫生保健人员的比例配备卫生保健人员，收托150名以下儿童的可配备兼职卫生保健人员。

3. 卫生保健人员上岗前应当接受当地妇幼保健机构组织的卫生保健专业知识培训并考核合格。

（六）工作人员健康检查

1. 托幼机构工作人员上岗前应当经县级以上卫生行政部门指定的医疗卫生机构进行健康检查，并取得"托幼机构工作人员健康合格证"。

2. 炊事人员上岗前须取得"食品从业人员健康证"。

（七）卫生保健制度

托幼机构应根据实际情况建立健全卫生保健制度，并具有可操作性。卫生保健制度包括一日生活安排、膳食管理、体格锻炼、卫生与消毒、入园（所）及定期健康检查、传染病预防与控制、常见疾病预防与管理、伤害预防、健康教育、卫生保健信息收集的制度。

第四部分

附 件

附件1

儿童入园（所）健康检查表

姓名		性别		年龄		出生日期		年　月　日	
既往病史		1.先天性心脏病　2.癫痫　3.高热惊厥　4.哮喘　5.其他							
过敏史						儿童家长确认签名			
体格检查	体重		kg	评价		身长（高）	cm	评价		皮肤	
	眼	左	视力	左	耳	左	口腔		牙齿数	
		右		右		右			龋齿数	
	头颅		胸廓		脊柱四肢		咽部			
	心肺		肝脾		外生殖器		其他			
辅助检查	血红蛋白(Hb)				丙氨酸氨基转移酶(ALT)					
	其他									
检查结果						医生意见				

医生签名：　　　　　　　　检查单位：

体检日期：　　年　月　日

填表说明：

1. 基本情况

既往病史：在对应的疾病上画"√"，"其他"栏中填写未注明的疾病；

过敏史：注明过敏的药物或食物等；

家长签字：儿童既往病史和过敏史须经家长确认后签字。

2. 体格检查

体重、身长（高）：填写检查实测数值，评价按离差法（上、中、下）或百分位数法（<P3, P3～P97,>P97）填写；

皮肤：未见异常填写（-），异常填写阳性体征；

眼：按左右眼填写，未见异常填写（-），眼外观异常，填写阳性体征；

视力：4岁以上儿童应测查视力，填写实测数值，未进行视力检查应注明"未测"，测查不合作者填写"不合作"；

耳：按左右耳填写，未见异常填写（-），外耳异常填写阳性体征；

口腔：填写牙齿萌出数，按牙位填写龋齿位置；

咽部：咽部检查未见异常填写（-），异常填写阳性体征；

头颅、胸廓、脊柱四肢：相关项目中未见异常填写（-），异常填写阳性体征；

心肺：听诊未见异常填写（-），异常注明阳性体征；

肝脾：填写肝脾触诊情况，未触及填写（-），触及肋下肝脾，按厘米填写；

外生殖器：检查男童，未见异常填写（-），异常者填写阳性体征；

其他：填写表格上未列入的其他阳性体征。

3. 辅助检查

血红蛋白（Hb）、丙氨酸氨基转移酶（ALT）：填写实际检测数值，并将化验报告贴附于儿童入园（所）健康检查表背面。

其他：根据需要，填写相关辅助检查结果，并将化验报告贴附于儿童入园（所）健康检查表背面。

4. 检查结果：注明检查中发现的疾病或阳性体征，如未见异常填写（-）。

5. 医生意见：根据检查结果，注明"体检合格""暂缓入园（所）"。

6. 医生签名：由主检医生签字，并填写日期。

7. 检查单位：加盖检查单位体检专用章。

附件2

托幼机构工作人员健康检查表

姓名		性别		年龄		婚否		编号	
单位				岗位				民族	
既往史	1.肝炎（甲肝、戊肝等消化道传染病） 2.结核 3.皮肤病 4.性传播性疾病 5.精神病 6.其他　　　　　　　　受检者确认签字：								
身份证号									
手机号						邮箱			
体格检查	血压			心肺			肝脾		
	皮肤			五官			其他		
化验检查	丙氨酸氨基转移酶(ALT)						滴虫		
	淋球菌						梅毒螺旋体		
	外阴、阴道假丝酵母菌（念珠菌）						其他		
胸片检查									
其他检查									
检查结果						医生意见			
医生签名						检查单位			
备注：1.滴虫、外阴阴道假丝酵母菌指妇科检查项目。 2.胸片检查只限于上岗前及上岗后出现呼吸系统疑似症状者。 3.凡体检合格者，由健康检查单位签发健康合格证。									

填表说明：

托幼机构工作人员健康检查表为工作人员上岗前和定期健康检查使用。

1. 基本情况

编号：根据工作需要排序编号；

单位：填写所在任职单位的全称；

岗位：按所在实际岗位填写，如园（所）长、教师、保育员、炊事人员、保健人员等；

身份证号：如实填写受检者身份证号；

照片：受检者本人近期照片贴于右上角。

2. 既往史：在对应的疾病上画"√"；"其他"栏中填写未注明的疾病；既往史经受检者确认后签字。

3. 体格检查

血压：填写检查实测数值，单位为 mmHg；

皮肤：未见异常填写（-），异常填写阳性体征；

五官：未见异常填写（-），异常填写阳性体征；

心肺：听诊未见异常填写（-），异常填写阳性体征；

肝脾：填写肝脾触诊情况，未触及填写（-），触及肋下肝脾，按厘米填写；

其他：填写表格上未列入的其他阳性体征。

4. 辅助检查

丙氨酸氨基转移酶(ALT)、梅毒螺旋体：填写实际血清检测数值；

滴虫、淋球菌、外阴阴道假丝酵母菌：按照阴道分泌物实际检测结果填写"（-）"或"（+）"；

胸片检查：上岗前必须检查，上岗后出现呼吸系统疑似症状时检查，未见异常填写"（-）"，异常填写阳性体征；

其他：根据需要填写相关辅助检查结果；

将所有辅助检查报告及复查报告单贴附于托幼机构工作人员健康检查表背面。

5. 检查结果：注明检查中发现的疾病或阳性体征，如未见异常填写（-）。

6. 医生意见：根据检查结果，符合上岗条件者，填写"体检合格"及日期；发现不符合上岗条件者填写"体检不合格"，并及时离岗诊断治疗。

7. 医生签名：由主检医生签字，并填写日期。

8. 检查单位：加盖检查单位体检专用章。

附件3

托幼机构环境和物品预防性消毒方法

消毒对象	物理消毒方法	化学消毒方法	备注
空气	开窗通风每日至少2次；每次至少10~15分钟。		在外界温度适宜、空气质量较好、保障安全性的条件下，应采取持续开窗通风的方式。
	采用紫外线杀菌灯进行照射消毒每日1次，每次持续照射时间60分钟。		1.不具备开窗通风空气消毒条件时使用。 2.应使用移动式紫外线杀菌灯。按照每立方米1.5瓦计算紫外线杀菌灯管需要量。 3.禁止紫外线杀菌灯照射人体体表。 4.采用反向式紫外线杀菌灯在室内有人环境持续照射消毒时，应使用无臭氧式紫外线杀菌灯。
餐具、炊具、水杯	煮沸消毒15分钟或蒸汽消毒10分钟。		1.对食具必须先去残渣、清洗后再进行消毒。 2.煮沸消毒时，被煮物品应全部浸没在水中；蒸汽消毒时，被蒸物品应疏松放置，水沸后开始计算时间。
	餐具消毒柜、消毒碗柜消毒。按产品说明使用。		1.使用符合国家标准规定的产品。 2.保洁柜无消毒作用。不得用保洁柜代替消毒柜进行消毒。
毛巾类织物	用洗涤剂清洗干净后，置阳光直接照射下曝晒干燥。		暴晒时不得相互叠夹。暴晒时间不低于6小时。
	煮沸消毒15分钟或蒸汽消毒10分钟。		煮沸消毒时，被煮物品应全部浸没在水中；蒸汽消毒时，被蒸物品应疏松放置。
		使用次氯酸钠类消毒剂消毒。使用浓度为有效氯250~400mg/L、浸泡消毒20分钟。	消毒时将织物全部浸没在消毒液中，消毒后用生活饮用水将残留消毒剂冲净。

消毒对象	物理消毒方法	化学消毒方法	备注
抹布	煮沸消毒15分钟或蒸汽消毒10分钟。		煮沸消毒时，抹布应全部浸没在水中；蒸汽消毒时，抹布应疏松放置。
		使用次氯酸钠类消毒剂消毒。使用浓度为有效氯400 mg/L、浸泡消毒20分钟。	消毒时将抹布全部浸没在消毒液中，消毒后可直接控干或晾干存放；或用生活饮用水将残留消毒剂冲净后控干或晾干存放。
餐桌、床围栏、门把手、水龙头等物体表面		使用次氯酸钠类消毒剂消毒。使用浓度为有效氯100～250 mg/L、消毒10～30分钟。	1.可采用表面擦拭、冲洗消毒方式。 2.餐桌消毒后要用生活饮用水将残留消毒剂擦净。 3.家具等物体表面消毒后可用生活饮用水将残留消毒剂去除。
玩具、图书	每两周至少通风晾晒一次。		适用于不能湿式擦拭、清洗的物品。暴晒时不得相互叠夹。暴晒时间不低于6小时。
		使用次氯酸钠类消毒剂消毒。使用浓度为有效氯100～250 mg/L、表面擦拭、浸泡消毒10～30分钟。	根据污染情况，每周至少消毒1次。
便盆、坐便器与皮肤接触部位、盛装吐泻物的容器		使用次氯酸钠类消毒剂消毒。使用浓度为有效氯400～700 mg/L、浸泡或擦拭消毒30分钟。	1.必须先清洗后消毒。 2.浸泡消毒时将便盆全部浸没在消毒液中。 3.消毒后用生活饮用水将残留消毒剂冲净后控干或晾干存放。
体温计		使用75%～80%乙醇溶液、浸泡消毒3～5分钟。	使用符合《中华人民共和国药典》规定的乙醇溶液。

备注：

1.表中有效氯剂量是指使用符合卫生部《次氯酸钠类消毒剂卫生质量技术规范》规定的次氯酸钠类消毒剂；

2.传染病消毒根据国家法规《中华人民共和国传染病防治法》规定，配合当地疾病预防控制机构实施。

续表

附件4

卫生保健工作记录（登记）表

表1　晨午检及全日健康观察记录表

日期	姓名	班级	晨检情况 家长主诉与检查	全日健康观察（症状与体检）	处理	检查者

备注：

记录晨午检和全日健康观察中发现的儿童异常情况。

表2　在园（所）儿童带药服药记录表

日期	班级	姓名	药物名称	服用剂量和时间	家长签字	喂药时间及签字

表3　儿童出勤登记表

班级：　　　　　　　　　　　　　　　　年　月

姓名	日期							备注
	1	2	3	4	5	……	31	

备注：

1."√"代表出勤，"○"代表缺勤；

2.缺勤儿童查明原因后在"○"内补全相应的符号："×"代表病假，"—"代表事假；

3. 因病缺勤，需在备注栏注明疾病名称。

表4　儿童传染病登记表

姓名	性别	年龄	发病日期	传染病名称									诊断单位	诊断日期	处置
				手足口病	水痘	流行性腮腺炎	猩红热	急性出血性结膜炎	痢疾	麻疹	风疹	传染性肝炎	其他			
合计															

备注：

患某种传染病在该栏内画"√"。

表5　儿童营养性疾病及常见疾病登记表

班级	姓名	疾病名称	确诊日期	干预与治疗	转归

备注：

登记范围包括营养不良、贫血、单纯性肥胖、先心病、哮喘、癫痫、听力障碍、视力低常、龋齿等。

表6　班级卫生消毒检查记录表

日期	班级	消毒物体									
		开窗通风	餐桌	床围栏	门把手	水龙头	图书晾晒	玩具	被褥晾晒	厕所	其他	---

备注：

以"√"的方式完成此表。

表7 健康教育记录表

日期	地点	对象	形式	内容

备注：

1. 对象是指儿童、家长、保教人员等；

2. 形式是指宣传专栏、咨询指导、讲座、培训、发放健康教育资料等；

3. 内容是指园（所）内各项健康教育活动的主要内容。

表8 膳食委员会会议记录表

时间：
出席会议人员：
主持人：
会议议题：
会议记录：

备注：

1. 由负责召开膳食委员会会议的人员记录；

2. 会议议题：简单注明主要讨论及需解决的问题；

3. 会议记录：记录围绕会议议题讨论的主要内容。

表9 儿童伤害登记表

年　　月　　日

姓名：　　　　性别：　　　　年龄：　　　　班级：	
伤害发生日期：　年　月　日　伤害发生时间：＿＿:＿＿（用24小时记时法）	
当班责任人：　　　　　　填表人：	
伤害类型： 1=交通事故　2=跌伤（跌、摔、滑、绊）　3=被下落物击中（高处落下物） 4=锐器伤（刺、割、扎、划）　5=钝器伤（碰、砸） 6=烧烫伤（火焰、高温固/液体、化学物质、锅炉、烟火、爆竹炸伤） 7=溺水（经医护人员救治存活）　8=动物伤害（狗、猫、蛇等咬伤、蜜蜂、黄蜂等刺蜇） 9=窒息（异物、压、闷、捂窒息，鱼刺/骨头卡喉） 10=中毒（药品、化学物质、一氧化碳等有毒气体,农药,鼠药,杀虫剂，腐败变质食物除外） 11=电击伤（触电、雷电）　12=他伤/攻击伤	
伤害发生地点： 1=户外活动场　2=活动室　3=寝室　4=卫生间　5=盥洗室　6=其他（请说明　　　）	
伤害发生时活动： 1=玩耍娱乐　2=吃饭　3=睡觉　4=上厕所　5=洗澡　6=行走　7=乘车 8=其他（请说明＿＿＿＿＿）　9=不知道	
伤害发生时和谁在一起： 1=独自一人　2=老师　3=小伙伴　4=其他（请说明　　　）　5=不知道	
受伤后处理方式（最后处理方式）： 1=自行处理（保健人员）且未再就诊　2=医疗卫生机构就诊　3=其他（请说明　　　）	
如果就诊，诊断是：＿＿＿＿＿＿＿＿＿＿＿＿＿＿＿＿＿	
因伤害休息多长时间（包括节日、假期及周末）：＿＿＿＿＿＿天	
转归：1=痊愈　2=好转　3=残疾　4=死亡	
简述伤害发生经过（对损伤过程作综合描述）：	

附件5

卫生保健资料统计表

表1 儿童出勤统计分析表

托幼机构名称：

年份	月份	在册儿童数（1）	应出勤日数（2）	出勤情况			缺勤原因分析				
				应出勤人次数（3）	实际出勤人次数（4）	出勤率(%)（5）	缺勤人次数（6）	因病	因事	寒暑假	其他
	9月										
	10月										
	11月										
	12月										
	1月										
	2月										
	3月										
	4月										
	5月										
	6月										
	7月										
	8月										

备注：

1. 出勤率＝（实际出勤人次数/应出勤人次数）×100%；

2. 缺勤人次数＝应出勤人次数－实际出勤人次数；

3. 各项百分率要求保留小数点后1位。

表2 学年（上、下）儿童健康检查统计分析表

托幼机构名称：

年龄组	在册人数	体检人数	体检率(%)	体格评价（人数）				血红蛋白			视力		听力		龋齿	
				低体重	生长迟缓	消瘦	肥胖	检测人数	轻度贫血人数	中重度贫血人数	检查人数	视力不良人数	检查人数	听力异常人数	检查人数	患龋人数
0岁~																
1岁~																
2岁~																
3岁~																
4岁~																
5岁~																
6~7岁																
总计																

备注：

1. 体检率＝（体检人数/在册人数）×100%；

2. 某病患病率＝（某病患病人数/检查人数）×100%。

表3　传染病发病统计表

托幼机构名称：

年份	月份	在册儿童数	传染病发病数	各类传染病发病人数								
				手足口病	水痘	流行性腮腺炎	猩红热	急性出血性结膜炎	痢疾	麻疹	风疹	传染性肝炎	其他
	9月												
	10月												
	11月												
	12月												
	1月												
	2月												
	3月												
	4月												
	5月												
	6月												
	7月												
	8月												
合计													

表4　膳食营养分析表

一、平均每人进食量　　年　月

食物类别	细粮	杂粮	糕点	干豆类	豆制品	蔬菜总量	绿橙蔬菜	水果	乳类	蛋类	肉类	肝	鱼	糖	食油
数量（g）															

二、营养素摄入量

	热量		蛋白质(克)	脂肪(克)	视黄醇当量(微克)	维生素A(微克)	胡萝卜素(微克)	维生素B$_1$(毫克)	维生素B$_2$(毫克)	维生素C(毫克)	钙(毫克)	锌(毫克)	铁(毫克)
	(千卡)	(千焦)											
平均每人每日													
DRIs													
比较%													

三、热量来源分布 四、蛋白质来源 五、膳食费使用：当月膳食费：   /人

要求	脂肪		蛋白质		要求	优质蛋白质		
	现状	要求	现状			动物性食物	豆类	
摄入量	(千卡)				摄入量(克)			本月总收入： 元 本月支出： 元 盈亏：元 占总收入： %
	(千焦)							
占总热量%	30%~35%		12%~15%		占蛋白质总量%	≥50%		

附件6

托幼机构卫生评价申请书

——————— ：

本园（所）拟于年 月开始招生，依据《托儿所幼儿园卫生保健管理办法》的要求，特向您单位申请对我园（所）进行卫生评估。

申请单位地址：

申请单位电话：

申请单位（签章）：

申请人：

申请日期：

附件7

新设立托幼机构招生前卫生评价表

环境卫生	20分	☆ 园（所）内建筑物、户外场地、绿化用地及杂物堆放场地等总体布局合理，有明确功能分区（2分） ☆ 室外活动场地地面应平整、防滑、无障碍、无尖锐突出物（2分） ☆ 活动器材安全性符合国家相关规定（1分） ☆ 未种植有毒、带刺的植物（1分）	查看现场		
		☆ 室内环境的甲醛、苯及苯系物等检测结果符合国家要求（4分）	查验检测报告		
		☆ 室内空气清新、光线明亮（2分） ☆ 有防蚊蝇等有害昆虫的设施（2分）	查看现场		
		☆ 每个班级有独立的厕所和盥洗室（2分） ☆ 每班厕所内有污水池，盥洗室内有洗涤池（2分）			
		☆ 盥洗室内有流动水洗手装置（必达项目） ☆ 盥洗室内水龙头数量和间距设置合理（2分）	查看现场		
个人卫生	15分	☆ 保证儿童每日1巾1杯专用,寄宿制儿童每人有专用洗漱用品（必达项目）			
		☆ 每班有专用水杯架，标识清楚，有饮水设施（4分） ☆ 每班有专用毛巾架，标识清楚，毛巾间距合理（3分） ☆ 有专用水杯、毛巾消毒设施（4分）	查看现场		
		☆ 儿童有安全、卫生、独自使用的床位和被褥（4分）			
食堂卫生	10分	☆ 食堂获得《餐饮服务许可证》（必达项目）	查验证件		
		☆ 园（所）内应设置区域性的餐饮具集中清洗消毒间，消毒后有保洁存放设施（4分） ☆ 配有食物留样专用冰箱，有专人管理（3分）	查看现场		
		☆ 炊事人员与儿童配备比例：提供每日三餐一点的托幼机构应达1：50，提供每日一餐二点或二餐一点的1：80（3分）	查看资料		

续表

评价内容	分值	评价标准	评价方法	得分	备注
保健室或卫生室设置	20分	☆ 设立保健室或卫生室（必达项目） ☆ 卫生室需有《医疗机构执业许可证》（必达项目）	查看现场查验证件		
		☆ 保健室面积不少于12平方米（2分）	查看现场		
		☆ 保健室设有儿童观察床（2分） ☆ 配备桌椅、药品柜、资料柜（3分） ☆ 有流动水或代用流动水的设施（2分）			
		☆ 配备儿童杠杆式体重秤、身高计（供2岁以上儿童使用）、量床（供2岁及以下儿童使用）、国际标准视力表或标准对数视力表灯箱、体围测量软尺等设备（4分）			
		☆ 配备消毒压舌板、体温计、手电筒等晨检用品（3分）			
		☆ 有消毒剂（2分） ☆ 配备紫外线消毒灯或其他空气消毒装置（2分）			
卫生保健人员配备	15分	☆ 配备符合国家规定的卫生保健人员（必达项目）	查看资料		
		☆ 卫生保健工作的第一责任人是托幼机构的法定代表人或负责人（5分）			
		☆ 按照收托150名儿童设1名专职卫生保健人员的比例配备（收托150名以下儿童的可配备兼职卫生保健人员）（5分）			
		☆ 卫生保健人员上岗前接受培训并考核合格（5分）			
工作人员健康检查	10分	☆ 托幼机构工作人员上岗前经县级以上卫生行政部门指定的医疗卫生机构进行健康检查，并取得"托幼机构工作人员健康合格证"。炊事人员取得"食品从业人员健康证"（10分）	查看证件		

续表

评价内容	分值	评价标准	评价方法	得分	备注
卫生保健制度	10分	☆ 建立10项卫生保健制度，并符合实际情况，具有可操作性 1) 一日生活制度（1分） 2) 膳食管理制度（1分） 3) 体格锻炼制度（1分） 4) 卫生与消毒制度（1分） 5) 入园（所）及定期健康检查制度（1分） 6) 传染病预防与控制制度（1分） 7) 常见疾病预防与管理制度（1分） 8) 伤害预防制度（1分） 9) 健康教育制度（1分） 10) 卫生保健信息收集制度（1分）	查看资料		

备注：

1. 托幼机构总分达到80分以上，并且"必达项目"全部通过，才可评价为"合格"。

2. 若托幼机构不提供儿童膳食，则不予评价食堂卫生、工作人员健康检查和卫生保健制度的相应部分。托幼机构分数达到剩余项目总分的80%以上，并且"必达项目"全部通过，才可评价为"合格"。

3. 如果评价结果为"不合格"，托幼机构应当根据评价报告给予的整改意见和指导，整改后可重新申请卫生评价。

附件8

托幼机构卫生评价报告

_____幼儿园（托儿所）：

根据你园（所）申请，按照《托儿所幼儿园卫生保健工作规范》的卫生评价基本要求，我单位组织专家于年 月日对你园（所）招生前的卫生保健状况进行评价。

评价结果： 1. 合格　　　2. 不合格

评价意见：

评价单位（签章）：

评价人员：

（此报告一式两份，一份交申请单位，一份由评价单位留存。）

教育部关于建立中小学幼儿园家长委员会的指导意见

(教基一〔2012〕2号 2012年2月17日颁布)

各省、自治区、直辖市教育厅(教委),新疆生产建设兵团教育局:

为贯彻落实《国家中长期教育改革和发展规划纲要(2010—2020年)》,推进现代学校制度建设,完善中小学幼儿园管理制度,现就建立中小学幼儿园家长委员会(以下简称家长委员会)工作提出如下意见。

一、充分认识建立家长委员会的重要意义

中小学生和幼儿园儿童健康成长是学校教育和家庭教育的共同目标。建立家长委员会,对于发挥家长作用,促进家校合作,优化育人环境,建设现代学校制度,具有重要意义。近年来,在教育部门的推动和支持下,一些地方的中小学通过家长委员会动员组织家长参与学校的教育教学活动和管理工作,取得了积极成效。面对教育改革发展的新形势,需要在更大范围推广成功经验,把家长委员会普遍建立起来。

各地教育部门和中小学幼儿园要从办好人民满意教育的高度,充分认识建立家长委员会的重要意义,把家长委员会作为建设依法办学、自主管理、民主监督、社会参与的现代学校制度的重要内容,作为发挥家长在教育改革发展中积极作用的有效途径,作为构建学校、家庭、社会密切配合的育人体系的重大举措,以更大的热情,更有效的措施,创造更好的条件,大力推进建立家长委员会工作。

二、明确家长委员会的基本职责

家长委员会应在学校的指导下履行职责。

参与学校管理。对学校工作计划和重要决策,特别是事关学生和家长切身利益的事项提出意见和建议。对学校教育教学和管理工作予以支持,积极配合。对学校开展的教育教学活动进行监督,帮助学校改进工作。

参与教育工作。发挥家长的专业优势,为学校教育教学活动提供支持。发挥家长的资源优势,为学生开展校外活动提供教育资源和志愿服务。发挥家长自我教育的优势,交流宣传正确的教育理念和科学的教育方法。

沟通学校与家庭。向家长通报学校近期的重要工作和准备采取的重要举措,听取并转达家长对学校工作的意见和建议。向学校及时反映家长的意愿,听取并转达学校对家长的希望和要求,促进学校和家庭的相互理解。

三、积极推进家长委员会组建

建立家长委员会,要发挥学校主导作用,落实学校组织责任,纳入学校日常管理工作;要尊重家长意愿,充分听取家长意见,调动家长的积极性和创造性;要根据学校发展状况和家长实际情况,采取灵活多样的组织方式,确保家长委员会工作取得实效。

有条件的公办和民办中小学和幼儿园都应建立家长委员会。学校组织家长,按照一定的民主程序,本着公正、公平、公开的原则,在自愿的基础上,选举出能代表全体家长意愿的在校学生家长组成家长委员会。特别要选好家长委员会的牵头人。要从实际出发,确定家长委员会的规模、成员分工。

家长委员会成员应具有正确教育观念,掌握科学的教育方法,热心学校教育工作,富有奉献精神,有一定的组织管理和协调能力,善于听取意见、办事公道、责任心强,能赢得广大家长的信赖。

四、发挥好家长委员会支持学校工作的积极作用

家长委员会要针对学校教育和家庭教育的突出问题,重点做好德育、保障学生安全健康、推动减轻中小学生课业负担、化解家校矛盾等工作。

与学校共同做好德育工作。要及时与学校沟通学生思想状况和班集体情况,经常向家长了解学生在家庭的表现和对学校、教师的看法,与学校和教师一起肯定和表扬学生的进步,解决和化解学生遇到的困难和烦恼,做好思想工作。经常通过家长了解学生所在班级的情况,及时发现班集体风气和同学之间关系存在的问题,推动形成积极向上、温暖和谐、互助友爱的班集体。

协助学校开展安全和健康教育。引导家长履行监护人责任,配合学校提高

学生安全意识和自护能力，支持学校开展体育运动和社会实践活动。对学校的安全工作进行监督，与学校共同做好保障学生安全工作，避免发生伤害事故。

支持和推动减轻学生课业负担。防止和纠正幼儿园教育"小学化"。引导家长积极支持教育部门和学校采取的减轻中小学生课业负担的各项措施，监督学校的课业负担情况，及时向学校提出意见和改进的建议，与学校共同推进素质教育。

营造良好的家校关系。把学校准备采取和正在实施的教育教学改革措施，向家长做出入情入理的解释和说明，争取家长的理解和支持。及时向学校反映家长对学校工作的疑问，帮助学校了解情况改进工作。多做化解矛盾的工作，把可能出现的问题，解决在萌芽状态。

五、为家长委员会的建设提供有力保障

地方各级教育部门要切实加强对家长委员会组建工作的领导，把建立家长委员会列入工作议事日程，制订发展规划、工作计划和具体的实施意见和办法。要把建设和组织家长委员会作为教育行政干部和中小学校长的培训内容之一。要深入调查研究，及时总结和推广家长委员会组建、完善、发展工作的好经验、好做法，协调解决出现的问题和遇到的困难，促进和保障家长委员会的健康发展。

学校要为家长委员会开展工作提供必要的条件。完善学校科学民主的决策机制，保障家长委员会有效参与学校管理。完善科学的评价机制，保障家长委员会对学校工作实施有效监督。开放教育教学活动，保障家长委员会参与教育工作。建立学校与家长委员联席会议制度定期通报情况，保障沟通渠道畅通，确保家长委员会依法、规范、有序、有效地开展工作。

中华人民共和国教育部
2012年2月17日

国家发展改革委 教育部 财政部
关于印发《幼儿园收费管理暂行办法》的通知

（发改价格〔2011〕3207号　2011年12月31日颁布）

各省、自治区、直辖市发展改革委、物价局，教育厅（教委）、财政厅（局）：

为促进学前教育事业科学发展，规范幼儿园收费行为，保障受教育者和幼儿园的合法权益，特制定《幼儿园收费管理暂行办法》，现印发给你们，请按照执行。

国家发展改革委　教育部　财政部

2011年12月31日

第一条　为加强幼儿园收费管理工作，规范幼儿园收费行为，保障受教育者和幼儿园的合法权益，根据《中华人民共和国价格法》《中华人民共和国教育法》《中华人民共和国民办教育促进法》《中华人民共和国民办教育促进法实施条例》《幼儿园管理条例》等法律法规规定和《国务院关于当前发展学前教育的若干意见》的有关要求制定本办法。

第二条　本办法适用于中华人民共和国境内所有经教育行政主管部门依法批准的公办和民办全日制、寄宿制、半日制幼儿园及小学附设的学前班、幼儿班（以下简称"幼儿园"）。

第三条　学前教育属于非义务教育，幼儿园可向入园幼儿收取保育教育费（以下简称"保教费"），对在幼儿园住宿的幼儿可以收取住宿费。

第四条　公办幼儿园的保教费、住宿费收入纳入行政事业性收费管理，民办幼儿园的保教费、住宿费收入纳入经营服务性收费管理。

第五条　制定或调整公办幼儿园保教费标准，由省级教育行政部门根据当地城乡经济发展水平、办园成本和群众承受能力等实际情况提出意见，经省级价格主管部门、财政部门审核后，三部门共同报省级人民政府审定。

制定或调整公办幼儿园住宿费标准，由当地教育行政部门提出意见，报当地价格主管部门会同财政部门审批。

第六条 提出制定或调整公办幼儿园保教费标准意见时，应提交下列材料：

（一）申请制定或调整收费标准的具体项目；

（二）现行收费标准和申请制定的收费标准或拟调整收费标准的幅度，以及年度收费额和调整后的收费增减额；

（三）申请制定或调整收费标准的依据和理由；

（四）申请制定或调整收费标准对幼儿家长负担及幼儿园收支的影响；

（五）价格主管部门、财政部门要求提供的其他材料。

上述材料应当真实有效。

第七条 公办幼儿园保教费标准根据年生均保育教育成本的一定比例确定。

保育教育成本包括以下项目：教职工工资、津贴、补贴及福利、社会保障支出、公务费、业务费、修缮费等正常办园费用支出。不包括灾害损失、事故、经营性费用支出等非正常办园费用支出。

第八条 公办幼儿园住宿费标准按照实际成本确定，不得以营利为目的。

第九条 民办幼儿园保教费、住宿费标准，由幼儿园按照《民办教育促进法》及其实施条例规定，根据保育教育和住宿成本合理确定，报当地价格主管部门、教育行政部门备案后执行。

享受政府财政补助（包括政府购买服务、减免租金和税收、以奖代补、派驻公办教师、安排专项奖补资金、优惠划拨土地等）的民办幼儿园，可由当地人民政府有关部门以合同约定等方式确定最高收费标准，由民办幼儿园在最高标准范围内制定具体收费标准，报当地价格、教育、财政部门备案后执行。

第十条 民办幼儿园将保教费、住宿费标准报有关部门备案时，应提交下列材料：

（一）幼儿园有关情况，包括幼儿园名称、地址、法定代表人、法定登记证书以及教育行政部门颁发的办园许可证；

（二）制定收费标准的具体成本列支项目，包括教职工工资、津贴、补贴及福利、社会保障支出、公务费、业务费、修缮费、固定资产折旧费等正常办园费用支出。不包括灾害损失、事故、经营性经费支出等非正常办园费用支出；

（三）幼儿园教职工人数、在园幼儿人数、生均保育教育成本、固定资产购建情况等；

（四）价格、教育、财政部门要求提供的其他材料。

第十一条 幼儿园为在园幼儿教育、生活提供方便而代收代管的费用，应遵循"家长自愿，据实收取，及时结算，定期公布"的原则，不得与保教费一并统一收取。

幼儿园服务性收费和代收费项目由省级教育行政部门根据当地实际情况提出意见，经省级价格主管部门、财政部门审核，三部门共同报省级人民政府批准后执行。

幼儿园不得收取书本费。

第十二条 幼儿园除收取保教费、住宿费及省级人民政府批准的服务性收费、代收费外，不得再向幼儿家长收取其他费用。

幼儿园不得在保教费外以开办实验班、特色班、兴趣班、课后培训班和亲子班等特色教育为名向幼儿家长另行收取费用，不得以任何名义向幼儿家长收取与入园挂钩的赞助费、捐资助学费、建校费、教育成本补偿费等费用。

第十三条 社会团体、个人自愿对幼儿园的捐资助学费，按照国家《公益事业捐赠法》和有关社会捐助教育经费的财务管理办法执行。

第十四条 幼儿园对入园幼儿按月或按学期收取保教费，不得跨学期预收。

第十五条 幼儿因故退（转）园的，幼儿园应当根据已发生的实际保教成本情况退还幼儿家长一定预收费用。具体退费办法由省级教育、价格和财政部门制定。

第十六条 对家庭经济困难的幼儿、孤儿和残疾幼儿，应酌情减免收取保教费。具体减免办法由省级教育、价格和财政部门制定。

第十七条 幼儿园应通过设立公示栏、公示牌、公示墙等形式，向社会公示收费项目、收费标准等相关内容。

幼儿园招生简章应写明幼儿园性质、办园条件、收费项目和收费标准等内容。

第十八条 公办幼儿园收取保教费、住宿费，应到价格主管部门办理收费许可证，按规定进行收费许可证年审，并按照财务隶属关系使用财政部或省级财政部门印（监）制的财政票据。民办幼儿园收取保教费、住宿费，要按规定使用税务机关统一印制的税务发票。

第十九条 幼儿园接受价格、教育、财政部门的收费监督检查时，要如实提供监督检查所必需的账簿、财务报告、会计核算等资料。

第二十条 幼儿园取得的合法收费收入应主要用于幼儿保育、教育活动和改善办园条件，任何单位和部门不得截留、平调。

任何组织和个人不得违反法律、法规规定向幼儿园收取任何费用。

第二十一条 各级价格、教育、财政部门应加强对幼儿园收费的管理和监督检查，督促幼儿园建立健全收费管理制度，自觉执行国家制定的幼儿园教育收费政策。对违反国家教育收费法律、法规、政策和本办法规定的行为，要依据《中华人民共和国价格法》《价格违法行为行政处罚规定》等法律法规以及行政事业性收费管理制度的相关规定严肃查处。

第二十二条 各省、自治区、直辖市人民政府价格、教育、财政部门要根据本办法制定具体实施细则。

第二十三条 本办法由国家发展和改革委员会会同教育部、财政部负责解释。

第二十四条 本办法自发布后30日施行。

教育部关于规范幼儿园保育教育工作防止和纠正"小学化"现象的通知

(教基二〔2011〕8号 2011年12月28日颁布)

各省、自治区、直辖市教育厅(教委),新疆生产建设兵团教育局:

近些年来,各地在加快学前教育发展的同时,积极推进幼儿园教育改革,努力更新教育观念,促进了幼儿园保育教育质量的不断提高。但是,由于应试教育和社会上一些不良宣传的影响,当前幼儿园教育"小学化"的现象日益突出,严重干扰了正常的保育教育工作,损害了幼儿的身心健康。为进一步贯彻落实《国务院关于当前发展学前教育的若干意见》(国发〔2010〕41号)和《幼儿园教育指导纲要(试行)》,规范办园行为,防止和纠正"小学化"现象,保障幼儿健康快乐成长,现就有关要求通知如下:

一、遵循幼儿身心发展规律,纠正"小学化"教育内容和方式。幼儿园(含学前班,下同)要遵循幼儿的年龄特点和身心发展规律,科学制定保教工作计划,合理安排和组织幼儿一日生活。要坚持以游戏为基本活动,灵活运用集体、小组和个别活动等多种形式,锻炼幼儿强健的体魄,激发探究欲望与学习兴趣,养成良好的品德与行为习惯,培养积极的交往与合作能力,促进幼儿身心全面和谐发展。严禁幼儿园提前教授小学教育内容。幼儿园不得以举办兴趣班、特长班和实验班为名进行各种提前学习和强化训练活动,不得给幼儿布置家庭作业。

二、创设适宜幼儿发展的良好条件,整治"小学化"教育环境。幼儿园要创设多种区域活动空间,配备丰富的玩具、游戏材料和幼儿读物,为幼儿自主游戏和学习探索提供机会和条件。严禁教育行政部门推荐和组织征订各种幼儿教材和教辅材料,严禁任何单位和个人以各种名义向幼儿园推销幼儿教材和教辅材料。幼儿园不得要求家长统一购买各种幼儿教材、读物和教辅材料。幼儿园要严格控制班额，不得违反国家相关规定超额编班，坚决纠正大班额现象。

三、严格执行义务教育招生政策，严禁一切形式的小学入学考试。规范小学招生程序，依法坚持就近免试入学制度，严禁小学举办各种形式的考核、面试、测试等招生选拔考试，不得将各种竞赛成绩作为招生的依据。严禁小学提前招收不足入学年龄的幼儿接受义务教育。

四、加强业务指导和动态监管，建立长效机制。各地要充实学前教育教研力量，建立并完善学前教育教研制度，依托城市优质幼儿园和农村乡镇中心幼儿园，形成覆盖城乡的学前教育教研指导网络，定期对各类幼儿园进行业务指导。教育行政部门要研究建立幼儿园保育教育质量监测评估机制，切实加强对各类幼儿园保育教育工作的动态监管，定期对"小学化"现象进行专项检查，对违反规定的，责令其限期整改。存在"小学化"现象的幼儿园，举办招生选拔考试的小学一律不得参与评优、评先。设立家长举报电话，加强社会监督。

五、加大社会宣传，营造良好社会氛围。各地教育行政部门要加大力度，开展多种形式的社会宣传。充分利用和引导各种传媒宣传科学的学前教育理念。幼儿园要采取多种形式开展家庭教育指导，实现家园共育，形成全社会共同关心支持的良好社会氛围。

各地接到本通知后，应采取切实可行的措施，对幼儿园教育"小学化"现象和小学违规举行入学考试的现象进行督查和整改，并于2012年3月底前将本省整改情况书面报送我部基础教育二司。

中华人民共和国教育部

2011年12月28日

教育部关于印发《幼儿园教育指导纲要（试行）》的通知

（教基〔2001〕20号 2001年7月2日颁布）

各省、自治区、直辖市教育厅（教委）、新疆生产建设兵团教委，部属师范大学：

　　为进一步贯彻第三次全国教育工作会议和全国基础教育工作会议精神，落实《国务院关于基础教育改革与发展的决定》，推进幼儿园实施素质教育，全面提高幼儿园教育质量，现将《幼儿园教育指导纲要（试行）》（以下简称《纲要》）印发给你们，从2001年9月起试行，并就贯彻实施《纲要》的有关问题通知如下：

　　一、《纲要》是根据党的教育方针和《幼儿园工作规程》（以下简称《规程》）制定的，是指导广大幼儿教师将《规程》的教育思想和观念转化为教育行为的指导性文件。各地教育行政部门要对《纲要》的实施工作给予充分重视，认真抓好。

　　要积极利用多种宣传媒介，采取多种形式，广泛、深入地宣传《纲要》，使广大幼儿教育工作者、幼儿家长以及社会人士都能了解《纲要》的指导思想和基本要求。

　　要通过多种形式的学习和培训，认真组织各级教育行政部门负责幼儿教育工作的行政人员、教研人员、幼儿园园长和教师学习和理解《纲要》，以有效地依据《纲要》的指导思想和基本要求，根据儿童发展的实际需要，制订教育计划和组织教育活动，进一步更新教育观念，提高教育技能。

　　二、贯彻实施《纲要》，要坚持因地制宜、实事求是的原则，认真制订本地贯彻《纲要》的实施方案。应从具体情况出发，切忌搞"一刀切"。各地可采取先试点的方法，对不同地区、不同类型、不同条件的幼儿园，分别提出不同的要求，待取得经验后逐步推开。

　　三、设有学前教育专业的高等师范院校和幼儿师范学校要认真、深入地学习《纲要》的精神，改革现行学前教育课程和师资培养方式，并主动配合教育行政部门做好贯彻实施《纲要》的宣传和培训工作。

四、各地在实施《纲要》的过程中，要注意不断研究和解决出现的困难和问题，要注意总结积累经验，并及时反映给我部。

1981年颁发的《幼儿园教育纲要（试行草案）》同时废止。

附件：

幼儿园教育指导纲要（试行）

第一部分　总　则

一、为贯彻《中华人民共和国教育法》《幼儿园管理条例》和《幼儿园工作规程》，指导幼儿园深入实施素质教育，特制定本纲要。

二、幼儿园教育是基础教育的重要组成部分，是我国学校教育和终身教育的奠基阶段。城乡各类幼儿园都应从实际出发，因地制宜地实施素质教育，为幼儿一生的发展打好基础。

三、幼儿园应与家庭、社区密切合作，与小学相互衔接，综合利用各种教育资源，共同为幼儿的发展创造良好的条件。

四、幼儿园应为幼儿提供健康、丰富的生活和活动环境，满足他们多方面发展的需要，使他们在快乐的童年生活中获得有益于身心发展的经验。

五、幼儿园教育应尊重幼儿的人格和权利，尊重幼儿身心发展的规律和学习特点，以游戏为基本活动，保教并重，关注个别差异，促进每个幼儿富有个性的发展。

第二部分　教育内容与要求

幼儿园的教育内容是全面的、启蒙性的，可以相对划分为健康、语言、社会、科学、艺术五个领域，也可作其他不同的划分。各领域的内容相互渗透，从不同的角度促进幼儿情感、态度、能力、知识、技能等方面的发展。

一、健康

（一）目标

1. 身体健康，在集体生活中情绪安定、愉快。

2. 生活、卫生习惯良好，有基本的生活自理能力。

3. 知道必要的安全保健常识，学习保护自己。

4. 喜欢参加体育活动，动作协调、灵活。

（二）内容与要求

1. 建立良好的师生、同伴关系，让幼儿在集体生活中感到温暖，心情愉快，形成安全感、信赖感。

2. 与家长配合，根据幼儿的需要建立科学的生活常规。培养幼儿良好的饮食、睡眠、盥洗、排泄等生活习惯和生活自理能力。

3. 教育幼儿爱清洁、讲卫生，注意保持个人和生活场所的整洁和卫生。

4. 密切结合幼儿的生活进行安全、营养和保健教育，提高幼儿的自我保护意识和能力。

5. 开展丰富多彩的户外游戏和体育活动，培养幼儿参加体育活动的兴趣和习惯，增强体质，提高对环境的适应能力。

6. 用幼儿感兴趣的方式发展基本动作，提高动作的协调性、灵活性。

7. 在体育活动中，培养幼儿坚强、勇敢、不怕困难的意志品质和主动、乐观、合作的态度。

（三）指导要点

1. 幼儿园必须把保护幼儿的生命和促进幼儿的健康放在工作的首位。树立正确的健康观念，在重视幼儿身体健康的同时，要高度重视幼儿的心理健康。

2. 既要高度重视和满足幼儿受保护、受照顾的需要，又要尊重和满足他们不断增长的独立要求，避免过度保护和包办代替，鼓励并指导幼儿自理、自立的尝试。

3. 健康领域的活动要充分尊重幼儿生长发育的规律，严禁以任何名义进行有损幼儿健康的比赛、表演或训练等。

4. 培养幼儿对体育活动的兴趣是幼儿园体育的重要目标，要根据幼儿的特点组织生动有趣、形式多样的体育活动，吸引幼儿主动参与。

二、语言

（一）目标

1. 乐意与人交谈，讲话礼貌。

2. 注意倾听对方讲话，能理解日常用语。

3. 能清楚地说出自己想说的事。

4. 喜欢听故事、看图书。

5. 能听懂和会说普通话。

（二）内容与要求

1. 创造一个自由、宽松的语言交往环境，支持、鼓励、吸引幼儿与教师、同伴或其他人交谈，体验语言交流的乐趣，学习使用适当的、礼貌的语言交往。

2. 养成幼儿注意倾听的习惯，发展语言理解能力。

3. 鼓励幼儿大胆、清楚地表达自己的想法和感受，尝试说明、描述简单的事物或过程，发展语言表达能力和思维能力。

4. 引导幼儿接触优秀的儿童文学作品，使之感受语言的丰富和优美，并通过多种活动帮助幼儿加深对作品的体验和理解。

5. 培养幼儿对生活中常见的简单标记和文字符号的兴趣。

6. 利用图书、绘画和其他多种方式，引发幼儿对书籍、阅读和书写的兴趣，培养前阅读和前书写技能。

7. 提供普通话的语言环境，帮助幼儿熟悉、听懂并学说普通话。少数民族地区还应帮助幼儿学习本民族语言。

（三）指导要点

1. 语言能力是在运用的过程中发展起来的，发展幼儿语言的关键是创设一个能使他们想说、敢说、喜欢说、有机会说并能得到积极应答的环境。

2. 幼儿语言的发展与其情感、经验、思维、社会交往能力等其他方面的发展密切相关，因此，发展幼儿语言的重要途径是通过互相渗透的各领域的教育，在丰富多彩的活动中去扩展幼儿的经验，提供促进语言发展的条件。

3. 幼儿的语言学习具有个别化的特点，教师与幼儿的个别交流、幼儿之间的自由交谈等，对幼儿语言发展具有特殊意义。

4. 对有语言障碍的儿童要给予特别关注，要与家长和有关方面密切配合，积极地帮助他们提高语言能力。

三、社会

（一）目标

1. 能主动地参与各项活动，有自信心。

2. 乐意与人交往，学习互助、合作和分享，有同情心。

3. 理解并遵守日常生活中基本的社会行为规则。

4. 能努力做好力所能及的事，不怕困难，有初步的责任感。

5. 爱父母长辈、老师和同伴，爱集体、爱家乡、爱祖国。

（二）内容与要求

1. 引导幼儿参加各种集体活动，体验与教师、同伴等共同生活的乐趣，帮助他们正确认识自己和他人，养成对他人、社会亲近、合作的态度，学习初步的人际交往技能。

2. 为每个幼儿提供表现自己长处和获得成功的机会，增强其自尊心和自信心。

3. 提供自由活动的机会，支持幼儿自主地选择、计划活动，鼓励他们通过多方面的努力解决问题，不轻易放弃克服困难的尝试。

4. 在共同的生活和活动中，以多种方式引导幼儿认识、体验并理解基本的社会行为规则，学习自律和尊重他人。

5. 教育幼儿爱护玩具和其他物品，爱护公物和公共环境。

6. 与家庭、社区合作，引导幼儿了解自己的亲人以及与自己生活有关的各行各业人们的劳动，培养其对劳动者的热爱和对劳动成果的尊重。

7. 充分利用社会资源，引导幼儿实际感受祖国文化的丰富与优秀，感受家乡的变化和发展，激发幼儿爱家乡、爱祖国的情感。

8.适当向幼儿介绍我国各民族和世界其他国家、民族的文化，使其感知人类文化的多样性和差异性，培养理解、尊重、平等的态度。

（三）指导要点

1.社会领域的教育具有潜移默化的特点。幼儿社会态度和社会情感的培养尤应渗透在多种活动和一日生活的各个环节之中，要创设一个能使幼儿感受到接纳、关爱和支持的良好环境，避免单一呆板的言语说教。

2.幼儿与成人、同伴之间的共同生活、交往、探索、游戏等，是其社会学习的重要途径。应为幼儿提供人际间相互交往和共同活动的机会和条件，并加以指导。

3.社会学习是一个漫长的积累过程，需要幼儿园、家庭和社会密切合作，协调一致，共同促进幼儿良好社会性品质的形成。

四、科学

（一）目标

1.对周围的事物、现象感兴趣，有好奇心和求知欲。

2.能运用各种感官，动手动脑，探究问题。

3.能用适当的方式表达、交流探索的过程和结果。

4.能从生活和游戏中感受事物的数量关系并体验到数学的重要和有趣。

5.爱护动植物，关心周围环境，亲近大自然，珍惜自然资源，有初步的环保意识。

（二）内容与要求

1.引导幼儿对身边常见事物和现象的特点、变化规律产生兴趣和探究的欲望。

2.为幼儿的探究活动创造宽松的环境，让每个幼儿都有机会参与尝试，支持、鼓励他们大胆提出问题，发表不同意见，学会尊重别人的观点和经验。

3.提供丰富的可操作的材料，为每个幼儿都能运用多种感官。多种方式进行探索提供活动的条件。

4.通过引导幼儿积极参加小组讨论、探索等方式，培养幼儿合作学习的意识和能力，学习用多种方式表现、交流、分享探索的过程和结果。

5. 引导幼儿对周围环境中的数、量、形、时间和空间等现象产生兴趣，建构初步的数概念，并学习用简单的数学方法解决生活和游戏中某些简单的问题。

6. 从生活或媒体中幼儿熟悉的科技成果入手，引导幼儿感受科学技术对生活的影响，培养他们对科学的兴趣和对科学家的崇敬。

7. 在幼儿生活经验的基础上，帮助幼儿了解自然、环境与人类生活的关系。从身边的小事入手，培养初步的环保意识和行为。

（三）指导要点

1. 幼儿的科学教育是科学启蒙教育，重在激发幼儿的认识兴趣和探究欲望。

2. 要尽量创造条件让幼儿实际参加探究活动，使他们感受科学探究的过程和方法，体验发现的乐趣。

3. 科学教育应密切联系幼儿的实际生活进行，利用身边的事物与现象作为科学探索的对象。

五、艺术

（一）目标

1. 能初步感受并喜爱环境、生活和艺术中的美。
2. 喜欢参加艺术活动，并能大胆地表现自己的情感和体验。
3. 能用自己喜欢的方式进行艺术表现活动。

（二）内容与要求

1. 引导幼儿接触周围环境和生活中美好的人、事、物，丰富他们的感性经验和审美情趣，激发他们表现美、创造美的情趣。

2. 在艺术活动中面向全体幼儿，要针对他们的不同特点和需要，让每个幼儿都得到美的熏陶和培养。对有艺术天赋的幼儿要注意发展他们的艺术潜能。

3. 提供自由表现的机会，鼓励幼儿用不同艺术形式大胆地表达自己的情感、理解和想象，尊重每个幼儿的想法和创造，肯定和接纳他们独特的审美感受和表现方式，分享他们创造的快乐。

4. 在支持、鼓励幼儿积极参加各种艺术活动并大胆表现的同时，帮助他们提高表现的技能和能力。

5. 指导幼儿利用身边的物品或废旧材料制作玩具、手工艺品等来美化自己的生活或开展其他活动。

6. 为幼儿创设展示自己作品的条件，引导幼儿相互交流、相互欣赏、共同提高。

（三）指导要点

1. 艺术是实施美育的主要途径，应充分发挥艺术的情感教育功能，促进幼儿健全人格的形成。要避免仅仅重视表现技能或艺术活动的结果，而忽视幼儿在活动过程中的情感体验和态度的倾向。

2. 幼儿的创作过程和作品是他们表达自己的认识和情感的重要方式，应支持幼儿富有个性和创造性的表达，克服过分强调技能技巧和标准化要求的偏向。

3. 幼儿艺术活动的能力是在大胆表现的过程中逐渐发展起来的，教师的作用应主要在于激发幼儿感受美、表现美的情趣，丰富他们的审美经验，使之体验自由表达和创造的快乐。在此基础上，根据幼儿的发展状况和需要，对表现方式和技能技巧给予适时、适当的指导。

第三部分　组织与实施

一、幼儿园的教育是为所有在园幼儿的健康成长服务的，要为每一个儿童，包括有特殊需要的儿童提供积极的支持和帮助。

二、幼儿园的教育活动，是教师以多种形式有目的、有计划地引导幼儿生动、活泼、主动活动的教育过程。

三、教育活动的组织与实施过程是教师创造性地开展工作的过程。教师要根据本《纲要》，从本地、本国的条件出发，结合本班幼儿的实际情况，制定切实可行的工作计划并灵活地执行。

四、教育活动目标要以《幼儿园工作规程》和本《纲要》所提出的各领域目标为指导，结合本班幼儿的发展水平、经验和需要来确定。

五、教育活动内容的选择应遵照本《纲要》第二部分的有关条款进行，同时体现以下原则：

（一）既适合幼儿的现有水平，又有一定的挑战性。

（二）既符合幼儿的现实需要，又有利于其长远发展。

（三）既贴近幼儿的生活来选择幼儿感兴趣的事物和问题，又有助于拓展幼儿的经验和视野。

六、教育活动内容的组织应充分考虑幼儿的学习特点和认识规律，各领域的内容要有机联系，相互渗透，注重综合性、趣味性、活动性，寓教育于生活、游戏之中。

七、教育活动的组织形式应根据需要合理安排，因时、因地、因内容、因材料灵活地运用。

八、环境是重要的教育资源，应通过环境的创设和利用，有效地促进幼儿的发展。

（一）幼儿园的空间、设施、活动材料和常规要求等应有利于引发、支持幼儿的游戏和各种探索活动，有利于引发、支持幼儿与周围环境之间积极的相互作用。

（二）幼儿同伴群体及幼儿园教师集体是宝贵的教育资源，应充分发挥这一资源的作用。

（三）教师的态度和管理方式应有助于形成安全、温馨的心理环境；言行举止应成为幼儿学习的良好榜样。

（四）家庭是幼儿园重要的合作伙伴。应本着尊重、平等、合作的原则，争取家长的理解、支持和主动参与，并积极支持、帮助家长提高教育能力。

（五）充分利用自然环境和社区的教育资源，扩展幼儿生活和学习的空间。幼儿园同时应为社区的早期教育提供服务。

九、科学、合理地安排和组织一日生活。

（一）时间安排应有相对的稳定性与灵活性，既有利于形成秩序，又能满足幼儿的合理需要，照顾到个体差异。

（二）教师直接指导的活动和间接指导的活动相结合，保证幼儿每天有适当的自主选择和自由活动时间。教师直接指导的集体活动要能保证幼儿的积极参与，避免时间的隐性浪费。

（三）尽量减少不必要的集体行动和过渡环节，减少和消除消极等待现象。

（四）建立良好的常规，避免不必要的管理行为，逐步引导幼儿学习自我管理。

十、教师应成为幼儿学习活动的支持者、合作者、引导者。

（一）以关怀、接纳、尊重的态度与幼儿交往。耐心倾听，努力理解幼儿的想法与感受，支持、鼓励他们大胆探索与表达。

（二）善于发现幼儿感兴趣的事物、游戏和偶发事件中所隐含的教育价值，把握时机，积极引导。

（三）关注幼儿在活动中的表现和反应，敏感地察觉他们的需要，及时以适当的方式应答，形成合作探究式的师生互动。

（四）尊重幼儿在发展水平、能力、经验、学习方式等方面的个体差异，因人施教，努力使每一个幼儿都能获得满足和成功。

（五）关注幼儿的特殊需要，包括各种发展潜能和不同发展障碍，与家庭密切配合，共同促进幼儿健康成长。

十一、幼儿园教育要与0～3岁儿童的保育教育以及小学教育相互衔接。

第四部分　教育评价

一、教育评价是幼儿园教育工作的重要组成部分，是了解教育的适宜性、有效性，调整和改进工作，促进每一个幼儿发展，提高教育质量的必要手段。

二、管理人员、教师、幼儿及其家长均是幼儿园教育评价工作的参与者。评价过程是各方共同参与、相互支持与合作的过程。

三、评价的过程，是教师运用专业知识审视教育实践，发现、分析、研究、解决问题的过程，也是其自我成长的重要途径。

四、幼儿园教育工作评价实行以教师自评为主，园长以及有关管理人员、其他教师和家长等参与评价的制度。

五、评价应自然地伴随着整个教育过程进行。综合采用观察、谈话、作品分析等多种方法。

六、幼儿的行为表现和发展变化具有重要的评价意义，教师应视之为重要的评价信息和改进工作的依据。

七、教育工作评价宜重点考察以下方面：

（一）教育计划和教育活动的目标是否建立在了解本班幼儿现状的基础上。

（二）教育的内容、方式、策略、环境条件是否能调动幼儿学习的积极性。

（三）教育过程是否能为幼儿提供有益的学习经验，并符合其发展需要。

（四）教育内容、要求能否兼顾群体需要和个体差异，使每个幼儿都能得到发展，都有成功感。

（五）教师的指导是否有利于幼儿主动、有效地学习。

八、对幼儿发展状况的评估，要注意：

（一）明确评价的目的是了解幼儿的发展需要，以便提供更加适宜的帮助和指导。

（二）全面了解幼儿的发展状况，防止片面性，尤其要避免只重知识和技能，忽略情感、社会性和实际能力的倾向。

（三）在日常活动与教育教学过程中采用自然的方法进行。平时观察所获的具有典型意义的幼儿行为表现和所积累的各种作品等，是评价的重要依据。

（四）承认和关注幼儿的个体差异，避免用划一的标准评价不同的幼儿，在幼儿面前慎用横向的比较。

（五）以发展的眼光看待幼儿，既要了解现有水平，更要关注其发展的速度、特点和倾向等。

学前教育
实用政策法律 下

主编 马雷军

顾问 杨润勇

编委 （以姓氏笔画为序）

马毅飞　王许人　王建洲　刘晓楠　李　竹

郄　芳　周文娟　赵小红　郭潇莹　鲁　幽

目　录

学前教育相关法律 ·· 1

- 中华人民共和国教育法 ·· 2
- 中华人民共和国教师法 ·· 16
- 中华人民共和国民办教育促进法 ···································· 23
- 中华人民共和国未成年人保护法 ···································· 33
- 中华人民共和国母婴保健法 ·· 43
- 中华人民共和国民办教育促进法实施条例 ···························· 49

学前教育相关行政法规 ·· 59

- 幼儿园管理条例 ·· 60
- 教师资格条例 ·· 65
- 残疾人教育条例 ·· 70
- 中华人民共和国中外合作办学条例 ·································· 80
- 校车安全管理条例 ·· 92
- 教育督导条例 ·· 103
- 艾滋病防治条例（节选） ·· 108

学前教育相关综合政策 ·· 109

- 国务院办公厅关于促进3岁以下婴幼儿照护服务发展的指导意见 ··· 110
- 中共中央　国务院关于学前教育深化改革规范发展的若干意见 ··· 116

- 教育部办公厅关于严禁商业广告、商业活动进入中小学校和幼儿园的紧急通知……………………………… 127
- 财政部 教育部关于印发《中央财政支持学前教育发展资金管理办法》的通知…………………………… 129
- 中央财政支持学前教育发展资金管理办法………………… 130
- 教育部等四部门关于实施第三期学前教育行动计划的意见… 134
- 幼儿园工作规程………………………………………………… 139
- 教育部 国家发展改革委 财政部关于实施第二期学前教育三年行动计划的意见……………………………… 151
- 国务院关于当前发展学前教育的若干意见…………………… 156
- 国务院办公厅转发教育部等部门（单位）关于幼儿教育改革与发展指导意见的通知……………………… 162
- 教育行政处罚暂行实施办法…………………………………… 169
- 关于颁发《学前班工作评估指导要点》的通知……………… 177
- 关于改进和加强学前班管理的意见…………………………… 180
- 国务院办公厅转发国家教委等部门关于加强幼儿教育工作意见的通知…………………………………………… 184

学前教育机构设置相关政策……………………………… 191

- 国务院办公厅关于开展城镇小区配套幼儿园治理工作的通知… 192
- 教育部关于贯彻执行《幼儿园建设标准》的通知…………… 195
- 住房城乡建设部关于发布行业标准…………………………… 196
- 财政部 教育部关于印发《中央财政支持学前教育发展资金管理办法》的通知……………………………… 197
- 教育部办公厅关于公办幼儿园能否承包的问题的复函……… 203
- 中华人民共和国中外合作办学条例实施办法………………… 205
- 民办非企业单位登记暂行办法………………………………… 216
- 国家教委、计委、民政部、建设部、经贸委、全国总工会、妇联《关于企业办幼儿园的若干意见》……… 223
- 国家教育委员会、建设部关于印发《城市幼儿园建筑面积定额（试行）》的通知………………………… 225

- 教育委员会国家关于发展农村幼儿教育的几点意见 ………… 234

学前教育师资建设相关政策 239

- 教育部等七部门印发《关于加强和改进新时代师德师风建设的意见》的通知 ………… 240
- 教育部关于印发《幼儿园教师违反职业道德行为处理办法》的通知 ………… 247
- 教育部关于印发《新时代高校教师职业行为十项准则》《新时代中小学教师职业行为十项准则》《新时代幼儿园教师职业行为十项准则》的通知（节选）………… 251
- 新时代幼儿园教师职业行为十项准则 ………… 253
- 教育部办公厅关于各地出台公办幼儿园教职工编制标准情况的通报 ………… 255
- 财政部 教育部关于印发《中小学幼儿园教师国家级培训计划专项资金管理办法》的通知 ………… 258
- 教育部 财政部关于改革实施中小学幼儿园教师国家级培训计划的通知 ………… 262
- 教育部关于印发《普通高中校长专业标准》《中等职业学校校长专业标准》《幼儿园园长专业标准》的通知（节选）273
- 教育部关于成立教育部高等学校幼儿园教师培养等教学指导委员会的通知 ………… 279
- 教育部关于印发《幼儿园教职工配备标准（暂行）》的通知 …… 281
- 教育部中央编办财政部人力资源和社会保障部关于加强幼儿园教师队伍建设的意见 ………… 284
- 教育部关于印发《幼儿园教师专业标准（试行）》《小学教师专业标准（试行）》和《中学教师专业标准（试行）》的通知（节选）………… 287
- 幼儿园教师专业标准（试行）………… 289
- 学校教职工代表大会规定 ………… 293

学前教育内部管理相关政策……299

- 国家教育委员会关于开展幼儿园园长岗位培训工作的意见 …… 300
- 教育部办公厅关于开展幼儿园"小学化"专项治理工作的通知… 305
- 教育部关于印发《3—6岁儿童学习与发展指南》的通知…… 308
- 3—6岁儿童学习与发展指南 310
- 教育部关于在中小学幼儿园广泛深入开展节约教育的意见…… 342
- 卫生部关于印发《托儿所幼儿园卫生保健工作规范》的通知…… 344
- 托儿所幼儿园卫生保健工作规范 345
- 教育部关于建立中小学幼儿园家长委员会的指导意见………… 378
- 国家发展改革委教育部财政部关于印发《幼儿园收费管理暂行办法》的通知 381
- 教育部关于规范幼儿园保育教育工作防止和纠正"小学化"现象的通知 385
- 教育部关于印发《幼儿园教育指导纲要（试行）》的通知……… 387

学前教育行政管理相关政策……399

- 教育部关于印发《县域学前教育普及普惠督导评估办法》的通知 400
- 教育部关于印发《幼儿园责任督学挂牌督导办法》的通知 406
- 教育部办公厅关于各地建立完善学前教育、普通高中和特殊教育经费投入机制情况的通报 409
- 教育部关于印发《幼儿园办园行为督导评估办法》的通知……… 412
- 国务院教育督导委员会办公室关于印发《中小学（幼儿园）安全工作专项督导暂行办法》的通知 ……… 417
- 教育部关于印发《学前教育督导评估暂行办法》的通知……… 423
- 财政部 教育部关于加大财政投入支持学前教育发展的通知 436
- 财政部 教育部关于建立学前教育资助制度的意见 ………… 444

学前教育安全管理相关政策……447

- 国务院教育督导委员会办公室关于进一步加强中小学（幼儿园）安全工作的紧急通知 ……… 448

- 教育部等五部门关于完善安全事故处理机制维护学校教育教学秩序的意见⋯⋯ 450
- 学校食品安全与营养健康管理规定⋯⋯ 456
- 教育部办公厅关于进一步加强中小学（幼儿园）预防性侵害学生工作的通知⋯⋯ 469
- 国务院教育督导委员会办公室关于加强中小学（幼儿园）冬季安全工作的通知⋯⋯ 472
- 国务院教育督导委员会办公室关于进一步加强中小学（幼儿园）安全工作的紧急通知⋯⋯ 474
- 市场监管总局办公厅关于加强秋季开学学校和幼儿园食品安全监管工作的通知⋯⋯ 476
- 最高人民检察院关于依法惩治侵害幼儿园儿童犯罪全面维护儿童权益的通知⋯⋯ 479
- 国务院教育督导委员会办公室关于开展幼儿园规范办园行为专项督导检查的紧急通知⋯⋯ 482
- 教育部办公厅关于加强中小学（幼儿园）周边安全风险防控工作的紧急通知⋯⋯ 484
- 教育部关于开展中小学（幼儿园）校车安全隐患排查整治工作的紧急通知⋯⋯ 486
- 国务院办公厅关于加强中小学幼儿园安全风险防控体系建设的意见⋯⋯ 488
- 国务院教育督导委员会办公室关于加强中小学（幼儿园）安全工作的紧急通知⋯⋯ 496
- 食品药品监管总局 教育部关于进一步加强中小学校和幼儿园食品安全监督管理工作的通知⋯⋯ 498
- 教育部 公安部关于加强中小学幼儿园消防安全管理工作的意见⋯⋯ 500
- 公安部办公厅、教育部办公厅关于印发《中小学幼儿园安全防范工作规范（试行）》的通知⋯⋯ 503
- 最高人民法院 最高人民检察院 公安部 民政部关于依法处理监护人侵害未成年人权益行为若干问题的意见⋯⋯ 509
- 关于依法处理监护人侵害未成年人权益行为若干问题的意见⋯⋯ 510

- 教育部办公厅关于印发《中小学幼儿园应急疏散演练指南》的通知 ………… 519
- 中小学幼儿园应急疏散演练指南 ………… 520
- 教育部办公厅关于中小学幼儿园安全工作2013年第1号预警通知 ………… 528
- 教育部办公厅关于近期连续发生数起幼儿园幼儿被遗忘在接送车内导致死亡事故的情况通报 ………… 530
- 托儿所幼儿园卫生保健管理办法 ………… 532
- 教育部办公厅关于做好新学年中小学幼儿园安全工作的通知 ………… 537
- 中央社会治安综合治理委员会办公室、教育部、公安部关于进一步加强学校幼儿园安全防范工作建立健全长效工作机制的意见 ………… 539
- 教育部办公厅关于做好雨季中小学幼儿园安全工作的通知 ………… 545
- 最高人民法院关于充分发挥审判职能作用切实维护学校、幼儿园及周边安全的通知 ………… 547
- 教育部办公厅关于做好冬季中小学幼儿园安全工作的通知 ………… 550
- 中小学幼儿园安全管理办法 ………… 552
- 教育部关于印发《关于进一步做好中小学幼儿园安全工作六条措施》的通知 ………… 563
- 教育部办公厅关于加强中小学幼儿园校车安全管理的紧急通知 ………… 565
- 建设部关于切实加强中小学幼儿园安全管理工作的通知 ………… 567
- 教育部关于进一步加强幼儿园安全工作的紧急通知 ………… 570
- 学生伤害事故处理办法 ………… 572
- 机关、团体、企业、事业单位消防安全管理规定 ………… 579

学 前教育行政管理相关政策

教育部关于印发
《县域学前教育普及普惠督导评估办法》的通知

（教督〔2020〕1号　2020年2月18日颁布）

各省、自治区、直辖市教育厅（教委），新疆生产建设兵团教育局：

为贯彻落实《中共中央 国务院关于学前教育深化改革规范发展的若干意见》，不断提高学前教育普及普惠水平，教育部制定了《县域学前教育普及普惠督导评估办法》。现印发给你们，请遵照执行。

请于2020年4月底前将本地制定的县域学前教育普及普惠督导评估工作方案、所辖县2030年前接受督导评估的总体规划和年度计划报教育部。

教育部
2020年2月18日

县域学前教育普及普惠督导评估办法

第一章　总　则

第一条　为推动县级人民政府履行发展学前教育职责，不断提高学前教育普及普惠水平，更好实现幼有所育，根据《中共中央 国务院关于学前教育深化改革规范发展的若干意见》"制定普及学前教育督导评估办法"的要求，制定本办法。

第二条　督导评估的对象为县级人民政府（含不设区的市、市辖区和功能区等国家划定的其他县级行政区划单位人民政府）。

第三条　督导评估工作由国务院教育督导委员会统筹领导、审核认定，省级教育督导机构为主组织实施。

第四条　督导评估坚持以下原则：

（一）科学规划。各地按照国家学前教育发展的总体目标，结合本行政区域经济社会发展水平，制定县域学前教育普及普惠督导评估总体规划和年度计划，统筹推进督导评估认定工作。

（二）坚持标准。国家制定统一的督导评估指标、认定标准和工作程序，严格执行，确保督导评估内容真实、程序规范、结果可靠。

（三）公开透明。加强督导评估过程和结果的公开公示，接受社会监督，提高督导评估工作的权威性和可信度。

（四）注重实效。通过客观评估各地学前教育普及普惠工作的实际成效，督促引导地方政府积极发展学前教育。优化督导评估指标、简化工作流程，减轻基层负担。防止形式主义，杜绝虚假普及。

第二章 督导评估内容

第五条 督导评估的主要内容包括普及普惠水平、政府保障情况、幼儿园保教质量保障情况三个方面。

第六条 普及普惠水平主要包括以下指标和标准：

（一）学前三年毛入园率达到85%。

（二）普惠性幼儿园覆盖率，即公办园和普惠性民办园在园幼儿占比达到80%。（公办园是指由国家机构举办，或者国有企业事业单位、街道、村集体利用财政性经费或者国有资产、集体资产举办的幼儿园；普惠性民办园是指通过教育部门认定、面向大众、质量合格、接受财政经费补助或政府其他方式的扶持、收费执行政府限价的非营利性民办幼儿园。当地确认的公办园和普惠性民办园名单已在当地政府门户网站公开。）

（三）公办园在园幼儿占比达到50%。

第七条 政府保障情况主要包括以下指标和标准：

（一）党的领导坚强有力。县委县政府加强对学前教育事业的领导，幼儿园党的组织和党的工作实现全覆盖。

（二）发展规划科学合理。制定幼儿园布局规划；把普惠性幼儿园建设纳入城乡公共管理和公共服务设施统一规划，列入本地区控制性详细规划。

（三）学前教育公共服务网络基本完善。农村地区每个乡镇原则上至少有一所公办中心园，大村独立建园或设分园，小村联合办园，人口分散地区根据实际情况举办流动幼儿园、季节班等。

（四）小区配套幼儿园管理规范。落实省定小区配套幼儿园建设管理办法，小区配套幼儿园与首期建设的居民住宅区同步规划、同步设计、同步建设、同步验收、同步交付使用；现有小区配套幼儿园由当地政府统筹安排办成公办园或委托办成普惠性民办园，且运转良好。

（五）财政投入到位。落实省定公办园生均财政拨款标准或生均公用经费标准；落实企事业单位、部队、高校、街道、村集体办幼儿园财政补助政策；落实省定普惠性民办园认定标准、补助标准及扶持政策。

（六）收费合理。落实公办幼儿园收费标准和普惠性民办园收费办法；幼儿园收费标准根据社会经济发展水平动态调整；各类幼儿园无不合理收费。

（七）教师工资待遇有保障。落实公办园教师工资待遇保障政策，确保教师工资及时足额发放、同工同酬；参照公办园教师工资收入水平，合理确定民办园相应教师工资收入。

（八）安全风险防控机制健全。落实教育、公安、生态环境、交通、住房城乡建设、卫生健康、市场监管、应急等部门对幼儿园园所、食品、卫生、校车、消防等各方面的安全监管责任；督导评估认定前2年内无较大社会影响的安全责任事故。

（九）监管制度比较完善。对民办幼儿园审批严格执行"先证后照"制度，完善年检制度；落实幼儿园基本信息备案及公示制度；建立3—5年一轮覆盖所有幼儿园的办园行为督导评估制度；幼儿园责任督学挂牌督导制度落实到位；全面完成无证园治理工作。民办园没有上市、过度逐利等行为。

第八条 幼儿园保教质量保障情况主要包括以下指标和标准：

（一）办园条件合格。幼儿园园舍条件、玩教具和幼儿图书配备普遍达到规定要求；2017年后规划设计的幼儿园符合《幼儿园建设标准》。

（二）班额普遍达标。县域内85%以上的班额符合《幼儿园工作规程》有关规定。

（三）教师配足配齐。按《幼儿园教职工配备标准（暂行）》配足配齐各类幼儿园教职工；公办园没有"有编不补"的情况；县域内幼儿园专任教师总数与在园幼儿总数之比不低于1:15。

（四）教师管理制度严格。建立健全幼儿园教师资格准入制度和定期注册制度，全面落实幼儿园教师持教师资格证上岗制度；落实幼儿园（含民办）园长、教师定期培训和全员轮训制度；加强师德师风建设，幼儿园普遍建立师德教育、考评、奖惩机制；督导评估认定前2年内没有发生严重的师德师风事件。

（五）落实科学保教要求。县域内幼儿园落实《幼儿园工作规程》《幼儿园教育指导纲要（试行）》和《3—6岁儿童学习与发展指南》的规定，以游戏为基本活动，无"小学化"现象。

第三章　督导评估程序

第九条　县级自评。在规划开展督导评估的年份，县级人民政府对本县学前教育普及普惠情况进行自评。自评达到要求的，当年4月底前报市级初核。

第十条　市级初核。市级教育督导机构和学前教育管理机构综合已有数据、日常工作掌握情况和县级自评情况进行初核。初核达到要求的，当年5月底前提请省级督导评估。

第十一条　省级评估。省级教育督导机构对指标审核全部合格的申报县进行实地督导评估。实地督导评估前，向社会发布公告；实地督导评估后，督导评估结果向本级人民政府报告，并公示至少5个工作日。公告、公示中均需包括国务院教育督导委员会办公室和省级教育督导机构监督举报电话。

对通过省级督导评估的申报县，各省（区、市）于当年9月底前将有关材料报送国务院教育督导委员会办公室。

第十二条　国家认定。国务院教育督导委员会办公室对各省（区、市）督导评估工作进行审核认定。程序如下：

（一）指标审核。组织专家组对省级督导评估工作进行审核，审核申报县是否达标，审核省级督导评估工作标准是否明确、方式是否科学、程序是否规范、结果是否客观等。

（二）社会认可度调查。通过统一调查平台，抽取一定比例的申报县开展学前教育社会认可度调查，调查对象包括家长、教职工、园长、人大代表、政协委员及其他群众等。抽查县社会认可度须高于85%。

（三）实地核查。组织督导组随机抽取一定比例的申报县开展实地核查，明察与暗访相结合，通过听取汇报、座谈、查阅资料、随机抽查幼儿园、听取当地群众意见等方式，全面考察了解当地学前教育发展情况。督导组对申报县"是否通过实地核查"形成意见，并向国务院教育督导委员会办公室提交书面报告。

（四）结果认定。国务院教育督导委员会办公室根据掌握的数据、资料、举报情况、实地核查情况对申报县形成最终评估认定结论，提请国务院教育督导委员会审核后，确定国家学前教育普及普惠县名单。

在国家认定过程中，各抽查县达到所有指标和标准要求且通过所有环节认定，则该省（区、市）当年所有申报县均通过认定；凡存在任一抽查县明显不达标、群众对学前教育投诉举报多、负面反映强烈、数据弄虚作假等严重问题的，则终止对该省（区、市）当年的评估认定工作。

第十三条 国务院教育督导委员会办公室和省、市教育督导机构建立普及学前教育监测和复查机制，对全国学前教育普及普惠情况进行监测。对学前教育普及普惠水平下降、体制机制保障程度降低、幼儿园保教质量下滑的县取消国家学前教育普及普惠县称号。

第四章 督导评估结果运用

第十四条 国务院教育督导委员会办公室每年向社会公布当年度学前教育普及普惠县名单和各省（区、市）所有学前教育普及普惠县名单及占比。

第十五条 学前教育普及普惠督导评估结果是对县级人民政府及其主要负责人履行教育职责评价和教育发展水平综合评估的重要依据。国家将省（区、市）学前教育普及普惠情况纳入对省级人民政府履行教育职责评价的重要内容。

第十六条 国务院教育督导委员会办公室将对如期完成学前教育普及普惠督导评估目标的地区，遴选典型经验宣传推广；对履行学前教育普及普惠工作职责不力、未如期完成督导评估目标的地区，采取约谈有关负责人、通报批评等方式予以问责。

第五章 附 则

第十七条 各省（区、市）人民政府根据本办法制定督导评估工作方案和所辖各县接受督导评估的年度计划，并开展督导评估工作。

第十八条 本办法自公布之日起施行。

教育部关于印发《幼儿园责任督学挂牌督导办法》的通知

(教督〔2019〕3号 2019年6月10日颁布)

各省、自治区、直辖市教育厅（教委），新疆生产建设兵团教育局：

为贯彻落实《中共中央 国务院关于学前教育深化改革规范发展的若干意见》中关于"实行幼儿园责任督学挂牌督导制度"的要求，教育部根据《教育督导条例》和《幼儿园工作规程》，研究制定了《幼儿园责任督学挂牌督导办法》，现印发给你们，请遵照执行。

各地要结合实际制定本地幼儿园责任督学挂牌督导实施办法，于2019年底前实现本行政区域内所有经审批注册的幼儿园（含民办）责任督学挂牌督导全覆盖，并及时将有关实施情况报教育部。

教育部

2019年6月10日

幼儿园责任督学挂牌督导办法

第一条 为督促幼儿园规范办园行为，促进幼儿身心健康发展，根据《教育督导条例》和《幼儿园工作规程》，制定本办法。

第二条 幼儿园责任督学挂牌督导是指县（市、区）人民政府教育督导部门（以下简称教育督导部门）为行政区域内每一所经审批注册的幼儿园（含民办）配备责任督学，实施经常性督导。

教育督导部门根据行政区域内幼儿园布局和规模等情况，原则上按1人负责5所左右幼儿园的标准配备责任督学。

教育督导部门按统一规格制作标牌，标明责任督学的姓名、照片、联系方式和职责，在幼儿园大门显著位置予以公布。

第三条 教育督导部门按照《督学管理暂行办法》规定的条件和程序，聘任熟悉学前教育法律法规和方针政策、具有相应专业知识和业务能力的人员为责任督学。

第四条 教育督导部门对责任督学进行日常管理：

（一）对责任督学颁发督学证，实行登记管理。

（二）对新任责任督学进行入职培训，对入职后的责任督学进行定期集中培训。

（三）对责任督学实行定期交流。

（四）建立责任督学考核制度，对责任督学履行职责、开展工作和完成任务情况进行考核，对优秀责任督学给予表彰奖励。

第五条 责任督学履行下列职责：

（一）监督指导幼儿园安全管理情况。

（二）监督指导幼儿园规范办园情况。

（三）监督指导幼儿园师德师风建设情况。

（四）完成教育督导部门交办的其他工作任务。

第六条 责任督学参照《中小学校责任督学挂牌督导规程》对幼儿园实施督导，每月不得少于1次。

第七条 发生危及幼儿园安全的重大突发事件或重大事故，责任督学必须第一时间赶赴现场，及时督促处理并报告上级督导部门。

第八条 幼儿园必须接受责任督学的监督，积极配合责任督学入园督导，对反馈问题进行认真整改。对拒绝、阻挠责任督学督导和不按要求整改的幼儿园，教育督导部门予以通报批评并责令改正，向有关人民政府或主管部门提出对幼儿园主要负责人、举办者和其他责任人员的处理建议。幼儿园对督导结果有异议，可向教育督导部门反映。

第九条 教育督导部门每月听取责任督学工作汇报，研究处理相关问题。教育行政、教育督导等有关部门要重视督导结果和责任督学建议，将其作为对幼儿园综合评价、主要负责人考评问责的重要依据。在幼儿园评优评先方面，应当充分听取责任督学意见。

第十条 教育行政或教育督导部门要协调有关部门将责任督学督导工作经

费列入预算，为责任督学开展经常性督导工作提供经费、办公场所和设备等保障，为责任督学兼职开展督导工作产生的交通、通讯、误餐费用和承担的督导任务提供工作补助（发放对象不含责任督学中的在职公务员），发放标准结合当地经济社会发展状况和生活水平确定。

第十一条 本办法自发布之日起施行。

教育部办公厅关于各地建立完善学前教育、普通高中和特殊教育经费投入机制情况的通报

（教财厅函〔2017〕25号　2017年9月11日颁布）

各省、自治区、直辖市教育厅（教委），新疆生产建设兵团教育局：

近些年，各地积极探索学前教育、普通高中和特殊教育学校的经费投入机制，积累了一定经验。近期印发的《教育部等四部门关于实施第三期学前教育行动计划的意见》《高中阶段教育普及攻坚计划（2017—2020年）》和《第二期特殊教育提升计划（2017—2020年）》对制定学前教育、普通高中和特殊教育学校生均拨款标准提出了明确要求。为贯彻落实好国家相关文件精神，推进一些地方尽快研究制定生均拨款制度，我们对各地的经验做法进行了梳理，现将有关情况通报如下，供各地学习借鉴。

一、学前教育

1. 制定生均公用经费拨款标准或生均综合补助标准，确保公办园正常运转。北京、天津、上海、江苏、广西、海南、重庆、四川、西藏、陕西、甘肃、青海、宁夏等13个省（区、市）和宁波、厦门、青岛等3个计划单列市及新疆生产建设兵团出台了公办园生均公用经费拨款标准，大连出台了生均综合补助标准。其中，北京为2250元，上海、天津为1200元，海南为600元，陕西学前一年标准为1300元。青海规定公办园生均公用经费所需资金由省、市（州、县）按照8∶2的比例分担。江苏、宁夏、青海等地都明确要求根据教育发展、财力状况、办园成本、物价水平，适时提高公办园生均公用经费拨款标准。

2. 制定企事业单位、集体办园和普惠性民办园补助政策，支持提供普惠性服务。北京按照1000元的标准对企事业单位、集体办园予以补贴。目前28个省份和5个计划单列市都出台了普惠性民办园认定管理办法，制定了具体的财政扶持措施。陕西、西藏按照公办园生均公用经费拨款标准对普惠性民办园进行

补助，青岛按照2400元的生均定额补助标准扶持普惠性民办园。天津、辽宁、广西、青海等省对提供普惠性服务、收费合理、质量合格的民办园按照班级规模、办园质量等进行奖补。

二、普通高中教育

1. 制定生均公用经费拨款标准，保障普通高中学校正常运转。截至目前，北京、天津、山西、辽宁、吉林、黑龙江、上海、江苏、福建、山东、河南、湖北、湖南、广西、海南、重庆、四川、西藏、陕西、青海、宁夏等21个省份和大连、青岛、宁波、厦门、深圳等5个计划单列市制定了公办普通高中生均公用经费拨款标准。其中，超过2000元的有北京、上海、大连、宁波、深圳等地；1000—2000元的有天津、辽宁、黑龙江、江苏、湖北、海南、重庆、四川、青岛、厦门等地。

重庆于2014年将拨款标准从生均500元提高到1000元，并提出今后将逐步提高标准。北京、江苏、广西、青岛、宁波、厦门和深圳等地近年来也不同程度提高了拨款标准。

2. 建立按比例分担的奖补机制，落实地方各级政府责任。陕西规定公办普通高中生均公用经费拨款标准由省与市县财政按5∶5的比例分担，市县分担比例由各市（区）自行确定；青海由省、市（州、县）按照8∶2比例分担。宁夏对达到基准定额并全额落实到位的市、县（区），按照基准定额的50%进行奖补，资金由自治区财政承担。

3. 提高寄宿制学校拨款水平，适应寄宿学校办学需要。大连规定寄宿制学校按实际集中住宿的学生数，在原有标准基础上上浮25%；深圳规定寄宿制公办学校根据寄宿生人数，按生均300元标准提高财政补助水平。

三、特殊教育

2016年，各地已普遍将义务教育阶段特殊教育学校生均公用经费标准提高至6000元以上，基本保障了特殊教育学校的日常运转。北京规定特殊教育学校生均公用经费拨款标准为12000元，广东最低为小学9200元、初中15600元，上海为7800元，福建省一级的学校2017年达到7600元。除义务教育阶段外，多地还对非义务教育阶段生均公用经费提出了要求，如新疆规定特殊职业教育学生的生均公用经费在义务教育阶段标准的基础上提高50%。青岛市规定各区（市）按照当地普通初中10倍的生均公用经费标准，即11000元的标准对接收残疾幼儿的幼儿园予以补助，并从2017年秋季学期开始统一免除公办幼儿园残疾幼儿的保教费，在民办园就读的残疾幼儿参照执行。

教育部办公厅

2017年9月11日

教育部关于印发《幼儿园办园行为督导评估办法》的通知

（教督〔2017〕7号 2017年4月18日颁布）

各省、自治区、直辖市教育厅（教委）、教育督导机构，新疆生产建设兵团教育局、教育督导机构：

为完善幼儿园督导评估制度，推动各地加强和改进对幼儿园的监管，促进幼儿园规范办园行为，保障幼儿身心健康、快乐成长，根据《教育督导条例》《幼儿园工作规程》等，经国务院教育督导委员会同意，制定了《幼儿园办园行为督导评估办法》，现印发给你们，请结合实际贯彻执行。

教育部

2017年4月18日

幼儿园办园行为督导评估办法

第一章 总 则

第一条 为建立和完善幼儿园督导评估制度，推动各地加强和改进对幼儿园的管理，促进幼儿园规范办园行为，保障幼儿身心健康、快乐成长，依据《教育督导条例》，制定本办法。

第二条 开展幼儿园督导评估应遵循以下原则：

（一）以评促建。推动各地加强对薄弱幼儿园的指导和监督管理，引导幼儿园遵循幼儿身心发展特点和规律，加强自身建设，提高保育与教育质量。

（二）客观公正。以幼儿园实际情况为依据，督导评估程序透明，结果公开，接受社会监督。

（三）注重实效。强化督导评估结果运用，为幼儿园提供指导和帮助，为决策提供依据和建议。

第三条 本办法适用于教育督导机构对面向3—6岁儿童提供保育教育服务

的幼儿园（班、点）实施的督导评估。督导评估应以薄弱幼儿园为重点。

第四条 督导评估周期为3～5年。在一个周期内，县级教育督导机构按属地原则对辖区内幼儿园（班、点）至少进行一次督导评估。

第二章 督导评估内容与方式

第五条 督导评估以《幼儿园工作规程》为基本依据，内容重点包括办园条件、安全卫生、保育教育、教职工队伍、内部管理五个方面。

（一）办园条件：主要考察幼儿园办园资质、办园经费、规模与班额、园舍与场地、设备设施、玩教具材料和图书等情况。

（二）安全卫生：主要考察幼儿园安全和卫生制度、膳食营养、卫生消毒、健康检查、疾病防控、安全教育、安全风险管控、校车及使用情况等。

（三）保育教育：主要考察幼儿园教育理念与目标、教育内容与形式、教育计划与方案、活动组织实施、师幼关系等情况。

（四）教职工队伍：主要考察幼儿园园长、教师、保育员、卫生保健人员、炊事员和其他工作人员的数量及资格资质，教职工专业成长，师德师风建设和权益保障等情况。

（五）内部管理：主要考察幼儿园组织机构、管理机制、经费管理与使用、招生、家长参与幼儿园管理等情况。

第六条 督导评估的方式主要是现场观察、问卷调查、座谈访谈、资料查阅和数据统计等。

第三章 督导评估组织实施

第七条 督导评估工作由教育督导机构组织实施。

第八条 县级教育督导机构按照评估周期制定本县（市、区、旗）幼儿园办园行为督导评估工作计划，指导幼儿园进行自评，并对幼儿园办园行为实施督导评估，具体程序如下：

（一）印发督导评估通知。教育督导机构向幼儿园发出书面督导评估通知，并向社会公示。

（二）幼儿园自评。幼儿园在接到督导评估通知后，按要求开展自评，并将自评报告报教育督导机构。

（三）实地督导。教育督导机构成立督导组，对幼儿园自评报告进行审核，并对幼儿园办园行为进行实地督导评估。

（四）结果反馈。督导评估结束时，督导组向幼儿园口头反馈督导评估意见，并听取幼儿园的说明和申辩。教育督导机构根据督导组报告、幼儿园自评报告和社会公众意见，形成督导意见书，发送幼儿园。

（五）幼儿园整改。幼儿园根据督导意见书，采取措施进行整改，并按要求将整改情况报教育督导机构。

（六）复查。教育督导机构督促指导幼儿园进行整改，必要时进行复查。

县级教育督导机构根据幼儿园督导评估情况，形成督导评估报告，并上报市级教育督导机构。

第九条 市级教育督导机构对所辖县（市、区、旗）幼儿园办园行为督导评估工作情况进行监督和指导，督促县级政府及有关部门及时研究解决幼儿园办园存在的困难和问题。督促县级有关部门加强对无证幼儿园的监管和分类治理，经整改后达到相应标准的颁发许可证，整改后仍未达到保障幼儿安全、健康等基本要求的予以取缔。汇总全市（地、州、盟）幼儿园办园行为督导评估工作情况，形成市级幼儿园办园行为督导评估报告，并报省级教育督导机构。

第十条 省级教育督导机构根据本办法制定本省（区、市）《幼儿园办园行为督导评估实施方案》，对全省（区、市）幼儿园督导评估工作进行抽查，督促市、县两级教育督导机构按要求开展督导评估工作。汇总全省（区、市）幼儿园督导评估工作情况，形成省级幼儿园办园行为督导评估报告，并报国务院教育督导委员会办公室。

第十一条 国务院教育督导委员会办公室组织国家督学和专家，采用随机抽取督查对象、随机选派督查人员的"双随机"方式对部分省（区、市）幼儿园办园行为督导评估工作情况进行专项督导。

国务院教育督导委员会办公室根据专项督导情况、省级幼儿园办园行为督导评估报告和相关数据信息形成国家督导评估报告。

第十二条　各地可以引入有资质的第三方机构参与评估。

第四章　督导评估结果运用

第十三条　各级教育督导机构将幼儿园办园行为督导评估报告向社会发布，接受社会监督。

第十四条　地方各级教育督导机构要将督导评估报告报送本级人民政府，作为制定学前教育政策、加强幼儿园管理的依据。

第十五条　各地依据本办法，对督导评估为办园行为规范的幼儿园，特别是薄弱幼儿园给予更多的政策优惠和扶持，并及时总结、推广幼儿园规范办园的先进经验和典型案例。

第十六条　督导评估结果应作为幼儿园年检、确定级类和园长评优评先的重要依据。

第五章　附　则

第十七条　本办法自发布之日起实施。

附件：幼儿园办园行为督导评估指标与要点

幼儿园办园行为督导评估指标与要点

指标	要点
一、办园条件	1.取得办园许可,证照齐全。 2.幼儿园设置在安全区域,无危房,周边没有安全隐患。 3.幼儿园规模、班额符合相关规定。 4.园舍、户外场地等符合相关规定,区角设置合理。 5.教学、生活、安全、卫生等设备设施齐全。 6.玩教具、游戏材料和幼儿图画书数量充足,种类丰富,并符合国家相关安全质量标准和环保要求。 7.有必要的办园资金和稳定的经费来源。
二、安全卫生	1.建立安全防护、检查和卫生保健制度,落实到岗到人。 2.提供安全卫生的饮用水,确保幼儿按需饮用温开水。 3.膳食安全卫生,营养均衡。严格执行食品留样制度。儿童伙食要与成人伙食分开。 4.建立卫生消毒制度,按规定对幼儿餐具、用具、玩具等进行消毒。 5.按要求对教职工进行健康检查,取得健康证明。 6.按规定开展幼儿健康检查,建立幼儿健康档案。 7.有传染病防控制度和应对措施,发病率低。 8.定期开展安全教育,对突发事故有预案和防控措施。 9.校车及使用符合相关规定要求。
三、保育教育	1.遵循幼儿身心发展特点和规律,注重幼儿良好品质和习惯的养成,促进幼儿全面发展。因人施教,为在园有特殊需要的幼儿提供更多的帮助和指导。 2.教师和保育员对幼儿态度亲切、温和,师生关系和谐。教职工无虐待、歧视、体罚和变相体罚、侮辱幼儿人格的行为。引导幼儿形成良好的同伴关系。幼儿情绪积极稳定,快乐活泼。 3.幼儿一日生活安排合理,活动形式多样,动静交替,室内室外活动兼顾。正常情况下,每天户外活动时间不低于两小时。 4.坚持以游戏为基本活动,充分保证幼儿游戏活动时间,鼓励幼儿自主选择游戏。 5.教育活动注重引导幼儿直接感知、动手操作和亲身体验。 6.教育活动涉及健康、语言、社会、科学、艺术各领域,内容适宜,不提前教授小学教育内容。 7.教育活动计划明确,活动方案可操作。活动组织形式灵活恰当。
四、教职工队伍	1.教职工数量符合相关标准,资质符合相关要求。 2.注重师德师风建设,遵守教师职业道德规范。 3.教师教研和教职工培训内容适宜、形式多样,培训学时符合相关规定。 4.按规定与教职工签订聘用或劳动合同,教师工资按时足额发放,并按规定缴纳相关社会保险,教师队伍稳定。
五、内部管理	1.实行园长负责制,组织机构、管理机制健全。 2.实行收费公示制度。无乱收费现象。 3.执行财务制度。有独立账目、账目清楚;无挤占挪用经费、抽逃资金情况;儿童伙食费专款专用,无克扣现象。 4.规范招生,无入园考试或测查。 5.家长参与幼儿园膳食、安全、保育教育等方面的管理。

国务院教育督导委员会办公室关于印发《中小学（幼儿园）安全工作专项督导暂行办法》的通知

（国教督办〔2016〕4号　2016年11月30日颁布）

各省、自治区、直辖市人民政府办公厅：

为落实党中央、国务院关于保障学校安全的总体要求，推动建立科学化、规范化、制度化的中小学（幼儿园）安全保障体系和运行机制，提高安全风险防控能力，特制定《中小学（幼儿园）安全工作专项督导暂行办法》。现印发给你们，请结合实际认真贯彻执行。

国务院教育督导委员会办公室

2016年11月30日

中小学（幼儿园）安全工作专项督导暂行办法

第一章　总　则

第一条　为贯彻落实党中央、国务院关于切实加强学校安全工作的总体要求，督促各地认真做好中小学（幼儿园）（以下简称学校）安全管理工作，根据《教育督导条例》及国家相关政策法规，制定本办法。

第二条　学校安全工作专项督导是促进地方政府及相关职能部门、学校建立科学化、规范化、制度化的安全保障体系和运行机制，提高学校安全风险防控能力的重要举措。

第三条　国务院教育督导委员会办公室负责对省级学校安全工作进行专项督导，省、市、县级人民政府教育督导机构负责对下一级及辖区内的学校安全工作进行专项督导。

第四条　实施学校安全工作专项督导应坚持以下原则：

（一）统一领导。切实加强组织领导和统筹协调，把学校安全工作作为公共安全和社会治安综合治理的重要内容，定期开展督导检查。

（二）注重实效。完善学校安全工作专项督导形式、内容和方法，因地制宜，确保学校安全工作专项督导取得实效。

（三）公开透明。坚持标准与方法公开、组织与人员公开、过程与结果公开，主动接受社会监督。

第二章 督导内容

第五条 组织管理

（一）省级人民政府建立健全学校安全工作组织管理体系，督促市、县级政府落实学校安全工作管理与监督责任情况。

（二）相关职能部门落实学校安全工作资金与资源，开展安全管理培训与指导，监督学校建立健全安全管理机构、落实岗位安全职责，配备安全保卫人员情况。

第六条 制度建设

（一）省级人民政府贯彻落实国家有关学校安全工作的法律法规、规章制度和标准规范，建立健全学校安全工作治理机制，制定完善本地方学校安全标准体系，开展学校安全事项认证情况。

（二）相关职能部门各司其职、齐抓共管，完善落实学校安全工作监督、管理，加强学校及周边安全综合治理，建立学生安全区域情况。

（三）学校建立健全安全管理制度和安全应急机制，按照《中小学幼儿园安全防范工作规范（试行）》要求，落实人防、物防、技防"三防"建设和安全管理各环节、岗位职责情况。

第七条 预警防范

（一）相关职能部门建立隐患排查与整治的学校安全预警机制，及时发布安全预警公告情况。

（二）相关职能部门制定学校安全风险清单，开展学校安全检查与动态监测，及时分析和评估安全风险，提出预警信息情况。

（三）学校建立健全及落实安全教育、日常管理、体育运动、校外活动、公共安全事件、校车安全、食品安全、卫生防疫、自然灾害风险评估和预防情况。

第八条 教育演练

（一）教育部门按照《中小学公共安全教育指导纲要》指导学校加强安全教育，落实安全教育进课堂，保障安全教育所需资金、教学资源和师资情况。

（二）相关职能部门指导和参与学校安全教育，开展安全防范进校园活动情况。

（三）学校按照《中小学幼儿园应急疏散演练指南》开展安全教育，定期组织地震、火灾等应急疏散演练情况。

第九条 重点治理

（一）相关职能部门加强溺水、事故、学生欺凌和暴力行为等重点问题预防与应对，及时做好专项报告和统计分析，指导学校履行教育和管理职责情况。

（二）教育部门会同公安等部门及时打击涉及学校、学生安全的违法犯罪行为，维护正常教育教学秩序，建设平安校园情况。

（三）教育部门及学校健全未成年学生权利保护制度，防范、调查、处理侵害未成年学生身心健康事件，开展心理、行为咨询和矫治活动情况。

第十条 事故处理

（一）省级人民政府建立健全学校安全事故应对、处理与责任追究机制情况。

（二）相关职能部门及时组织实施救援，落实事故调查、责任认定和善后处理，追究事故相关单位及责任人行政、刑事责任情况。

（三）教育部门及学校妥善处理安全事故纠纷，维护学校正常教育教学秩序情况。

第三章 组织实施

第十一条 日常监督。充分发挥责任督学作用，强化日常检查，促进学校安全工作有序进行。

第十二条 地方自查。省级人民政府及相关职能部门根据指标体系进行自查,并将自查报告在当地政府及省级教育行政部门网站上公示,公示期满后报送国务院教育督导委员会办公室。

第十三条 实地督导。国务院教育督导委员会办公室根据日常监督与地方自查情况,编制实地督导实施细则,随机抽取督学和专家组成督导组,随机确定督导对象,采取听取汇报、查阅材料、重点检查、随机抽查、个别访谈等方式开展实地督导。

第十四条 发布报告。国务院教育督导委员会办公室根据各省(区、市)自评和实地督导结果,形成专项督导意见和督导报告,督导报告向社会发布。

第十五条 整改落实。被督导省(区、市)在接到督导组督导意见后,按照整改要求和建议积极进行整改,并在3个月内向国务院教育督导委员会办公室书面报告整改情况。需要立即整改的重大安全隐患,则要在1个月内向国务院教育督导委员会办公室报告整改情况。

第四章 结果运用

第十六条 国务院教育督导委员会办公室建立工作问责机制,把专项督导结果作为评价政府教育工作成效的重要内容,对职责落实不到位的地区给予通报批评,对学校安全工作不力或出现严重问题的地区进行问责。

第十七条 对学校安全工作中出现的特大、重大学校安全责任事故,严重违法、违纪、违规问题,按照法律法规和有关规定开展调查处理。对违纪问题线索,交由纪检监察机关进行调查,严肃追究相关单位和责任人的责任。涉嫌犯罪的,移送司法机关依法处理。

第五章 附 则

第十八条 省级人民政府依据本办法制定本省份学校安全工作专项督导实施方案。

第十九条 本办法自发布之日起施行。

附件：中小学（幼儿园）学校安全工作专项督导评估指标体系

中小学（幼儿园）安全工作专项督导评估指标体系

组织管理	二级指标	评估要点
组织管理	建设组织机构	省级人民政府建立健全学校安全工作组织管理体系，督促市、县级政府落实学校安全工作管理与监督责任。
	落实部门职责	教育部门指导、监督学校建立安全管理机构，健全各环节、各岗位职责，开展安全管理培训与指导，协调落实安全工作资金、资源和人员配备。
		公安机关会同教育部门和学校建立健全警校合作、信息联动、校园监控与紧急报警机制，及时出警处置学校的报警求助。
		公安消防部门对学校遵守消防法律法规情况依法进行监督检查，督促和指导学校落实消防安全职责、检查和消除火灾隐患、开展消防安全教育培训和消防演练。
		公安交管部门加强对校车道路通行情况进行监督检查，依法查处涉及校车道路交通违法行为，保护校车通行权利和通行秩序。
		交通运输部门会同公安部门合理规划城市、农村公共交通客运路线。
		住建部门监管依法办理相关手续的学校工程建设。
		环保部门监管学校及周边大气、土壤、水体环境的安全。
		卫生计生部门指导、监督学校做好卫生防疫、保健工作，对学校出现的疫情或者学生群体性健康问题，及时指导教育部门或学校采取措施。
		工商、文化、新闻出版广电部门管理、监督学校周边有关经营服务场所，查处出售非法、违禁出版物和假冒伪劣商品、食品等行为。
		质量监督部门指导、监督学校做好采购材料、产品的质量把关工作，定期检验学校特种设备。
		食品药品监督管理部门指导、监督学校建立健全食品、药品安全制度，落实学校主体责任。加强监督检查，防控食品、药品安全风险。
		城市管理部门会同公安部门维护学校周边秩序，消除安全隐患。
制度建设	制定规章制度	贯彻落实国家有关学校安全工作的法律法规、规章制度和标准规范，完善落实学校安全工作监督、管理制度。
		指导、监督学校建立健全安全管理制度、安全应急机制，制定各环节、岗位安全职责，形成完整安全管理制度体系。
	建立工作机制	建立学校安全工作治理机制，形成各司其职、齐抓共管的工作格局。

续表

组织管理	二级指标	评估要点
制度建设	健全安全标准	严格执行国家相关标准规范，结合实际制定本地区学校安全标准体系，落实人防、物防、技防"三防"建设要求，保证学校的校舍、围墙、场地、教学设施、教学用具、生活设施等符合安全质量标准。
	完善认证机制	建立学校安全事项认证机制，对学校设施设备、教学仪器、食品药品、建筑材料、日常用品、体育器械等实施严格、科学的认证，严控产品质量。
	建立安全区域	将学校周边一定范围划定为学校学生安全管理区域，加强区域内交通管理、治安防控、环境治理。
	排查安全隐患	健全学校安全预警机制，制定风险清单，开展动态监测、数据搜集与分析，定期分析汇总学校安全隐患。
	强化风险识别	发布公共安全事件、自然灾害、食品安全、疾病预防等安全风险预警公告，指导学校予以防范。
		指导学校识别防范教育教学、日常管理、体育运动、校外活动中存在的风险，做好风险评估和预防。
教育演练	开展安全教育	按照《中小学公共安全教育指导纲要》要求，在学科教学和综合实践活动课程中渗透公共安全教育内容，多途径、多方式开展安全教育活动。
		指导学校开展防溺水、交通、消防、食品安全、疾病预防、特种设备安全、中毒、伤害、性侵害、反欺凌、反校园暴力、反恐怖行为等教育。
		开展安全防范进校园活动。
	组织应急演练	按照《中小学幼儿园应急疏散演练指南》要求，定期组织开展地震、火灾、洪水等应急疏散演练。
重点治理	关注重点领域	加强防溺水、交通事故、学生欺凌和暴力行为等重点问题的预防与应对，及时做好专项报告和统计分析。
		履行教育、管理职责，及时干预、制止学生欺凌和暴力行为，开展心理、行为咨询和矫治活动。
	打击违法犯罪	严厉打击涉及学校、师生生命财产安全等违法犯罪行为，维护正常的教育教学秩序，建设平安校园。
		健全未成年学生权利保护制度，针对体罚、性骚扰、性侵害等侵害未成年学生人身健康的违法犯罪行为，完善防范、调查与处理的制度机制。
事故处理	处置应急事故	建立健全学校安全事故应对与处理机制，指导学校建立安全事故应急处置预案，发生重特大事故，第一时间启动应急预案，及时组织实施救援，进行事故调查、责任认定和善后处理。
	追究事故责任	制定健全学校安全事故责任追究制度，依法认定事故责任，追究相关单位及责任人的行政、刑事责任。
		指导学校妥善处理事故纠纷，维护学校正常的教育教学秩序。

教育部关于印发《学前教育督导评估暂行办法》的通知

（教督〔2012〕5号 2012年2月12日颁布）

各省、自治区、直辖市教育厅（教委），新疆生产建设兵团教育局：

为贯彻落实《国家中长期教育改革和发展规划纲要（2010—2020年）》和《国务院关于当前发展学前教育的若干意见》（国发〔2010〕41号）精神，进一步推动各地学前教育三年行动计划的实施，我部研究制定了《学前教育督导评估暂行办法》，现印发给你们。请各地根据本办法要求，结合本地实际情况，制订本省（区、市）学前教育督导评估实施方案，做好督导评估工作。

从2012年开始，每年7月31日以前，请各省（区、市）将《学前教育发展状况监测统计表》《学前教育督导评估自评报告单》一式三份报送国家教育督导团，同时报送电子版。

附件：学前教育督导评估暂行办法

中华人民共和国教育部

2012年2月12日

学前教育督导评估暂行办法

第一章 总 则

第一条 为促进地方人民政府及相关部门切实履行发展学前教育的职责，全面实施学前教育三年行动计划，有效缓解"入园难"问题，满足适龄儿童入园需求，推进学前教育事业加快发展，特制定本办法。

第二条 依据国家有关教育法律法规和《国家中长期教育改革和发展规划纲要（2010—2020年）》《国务院关于当前发展学前教育的若干意见》（国发〔2010〕41号），重点对实施学前教育三年行动计划的情况进行督导评估。

第三条 督导评估工作由国家教育督导团组织实施。

第四条 督导评估对象为地方人民政府。

第五条 督导评估的原则：

（一）发展性原则。坚持运用发展性教育评估理念，对省域学前教育发展过程和进步程度实施监测与评估。

（二）激励性原则。坚持以评促建、以评促改，切实调动地方人民政府落实学前教育三年行动计划的积极性、主动性和创造性。

（三）客观性原则。坚持教育督导评估的公平、公正、公开，突出教育督导评估内容的真实性和评估结果的可靠性。

（四）实效性原则。坚持从实际出发，重在督导评估政府的努力程度、职责到位、工作落实的情况以及学前教育发展的实际效果。

第二章 督导评估内容与形式

第六条 督导评估主要内容：

（一）落实政府责任和部门职责，完善管理体制，健全工作机制，建立督促检查、考核奖惩和问责机制等方面的情况。

（二）加大学前教育经费投入，落实各项财政支持政策，构建学前教育公共服务体系等方面的情况。

（三）多种形式扩大学前教育资源，大力发展公办幼儿园，积极扶持民办幼儿园，扩大普惠性学前教育资源等方面的情况。

（四）加强幼儿教师队伍建设，核定并保证公办幼儿园教职工编制，落实并提高幼儿教师待遇，加强幼儿教师培养培训等方面的情况。

（五）规范学前教育管理，有效解决"小学化"倾向和问题等方面的情况。

（六）提高学前教育发展水平，缓解"入园难"问题及社会公众对当地学前教育满意程度等方面的情况。

以上具体督导评估指标体系及分值见附1。

第七条 省级要建立学前教育发展督导评估与年度监测制度。省级人民政府教育督导机构负责每年对所辖市（地）、县学前教育发展状况进行监测统计，并组织对所辖市（地）、县人民政府落实学前教育三年行动计划情况进行督导检查。

第八条 省级人民政府教育督导机构负责每年汇总所辖市（地）、县学前教育发展情况监测统计结果，填写本省（区、市）《学前教育发展状况监测统计表》（见附2），并结合当年对所辖市（地）、县学前教育督导检查情况，填写本省（区、市）《学前教育督导评估自评报告单》（见附3）。

第九条 国家教育督导团对各省（区、市）每年报送的《学前教育发展状况监测统计表》和《学前教育督导评估自评报告单》进行综合分析，并撰写全国学前教育发展情况年度监测报告。

第十条 国家教育督导团定期对省（区、市）学前教育三年行动计划实施情况进行督导检查，并结合年度监测结果，对各省（区、市）学前教育发展状况进行综合分析，发布全国学前教育督导报告。

第三章 表彰与问责

第十一条 各省（区、市）要建立学前教育工作表彰与问责机制。把学前教育督导评估和监测结果作为评价政府教育工作成效的重要内容，并作为表彰发展学前教育成绩突出地区的重要依据。

第十二条 建立学前教育督导评估结果通报和公布制度。地方人民政府教育督导机构要向本级人民政府报告督导评估与监测结果，并向社会公布。

第四章 附 则

第十三条 本办法自公布之日起施行。

附1：

学前教育督导评估指标体系

一级指标	二级指标	分值
一、政府职责 20分	1.重视并切实加强对大力发展学前教育的领导。成立学前教育工作领导小组或建立联席会议制度，加强对学前教育的统筹协调；健全教育部门主管、有关部门分工负责的管理体制和工作机制。	8
	2.制定切实可行的学前教育发展规划和三年行动计划，其目标明确，措施具体，突出针对性、可操作性。	6
	3.建立督促检查、考核奖惩和问责机制。加强对学前教育的督导检查，将学前教育发展纳入各级政府领导目标责任制；对在学前教育工作中做出突出贡献的单位和个人给予表彰和奖励。	6
二、经费投入 15分	4.将学前教育经费列入财政预算，切实加大学前教育投入力度，向边远贫困地区和少数民族地区倾斜；新增教育经费要向学前教育倾斜；财政性学前教育经费在同级财政性教育经费中要占合理比例，并且近三年有明显提高；确保发展学前教育工程（项目）投入。	6
	5.建立政府投入、社会举办者投入、家庭合理负担的投入机制；研究制定公办幼儿园生均经费标准和生均财政拨款标准，并能及时拨付到位。	4
	6.制定支持学前教育的优惠政策，鼓励社会力量办园和捐资助园；建立学前教育资助制度，发展残疾儿童学前康复教育；国家支持学前教育发展的项目经费使用规范、合理。	5
三、园所建设 15分	7.扩大普惠性学前教育资源。大力发展公办幼儿园，提供广覆盖、保基本的学前教育公共服务；鼓励社会力量以多种形式举办幼儿园，积极扶持民办幼儿园，并提供普惠性服务。	8
	8.研究制定城镇小区配套幼儿园的规划、建设、接收、使用与管理细则，并有效落实，确保布局合理，方便就近。农村乡镇建设公办中心幼儿园，大村独立建园，小村设分园或联合办园，人口分散地区开展学前教育巡回支教等，构建县、乡、村学前教育网络。	4
	9.设施设备配备达标，满足幼儿活动和发展的需要。	3
四、队伍建设 15分	10.合理确定幼儿教师生师比，核定公办幼儿园教职工编制，配足配齐教职工；健全幼儿教师准入制度，严把入口关；多渠道保证师资的供给，满足学前教育发展需求。	6
	11.完善学前教育师资培养培训体系，扩大幼儿教师的培养规模，加大幼儿教师的培训力度，增强培训的针对性，提高教师专业素质。	5
	12.依法落实幼儿教师地位和待遇，切实维护幼儿教师合法权益。	4

续表

一级指标	二级指标	分值
五、规范管理 15分	13.严格执行幼儿园准入制度，制定各种类型幼儿园的办园标准，实行幼儿园审批登记和年检制度。对无证办园进行全面排查登记，实行分类治理，妥善解决无证办园问题。	4
	14.完善幼儿园收费管理机制，制定幼儿园收费标准，规范幼儿园收费工作。	3
	15.重视幼儿园安全保障和卫生健康工作，健全各项安全管理、卫生保健、饮食与健康工作制度和安全责任制。	4
	16.落实《幼儿园教育指导纲要》，加强对幼儿园保教工作的指导，建立幼儿园保教质量评估监管体系和机制，开展保教质量监测评估工作，有效解决"小学化"倾向和问题。	4
六、发展水平 20分	17."毛入园率"明显提高，"入园难"问题得到有效缓解。	4
	18.城镇和农村公办幼儿园所占比例、广覆盖程度明显提高。	3
	19.学前教育财政投入所占比例明显提高。	3
	20.取得幼儿教育资格证的教师数占幼儿教师总数的比例明显提高。	3
	21.保教质量明显提高。	4
	22.社会对当地提供的学前教育的满意度明显提高。	3

附2：

学前教育发展状况监测统计表

辖市省（自治区、直辖市）：	
报送单位（盖章）：	
填表人：	
填表时间：　　年　月　　日	

学前教育发展状况监测统计表

填报要求

一、严格按照监测指标要求，填写统计表，确保数据的真实、准确、可靠。

二、表3-1和表3-2、表4-1和表4-2中相关数据要与上年全国教育事业发展统计报表及全国教育经费统计报表一致，并以Excel格式报送。

三、表3-1和表3-2（学前教育三年行动计划基本情况汇总表）只在2012年报送，以后不再重复报送。

表1　学前教育三年行动计划工程（项目）情况统计表

序号	工程（项目）名称	目标和主要内容	实施范围	时间跨度	资金投入（万元）					进展情况
					总计	中央	省级	地市级	县级	

续表

序号	工程（项目）名称	目标和主要内容	实施范围	时间跨度	资金投入（万元）					进展情况
					总计	中央	省级	地市级	县级	
总计		—	—							

注："实施范围"指项目覆盖的范围，如全省（区、市）、农村地区、部分贫困地区或县（详细列出），家庭经济困难群体等。

表2 学前教育三年行动计划配套文件汇总表

文件名称	主要举措	实施范围	出台时间（年月）	发文单位

注：发文单位指省（区、市）委、省（区、市）人民政府，教育厅（教委）、××局联合发文（详细列出）等，可另附文件稿加以说明。

表3-1 学前教育三年行动计划基本情况汇总表

市（地）名称	县名称	乡镇街道数（个）	行政村数（个）	3-5岁幼儿数（人）	基本状况（2010年）									其中乡镇中心园（个）	无证园（个）
					幼儿园数（个）										
					合计	公办园				民办园					
						计	城市	县镇	农村	计	城市	县镇	农村		
1	2	3	4	5	6	7	8	9	10	11	12	13	14	15	16

续表

市（地）名称	县名称	基本状况（2010年）												
		乡镇街道数（个）	行政村数（个）	3-5岁幼儿数（人）	幼儿园数（个）								其中乡镇中心园（个）	无证园（个）
					合计	公办园				民办园				
						计	城市	县镇	农村	计	城市	县镇	农村		
总计															

注：1."公办园"含公办性质的幼儿园；2."乡镇中心园"，指公办园中包含的乡镇中心园数，含街道办中心幼儿园；3."无证园"指未取得办园资格证书的幼儿园，并且不计毛入园率。

表3-2　学前教育三年行动计划基本情况汇总表

市（地）名称	县名称	基本状况（2010年）											
		在园幼儿数（人）				毛入园率（％）			学前教育财政投入		幼儿教师（人）		
		计	公办	民办	无证园	学前一年	学前二年	学前三年	总额（万元）	所占比例（％）	计	在编教师	取得资格
1	2	3	4	5	6	7	8	9	10	11	12	13	14

续表

市（地）名称	县名称	基本状况（2010年）										
		在园幼儿数（人）				毛入园率（%）			学前教育财政投入		幼儿教师（人）	
		计	公办	民办	无证园	学前一年	学前二年	学前三年	总额（万元）	所占比例（%）	计	在编教师	取得资格
总计													

注：1."所占比例"指财政性学前教育经费在财政性教育总经费中的比例；2."幼儿教师数"指园长和专任教师数；3."在编教师"指具有事业单位编制的幼儿教师；4."取得资格"指具有幼儿教师资格证书。

表表4—1 _____年学前教育三年行动计划完成情况统计汇总表

市(地)名称	县名称	乡镇街道数(个)	行政村数(个)	3—5岁幼儿数(人)	幼儿园数(个)									其中乡镇中心园(个)	无证园(个)	在园幼儿数(人)			新增学位数(个)	幼儿教师(人)		
					合计	公办园				民办园						计	公办园	民办园		计	在编教师	取得资格
						计	城市	县镇	农村	计	城市	县镇	农村									
1	2	3	4	5	6	7	8	9	10	11	12	13	14	15	16	17	18	19	20	21	22	23
总计																						

注:1. "公办园"含公办性质的幼儿园;2. "乡镇中心园",指公办园中包含的乡镇中心园数,含街道办中心幼儿园;3. "无证园"指未取得办园资格证书的幼儿园,并且不计毛入园率;4. "幼儿教师数"指园长和专任教师数;5. "在编教师"指具有事业单位编制的幼儿教师;6. "取得资格"指具有幼儿教师资格证书。

4-2 _____年学前教育三年行动计划完成情况统计汇总表

市（地）名称	县名称	本年度幼儿园建设情况（个）									其中乡镇中心园（个）	学前教育财政投入		毛入园率（%）		
		合计	新建				改扩建					总额（万元）	所占比例（%）	学前一年	学前二年	学前三年
			计	城市	县镇	农村	计	城市	县镇	农村						
1	2	3	4	5	6	7	8	9	10	11	12	13	14	15	16	17
总计																

注：1."所占比例"指财政性学前教育经费在财政性教育经费总经费中的比例；2."乡镇中心园"指本年度新建、改扩建乡镇中心幼儿园数。

附3：

学前教育督导评估自评报告单

辖市省（自治区、直辖市）：	
报送单位（盖章）：	
填表人：	
填表时间：　　年　月　日	

学前教育督导评估自评报告单

一级指标	二级指标	分值	自评简述	得分	扣分原因
一、政府职责 20分	1.重视并切实加强对大力发展学前教育的领导。成立学前教育工作领导小组或建立联席会议制度，加强对学前教育的统筹协调；健全教育部门主管、有关部门分工负责的管理体制和工作机制。	8			
	2.制定切实可行的学前教育发展规划和三年行动计划，其目标明确，措施具体，突出针对性、可操作性。	6			
	3.建立督促检查、考核奖惩和问责机制。加强对学前教育的督导检查，将学前教育发展纳入各级政府领导目标责任制；对在学前教育工作中做出突出贡献的单位和个人给予表彰和奖励。	6			
二、经费投入 15分	4.将学前教育经费列入财政预算，切实加大学前教育投入力度，向边远贫困地区和少数民族地区倾斜；新增教育经费要向学前教育倾斜；财政性学前教育经费在同级财政性教育经费中要占合理比例，并且近三年有明显提高；确保发展学前教育工程（项目）投入。	6			
	5.建立政府投入、社会举办者投入、家庭合理负担的投入机制；研究制定公办幼儿园生均经费标准和生均财政拨款标准，并能及时拨付到位。	4			
	6.制定支持学前教育的优惠政策，鼓励社会力量办园和捐资助园；建立学前教育资助制度，发展残疾儿童学前康复教育；国家支持学前教育发展的项目经费使用规范、合理。	5			
三、园所建设 15分	7.扩大普惠性学前教育资源。大力发展公办幼儿园，提供广覆盖、保基本的学前教育公共服务；鼓励社会力量以多种形式举办幼儿园，积极扶持民办幼儿园，并提供普惠性服务。	8			

续表

一级指标	二级指标	分值	自评简述	得分	扣分原因
三、园所建设15分	8.研究制定城镇小区配套幼儿园的规划、建设、接收、使用与管理细则，并有效落实，确保布局合理，方便就近。农村乡镇建设公办中心幼儿园，大村独立建园，小村设分园或联合办园，人口分散地区开展学前教育巡回支教等，构建县、乡、村学前教育网络。	4			
	9.设施设备配备达标，满足幼儿活动和发展的需要。	3			
四、队伍建设15分	10.合理确定幼儿教师生师比，核定公办幼儿园教职工编制，配足配齐教职工；健全幼儿教师准入制度，严把入口关；多渠道保证师资的供给，满足学前教育发展需求。	6			
	11.完善学前教育师资培养培训体系，扩大幼儿教师的培养规模，加大幼儿教师的培训力度，增强培训的针对性，提高教师专业素质。	5			
	12.依法落实幼儿教师地位和待遇，切实维护幼儿教师合法权益。	4			
五、规范管理15分	13.严格执行幼儿园准入制度，制定各种类型幼儿园的办园标准，实行幼儿园审批登记和年检制度。对无证办园进行全面排查登记，实行分类治理，妥善解决无证办园问题。	4			
	14.完善幼儿园收费管理机制，制定幼儿园收费标准，规范幼儿园收费工作。	3			
	15.重视幼儿园安全保障和卫生健康工作，健全各项安全管理、卫生保健、饮食与健康工作制度和安全责任制。	4			
	16.落实《幼儿园教育指导纲要》，加强对幼儿园保教工作的指导，建立幼儿园保教质量评估监管体系和机制，开展保教质量监测评估工作，有效解决"小学化"倾向和问题。	4			
六、发展水平20分	17."毛入园率"明显提高，"入园难"问题得到有效缓解。	4			
	18.城镇和农村公办幼儿园所占比例、广覆盖程度明显提高。	3			
	19.学前教育财政投入所占比例明显提高。	3			
	20.取得幼儿教育资格证的教师数占幼儿教师总数的比例明显提高。	3			
	21.保教质量明显提高。	4			
	22.社会对当地提供的学前教育的满意度明显提高。	3			

财政部 教育部关于加大财政投入支持学前教育发展的通知

（财教〔2011〕405号　2011年9月5日颁布）

各省、自治区、直辖市人民政府，新疆生产建设兵团：

为贯彻落实《国家中长期教育改革和发展规划纲要（2010—2020年）》（以下简称《教育规划纲要》）和《国务院关于当前发展学前教育的若干意见》（国发〔2010〕41号）精神，进一步扩大学前教育资源，着力解决当前存在的"入园难"问题，满足适龄儿童入园需求，经国务院同意，现就加大财政投入支持学前教育发展有关事项通知如下：

一、充分认识财政支持学前教育发展的重要性和紧迫性

学前教育是国民教育体系的重要组成部分，是重要的社会公益事业。办好学前教育，关系亿万儿童的健康成长，关系千家万户的切身利益，关系国家和民族的未来。改革开放特别是新世纪以来，我国学前教育取得长足发展，普及程度逐步提高。但是学前教育仍是教育发展中的薄弱环节，主要表现为教育资源短缺、投入不足，师资队伍不健全，体制机制不完善，城乡区域发展不平衡，一些地方"入园难""入园贵"问题突出。

党中央、国务院高度重视学前教育发展，《教育规划纲要》提出了到2020年基本普及学前教育的目标。各地要从构建社会主义和谐社会和建设人力资源强国的高度，进一步统一思想，提高认识，切实增强使命感、责任感和紧迫感，把大力发展学前教育作为贯彻落实《教育规划纲要》的突破口和重大的民生工程，制定切实可行的规划和措施，抓紧抓好。

支持学前教育发展是公共财政的重要职责。各级财政部门要切实加大学前教育财政投入，积极配合教育等部门，进一步完善体制机制，推进综合改革，坚持公益性和普惠性，构建覆盖城乡、布局合理的学前教育公共服务体系，为幼儿和家长提供方便就近、灵活多样、多种层次的学前教育服务，促进学前教育事业科学发展。

二、财政支持学前教育发展的基本原则

（一）政府主导，社会参与。坚持政府主导，按照"广覆盖、保基本、有质量"的要求，大力发展公办幼儿园，积极扶持民办幼儿园，形成公办民办并举的办园格局。建立政府投入、社会举办者投入、家庭合理负担的投入机制，积极动员社会力量投资办园、捐资助园，多渠道筹措学前教育资金，多形式扩大学前教育资源。

（二）地方为主，中央奖补。地方政府是发展学前教育的责任主体。地方各级财政部门要加大投入力度，研究制定支持学前教育发展的政策措施。中央财政根据地方工作开展情况，主要采取奖补方式，支持地方学前教育发展。

（三）因地制宜，突出重点。各地要从实际出发，科学规划、合理布局、循序渐进、勤俭节约，探索适合当地实际的学前教育发展模式，根据客观需求合理规划建设改造规模，不搞"一刀切"，做到速度与质量、规模与内涵相统一，积极稳妥地推进学前教育发展；坚决防止不顾条件、大干快上、搞豪华建设，造成资源闲置浪费和产生新的债务。各地要对城市和农村不同类型幼儿园提出分类支持政策，把加快发展农村学前教育作为工作重点。中央财政重点支持各地特别是中西部地区农村学前教育发展，以及家庭经济困难儿童、进城务工人员随迁子女和留守儿童接受学前教育。

（四）立足长远，创新机制。各地要建立健全经费投入及使用管理机制，以投入促改革，以改革促发展，整体推进学前教育在办园、收费、管理、用人和提高保教质量等方面的改革。注重经费使用绩效，建立督促检查和考核奖惩机制，形成推动学前教育发展的合力。

三、当前财政支持学前教育发展的重点工作

为实现《教育规划纲要》确定的学前教育发展目标，各地要加大对学前教育的投入，统筹城乡学前教育发展，多渠道扩大学前教育资源，加强幼儿师资队伍建设，逐步建立家庭经济困难儿童入园资助制度。为支持和引导地方加快发展学前教育，考虑各地经济社会发展实际，当前中央财政重点支持以下4大类7个重点项目。

（一）支持中西部农村扩大学前教育资源（简称"校舍改建类"项目）。

1. 利用农村闲置校舍改建幼儿园。从2011年开始，用3年时间，中央财政支持中西部地区和东部困难地区选择农村闲置校舍和其他富余公共资源改建成幼儿园，保证园舍的安全，配备必要的玩教具、保教和生活设施设备等。中央财政按照拟改建的闲置校舍面积、新增入园幼儿数和每平方米500元的测算标准，分地区按一定比例予以补助。西部地区，中央补助80%；中部地区，中央补助60%；东部困难地区，中央分省确定补助比例。

2. 农村小学增设附属幼儿园。从2011年起，用3年时间，中央财政支持中西部地区和东部困难地区依托当地农村小学或教学点现有富余校舍资源，增设附属幼儿园，进行功能改造，配备必要的玩教具、保教和生活设施设备等，满足基本办园需要。中央财政按照每班5万元的标准对增设附属幼儿园予以一次性补助。

3. 开展学前教育巡回支教试点。从2011年起，中西部地区和东部困难地区省份可自行申报试点，从农村幼儿园教师、大中专毕业生或幼儿师范毕业生中招聘巡回支教志愿者，依托乡村幼儿园等可用资源，对偏远地区适龄儿童和家长提供灵活多样的学前教育巡回指导。中央财政对巡回支教志愿者在岗期间的工作生活补贴以及参加社会保险等费用给予补助。其中，西部地区每人每年补助1.5万元，中部地区每人每年补助1万元，东部困难地区每人每年补助0.5万元；对新设立的巡回支教点一次性补助1.5万元。

（二）鼓励社会参与、多渠道多形式举办幼儿园（简称"综合奖补类"项目）。

1. 积极扶持民办幼儿园发展。各地要制定优惠政策，通过保证合理用地、减免税费等方式，鼓励和支持社会力量以多种形式举办民办幼儿园；采取政府购买服务、减免租金、以奖代补、派驻公办教师等多种方式，引导和支持民办幼儿园提供普惠性、低收费服务。中央财政安排"扶持民办幼儿园发展奖补资金"，根据各地扶持普惠性、低收费民办幼儿园发展的工作实绩给予奖补。

2. 鼓励城市多渠道多形式办园和妥善解决进城务工人员随迁子女入园。各地对行政区域内各级各类城市集体、企业、事业单位等举办的幼儿园面向社会提供普惠性、低收费学前教育服务的，要研究制定相应的扶持政策。按照以流入地政府为主、以普惠性幼儿园为主的原则，妥善解决进城务工人员随迁子女入园问题。中央财政视地方工作情况给予奖补。

（三）实施幼儿教师国家级培训计划（简称"幼师培训类"项目）。

从2011年起，将中西部地区农村幼儿教师培训纳入"中小学教师国家级培训计划"，由中央财政安排专项资金予以支持。引导地方科学制定幼儿教师培训规划，创新培训模式，完善培训体系，全面提高幼儿教师队伍整体素质和专业化水平。

（四）建立学前教育资助制度（简称"幼儿资助类"项目）。

按照"地方先行、中央补助"的原则，从2011年秋季学期起，由地方结合实际先行建立学前教育资助制度，对家庭经济困难儿童、孤儿和残疾儿童入园给予资助。中央财政视地方工作情况给予奖补。

以上各类项目具体实施方案，由财政部、教育部另行制定印发。

四、中央专项资金的管理

（一）先有规划，后有支持。规划布局是财政投入政策的基础。各地要结合经济社会发展实际和适龄人口变化趋势，科学制定幼儿园建设布点布局和发展规划，从源头上避免重复和浪费。各地要优先利用闲置校舍和其他富余公共资源改建幼儿园，科学制定2011—2015年扩大学前教育资源规划，具体包括：学前教育基本情况和闲置校舍状况、发展目标及年度任务、主要政策措施、资金筹措方案、具体保障措施等内容（参照附件1、附件2格式）。

（二）科学分配，目标管理。中央财政按照上述支持政策、4大类项目特点以及具备的条件，采取因素法等方式分配资金，对地方实行目标管理。对"校舍改建类"和"幼师培训类"项目，中央财政分别按照地方扩大学前教育资源规划、幼儿教师人数等因素先行下达预算控制数，由各地按照预算控制数编制年度实施计划，报财政部、教育部同意后实施。对"综合奖补类"和"幼儿资助类"项目，由各地先行组织实施，中央财政根据实施效果予以奖补。项目结束年度，中央财政再安排一定资金，结合监督考核情况，对工作开展较好、努力程度较高、实现普及目标的省份，给予奖励。

为提高资金使用效益，中央财政根据各地学前教育发展实际和党中央、国务院有关指示精神，适时调整各大类项目的支持内容和投入结构。

（三）集中申报，分类使用。中央专项资金对地方实行集中申报、分类使用。省级财政、教育部门是各类项目的申报主体、审核主体、管理主体。2011年，各地扩大学前教育资源规划和2011年度各类项目实施计划、"综合奖补类"资金申请文件于9月底前上报财政部、教育部。以后年度，各类项目年度实施计划和"综合奖补类"资金申请文件于每年3月底前上报财政部、教育部。

各地在安排4大类中央专项资金时，原则上要按照计划使用。执行中如遇特殊事项，可由各地根据实际情况，在同类项目内部调剂使用，但不得跨类别调整项目资金。

五、推进改革，强化监管，提高资金使用绩效

（一）推进教育综合改革

制定公办幼儿园收费管理制度，加强民办幼儿园收费管理，完善备案程序，加强分类指导。幼儿园实行收费公示制度，接受社会监督。加强收费监管，坚决查处乱收费。

深化幼儿园人事制度改革，创新用人机制，健全幼儿教师准入制度，严把入口关。切实维护幼儿教师权益。

严格执行幼儿园准入制度，完善和落实幼儿园年检制度。遵循儿童身心发展特点和教育规律，防止和纠正"小学化"倾向。强化对各类幼儿园保教质量的监督和指导，建立幼儿园保教质量评估监测体系。

（二）加强精细化管理

建立信息管理系统。2011年12月底前，教育部牵头建立幼儿园信息管理系统，全面掌握幼儿学籍，教师的数量、资质、待遇，办园条件等方面的情况，并定期更新维护，确保信息真实、可靠，为日常管理提供基础信息服务。

研究制定幼儿园财务管理制度。加强幼儿园财务管理，健全内控制度。对公办幼儿园和接受政府经常性资助的普惠性民办幼儿园，要建立预决算制度，实行财务公开，定期公开幼儿园师资、入园幼儿数和经费收支情况，接受社会监督。

建立幼儿园资产管理制度。对公办幼儿园的国有资产，按照《事业单位国

有资产管理暂行办法》（财政部令第36号）和地方事业单位国有资产管理的有关办法进行管理。对社会力量利用国有资产开办幼儿园的，应明确产权，建立相应的资产管理制度。

（三）建立监督考核机制

各省（区、市）财政、教育部门要建立督促检查、考核奖惩和问责机制，确保发展学前教育的各项政策措施落到实处，取得实效。要建立资金"谁使用、谁负责"的制度，对经费安排使用、项目进展、政策效果等情况进行监督检查，及时发现并解决问题，对违法违纪行为要依法追究当事人和负责人的责任。要充分发挥城乡基层组织、学生家长和社会公众的监督作用。

为提高资金使用绩效，中央有关部门要建立监督考核机制，教育部及国家教育督导团以省级教育部门为考核对象，重点考核各地贯彻落实《教育规划纲要》以及扩大学前教育资源规划情况，对未能如期完成目标的省份，加强督导和问责；财政部以省级财政部门为考核对象，重点考核中央财政4大类项目资金落实、项目进展和项目绩效情况，对虚报冒领、挤占、挪用中央专项资金的，中央财政按违纪金额双倍扣减其下一年度专项资金。

（四）加大宣传工作力度

各地要将财政支持学前教育发展政策的宣传工作列入重要议事日程，制订切实可行的宣传方案，通过广播、电视、报纸、网络等多种媒体，采取多种形式，向社会广泛宣传，使党和政府的这项惠民政策家喻户晓、深入人心。要充分发挥新闻媒体的舆论引导和监督作用，动员全社会进一步关心支持学前教育事业的发展，营造良好的社会氛围。

附件：1.××省（自治区、直辖市）扩大学前教育资源规划（2011—2015年）

2.扩大学前教育资源规划基本情况表

财政部 教育部

2011年9月5日

附件1：
××省（自治区、直辖市）扩大学前教育资源规划（2011—2015年）
（文本格式供省级教育、财政部门参考）

一、现状分析

在深入调研的基础上，摸清本地区现有学前教育规模和布局、现有幼儿园的办学条件和发展需求，以及农村闲置校舍现状及可供利用的情况，找准存在的主要问题。

二、发展目标及建设任务

（一）发展目标。结合本地区经济发展、适龄幼儿规模等情况，提出本地区规划总体目标。分析项目建设期末本地学前教育发展规模、毛入学率等指标情况，以及受益幼儿园、幼儿数量等建设预期效益。

（二）建设任务。围绕发展目标提出解决"入园难"问题的主要政策措施，包括拟新建幼儿园数量、改建幼儿园数量、增设附属幼儿园数、巡回支教点数、扶持普惠性民办幼儿园数、普惠性集体部门办园数，以及各项措施拟解决的入园人数等。

三、资金筹措和进度安排

（一）资金筹措。规划投资总体需求和分年度投资需求。

（二）进度安排。列出2011—2015年分年度建设计划和项目安排（含2011—2013年校舍改建类项目）。

四、保障措施

提出组织领导、监督检查的措施，并制定规划执行、资金使用、项目管理、评估验收等相关制度。

五、项目方案

请按附表填写。

附件2：

扩大学前教育资源规划基本情况表

编制单位： 省（自治区、直辖市）教育厅（教委）、财政厅（局） 单位： 万人

一、基本情况			
（一）现有幼儿园数（2010年底）		在园幼儿数	
1.公办幼儿园数		在园幼儿数	
其中：公办乡镇幼儿园数（独立园）		在园幼儿数	
公办村幼儿园数（独立园）		在园幼儿数	
农村小学或教学点附属幼儿园数		在园幼儿数	
2.民办幼儿园数		在园幼儿数	
（二）2010年学前教育入园情况			
其中：学前一年入园率			
学前二年入园率			
学前三年入园率			
（三）现有闲置中小学校数			
（四）现有闲置校舍面积数（平方米）			
二、学前教育发展目标	2013年		2015年
（一）入园率指标			
1.学前一年入园率			
2.学前二年入园率			
3.学前三年入园率			
（二）拟新增入园幼儿数			
三、2011—2015年提高入园率的具体措施			2013年	2015年
（一）计划新建幼儿园数		解决入园幼儿数		
（二）计划闲置校舍改建幼儿园数		解决入园幼儿数		—
（三）计划增设附属幼儿园数		解决入园幼儿数		—
（四）计划开展巡回支教设立支教点数		解决入园幼儿数		
（五）计划扶持普惠性民办幼儿园数		解决入园幼儿数		
（六）计划扶持集体、企事业单位办幼儿园数		解决入园幼儿数		
……		解决入园幼儿数		

财政部 教育部关于建立学前教育资助制度的意见

（财教〔2011〕410号　2011年9月5日颁布）

各省、自治区、直辖市财政厅（局）教育厅（教委）：

为贯彻落实《国务院关于当前发展学前教育的若干意见》（国发〔2010〕41号）和《财政部教育部关于加大财政投入支持学前教育发展的通知》（财教〔2011〕405号），完善国家资助政策体系，积极发展学前教育，切实解决家庭经济困难儿童入园问题，现就建立学前教育资助制度提出如下意见。

一、基本原则

按照"地方先行，中央补助"的原则，各地要从2011年秋季学期起建立学前教育资助政策体系，具体资助方式和资助标准由省级政府自行制定。中央财政根据地方出台的资助政策、经费投入及实施效果等因素，予以奖补。

二、资助内容

地方政府对经县级以上教育行政部门审批设立的普惠性幼儿园在园家庭经济困难儿童、孤儿和残疾儿童予以资助。

幼儿园要从事业收入中提取3%～5%比例的资金，用于减免收费、提供特殊困难补助等，具体比例由各地自行确定。

各地进一步建立和完善相关优惠政策措施，积极引导和鼓励企业、社会团体及个人等捐资，帮助家庭经济困难儿童、孤儿和残疾儿童接受普惠性学前教育。

三、工作要求

（一）制定方案，加强宣传

各级财政、教育部门要结合当地实际，制定切实可行的实施方案，落实资助资金，确保资助政策落实到位。幼儿园要把学前教育资助作为重要工作，实行园长负责制。采取多种形式，广泛宣传，为学前教育资助制度的实施创造良好的社会氛围，确保学前教育资助工作顺利实施。

（二）完善信息，夯实基础

教育部将建立全国学前教育资助工作信息管理系统。各级教育行政部门、有关幼儿园要根据要求建立学前教育资助工作信息管理系统，做好在园儿童信息和受助儿童信息基础管理工作，实行动态管理，确保受助幼儿信息真实、可靠。

（三）通力合作，狠抓监督

各级财政、教育部门要与审计、监察等有关部门密切合作，齐抓共管，加强学前教育资助政策落实情况的监督检查。对虚报在园儿童人数等骗取财政补助资金的违规行为，按照《财政违法行为处罚处分条例》（国务院令第427号）等有关规定严肃处理，并追究相关责任人的责任。公办幼儿园不得因免除保教费而提高其他收费标准，或擅自设立收费项目乱收费。要加强民办幼儿园收费管理，完善备案程序，加强分类指导。幼儿园要实行收费公示制度，接受社会监督，坚决查处乱收费。

财政部 教育部

2011年9月5日

学前教育安全管理相关政策

国务院教育督导委员会办公室
关于进一步加强中小学（幼儿园）安全工作的紧急通知

（国教督办〔2019〕4号　2019年9月2日颁布）

各省、自治区、直辖市教育厅（教委）、教育督导部门，新疆生产建设兵团教育局、教育督导部门：

秋季学期刚刚开始，70周年国庆在即，湖北省恩施市即发生一起严重伤害学生事件，造成多名学生伤亡，令人十分痛心。为切实做好中小学、幼儿园校园安全工作，确保广大学生、幼儿生命安全，现就有关事项紧急通知如下：

一、提高认识，压实安全责任。各地教育部门和学校要提高政治站位，牢固树立"安全工作无小事"的思想，深刻认识维护学校安全、学生安全的极端重要性，进一步强化责任意识、大局意识，认真落实学校岗位安全工作职责，切实做到党政同责、一岗双责、齐抓共管，把学校安全责任落到实处，把教育部、公安部提出的各项校园安全政策措施一一分解到责任人。

二、开展排查，化解安全隐患。各地教育部门要会同公安、市场监管等部门，在开学期间全面开展一次学校安全隐患大检查，对学校安全管理制度落实、"三防"建设、周边综合治理、校车、校内生活设施、学生集中活动场所等逐一进行摸排，特别是要做好涉校涉生矛盾化解和重点人员管控工作，及时做好整改工作，切实消除各类安全隐患。

三、加强协作，强化周边安全。各地教育部门要加强和公安、综治等部门的协调配合，指导学校充分利用校园周边"高峰勤务"和"护学岗"机制，积极组织学校安保人员、教师和家长志愿者等，配合执勤民警做好上下学时段校门周边防控工作，确保重点时段、重点部位安全可控。要会同有关部门制定明确具体的区域性学校安全风险清单，及时发布安全提示，督促学校认真做好安全防范工作。

四、加大投入，强化三防建设。各地教育部门要严格按照学校安全防范工作规范要求，为中小学和幼儿园配齐安保人员及必要的安全防护装备器械，严格落实门卫值守、内部巡查等制度，严防无关人员和危险物品进入校园。门卫不能成为摆设，不合格、不发挥作用的要坚决清理、更换。要大力推进一键式紧急报警、视频监控系统与属地公安机关联网工作，确保实现一键报警，及时联动处置。

五、加强教育，提高防护能力。各地教育部门、学校要根据学生身心特点和认知能力，有针对性地开展防火、防爆、防灾、防不法侵害等安全专题教育和应急疏散演练，切实提升学生的自我防护能力和逃生自救能力。要充分发挥公安民警担任学校法治辅导员的作用，通过案例教学加强警示教育，努力提高学生的安全防范意识。学校（幼儿园）教师要把安全知识作为第一课教给学生。

六、加强督导，强化责任追究。各地教育督导部门要充分发挥督学作用，把学校安全工作纳入责任督学工作职责，一旦发生重大学校安全事件，责任督学第一时间赶赴现场，督促学校妥善应对和处理。要会同公安机关认真落实《关于组织开展全国校园医院安保工作督导检查的通知》（公治安明发〔2019〕160号）要求，积极做好校园安全督导工作。对工作不力、责任不落实、隐患排查整改不到位，造成重大安全事故或恶劣社会影响的，要依法依规严厉追究责任。

国务院教育督导委员会办公室

2019年9月2日

教育部等五部门关于完善安全事故处理机制维护学校教育教学秩序的意见

（教政法〔2019〕11号 2019年6月25日颁布）

各省、自治区、直辖市教育厅（教委）、高级人民法院、人民检察院、公安厅（局）、司法厅（局），新疆生产建设兵团教育局、新疆维吾尔自治区高级人民法院生产建设兵团分院、新疆生产建设兵团人民检察院、公安局、司法局：

为贯彻落实全国教育大会精神，完善学校安全事故预防与处理机制，形成依法依规、客观公正、多元参与、部门协作的工作格局，为学校（含幼儿园）办学安全托底，解决学校后顾之忧，维护老师和学校应有的尊严，保护学生生命安全，根据教育法、治安管理处罚法、刑法等法律法规和《国务院办公厅关于加强中小学幼儿园安全风险防控体系建设的意见》等有关规定，现提出如下意见。

一、健全学校安全事故预防与处置机制

1.着重加强学校安全事故预防。各级教育部门要依法加强对学校安全工作的督导、检查，会同、配合有关部门加强对学校校舍、场地、消防、食品安全和传染病防控等事项的监管，指导学校完善安全风险防控体系，完善学校安全管理组织机构和责任体系，健全问责机制。各级各类学校要树立预防为先的理念，落实安全标准，健全安全管理制度，完善安全风险排查和防范机制，压实安全责任，加强学生的安全教育、法治教育、生命教育和心理健康教育，建立并严格执行学校教职工聘用资质检查制度，从源头上预防和消除安全风险，杜绝责任事故。健全学校安全隐患投诉机制，对学生、家长和相关方面就学校安全存在问题的投诉、提出的意见建议，及时办理回复。

2.规范学校安全事故处置程序。各级教育部门要指导、监督学校健全安全事故处置机制，制定处置预案、明确牵头部门、规范处置程序，完善报告制度，提高工作规范化、科学化、专业化水平。安全事故发生后，学校应当立即启动预案,及时开展救助。发生重大事故,要建立由学校主要负责人牵头的处置机制,必要时由当地人民政府或者学校主管部门、其他相关部门牵头处理。学校应当建立便捷的沟通渠道,及时通知受伤害者监护人或者近亲属,告知事故纠纷处理的途径、程序和相关规定,主动协调,积极引导以法治方式处置纠纷。学校要关心受伤害者,保障受伤害者及其监护人、近亲属的知情权和依法合理表达诉求的权利。

3.健全学校安全事故处理的法律服务机制。司法行政机关应当组织法律援助机构依法为符合条件的学校安全事故受伤害者提供法律援助,指导律师事务所、公证机构等为当事人提供法律服务,指导律师做好代理服务工作,引导当事人依法、理性表达意见,合理提出诉求。有条件的地方可以设立学生权益法律保护中心,以政府购买服务等方式,聘请法律专业服务机构或人员,为学生提供法律服务。纠纷处理过程中,需要鉴定以明确责任的,由双方共同委托或者经当事人申请,由主持调解的机构、组织委托司法鉴定机构进行鉴定。

4.形成多元化的学校安全事故损害赔偿机制。学校或者学校举办者应按规定投保校方责任险,有条件的可以购买校方无过失责任险和食品安全、校外实习、体育运动伤害等领域的责任保险。要通过财政补贴、家长分担等多种渠道筹措经费,推动设立学校安全综合险,加大保障力度。要增强师生和家长的保险意识,引导家长为学生购买人身保险,有条件的地方可以予以补贴。学校可以引导、利用社会捐赠资金等设置安全风险基金或者学生救助基金,健全救助机制。鼓励有条件的地方建立学校安全赔偿准备基金,或者开展互助计划,健全学校安全事故赔偿机制。

二、依法处理学校安全事故纠纷

5.健全学校安全事故纠纷协商机制。学校安全事故责任明确、各方无重大分歧或异议的,可以协商解决。协商解决纠纷应当坚持自愿、合法、平等的原则,尊重客观事实、注重人文关怀,文明、理性表达意见和诉求。学校应当指定、委托协商代表,或者由法治副校长、学校法律顾问等专业人员主持或参与协商。协商一般应在配置录音、录像、安保等条件的场所进行。受伤害者亲属人数较多的，应当推举代表进行协商，代表人数一般不超过5人并相对固定。双方经协商达成一致的，应当签署书面协议。推动学校建立专业化的安全事故处理委员会，统筹学校安全事故预防与处置。

6.建立学校安全事故纠纷调解制度。教育部门应当会同司法行政机关推进学校安全事故纠纷调解组织建设，聘任人大代表、政协委员、法治副校长、教育和法律工作者等具备相应专业知识或能力的人员参与调解。建立由教育、法律、医疗、保险、心理、社会工作等方面专业人员组成的专家咨询库，为调解工作提供支持和服务。市县两级行政区域内可根据需要设立学校安全事故人民调解委员会，对学校难于自行协商或者协商不成的安全事故纠纷实现能调尽调。司法行政机关应当会同教育部门、人民法院加强对学校安全事故人民调解委员会的指导，帮助完善受理、调解、回访、反馈等各项工作制度，加强人民调解员队伍建设和业务培训，确保调解依法、规范、公正、有效进行。地方教育部门根据需要可以直接组织行政调解。区域内的高等学校可以加强合作，联合建立事故纠纷调处机制。

7.依法裁判学校安全事故侵权责任。人民法院对起诉的学校安全事故侵权赔偿案件应当及时立案受理，积极开展诉讼调解，对调解不成的，要按照《中华人民共和国侵权责任法》和相关法律法规，参照《学生伤害事故处理办法》等规章，明确划分责任，及时依法判决；对学校已经依法履行教育、管理职责，行为无过错的，应当依法裁判学校不承担责任。诉讼调解、裁判过程中，要切实保护双方权利，杜绝片面加重学校赔偿责任的情形。最高人民法院通过发布指导性案例等方式，加强审判指导。人民法院在诉讼过程中应当加强法律宣传教育，并做好判后释疑工作。

8.杜绝不顾法律原则的"花钱买平安"。学校安全事故纠纷处理过程中，要坚守法律底线，根据事故客观事实和法律法规规定，明确各方责任。责任认定前，学校不得赔钱息事。经认定，学校确有责任的，要积极主动、按标准依法确定赔偿金额，给予损害赔偿，不得推诿塞责、拖延不办。学校负责人或者直接管理者有责任的，学校主管部门应当依法依规及时处理、严肃问责。学校无责任的，要澄清事实、及时说明。任何组织和个人不得非法干涉纠纷处理。坚决避免超越法定责任边界，片面加重学校负担、"花钱买平安"，坚决杜绝"大闹大赔""小闹小赔"。原则上，公办中小学、幼儿园人身伤害事故纠纷涉及赔偿金额请求较大的，应当积极引导当事人通过人民调解等方式解决。各地可以根据实际，规定公办中小学校、幼儿园协商赔偿的限额。

三、及时处置、依法打击"校闹"行为

9. 及时制止"校闹"行为。学校安全事故处置过程中，如发生家属及其他校外人员实施围堵学校、在校园内非法聚集、聚众闹事等扰乱学校教育教学和管理秩序，侵犯学校和师生合法权益等"校闹"行为的，学校应当立即向所在地公安机关报案，提供当事方人数、具体行为、有无人员受伤等现场情况，并保护好现场，配合公安机关做好调查取证等工作。公安机关到达前，学校保卫部门可依法采取必要的措施，阻止相关人员进入教育教学区域，防止其干扰教育教学活动。公安机关接到报案后应当立即组织警力赶赴现场，维持现场秩序，控制事态，协助有关部门进行疏导劝阻，防止事态扩大。对现场发生的违法犯罪行为，要坚决果断制止，对涉嫌违法犯罪人员依法查处。

10. 依法惩处"校闹"人员。实施下列"校闹"行为，构成违反治安管理行为的，公安机关应当依照治安管理处罚法相关规定予以处罚：（1）殴打他人、故意伤害他人或者故意损毁公私财物的；（2）侵占、毁损学校房屋、设施设备的；（3）在学校设置障碍、贴报喷字、拉挂横幅、燃放鞭炮、播放哀乐、摆放花圈、泼洒污物、断水断电、堵塞大门、围堵办公场所和道路的；（4）在学校等公共场所停放尸体的；（5）以不准离开工作场所等方式非法限制学校教职工、学生人身自由的；（6）跟踪、纠缠学校相关负责人，侮辱、恐吓教职工、学生的；（7）携带易燃易爆危险物品和管制器具进入学校的；（8）其他扰乱学校教育教学秩序或侵害他人人身财产权益的行为。"校闹"行为造成学校、教职工、学生财产损失或人身伤害，被侵权人依法追究"校闹"人员侵权责任的，应当予以支持。同时，可以通过联合惩戒机制，对实施"校闹"、聚众扰乱社会秩序的人员实施惩戒。

11. 严厉打击涉及"校闹"的犯罪行为。实施"校闹"行为涉嫌构成寻衅滋事罪、聚众扰乱社会秩序罪、故意毁坏财物罪、非法拘禁罪、故意伤害罪和聚众扰乱公共场所秩序、交通秩序罪等,需要追究刑事责任的,公安机关要依法及时立案侦查,全面客观地收集、调取证据,确保侦查质量。人民检察院应当及时依法批捕、起诉。人民法院应当加快审理进度,在全面查明案件事实的基础上依法准确定罪量刑。对故意扩大事态,教唆他人实施针对学校和教职工、学生的违法犯罪行为,或者以受他人委托处理纠纷为名实施敲诈勒索、寻衅滋事等行为的,依法从严惩处。

师生、家长或者校外人员因其他原因在校内非法聚集、游行或者实施其他影响学校正常教育教学秩序行为的,参照上述规定予以处置。

四、建立多部门协调配合工作机制

12. 加强学校及周边安全风险防控。各地要加强校园周边综合治理,在城镇幼儿园、中小学周边全面实行学生安全区域制度。教育部门应当会同公安机关指导学校建立健全突发事件预警应对机制和警校联动联防联控机制,提高应对突发事件的现场处置能力。公安机关要加强校园及周边警务室建设,加强校园周边巡逻防控,及时受理报警求助。

13. 有效应对涉及学校安全事故纠纷的舆情。学校要做好安全事故的信息发布工作,按照规定主动、适时公布或者通报事故信息;在处置预案中明确接待媒体、应对舆情的部门和人员,增强舆情应对的意识和能力。对恶意炒作、报道严重失实的,学校要及时发声、澄清事实。对有较大影响的安全事故事件,属地教育部门应在党委、政府统一领导下,会同相关部门做好舆情引导工作。对于虚假报道引起社会不良影响的,学校应当向有关部门反映或提起诉讼,追究其侵权责任。

14. 营造依法解决学校安全事故纠纷的社会氛围。推动学校安全法律制度建设,鼓励各地制定或修改、完善学校安全方面的地方性法规。司法行政机关要协调指导有关部门加强法治宣传教育,增强社会公众的法治意识,培养尊法学法守法用法的社会氛围,推动形成依法理性解决学校安全事故纠纷的共识。

要通过家长学校、家长委员会等多种方式拓宽学生父母或其他监护人参与学校管理和监督的渠道，加强对学生父母或其他监护人的法治宣传，形成和谐家校关系。学校要切实树立依法治校、依法办学理念，通过法治思维和法治方式化解矛盾纠纷，不得为防止发生安全事故而限制或取消正常的课间活动、体育活动和其他社会实践活动。

15.建立学校安全工作部门协调机制。各地、各有关部门要深刻认识保障学校安全的重要意义，加强组织领导与协调配合，形成工作合力。地方教育部门应当积极协调相关部门建立联席会议等工作制度，定期互通信息，及时研究解决问题，共同维护学校安全，切实为学校办学安全托底，解除学校后顾之忧，保障学校安心办学、静心育人。

各地可以结合实际，制定贯彻实施本意见的具体办法。

教育部 最高人民法院 最高人民检察院 公安部 司法部

2019年6月25日

学校食品安全与营养健康管理规定

（中华人民共和国教育部、中华人民共和国国家市场监督管理总局、中华人民共和国国家卫生健康委员会令第45号　2019年2月20日颁布）

第一章　总　则

第一条　为保障学生和教职工在校集中用餐的食品安全与营养健康，加强监督管理，根据《中华人民共和国食品安全法》（以下简称食品安全法）、《中华人民共和国教育法》《中华人民共和国食品安全法实施条例》等法律法规，制定本规定。

第二条　实施学历教育的各级各类学校、幼儿园（以下统称学校）集中用餐的食品安全与营养健康管理，适用本规定。

本规定所称集中用餐是指学校通过食堂供餐或者外购食品（包括从供餐单位订餐）等形式，集中向学生和教职工提供食品的行为。

第三条　学校集中用餐实行预防为主、全程监控、属地管理、学校落实的原则，建立教育、食品安全监督管理、卫生健康等部门分工负责的工作机制。

第四条　学校集中用餐应当坚持公益便利的原则，围绕采购、贮存、加工、配送、供餐等关键环节，健全学校食品安全风险防控体系，保障食品安全，促进营养健康。

第五条　学校应当按照食品安全法律法规规定和健康中国战略要求，建立健全相关制度，落实校园食品安全责任，开展食品安全与营养健康的宣传教育。

第二章　管理体制

第六条　县级以上地方人民政府依法统一领导、组织、协调学校食品安全监督管理工作以及食品安全突发事故应对工作，将学校食品安全纳入本地区食品安全事故应急预案和学校安全风险防控体系建设。

第七条 教育部门应当指导和督促学校建立健全食品安全与营养健康相关管理制度,将学校食品安全与营养健康管理工作作为学校落实安全风险防控职责、推进健康教育的重要内容,加强评价考核;指导、监督学校加强食品安全教育和日常管理,降低食品安全风险,及时消除食品安全隐患,提升营养健康水平,积极协助相关部门开展工作。

第八条 食品安全监督管理部门应当加强学校集中用餐食品安全监督管理,依法查处涉及学校的食品安全违法行为;建立学校食堂食品安全信用档案,及时向教育部门通报学校食品安全相关信息;对学校食堂食品安全管理人员进行抽查考核,指导学校做好食品安全管理和宣传教育;依法会同有关部门开展学校食品安全事故调查处理。

第九条 卫生健康主管部门应当组织开展校园食品安全风险和营养健康监测,对学校提供营养指导,倡导健康饮食理念,开展适应学校需求的营养健康专业人员培训;指导学校开展食源性疾病预防和营养健康的知识教育,依法开展相关疫情防控处置工作;组织医疗机构救治因学校食品安全事故导致人身伤害的人员。

第十条 区域性的中小学卫生保健机构、妇幼保健机构、疾病预防控制机构,根据职责或者相关主管部门要求,组织开展区域内学校食品安全与营养健康的监测、技术培训和业务指导等工作。

鼓励有条件的地区成立学生营养健康专业指导机构,根据不同年龄阶段学生的膳食营养指南和健康教育的相关规定,指导学校开展学生营养健康相关活动,引导合理搭配饮食。

第十一条 食品安全监督管理部门应当将学校校园及周边地区作为监督检查的重点,定期对学校食堂、供餐单位和校园内以及周边食品经营者开展检查;每学期应当会同教育部门对本行政区域内学校开展食品安全专项检查,督促指导学校落实食品安全责任。

第三章 学校职责

第十二条 学校食品安全实行校长(园长)负责制。

学校应当将食品安全作为学校安全工作的重要内容，建立健全并落实有关食品安全管理制度和工作要求，定期组织开展食品安全隐患排查。

第十三条 中小学、幼儿园应当建立集中用餐陪餐制度，每餐均应当有学校相关负责人与学生共同用餐，做好陪餐记录，及时发现和解决集中用餐过程中存在的问题。

有条件的中小学、幼儿园应当建立家长陪餐制度，健全相应工作机制，对陪餐家长在学校食品安全与营养健康等方面提出的意见建议及时进行研究反馈。

第十四条 学校应当配备专（兼）职食品安全管理人员和营养健康管理人员，建立并落实集中用餐岗位责任制度，明确食品安全与营养健康管理相关责任。

有条件的地方应当为中小学、幼儿园配备营养专业人员或者支持学校聘请营养专业人员，对膳食营养均衡等进行咨询指导，推广科学配餐、膳食营养等理念。

第十五条 学校食品安全与营养健康管理相关工作人员应当按照有关要求，定期接受培训与考核，学习食品安全与营养健康相关法律、法规、规章、标准和其他相关专业知识。

第十六条 学校应当建立集中用餐信息公开制度，利用公共信息平台等方式及时向师生家长公开食品进货来源、供餐单位等信息，组织师生家长代表参与食品安全与营养健康的管理和监督。

第十七条 学校应当根据卫生健康主管部门发布的学生餐营养指南等标准，针对不同年龄段在校学生营养健康需求，因地制宜引导学生科学营养用餐。

有条件的中小学、幼儿园应当每周公布学生餐带量食谱和营养素供给量。

第十八条 学校应当加强食品安全与营养健康的宣传教育，在全国食品安全宣传周、全民营养周、中国学生营养日、全国碘缺乏病防治日等重要时间节点，开展相关科学知识普及和宣传教育活动。

学校应当将食品安全与营养健康相关知识纳入健康教育教学内容，通过主题班会、课外实践等形式开展经常性宣传教育活动。

第十九条 中小学、幼儿园应当培养学生健康的饮食习惯，加强对学生营养不良与超重、肥胖的监测、评价和干预，利用家长学校等方式对学生家长进行食品安全与营养健康相关知识的宣传教育。

第二十条 中小学、幼儿园一般不得在校内设置小卖部、超市等食品经营场所，确有需要设置的，应当依法取得许可，并避免售卖高盐、高糖及高脂食品。

第二十一条 学校在食品采购、食堂管理、供餐单位选择等涉及学校集中用餐的重大事项上，应当以适当方式听取家长委员会或者学生代表大会、教职工代表大会意见，保障师生家长的知情权、参与权、选择权、监督权。

学校应当畅通食品安全投诉渠道，听取师生家长对食堂、外购食品以及其他有关食品安全的意见、建议。

第二十二条 鼓励学校参加食品安全责任保险。

第四章 食堂管理

第二十三条 有条件的学校应当根据需要设置食堂，为学生和教职工提供服务。

学校自主经营的食堂应当坚持公益性原则，不以营利为目的。实施营养改善计划的农村义务教育学校食堂不得对外承包或者委托经营。

引入社会力量承包或者委托经营学校食堂的，应当以招投标等方式公开选择依法取得食品经营许可、能承担食品安全责任、社会信誉良好的餐饮服务单位或者符合条件的餐饮管理单位。

学校应当与承包方或者受委托经营方依法签订合同，明确双方在食品安全与营养健康方面的权利和义务，承担管理责任，督促其落实食品安全管理制度、履行食品安全与营养健康责任。承包方或者受委托经营方应当依照法律、法规、规章、食品安全标准以及合同约定进行经营，对食品安全负责，并接受委托方的监督。

第二十四条 学校食堂应当依法取得食品经营许可证,严格按照食品经营许可证载明的经营项目进行经营,并在食堂显著位置悬挂或者摆放许可证。

第二十五条 学校食堂应当建立食品安全与营养健康状况自查制度。经营条件发生变化,不再符合食品安全要求的,学校食堂应当立即整改;有发生食品安全事故潜在风险的,应当立即停止食品经营活动,并及时向所在地食品安全监督管理部门和教育部门报告。

第二十六条 学校食堂应当建立健全并落实食品安全管理制度,按照规定制定并执行场所及设施设备清洗消毒、维修保养校验、原料采购至供餐全过程控制管理、餐具饮具清洗消毒、食品添加剂使用管理等食品安全管理制度。

第二十七条 学校食堂应当建立并执行从业人员健康管理制度和培训制度。患有国家卫生健康委规定的有碍食品安全疾病的人员,不得从事接触直接入口食品的工作。从事接触直接入口食品工作的从业人员应当每年进行健康检查,取得健康证明后方可上岗工作,必要时应当进行临时健康检查。

学校食堂从业人员的健康证明应当在学校食堂显著位置进行统一公示。

学校食堂从业人员应当养成良好的个人卫生习惯,加工操作直接入口食品前应当洗手消毒,进入工作岗位前应当穿戴清洁的工作衣帽。

学校食堂从业人员不得有在食堂内吸烟等行为。

第二十八条 学校食堂应当建立食品安全追溯体系,如实、准确、完整记录并保存食品进货查验等信息,保证食品可追溯。鼓励食堂采用信息化手段采集、留存食品经营信息。

第二十九条 学校食堂应当具有与所经营的食品品种、数量、供餐人数相适应的场所并保持环境整洁,与有毒、有害场所以及其他污染源保持规定的距离。

第三十条 学校食堂应当根据所经营的食品品种、数量、供餐人数,配备相应的设施设备,并配备消毒、更衣、盥洗、采光、照明、通风、防腐、防尘、防蝇、防鼠、防虫、洗涤以及处理废水、存放垃圾和废弃物的设备或者设施。就餐区或者就餐区附近应当设置供用餐者清洗手部以及餐具、饮具的用水设施。

食品加工、贮存、陈列、转运等设施设备应当定期维护、清洗、消毒；保温设施及冷藏冷冻设施应当定期清洗、校验。

第三十一条 学校食堂应当具有合理的设备布局和工艺流程，防止待加工食品与直接入口食品、原料与成品或者半成品交叉污染，避免食品接触有毒物、不洁物。制售冷食类食品、生食类食品、裱花蛋糕、现榨果蔬汁等，应当按照有关要求设置专间或者专用操作区，专间应当在加工制作前进行消毒，并由专人加工操作。

第三十二条 学校食堂采购食品及原料应当遵循安全、健康、符合营养需要的原则。有条件的地方或者学校应当实行大宗食品公开招标、集中定点采购制度，签订采购合同时应当明确供货者食品安全责任和义务，保证食品安全。

第三十三条 学校食堂应当建立食品、食品添加剂和食品相关产品进货查验记录制度，如实准确记录名称、规格、数量、生产日期或者生产批号、保质期、进货日期以及供货者名称、地址、联系方式等内容，并保留载有上述信息的相关凭证。

进货查验记录和相关凭证保存期限不得少于产品保质期满后六个月；没有明确保质期的，保存期限不得少于二年。食用农产品的记录和凭证保存期限不得少于六个月。

第三十四条 学校食堂采购食品及原料，应当按照下列要求查验许可相关文件，并留存加盖公章（或者签字）的复印件或者其他凭证：

（一）从食品生产者采购食品的，应当查验其食品生产许可证和产品合格证明文件等；

（二）从食品经营者（商场、超市、便利店等）采购食品的，应当查验其食品经营许可证等；

（三）从食用农产品生产者直接采购的，应当查验并留存其社会信用代码或者身份证复印件；

（四）从集中交易市场采购食用农产品的，应当索取并留存由市场开办者或者经营者加盖公章（或者负责人签字）的购货凭证；

（五）采购肉类的应当查验肉类产品的检疫合格证明；采购肉类制品的应当查验肉类制品的检验合格证明。

第三十五条 学校食堂禁止采购、使用下列食品、食品添加剂、食品相关产品：

（一）超过保质期的食品、食品添加剂；

（二）腐败变质、油脂酸败、霉变生虫、污秽不洁、混有异物、掺假掺杂或者感官性状异常的食品、食品添加剂；

（三）未按规定进行检疫或者检疫不合格的肉类，或者未经检验或者检验不合格的肉类制品；

（四）不符合食品安全标准的食品原料、食品添加剂以及消毒剂、洗涤剂等食品相关产品；

（五）法律、法规、规章规定的其他禁止生产经营或者不符合食品安全标准的食品、食品添加剂、食品相关产品。

学校食堂在加工前应当检查待加工的食品及原料，发现有前款规定情形的，不得加工或者使用。

第三十六条 学校食堂提供蔬菜、水果以及按照国际惯例或者民族习惯需要提供的食品应当符合食品安全要求。

学校食堂不得采购、贮存、使用亚硝酸盐（包括亚硝酸钠、亚硝酸钾）。

中小学、幼儿园食堂不得制售冷荤类食品、生食类食品、裱花蛋糕，不得加工制作四季豆、鲜黄花菜、野生蘑菇、发芽土豆等高风险食品。省、自治区、直辖市食品安全监督管理部门可以结合实际制定本地区中小学、幼儿园集中用餐不得制售的高风险食品目录。

第三十七条 学校食堂应当按照保证食品安全的要求贮存食品，做到通风换气、分区分架分类、离墙离地存放、防蝇防鼠防虫设施完好，并定期检查库存，及时清理变质或者超过保质期的食品。

贮存散装食品，应当在贮存位置标明食品的名称、生产日期或者生产批号、保质期、生产者名称以及联系方式等内容。用于保存食品的冷藏冷冻设备，应当贴有标识，原料、半成品和成品应当分柜存放。

食品库房不得存放有毒、有害物品。

第三十八条 学校食堂应当设置专用的备餐间或者专用操作区，制定并在显著位置公示人员操作规范；备餐操作时应当避免食品受到污染。食品添加剂应当专人专柜（位）保管，按照有关规定做到标识清晰、计量使用、专册记录。

学校食堂制作的食品在烹饪后应当尽量当餐用完，需要熟制的食品应当烧熟煮透。需要再次利用的，应当按照相关规范采取热藏或者冷藏方式存放，并在确认没有腐败变质的情况下，对需要加热的食品经高温彻底加热后食用。

第三十九条 学校食堂用于加工动物性食品原料、植物性食品原料、水产品原料、半成品或者成品等的容器、工具应当从形状、材质、颜色、标识上明显区分，做到分开使用，固定存放，用后洗净并保持清洁。

学校食堂的餐具、饮具和盛放或者接触直接入口食品的容器、工具，使用前应当洗净、消毒。

第四十条 中小学、幼儿园食堂应当对每餐次加工制作的每种食品成品进行留样，每个品种留样量应当满足检验需要，不得少于125克，并记录留样食品名称、留样量、留样时间、留样人员等。留样食品应当由专柜冷藏保存48小时以上。

高等学校食堂加工制作的大型活动集体用餐，批量制售的热食、非即做即售的热食、冷食类食品、生食类食品、裱花蛋糕应当按照前款规定留样，其他加工食品根据相关规定留样。

第四十一条 学校食堂用水应当符合国家规定的生活饮用水卫生标准。

第四十二条 学校食堂产生的餐厨废弃物应当在餐后及时清除，并按照环保要求分类处理。

食堂应当设置专门的餐厨废弃物收集设施并明显标识，按照规定收集、存放餐厨废弃物，建立相关制度及台账，按照规定交由符合要求的生活垃圾运输单位或者餐厨垃圾处理单位处理。

第四十三条 学校食堂应当建立安全保卫制度，采取措施，禁止非食堂从业人员未经允许进入食品处理区。

学校在校园安全信息化建设中，应当优先在食堂食品库房、烹饪间、备餐间、专间、留样间、餐具饮具清洗消毒间等重点场所实现视频监控全覆盖。

第四十四条 有条件的学校食堂应当做到明厨亮灶，通过视频或者透明玻璃窗、玻璃墙等方式，公开食品加工过程。鼓励运用互联网等信息化手段，加强对食品来源、采购、加工制作全过程的监督。

第五章 外购食品管理

第四十五条 学校从供餐单位订餐的，应当建立健全校外供餐管理制度，选择取得食品经营许可、能承担食品安全责任、社会信誉良好的供餐单位。

学校应当与供餐单位签订供餐合同（或者协议），明确双方食品安全与营养健康的权利和义务，存档备查。

第四十六条 供餐单位应当严格遵守法律、法规和食品安全标准，当餐加工，并遵守本规定的要求，确保食品安全。

第四十七条 学校应当对供餐单位提供的食品随机进行外观查验和必要检验，并在供餐合同（或者协议）中明确约定不合格食品的处理方式。

第四十八条 学校需要现场分餐的，应当建立分餐管理制度。在教室分餐的，应当保障分餐环境卫生整洁。

第四十九条 学校外购食品的，应当索取相关凭证，查验产品包装标签，查看生产日期、保质期和保存条件。不能即时分发的，应当按照保证食品安全的要求贮存。

第六章 食品安全事故调查与应急处置

第五十条 学校应当建立集中用餐食品安全应急管理和突发事故报告制

度，制定食品安全事故处置方案。发生集中用餐食品安全事故或者疑似食品安全事故时，应当立即采取下列措施：

（一）积极协助医疗机构进行救治；

（二）停止供餐，并按照规定向所在地教育、食品安全监督管理、卫生健康等部门报告；

（三）封存导致或者可能导致食品安全事故的食品及其原料、工具、用具、设备设施和现场，并按照食品安全监督管理部门要求采取控制措施；

（四）配合食品安全监管部门进行现场调查处理；

（五）配合相关部门对用餐师生进行调查，加强与师生家长联系，通报情况，做好沟通引导工作。

第五十一条 教育部门接到学校食品安全事故报告后，应当立即赶往现场协助相关部门进行调查处理，督促学校采取有效措施，防止事故扩大，并向上级人民政府教育部门报告。

学校发生食品安全事故需要启动应急预案的，教育部门应当立即向同级人民政府以及上一级教育部门报告，按照规定进行处置。

第五十二条 食品安全监督管理部门会同卫生健康、教育等部门依法对食品安全事故进行调查处理。

县级以上疾病预防控制机构接到报告后应当对事故现场进行卫生处理，并对与事故有关的因素开展流行病学调查，及时向同级食品安全监督管理、卫生健康等部门提交流行病学调查报告。

学校食品安全事故的性质、后果及其调查处理情况由食品安全监督管理部门会同卫生健康、教育等部门依法发布和解释。

第五十三条 教育部门和学校应当按照国家食品安全信息统一公布制度的规定建立健全学校食品安全信息公布机制，主动关注涉及本地本校食品安全舆情，除由相关部门统一公布的食品安全信息外，应当准确、及时、客观地向社会发布相关工作信息，回应社会关切。

第七章 责任追究

第五十四条 违反本规定第二十五条、第二十六条、第二十七条第一款、第三十三条,以及第三十四条第(一)项、第(二)项、第(五)项,学校食堂(或者供餐单位)未按规定建立食品安全管理制度,或者未按规定制定、实施餐饮服务经营过程控制要求的,由县级以上人民政府食品安全监督管理部门依照食品安全法第一百二十六条第一款的规定处罚。

违反本规定第三十四条第(三)项、第(四)项,学校食堂(或者供餐单位)未查验或者留存食用农产品生产者、集中交易市场开办者或者经营者的社会信用代码或者身份证复印件或者购货凭证、合格证明文件的,由县级以上人民政府食品安全监督管理部门责令改正;拒不改正的,给予警告,并处5000元以上3万元以下罚款。

第五十五条 违反本规定第三十六条第二款,学校食堂(或者供餐单位)采购、贮存亚硝酸盐(包括亚硝酸钠、亚硝酸钾)的,由县级以上人民政府食品安全监督管理部门责令改正,给予警告,并处5000元以上3万元以下罚款。

违反本规定第三十六条第三款,中小学、幼儿园食堂(或者供餐单位)制售冷荤类食品、生食类食品、裱花蛋糕,或者加工制作四季豆、鲜黄花菜、野生蘑菇、发芽土豆等高风险食品的,由县级以上人民政府食品安全监督管理部门责令改正;拒不改正的,给予警告,并处5000元以上3万元以下罚款。

第五十六条 违反本规定第四十条,学校食堂(或者供餐单位)未按要求留样的,由县级以上人民政府食品安全监督管理部门责令改正,给予警告;拒不改正的,处5000元以上3万元以下罚款。

第五十七条 有食品安全法以及本规定的违法情形,学校未履行食品安全管理责任,由县级以上人民政府食品安全管理部门会同教育部门对学校主要负责人进行约谈,由学校主管教育部门视情节对学校直接负责的主管人员和其他直接责任人员给予相应的处分。

实施营养改善计划的学校违反食品安全法律法规以及本规定的,应当从重处理。

第五十八条 学校食品安全的相关工作人员、相关负责人有下列行为之一的，由学校主管教育部门给予警告或者记过处分；情节较重的，应当给予降低岗位等级或者撤职处分；情节严重的，应当给予开除处分；构成犯罪的，依法移送司法机关处理：

（一）知道或者应当知道食品、食品原料劣质或者不合格而采购的，或者利用工作之便以其他方式谋取不正当利益的；

（二）在招投标和物资采购工作中违反有关规定，造成不良影响或者损失的；

（三）怠于履行职责或者工作不负责任、态度恶劣，造成不良影响的；

（四）违规操作致使师生人身遭受损害的；

（五）发生食品安全事故，擅离职守或者不按规定报告、不采取措施处置或者处置不力的；

（六）其他违反本规定要求的行为。

第五十九条 学校食品安全管理直接负责的主管人员和其他直接责任人员有下列情形之一的，由学校主管教育部门会同有关部门视情节给予相应的处分；构成犯罪的，依法移送司法机关处理：

（一）隐瞒、谎报、缓报食品安全事故的；

（二）隐匿、伪造、毁灭、转移不合格食品或者有关证据，逃避检查、使调查难以进行或者责任难以追究的；

（三）发生食品安全事故，未采取有效控制措施、组织抢救工作致使食物中毒事态扩大，或者未配合有关部门进行食物中毒调查、保留现场的；

（四）其他违反食品安全相关法律法规规定的行为。

第六十条 对于出现重大以上学校食品安全事故的地区，由国务院教育督导机构或者省级人民政府教育督导机构对县级以上地方人民政府相关负责人进行约谈，并依法提请有关部门予以追责。

第六十一条 县级以上人民政府食品安全监督管理、卫生健康、教育等部门未按照食品安全法等法律法规以及本规定要求履行监督管理职责，造成所辖区域内学校集中用餐发生食品安全事故的,应当依据食品安全法和相关规定,对直接负责的主管人员和其他直接责任人员,给予相应的处分;构成犯罪的,依法移送司法机关处理。

第八章 附 则

第六十二条 本规定下列用语的含义:

学校食堂,指学校为学生和教职工提供就餐服务,具有相对独立的原料存放、食品加工制作、食品供应及就餐空间的餐饮服务提供者。

供餐单位,指根据服务对象订购要求,集中加工、分送食品但不提供就餐场所的食品经营者。

学校食堂从业人员,指食堂中从事食品采购、加工制作、供餐、餐饮具清洗消毒等与餐饮服务有关的工作人员。

现榨果蔬汁,指以新鲜水果、蔬菜为主要原料,经压榨、粉碎等方法现场加工制作的供消费者直接饮用的果蔬汁饮品,不包括采用浓浆、浓缩汁、果蔬粉调配成的饮料。

冷食类食品、生食类食品、裱花蛋糕的定义适用《食品经营许可管理办法》的有关规定。

第六十三条 供餐人数较少,难以建立食堂的学校,以及以简单加工学生自带粮食、蔬菜或者以为学生热饭为主的小规模农村学校的食品安全,可以参照食品安全法第三十六条的规定实施管理。

对提供用餐服务的教育培训机构,可以参照本规定管理。

第六十四条 本规定自2019年4月1日起施行,2002年9月20日教育部、原卫生部发布的《学校食堂与学生集体用餐卫生管理规定》同时废止。

教育部办公厅关于进一步
加强中小学（幼儿园）预防性侵害学生工作的通知

（教督厅函〔2018〕9号　2018年12月12日颁布）

各省、自治区、直辖市教育厅（教委），新疆生产建设兵团教育局：

为进一步加强学校安全管理、保障学生安全，有效预防性侵害学生违法犯罪的发生，根据《中华人民共和国最高人民检察院检察建议书》（高检建〔2018〕1号）的有关建议，现就有关工作通知如下：

一、深入开展预防性侵安全教育

各地教育行政部门和学校要从性侵害学生案件中吸取教训，把预防性侵害教育工作作为重中之重，通过课堂教学、讲座、班会、主题活动、编发手册、微博、微信、宣传栏等多种形式开展性知识教育、预防性侵害教育。要通过案例加强警示教育，提高学生自护意识和自救能力。教育学生特别是女生提高警觉，离家时告知父母出行情况，尽量避免外出独行；牢记父母电话和报警电话，掌握基本安全常识，主动远离危险环境。要确保预防性侵害教育落实到每一位学生、每一位家长，重点对小学学生、留守学生、寄宿学生、乡镇农村学校学生及其家长加强宣传教育。

二、切实加强教职员工队伍管理

各地教育行政部门和学校要严格落实有关教师管理法规和制度要求，进一步完善教师准入制度，强化对拟招录人员品德、心理的前置考察，联合公安部门建立性侵害违法犯罪信息库和入职查询制度。落实对校长、教师和职工从业资格的有关规定，加强对临时聘用人员的准入审查，坚决清理和杜绝不合格人员进入学校工作岗位，严禁聘用受到剥夺政治权利或者故意犯罪受到有期徒刑以上刑事处罚人员担任教职员工。要将师德教育、法治教育纳入教职员工培训内容及考核范围。要加强对教职员工的品行考核，与当地公安、检察机关建立协调配合机制,对于实施性骚扰、性侵害学生行为的教职员工,及时依法予以处理。

三、严格执行校园安全管理规定

各地教育行政部门和学校要严格落实《国务院办公厅关于加强中小学幼儿园安全风险防控体系建设的意见》和《关于做好预防少年儿童遭受性侵工作的意见》等文件要求。按照"谁主管、谁负责,谁开办、谁负责"的原则,严格落实中小学校长、幼儿园园长作为校园安全管理和学生保护第一责任人责任。要定期进行安全隐患排查,特别关注学生有无学习成绩突然下滑、精神恍惚、无故旷课等异常表现。全面落实日常管理制度,重点加强寄宿制学校规范管理,从严管理女生宿舍。中小学(幼儿园)所有工作人员对性侵害案件或线索都有报警、报告的义务和责任,一旦发现学生遭受性侵害,学校、家长要立即报警并彼此相告,同时学校要及时向上级部门报告。

四、不断完善预防性侵协同机制

各地教育行政部门和学校要与检察机关、公安机关、共青团、妇联、家庭、社会构建一体化的保护中小学(幼儿园)学生工作机制,做到安全监管全覆盖。各地教育部门要与公安机关积极协作,加强校园周边巡逻防控,防止发生社会人员性侵害在校学生案件。各地教育部门要协调有关部门进一步加强对学生保护工作的正面宣传引导,防止媒体过度渲染报道性侵害学生案件。学校要与家长保持密切联系,要通过开展家访、召开家长会等方式,提醒家长切实履行对孩子的监护责任,特别是做好学生离校后的监管看护教育工作。家校双方要及时掌握孩子情况,特别是发现孩子有异常表现时,双方要及时沟通,采取应对措施。

五、持续强化学校安全督导检查

各地教育督导部门要按照《中小学(幼儿园)安全工作专项督导暂行办法》要求,以预防性侵害工作为重点,开展学校安全工作专项督导,督促、指导中小学(幼儿园)及时消除安全隐患,对发现的性侵害线索和苗头要认真核实,及时依法处理。加强对地方政府及各有关部门、学校落实安全工作职责的督导检查，督促相关工作人员切实履行校园安全管理责任。对学校安全事故频发的地区，要采取约谈、通报、挂牌督办等方式督促其限期整改。对于教育行政部门工作人员、学校管理人员失职渎职造成性侵害学生案件发生的，或者发现性侵害学生案件瞒报、谎报的，要依法依规予以处分或者移送有关部门查处。

教育部办公厅

2018年12月12日

国务院教育督导委员会办公室
关于加强中小学（幼儿园）冬季安全工作的通知

（国教督办函〔2018〕98号　2018年11月23日颁布）

各省、自治区、直辖市教育厅（教委）、新疆生产建设兵团教育局：

11月22日，辽宁葫芦岛市建昌县发生驾车冲撞小学生案件，造成5名小学生死亡，19人受伤。近期，其他一些地方也发生了多起学生伤亡事故，令人痛心，发人警醒。临近年末，各地中小学（幼儿园）出行和文娱活动、集会等活动增多，同时受冬季低温、雨雪、冰冻等灾害天气影响，诱发学校安全事故的因素增多。各地教育部门要高度重视，深刻吸取近期学校安全事故的教训，迅速排查学校及周边安全隐患，将各种不安全因素纳入防控范畴，盯住薄弱环节和突出问题，尤其注意防范社会矛盾引发学校安全事故，切实维护学校安全和谐稳定，保障学生安全。现就有关工作通知如下：

一、确保学校周边及交通安全

各地教育行政部门和学校要加强学校安防保障设施和人员队伍建设，进一步完善与综治、公安、交通、城管、食药监等部门的联动机制，落实部门监管职责，形成工作合力，加大学校周边综合整治力度，要在重点路段及水域设置安全警示标牌，设立安全隔离带、防护栏，做到及时发现险情，努力消除安全隐患。密切关注灾害预警信息，及时以电话、短信等多种方式通知学生，提醒做好应对防范，确保学生离校返家交通安全。对家长到校接学生回家的，要做好与家长的交接工作；对学生独自离校返家的，要教育学生不乘坐非法营运车辆和超载车等不安全车辆；对使用校车接送学生的，要按照《校车安全管理条例》要求加强对驾驶人和校车的安全管理，指派随车照管人员，保障学生乘车安全。

二、确保冬季采暖及消防安全

各地教育行政部门和学校要确保备齐备足必要的取暖物资，确保冬季采暖地区所有学校采暖设备运转正常，切实保障师生温暖过冬。同时要加强采暖安全隐患排查，重点排查教室、宿舍、办公室等通风换气、排烟管道有无泄漏、有无煤气中毒隐患等，防止造成煤气中毒。冬季天气干燥，是火灾高发季节，要深入开展火灾隐患排查，对发现的隐患要及时采取有效措施进行整治。要确保消防设施设备保持良好状态，在发生火灾时能够切实发挥作用。要加强对锅炉等特种设备的定期检查，确保设备运转正常。要加强实验室、楼道等集中堆放易燃易爆物品区域的消防管理工作。

三、确保学校食品与卫生安全

各地教育行政部门和学校要与卫生部门加强联系，密切关注冬季传染病疫情，加强流感等呼吸道传染病，以及以手足口病为主的肠道传染病的防控工作。要严格执行食品安全有关法律法规，认真组织开展学校食堂食品安全日常自查和定期检查，重点检查学校食堂卫生状况，食堂储备食材、调料是否在保质期，是否发生腐败、变质等情况，及时发现食品安全管理中存在的问题，消除安全隐患。要针对学校水源水质保障，以及食堂食品采购、运输、储存、加工等重点环节，强化制度落实，加强监督管理，坚决防止食物中毒事件的发生，确保师生健康安全。

四、加强学生心理健康排查与教育

各地教育行政部门和学校要积极采取针对性措施，加强学生心理健康教育工作，坚决防止因心理障碍引发自杀或伤害他人事件发生。要认真开展学生心理健康状况摸排，做到心理问题及早发现、及时预防、有效干预。要重点做好家庭贫困学生、学习困难学生、情感困惑学生、言行异常学生、中高考学生，留守儿童、外来务工人员子女、单亲家庭等特殊群体学生的心理辅导与咨询工作，帮助他们化解心理压力，克服心理障碍。各学校要通过讲座、班会、主题活动、宣传栏、微博、微信等多种形式，积极开展心理健康教育宣传活动。要重点加强生命教育，帮助学生正确认识生命、尊重生命、珍爱生命、保护生命。

国务院教育督导委员会办公室

2018年11月23日

国务院教育督导委员会办公室关于进一步加强中小学（幼儿园）安全工作的紧急通知

（国教督办〔2018〕4号　2018年10月29日颁布）

各省、自治区、直辖市教育厅（教委）、新疆生产建设兵团教育局：

近日，重庆市巴南区一幼儿园发生持刀伤人案，造成多名幼儿受伤，严重危及学生生命健康安全，严重影响到学校教育教学秩序，严重冲击到公众心理安全底线。同时，反映出一些地方和学校的安全责任意识、安全制度落实、安全措施保障还不到位。为切实加强学校安全管理工作，保障学生安全，现就有关工作紧急通知如下：

一、切实提高学校安全工作认识

各地教育行政部门和学校要以对党和人民高度负责的态度，牢固树立安全发展理念和生命至上、安全第一的思想，深刻认识新时代做好学校安全工作的重要性、紧迫性，强化安全工作红线意识和底线思维，坚持预防为主、综合治理，狠抓安全工作落实，切实保障广大师生生命安全。

二、深入开展学校安全隐患排查

各地教育行政部门和学校要认真总结近期学校安全事故的惨痛教训，强化学校安防保障设施和人员队伍建设，以学生伤害与欺凌、校园及周边治理、上下学交通、防溺水、食品、消防等为重点，结合本地实际，深入开展一次学校安全隐患大排查，做到隐患排查不留死角。对排查出的问题，要按照"谁主管、谁负责"的原则，建立台账、落实责任、细化措施、明确时限，确保全面整改落实。

三、不断完善学校安全工作机制

各地教育行政部门和学校要不断完善校园安全风险管控机制，按照学校岗位安全工作职责要求，严格落实各项管理制度和措施，将安全管理融入学校日常工作全过程。要进一步完善学校及周边治安综合治理机制，加强与公安、综治、宣传等有关部门在信息沟通、专项整治、应急处置、舆情应对等方面的协调配合，形成常态化的安全监管工作机制。

四、全面加强学校安全应急管理

各地教育行政部门和学校要建立健全学校安全事件应急管理机制，制定区域性学校安全风险清单，完善、细化各项应急处置预案，落实人员职责，做好安全防范和隐患化解前置工作。围绕学校安全定期组织开展专项应急疏散演练。针对学校集会、课间操、放学及大型活动等严格规范管理，做好应急工作准备，确保一旦发生突发事件，能够快速反应、高效应对、迅速管控，最大限度降低学校安全事故危害。

五、积极做好学校安全舆情应对

各地教育行政部门要在当地党委、政府领导下，加强与宣传、公安等部门沟通协作，加强教育舆情监测，及时跟踪、分析舆情，做好与媒体的有效沟通，掌握教育舆情的主动权。积极运用微博、微信等网络新媒体，第一时间发布准确信息，引导舆论理性表达，适时公布事故处置情况，及时回应社会关切，营造良好舆论生态。

六、持续强化学校安全督导检查

各地教育督导部门要按照《中小学（幼儿园）安全工作专项督导暂行办法》要求，将学校安全工作列为教育督导的重要内容，加强对地方政府及各有关部门、学校落实安全工作职责的督导检查，并将督导结果作为评价政府教育工作和学校管理工作成效的重要内容。对学校安全事故频发的地区，要采取约谈、通报、挂牌督办等方式督促其限期整改。

国务院教育督导委员会办公室

2018年10月29日

市场监管总局办公厅关于加强秋季开学学校和幼儿园食品安全监管工作的通知

(市监食经〔2018〕49号 2018年8月23日颁布)

各省、自治区、直辖市食品药品监督管理局,新疆生产建设兵团食品药品监督管理局:

近期,学校和幼儿园将陆续开学或开园。为落实学校(含幼儿园,下同)校园食品安全第一责任人的责任,强化学校食品安全监管,严防严管严控学校食品安全风险,有效防止食物中毒发生,现就加强秋季开学学校食品安全监管工作通知如下:

一、高度重视,加强组织领导

学校的供餐群体特殊,供餐人数众多,社会关注度高。学校食品安全事关学生身体健康,事关亿万家庭幸福及社会和谐稳定,是满足人民日益增长的美好生活需要的重要组成内容,一直是食品安全监管工作的重中之重。夏秋季是学校食物中毒的易发季节,秋季开学后更是学校食物中毒的多发时期。

各地食品药品监管部门要牢固树立"四个意识",进一步提高对秋季开学学校食品安全监管工作重要性、特殊性和紧迫性的认识,加强组织领导,主要领导要牵头抓,分管领导要亲自抓。要制定工作方案,细化工作任务,明确工作要求,集中人力精力,用一个月左右时间,对本行政区域内的所有学校幼儿园食堂(包括转地方管理的军队幼儿园食堂)、向学校提供送餐服务的集体用餐配送单位、校园及其周边一定范围内的食品经营者开展一次全面监督检查。

二、落实责任,加强安全自查

各地食品药品监管部门要督促学校、向学校提供送餐服务的集体用餐配送单位落实食品安全第一责任人的责任,健全并严格落实食品安全管理制度,强化对食品安全的管理。

学校要严格限定外购直接入口食品的种类，明确外购直接入口食品的管理要求，严格筛选外购直接入口食品的供货者。学校一律不得把外购散装的冷食类食品、生食类食品、裱花糕点等高风险食品直接给学生食用，谨慎购买散装熟肉制品。要对校园内的食堂及其他食品经营者开展一次全面、彻底的食品安全自查，特别是要结合秋季开学的特点，重点检查如下内容：

一是查从业人员的健康证明。新上岗及健康证明过期的从业人员必须取得有效健康证明后方可上岗。二是查设施设备的运转情况。对不能正常运转的设施设备，该维修的维修，该撤换的撤换。三是查食品、食品添加剂和食品相关产品的感官性状和保质期。对感官性状异常和超过保质期的食品、食品添加剂及洗涤剂消毒剂等食品相关产品，应立即废弃。四是查场所、设施设备、餐用具等的清洁状况。食堂供餐前，应对加工处理区内的所有区域、设施设备、餐用具进行一次彻底的清洁消毒。五是查有害生物滋生情况。发现餐饮服务场所内存在有害生物或其活动迹象，应立即自行或委托专业的第三方机构采取有效的有害生物防制措施。

三、突出重点，加强监督检查

各地食品药品监管部门要将学校食堂、向学校供餐的集体用餐配送单位、校园周边一定范围内特别是从事网络餐饮服务的餐饮服务提供者作为重点对象，将从业人员健康体检情况、设施设备运转情况、食品原料采购贮存情况、食品加工制作情况、餐用具清洗消毒情况等作为重点内容，增强监督检查的靶向性和工作力度。

对监督检查中发现的食品安全问题和隐患，要督促经营者立即整改；对发现的食品安全违法违规行为，要依法严厉查处。要将监督检查中发现的学校食品安全问题、隐患、违法行为和查处结果及时报告当地人民政府，并通报教育行政部门。

四、因地制宜，加强宣传培训

各地食品药品监管部门要结合当地实际，采取召开专题会议、组织专题培训、发放宣传材料、通报典型案例等多种形式，加强对学校校长和食品安全管理人员、集体用餐配送单位法人代表及其食品安全管理人员的宣传培训，重点宣传培训食品安全法律、法规、规章和规范性文件，特别是新发布的《餐饮服务食品安全操作规范》和食物中毒防控知识，提升学校校长、集体用餐配送单位法人代表和食品安全管理人员的食品安全责任意识、风险意识、底线意识，提高其食品安全风险防控能力和水平。

各地要督促学校、向学校供餐的集体用餐配送单位组织开展从业人员全员参加的食品安全培训考核，培训考核内容为有关餐饮食品安全的法律法规知识、基础知识及本单位的食品安全管理制度、加工制作规程等。从业人员应在食品安全培训考核合格后方可上岗。

五、抓好整改，加大督查力度

各地食品药品监管部门要将近3年特别是今年上半年发生过学校食物中毒事故和学校食品安全事件的地区、学校及集体用餐配送单位等作为重点，进行一次全面的督查，重点督查原有问题的整改落实情况。

对问题整改不力、仍然存在食品安全严重隐患的学校及集体用餐配送单位，应联合教育行政部门，及时采取约谈学校或企业负责人、依法给予罚款甚至停止经营等行政处罚措施。

请各省级食品药品监管部门于2018年10月底前，将属地秋季开学学校食品安全监管工作情况报送至市场监管总局食品经营安全监管司。

市场监管总局办公厅

2018年8月23日

最高人民检察院关于依法惩治侵害幼儿园儿童犯罪全面维护儿童权益的通知

（高检发未检字〔2017〕5号　2017年12月1日颁布）

各省、自治区、直辖市人民检察院，新疆生产建设兵团人民检察院：

近期，多地发生儿童在幼儿园遭受侵害的案件，给被害儿童及家庭造成重大伤害，社会影响十分恶劣。为依法严厉惩治相关犯罪，全面维护儿童合法权益，预防和减少此类案件发生，现就有关问题通知如下：

一、提高认识，依法履职，积极参与侵害幼儿园儿童案件的惩治维权预防工作

党的十九大明确提出，要把人民对美好生活的向往作为奋斗目标，把幼有所育等作为保障和改善民生的重要内容，把优先发展教育事业作为提高保障和改善民生水平，加强和创新社会治理的重要举措。当前，发生在幼儿园的侵害儿童犯罪案件，严重危害人民群众的重要利益，触碰幼有所育的底线，危害国家教育事业的发展，影响社会和谐稳定。各级检察机关要提高政治站位，从落实党的十九大精神，满足人民群众对美好生活的需要，加强和创新社会治理的高度，加强组织领导，依法充分履职，在党委的统一领导下，与相关部门密切配合，做好维权、办案、监督、预防等各项工作，严厉惩治侵害儿童犯罪，最大限度维护儿童利益，积极促进校园安全建设，为实现全体人民共建共享的发展目标作出贡献。

二、坚持零容忍，依法严厉惩治侵害幼儿园儿童犯罪

对涉嫌强奸，猥亵儿童，虐待被监护、看护人，故意伤害，故意杀人等犯罪的侵害幼儿园儿童案件，一要依法从严从快批准逮捕、提起公诉，形成司法震慑。对于已经起诉的案件，要从严提出量刑建议。对具备老师等特殊职业身份的被告人，要建议法院判处禁止其从事与未成年人密切相关的职业。二要及时介入侦查，就侦查取证、法律适用等提出建议，确保案件顺利诉讼。三要加

强立案监督、侦查活动监督和审判监督，坚决纠正有案不立、有罪不究、量刑畸轻等问题，确保侵害幼儿园儿童犯罪的犯罪分子受到应有惩罚，维护司法公正。四要坚持依法独立公正行使检察权，确保案件质量。既要重视相关舆情，倾听群众呼声，又要坚持以事实为依据，以法律为准绳。对于确实不符合法定条件的案件，要依法作出不捕、不诉决定，但同时要向涉案儿童的监护人以案释法，充分说明理由。必要时，要向社会公开说明。五要认真研究案件中存在的疑难问题，上级检察院要加强对办理这类案件的指导，对于重点案件要进行督办。

三、坚持专业化规范化社会化办案，加强对幼儿园被害儿童的关爱和救助

一要及时告知被害儿童及其监护人的各项诉讼权利，并在检察环节落实到位。对于侦查、审判机关侵害被害儿童及其监护人诉讼权利的，要依法纠正。二要依法保护被害儿童及其监护人的名誉权、隐私权、知情权等权利。及时向被害儿童的监护人、法定代理人通报有关情况，充分听取他们的意见。不得以任何形式泄露被害儿童及其监护人的个人信息，不得开警车、着制服到被害儿童家中调查取证。三要推动侦查、审判机关对被害儿童实行"一站式"询问。询问要以一次为原则，在专门的未成年人办案区进行，采用适合儿童身心的方式方法，并同步录音录像，避免因反复询问或者不当询问给被害儿童造成二次伤害。四要联合民政、共青团、医疗、妇联、公益组织等社会力量，引入司法社工、心理咨询师等专业力量，与办案同步为被害儿童及其家庭提供心理干预、身体康复、法律援助、司法救助、陪伴倾听等支持，尽量帮助他们渡过难关，恢复身心健康。

四、坚持全面保护综合保护，维护幼儿园儿童民事行政权利

在办理幼儿园儿童侵害犯罪案件的同时，要加强未成年人民事行政检察工作。一是对于幼儿园、行政管理部门等侵害儿童民事、行政权利的，可以依法支持受害儿童及其监护人提起诉讼，依法维护权益。二是对于因幼儿园食品安全、教育设施质量等问题，需维护儿童群体利益的，要依照法律规定提起公益

诉讼。三是对相关生效民事、行政判决裁定，确有错误的，要依法抗诉。四是对于有关行政执法机关不履行职责或者不当履行职责，可能侵害幼儿园儿童利益的，要依法提出检察建议，监督纠正。违法违纪或者构成犯罪的，要将线索移送有关部门查处。

五、立足预防，积极推动幼儿园儿童伤害防范体系建设

一要结合办案，对侵害幼儿园儿童案件的原因、特点进行分析总结，对发现幼儿园在管理和安全等方面存在的问题和不足，提出加强和改进的建议，促进堵塞管理漏洞，加强源头治理。二要进一步深化"法治进校园"巡讲活动，把幼儿园作为巡讲重点，研发完善高质量有针对性的法治课程，提高幼儿园老师、管理人员的法治意识和儿童权利意识，增强家长依法维权的意识和能力，教授儿童必要的自护知识。三要积极参与本地党委、政府组织的关于幼儿园安全、管理秩序等集中整治工作。同时推动建立未成年人权益保护信息平台、侵害未成年人违法犯罪信息库和相关行业入职强制查询制度等长效防范机制。四要加强与新闻媒体合作，充分利用电视、报纸、网络以及微信平台等开展预防和宣传，定期发布此类案件办理情况，以案说法，以事说理，延伸预防触角，提升预防效果。

各地对上述要求要认真贯彻落实，省级院要确定专人及时向高检院未成年人检察工作办公室上报有关工作情况。

国务院教育督导委员会办公室关于开展幼儿园规范办园行为专项督导检查的紧急通知

（国教督办函〔2017〕91号　2017年11月24日颁布）

各省、自治区、直辖市教育厅（教委），新疆生产建设兵团教育局：

近期，多地发生幼儿在幼儿园受到侵害事件，影响恶劣，给受害幼儿及家庭造成重大伤害，后果十分严重。这些事件的发生，反映出一些地方和幼儿园仍然存在管理不善，制度不落实，执行不到位的现象。为有效减少类似事件发生，确保广大幼儿的身心健康，我办决定立即在全国开展幼儿园规范办园行为专项督导检查，现将有关要求紧急通知如下：

一、各地教育行政部门要高度重视学前教育工作，加强对幼儿园的管理和师德师风建设，牢固树立育人为本，促进幼儿健康成长的教育目标，把每一所幼儿园办成幼儿快乐成长的乐园，让家长安心，群众满意，社会放心。

二、各地要按照《未成年人保护法》《教师法》《幼儿园管理条例》《幼儿园工作规程》和《幼儿园规范办园行为督导评估办法》有关要求，立即组织开展一次全省范围的幼儿园办园行为专项督导检查，重点检查师德师风建设情况，及时发现问题，进行整改。对幼儿园伤害幼儿等恶性事件，坚决发现一起，查处一起，坚决防止幼儿园伤害幼儿事件的发生，切实保障幼儿安全健康。

三、各地教育行政部门和幼儿园要进一步加强幼儿园风险管控，强化准入管理，强化技术手段监管，形成常态化监管工作机制。建立和完善幼儿园突发事件应急处理问责机制，明确相关责任，对因管理不到位造成重大事故或造成恶劣社会影响的，要依法追究有关责任人责任。

四、各地要建立幼儿园办园行为常态监测机制，及时了解幼儿园办园行为和基本运行情况，按要求报送相关数据信息。特别是对重大事件要妥善处理，及时上报，保障幼儿园不断规范管理，健康发展。

国务院教育督导委员会办公室

2017年11月24日

教育部办公厅关于加强中小学（幼儿园）周边安全风险防控工作的紧急通知

（教督厅〔2017〕2号　2017年6月16日颁布）

各省、自治区、直辖市教育厅（教委），新疆生产建设兵团教育局：

近期，江苏、山东、广西等地中小学、幼儿园（以下简称学校）周边地区先后发生数起安全事故，严重危害师生生命安全。为切实加强学校周边安全风险防控工作，有效减少安全事故发生，确保广大师生生命安全，现就有关要求紧急通知如下：

一、提高认识，健全防控机制。各地教育部门要在当地党委、政府领导下，牢固树立安全工作红线意识和底线思维，认真贯彻落实《国务院办公厅关于加强中小学幼儿园安全风险防控体系建设的意见》要求，指导学校落实各项安全管理制度，加大安全教育力度，健全安全应急机制。会同相关部门制定区域性学校安全风险清单，提供安全风险提示，指导学校健全风险评估和预防制度。加强与公安、综治等部门沟通协作，健全联动机制，及时会商和处理涉及学校周边地区安全稳定的突出问题。

二、强化排查，化解安全隐患。各地教育部门和学校要会同综治、公安、工商、食药监、文化、城市管理等部门，以护校安园、打非治违等专项整治工作为抓手，以学校周边刑满释放人员、社区矫正对象、易肇事肇祸精神病人等特殊人群和游商走贩、违规经营摊点为重点，全面开展一次安全隐患大排查，及时化解涉校涉生矛盾纠纷，消除各类安全隐患，确保学校周边环境安全、稳定、有序。对排查出的问题，要按照"谁主管、谁负责"的原则，建立台账、落实责任、细化措施、明确时限，确保全面整改落实，防患于未然。

三、加强督查，落实安全责任。各地教育督导部门要严格按照《中小学（幼儿园）安全工作专项督导暂行办法》规定，将学校周边安全风险防控工作列为教育督导的重要内容，加强对地方政府及各有关部门、学校落实安全工作职责的督导检查，将督导结果作为评价政府教育工作和学校管理工作成效的重要内容。对履职不到位、责任不落实、措施不得力、管理不规范、安全问题突出的单位及学校，要采取约谈、通报批评、印发整改通知书等措施，限期整改。造成严重后果的，要依法追究有关责任人责任。

教育部办公厅

2017年6月16日

教育部关于开展中小学(幼儿园)
校车安全隐患排查整治工作的紧急通知

(教督函〔2017〕2号 2017年5月10日颁布)

各省、自治区、直辖市教育厅(教委),新疆生产建设兵团教育局:

近期,多地发生接送学生车辆安全交通事故,造成学生伤亡,给受害学生家庭带来了巨大的精神创伤和无法弥补的损失,教训十分深刻。这些事故的发生,反映出一些地方和学校仍然存在安全意识不强、制度落实不到位等问题。为有效减少安全事故再次发生,确保广大学生的生命安全,决定立即在全国开展中小学(幼儿园)校车安全隐患排查整治工作,现将有关要求紧急通知如下:

一、各地教育行政部门要在当地党委、政府的统一领导下,与相关部门协同联动,立即组织开展一次校车(包括学生接送车辆)安全隐患全面大排查。要从安全管理的各个环节入手,完善道路、车辆、交通标志等基础设施建设,重点对校车驾驶人员从业资格进行审查,坚决清退不符合要求的校车驾驶人,对校车和接送学生车辆、行车路线及道路安全隐患进行认真排查并登记备案。对排查发现不合格车辆坚决停止使用。对检查出的安全问题,要按照"谁主管、谁负责"的原则,建立台账、落实责任、细化措施,明确时限,确保全面整改落实。

二、各地教育行政部门和学校要进一步加强校车安全风险管控,强化准入管理,强化技术手段监管,形成常态化安全监管工作机制。完善与公安、交通运输、安全监管等有关部门的协同联动机制,切实加大接送学生车辆动态管控力度,严格规范车辆运营监管,严查超速、超员等违法行为,进一步加大对"黑校车"和幼儿接送车辆的整治力度,依法查处校车超速、超员、不按审核路线行驶等交通违法行为,对违法行为实行"零容忍"。

三、各地教育行政部门要会同公安、交通运输、安全监管和宣传部门，结合排查整治深入开展一次校车安全宣传教育，广泛宣传乘坐非法营运车辆的危害和典型事故案例，曝光接送学生车辆交通违法行为，以多种形式宣传有关校车安全管理的法规和文件，认真开展事故逃生演练和应急处置演练，不断提高司机、随车管理人员和乘车学生的安全意识、自救自护技能和应急处置能力，为校车安全管理奠定坚实的基础。

四、各地教育督导部门要严格按照《中小学（幼儿园）安全工作专项督导暂行办法》的要求，将校车安全工作列为教育督导的重要内容，加强对地方政府及各有关部门、学校落实校车安全工作职责的督导检查，将督导结果作为评价政府教育工作和学校管理工作成效的重要内容。

五、各地要建立校车安全事故等突发事件应急处理问责机制，对不重视应急处理、不履行学校安全管理责任造成重大安全事故或造成恶劣社会影响的，要依法追究有关责任人责任。

教育部

2017年5月10日

国务院办公厅关于加强中小学幼儿园安全风险防控体系建设的意见

（国办发〔2017〕35号　2017年4月25日颁布）

各省、自治区、直辖市人民政府，国务院各部委、各直属机构：

校园应当是最阳光、最安全的地方。加强中小学、幼儿园（以下统称学校）安全工作是全面贯彻党的教育方针，保障学生健康成长、全面发展的前提和基础，关系广大师生的人身安全，事关亿万家庭幸福和社会和谐稳定。长期以来，党中央、国务院和地方各级党委、政府高度重视学校安全工作，采取了一系列措施维护学校及周边安全，学校安全形势总体稳定。但是，受各种因素影响，学校安全工作还存在相关制度不完善、不配套，预防风险、处理事故的机制不健全、意识和能力不强等问题。为进一步加强和改进学校安全工作，经国务院同意，现就建立健全学校安全风险防控体系提出以下意见：

一、总体要求

（一）指导思想。高举中国特色社会主义伟大旗帜，全面贯彻党的十八大和十八届三中、四中、五中、六中全会精神，深入贯彻习近平总书记系列重要讲话精神和治国理政新理念新思想新战略，认真落实党中央、国务院决策部署，运用法治思维和法治方式推进综合改革、破解关键问题，建立科学系统、切实有效的学校安全风险防控体系，营造良好教育环境和社会环境，为学生健康成长、全面发展提供保障。

（二）基本原则。坚持统筹协调、综合施策。将学校安全作为公共安全和社会治安综合治理的重要内容，加强组织领导和协调配合，充分发挥政府、学校、家庭、社会各方面作用，运用法律、行政、社会服务、市场机制等各种方式，综合施策、形成合力。

坚持以人为本、全面防控。将可能对学生身心健康和生命安全造成影响的各种不安全因素和风险隐患全面纳入防控范畴，科学预防、系统应对、不留死角。

坚持依法治理、立足长效。突出制度建设的根本性和重要性，依据法治原则和法律规定，做好顶层设计，依法明确各方主体权利、义务与职责，形成防控学校安全风险的长效机制。

坚持分类应对、突出重点。坚持问题导向，根据不同区域、地方以及不同层次类型学校的实际，区分风险的类型和特点，有针对性地构建安全风险防控机制，集中解决群众关心、社会关注的校园安全问题。

（三）工作目标。针对影响学校安全的突出问题、难点问题，进一步整合各方面力量，加强和完善相关制度、机制，深入改革创新，加快形成党委领导、政府负责、社会协同、公众参与、法治保障，科学系统、全面规范、职责明确的学校安全风险预防、管控与处置体系，切实维护师生人身安全，保障校园平安有序，促进社会和谐稳定。

二、完善学校安全风险预防体系

（四）健全学校安全教育机制。将提高学生安全意识和自我防护能力作为素质教育的重要内容，着力提高学校安全教育的针对性与实效性。将安全教育与法治教育有机融合，全面纳入国民教育体系，把尊重生命、保障权利、尊重差异的意识和基本安全常识从小根植在学生心中。在教育中要适当增加反欺凌、反暴力、反恐怖行为、防范针对未成年人的犯罪行为等内容，引导学生明确法律底线、强化规则意识。学校要根据学生群体和年龄特点，有针对性地开展安全专题教育，定期组织应对地震、火灾等情况的应急疏散演练。教育部门要将安全知识作为校长、教师培训的必要内容，加大培训力度并组织必要的考核。各相关部门和单位要组织专门力量，积极参与学校安全教育，广泛开展"安全防范进校园"等活动。鼓励各种社会组织为学校开展安全教育提供支持，设立安全教育实践场所，着力普及和提升家庭、社区的安全教育。

（五）完善有关学校安全的国家标准体系和认证制度。不断健全学校安全的人防、物防和技防标准并予以推广。根据学校特点，以保护学生健康安全为优先原则，加强重点领域标准的制修订工作，尽快制定一批强制性国家标准，逐步形成有关学校安全的国家标准体系。建立学校安全事项专项认证及采信推广机制，对学校使用的关系学生安全的设施设备、教学仪器、建筑材料、体育器械等，按照国家强制性产品认证和自愿性产品认证规定，做好相关认证工作，严格控制产品质量。

（六）探索建立学生安全区域制度。加强校园周边综合治理，在学校周边探索实行学生安全区域制度。在此区域内，依法分别作出禁止新建对环境造成污染的企业、设施，禁止设立上网服务、娱乐、彩票专营等营业场所，禁止设立存在安全隐患的场所等相应要求。在学生安全区域内，公安机关要健全日常巡逻防控制度，加强学校周边"护学岗"建设，完善高峰勤务机制，优先布设视频监控系统，增强学生的安全感；公安交管部门要加强交通秩序管理，完善交通管理设施。

（七）健全学校安全预警和风险评估制度。教育部门要会同相关部门制定区域性学校安全风险清单，建立动态监测和数据搜集、分析机制，及时为学校提供安全风险提示，指导学校健全风险评估和预防制度。要建立台账制度，定期汇总、分析学校及周边存在的安全风险隐患，确定整改措施和时限；在出现可能影响学校安全的公共安全事件、自然灾害等风险时，要第一时间通报学校，指导学校予以防范。

（八）探索建立学校安全风险防控专业服务机制。积极培育可以为学校提供安全风险防控服务的专业化社会组织。采取政府购买服务等方式，鼓励、引导和支持具备相应专业能力的机构、组织，研发、提供学校安全风险预防、安全教育相关的服务或者产品，协助教育部门制定、审核学校安全风险防控预案和相关标准，组织、指导学校有针对性地开展专项安全演练、预防和转移安全风险等工作。

三、健全学校安全风险管控机制

（九）落实安全管理主体责任。教育部门、公安机关要指导、监督学校依法健全各项安全管理制度和安全应急机制。学校要明确安全是办学的底线，切实承担起校内安全管理的主体责任，对校园安全实行校长（园长）负责制，健全校内安全工作领导机构，落实学校、教师对学生的教育和管理责任，狠抓校风校纪，加强校内日常安全管理，做到职责明确、管理有方。在风险可控的前提下，学校应当积极组织体育锻炼、户外活动等，培养学生强健的体魄。学生在校期间，对校园实行封闭化管理，并根据条件在校门口设置硬质防冲撞设施，阻止人员、车辆等非法进入校园。各类中小学校外活动场所、以学生为主要对象的各类培训机构和课外班等，由地方政府统筹协调有关部门承担安全监管责任，督促举办者落实安全管理责任。

（十）建立专兼职结合的学校安保队伍。学校应当按照相关规定，根据实际和需要，配备必要的安全保卫力量。除学生人数较少的学校外，每所学校应当至少有1名专职安全保卫人员或者受过专门培训的安全管理人员。地方人民政府、有条件的学校可以以购买服务等方式，将校园安全保卫服务交由专门保安服务公司提供。学校要与社区、家长合作，有条件的建立学校安全保卫志愿者队伍，在上下学时段维护学校及校门口秩序。寄宿制学校要根据需要配备宿舍管理人员。

（十一）着力建设安全校园环境。各地要坚持安全优先、勤俭节约的原则开展校园建设。学校建设规划、选址要严格执行国家相关标准规范，对地质灾害、自然灾害、环境污染等因素进行全面评估。各地要建立健全校舍安全保障长效机制，保证学校的校舍、场地、教学及生活设施等符合安全质量和标准。校舍建设要严格执行国家建筑抗震有关技术规范和标准，有条件建设学校体育馆的地方，要按照国家防灾避难相关标准建设。完善学校安全技术防范系统，在校园主要区域要安装视频图像采集装置，有条件的要安装周界报警装置和一键报警系统，做到公共区域无死角。建立校园工程质量终身责任制，凡是在校园工程建设中出现质量问题导致严重后果的建设、勘察、设计、施工、监理单位，一旦查实，承担终身责任并限制进入相关领域。

（十二）进一步健全警校合作机制。各级教育部门、公安机关和学校要在信息沟通、应急处置等方面加强协作，健全联动机制。公安机关要进一步完善与维护校园安全相适应的组织机构设置形式和警力配置，加强学校及周边警务室建设，派出经验丰富的民警加强学校安全防范工作指导。要将校园视频监控系统、紧急报警装置接入公安机关、教育部门的监控或报警平台，并与公共安全视频监控联网共享平台对接，逐步建立校园安全网上巡查系统，及时掌握、快速处理学校安全相关问题。

（十三）健全相关部门日常管理职责体系。政府各相关部门要切实承担起学校安全日常管理的职责。卫生计生部门要加强对学校卫生防疫和卫生保健工作的监督指导，对于学校出现的疫情或者学生群体性健康问题，要及时指导教育部门或者学校采取措施。食品药品监管部门对学校食堂和学校采购的用于学生集体使用的食品、药品要加强监督检查，指导、监督学校落实责任，保障食品、药品符合相关标准和规范。住房城乡建设部门要加强对学校工程建设过程的监管。环保部门要加强对学校及周边大气、土壤、水体环境安全的监管。交通运输部门要加强对提供学生集体用车服务的道路运输企业的监管，综合考虑学生出行需求，合理规划城市公共交通和农村客运线路，为学生和家长选择公共交通出行提供安全、便捷的交通服务。质量监督部门应当对学校特种设备实施重点监督检查，配合教育部门加强对学校采购产品的质量监管，在学校建立产品质量安全风险信息监测采集机制。公安消防部门要依法加强对学校的消防安全检查，指导学校落实消防安全责任，消除火灾隐患。综治、工商、文化、新闻出版广电、城市管理等部门要落实职责，加强对校园周边特别是学生安全区域内有关经营服务场所、经营活动的管理和监督，消除安全隐患。

（十四）构建防控学生欺凌和暴力行为的有效机制。教育部门要会同有关部门研究制定学生欺凌和暴力行为早期发现、预防以及应对的指导手册，建立专项报告和统计分析机制。学校要切实履行教育、管理责任，设立学生求助电话和联系人，及早发现、及时干预和制止欺凌、暴力行为。对有不良行为、暴力行为的学生，探索建立由校园警务室民警或者担任法治副校长、辅导员的民警实施训诫的制度。对实施暴力情节严重，构成违法犯罪的学生，公安、司法机关要坚持宽容但不纵容、关爱又严管的原则，指定专门机构或者专门人员依法处理，特别是对犯罪性质和情节恶劣、手段残忍、后果严重的，必须坚决依法惩处，形成积极正面的教育作用。改革完善专门教育制度，健全专门学校接收学生进行教育矫治的程序，完善专门学校管理体制和运行机制。网络管理部门发现通过网络传播的欺凌或者校园暴力事件，要及时予以管控并通报相关部门。

（十五）严厉打击涉及学校和学生安全的违法犯罪行为。对非法侵入学校扰乱教育教学秩序、侵害师生生命财产安全等违法犯罪行为，公安机关要依法坚决处置、严厉打击，实行专案专人制度。进一步深化平安校园创建活动。建立学校周边治安形势研判预警机制，对涉及学校和学生安全的违法犯罪行为和犯罪团伙，要及时组织开展专项打击整治行动，防止发展蔓延。教育部门要健全学校对未成年学生权利的保护制度，对体罚、性骚扰、性侵害等侵害学生人身健康的违法犯罪行为，要建立零容忍制度，及早发现、及时处理、从严问责，应当追究法律责任的，要协同配合公安、司法机关严格依法惩处。

（十六）形成广泛参与的学生安全保护网络。教育部门要健全对校园内发生的侵害学生人身权利行为的监督机制和举报渠道，建立规范的调查处理程序。有关部门要与学校、未成年人保护组织、家长加强衔接配合，共同构建对受到伤害学生和涉嫌违法犯罪学生的心理疏导、安抚救助和教育矫正机制。共青团组织要完善未成年人维权热线，提供相应法律咨询、心理辅导等。妇联组织要积极指导家长进行正确的家庭教育，开展未成年人家庭保护相关法律法规宣传，组织落实对未成年人家庭保护的法律规定。支持和鼓励律师协会、政法院校等法律专业组织和单位，设立未成年学生保护的公益性组织，利用和发展未成年人保护志愿律师网络，为学生维护合法权益提供法律服务。

四、完善学校安全事故处理和风险化解机制

（十七）健全学校安全事故应对机制。学校发生重特大安全事故，地方政府要在第一时间启动相应的应急处理预案，统一领导，及时动员和组织救援和事故调查、开展责任认定及善后处理，并及时回应社会关切。发生重大自然灾害、公共安全事故，应当优先组织对受影响学校开展救援。教育部门应当指导学校建立安全事故处置预案，健全学校安全事故的报告、处置和部门协调机制。在校内及校外教育教学活动中发生安全事故，学校应当及时组织教职工参与抢险、救助和防护，保障学生身体健康和人身安全。

（十八）健全学校安全事故责任追究和处理制度。发生造成师生伤亡的安全事故，有关部门要依法认定事故责任，学校及相关方面有责任的，要严肃追究有关负责人的责任；学校无责任的，要澄清事实、及时说明，避免由学校承

担不应承担的责任。司法机关要加强案例指导，引导社会依法合理认识学校的安全责任，明确学生监护人的职责。积极利用行政调解、仲裁、人民调解、保险理赔、法律援助等方式，通过法治途径和方式处理学校安全事故，及时依法赔偿，理性化解纠纷。对围堵校园、殴打侮辱教师、干扰学校正常教育教学秩序等"校闹"行为，公安机关要及时坚决予以制止。

（十九）建立多元化的事故风险分担机制。学校举办者应当按规定为学校购买校方责任险，义务教育阶段学校投保校方责任险所需经费从公用经费中列支，其他学校投保校方责任险的费用，由各省（区、市）按照国家有关规定执行。各地要根据经济社会发展情况，结合实际合理确定校方责任险的投保责任，规范理赔程序和理赔标准。有条件的地方，可以积极探索与学生利益密切相关的食品安全、校外实习、体育运动伤害等领域的责任保险，充分发挥保险在化解学校安全风险方面的功能作用。保险监管部门要加强对涉及学校的保险业务的监督和管理，会同教育部门依法规范保险公司与学校的合作，严禁以学校名义指定学生购买或者向学生直接推销保险产品。要大力增强师生和家长的保险意识，引导家长根据自愿原则参加保险，分担学生在学校期间因意外而发生的风险。鼓励各种社会组织设立学校安全风险基金或者学生救助基金，健全学生意外伤害救助机制。

（二十）积极构建学校依法处理安全事故的支持体系。各地要采取措施，在中小学推广建立法律顾问制度。教育部门和学校要建立健全新闻发言人制度，增强事故发生后的舆情应对能力。要发挥好安全风险防控专业服务机制的作用，借助专业机构在损失评估、理赔服务、调处纠纷等方面的力量，帮助学校妥善处理事故。教育、司法行政部门要会同相关部门，探索在有需求的县（市、区）设立学校安全事故人民调解委员会，吸纳具有较强专业知识和社会公信力、知名度，热心调解和教育事业的社会人士担任人民调解员，依法调解学校安全事故民事赔偿纠纷。

五、强化领导责任和保障机制

（二十一）加强组织领导。各地要高度重视学校安全风险防控工作，将学校安全作为经济社会发展的重要指标和社会治理的重要内容，建立党委领导、政府主导、相关部门和单位参加的学校安全风险防控体系建设协调机制，定期研究和及时解决学校安全工作中的突出问题，切实为学校正常开展教育教学活动和课外实践活动提供支持和保障。各相关部门和单位要制定具体细则或办法，落实本意见提出的工作要求，加强沟通协调，协同推动防控机制建设，形成各司其职、齐抓共管的工作格局。

（二十二）强化基础保障。各级教育部门、公安机关要明确归口负责学校安全风险防控的专门机构，完善组织体系与工作机制，配齐配强工作力量。各级机构编制部门要根据工作需要，优化现有编制结构，适当向教育部门、公安机关负责学校安全风险防范的机构倾斜。各级财政部门要按规定将学校安全风险防控经费纳入一般公共预算，保障合理支出。要健全学校安全风险防控的网络管理与服务系统，整合各方面力量，积极利用互联网和信息技术，为学校提供便捷、权威的安全风险防控的专业咨询和技术支持服务。加快完善学校安全法律规范，推动适时修改关于未成年人保护的相关法律，启动防控校园暴力行为等相关法律的制修订工作，构建完善的法律保障体系。

（二十三）健全督导与考核机制。各级人民政府教育督导机构要将学校安全工作作为教育督导的重要内容，加强对政府及各有关部门、学校落实安全风险防控职责的监督、检查。对重大安全事故或者产生重大影响的校园安全事件，要组织专项督导并向社会公布督导报告。对学校安全事故频发的地区，要以约谈、挂牌督办等方式督促其限期整改。教育部门要将安全风险防控工作的落实情况，作为考核学校依法办学和学校领导班子工作的重要内容。

高等学校应当结合自身实际，参照本意见，健全安全风险防控体系，完善工作机制和建设方案，所在地的地方人民政府及有关部门应当予以指导、支持，切实履行相关职责。

国务院办公厅

2017年4月25日

国务院教育督导委员会办公室
关于加强中小学（幼儿园）安全工作的紧急通知

（国教督办〔2017〕5号　2017年4月19日颁布）

各省、自治区、直辖市教育厅（教委），新疆生产建设兵团教育局：

近期，广西、河南、四川、山东等地中小学、幼儿园（以下简称学校）发生安全事故，造成学生伤亡。这些安全事故的发生，反映出一些地方和学校存在安全意识不强、制度落实不到位等问题。为切实加强学校安全管理工作，保障学生安全，现紧急通知如下：

一、切实提高认识。各地教育行政部门和学校要以对党和人民高度负责的态度，充分认识做好学校安全工作的重要性、紧迫性，牢固树立安全工作红线意识和底线思维，坚持以人为本、安全第一、预防为主、综合治理，不断研究学校安全工作中出现的新情况、新问题，加强工作的前瞻性、预见性，狠抓落实，切实保障广大师生生命财产安全，为党的十九大胜利召开营造良好氛围和环境。

二、完善工作机制。各地教育行政部门和学校要进一步完善校园安全风险管控机制，按照学校岗位安全工作职责要求，严格落实各项管理制度和措施，将安全管理融入学校日常工作全过程。要完善校园周边治安综合治理机制，加强与公安、综治、宣传等有关部门在信息沟通、专项整治、应急处置、舆情应对等方面的协调配合，形成常态化的安全监管工作机制。

三、开展隐患排查。各地教育行政部门和学校要以防溺水、校舍、消防、食品、上下学交通、学生欺凌与暴力等为重点，结合本地实际，立即组织开展一次安全隐患大排查。对排查出的问题，要按照"谁主管、谁负责"的原则，建立台账、落实责任、细化措施、明确时限，确保全面整改落实。

四、严格信息报送。各地教育行政部门和学校要认真落实教育系统突发公共事件应急处置工作有关要求，严格执行信息报送制度，遇有突发事件和重要紧急情况必须第一时间上报教育部总值班室。对不第一时间报送或瞒报、漏报安全事故信息的，要严格按照相关规定严肃追究当事人和相关领导的责任。

五、强化应急管理。各地教育行政部门和学校要建立健全学校安全事件应急管理机制，完善、细化各项应急处置预案，落实人员职责，做好应急工作准备，确保一旦发生突发事件，能够快速反应、高效应对、迅速管控。要严格按照"属地管理"和"分级管理"的原则，根据突发事件分级标准，科学决策、精心组织、统一指挥、妥善处置，最大限度降低学校安全事故危害。

六、做好舆情应对。各地教育行政部门要在当地党委、政府的领导下，加强与宣传、公安等部门沟通协作，建立健全教育舆情实时监测机制，及时跟踪、分析教育舆情，发布预警信息，努力掌握教育舆情的主动权。要加强与媒体的沟通，第一时间发布准确信息，引导舆论理性表达，适时公布事故处置情况，及时回应社会关切，正确引导社会舆论。

七、加强安全教育。各地教育行政部门和学校要根据学生身心特点和认知能力，把安全教育贯穿于学校教育各个环节，灵活采取多种形式和载体，着力提高针对性与实效性。要定期开展各类专题教育，经常性地开展应急疏散演练，不断提高学生的安全防范意识、自救自护技能和应急处置能力。要积极做好学生家长的安全教育宣传工作，严防脱离学校监管期间发生安全事故。

八、加强督导检查。各地教育督导部门要按照《中小学（幼儿园）安全工作专项督导暂行办法》要求，将学校安全工作列为教育督导的重要内容，加强对地方政府及各有关部门、学校落实安全工作职责的督导检查，将督导结果作为评价政府教育工作和学校管理工作成效的重要内容。

国务院教育督导委员会办公室

2017年4月19日

食品药品监管总局 教育部关于进一步加强中小学校和幼儿园食品安全监督管理工作的通知

（食药监食监二〔2016〕158号　2016年12月7日颁布）

各省、自治区、直辖市食品药品监督管理局、教育厅（教委），新疆生产建设兵团食品药品监督管理局、教育局：

近期，一些地方中小学校和幼儿园发生食品安全事件，严重影响儿童青少年身体健康和社会稳定。为深入贯彻《中华人民共和国食品安全法》（以下简称《食品安全法》）等法律法规规定，严格落实《国务院食品安全办等6部门关于进一步加强学校校园及周边食品安全工作的意见》（食安办〔2016〕12号）要求，进一步加强中小学校和幼儿园食品安全监管工作，防范食品安全风险，切实保障儿童青少年身体健康和生命安全，现将有关要求通知如下：

一、严格食品经营许可管理。各地食品药品监管部门要按照《食品安全法》和《食品经营许可管理办法》要求，严把中小学校和幼儿园食堂食品经营许可准入关，重点加强食品安全管理制度、设备布局、清洗消毒、冷藏冷冻和食品留样等项目的审查力度，对食堂经营场所进行现场核查合格后方可发放食品经营许可证。对于无证供餐的中小学校和幼儿园，食品药品监管部门要立即督促其申请办证；对于因主体资格证明材料缺失无法办理食品经营许可证的，食品药品监管部门和教育行政部门要建立协作机制，会商解决有关问题。许可证即将到期的，食品药品监管部门要督促做好食品经营许可换证工作，确保所有中小学校和幼儿园食堂依法持证经营。

二、严格落实食品安全主体责任。中小学校校长和幼儿园园长是校区（园区）食品安全第一责任人，要严格落实《食品安全法》要求，将食品安全作为日常管理的重要内容，建立健全食品安全管理制度和机构，设置专（兼）职食品安全管理人员，明确食品安全岗位职责，层层签订责任书。严把原料采购关，禁止采购和使用无食品标签、无生产日期、无生产厂家及超过保质期的米、面、油等食品原料和食品，仔细查验供货者的食品经营许可证等合格证明文件，对采购的原料按照保证食品安全的条件要求贮存。要在当地食品药品监管部门的指导下，强化从业人员培训，严格管控加工制作、清洗消毒、留样管理等关键环节。不得供应腐败变质或者感官性状异常等《食品安全法》明令禁止的可能影响儿童青少年身体健康的食品。鼓励中小学校和幼儿园在厨房、配餐间等安装监控摄像装置，实现食品制作实时监控，公开食品加工制作过程，便于家长进行监督。要建立健全饮水卫生安全管理制度，做好自备水源、二次供水、食堂蓄水池、直饮水、桶装水等供水设施的清洁、消毒等卫生管理工作，防止污染，确保饮用水安全卫生。各地教育行政部门要将食品安全和饮水卫生工作纳入中小学校和幼儿园管理督导内容，督促幼儿园园长和中小学校校长落实主体责任，定期开展自查，及时消除隐患。

三、严格食品安全监督检查和抽检。各地食品药品监管部门要全面摸排本行政区域内中小学校和幼儿园基本情况，建立食品安全监管档案，实现中小学校和幼儿园食品安全监管全覆盖、无死角。要会同教育行政部门开展中小学校和幼儿园食品安全专项检查，重点加强对原料采购与贮存、进货查验记录、加工制作、清洗消毒、食品留样、从业人员健康管理等方面的监督检查。要加强中小学校和幼儿园食品安全监督抽检，将高风险食品原料及食品、餐饮具和供餐单位配送食品列为重点抽检对象，及时向社会公布监督检查和抽检结果。对供餐食品抽检不合格的，要立即通知中小学校和幼儿园不准食用，并依法查处。中小学校和幼儿园要立即更换供餐单位或供餐食品。

四、严厉查处食品安全违法行为。各地教育行政部门在日常管理中发现中小学校和幼儿园存在食品安全隐患的，应当立即督促其整改，并将有关信息通报同级食品药品监管部门。对于未办理《餐饮服务许可证》或《食品经营许可证》的，食品药品监管部门要会同教育行政部门责令中小学校和幼儿园限期办证；未及时办理变更、延续、补办或注销手续的，责令其及时办理；拒不办证的，食品药品监管部门要依据《食品安全法》第一百二十二条有关规定给予处罚。对于监督检查、监督抽检和举报投诉中发现的食品安全问题，食品药品监管部门要以"零容忍"的态度，发现一起，严查一起，对违反《食品安全法》规定的，要依法严肃处理，并向社会公开。

食品药品监管总局　教育部
2016年12月7日

教育部 公安部关于加强中小学幼儿园消防安全管理工作的意见

（教督〔2015〕4号　2015年8月18日颁布）

各省、自治区、直辖市教育厅（教委）、公安厅（局），新疆生产建设兵团教育局、公安局：

为进一步加强中小学幼儿园（以下统称学校）消防安全管理工作，全面落实各项消防安全措施，切实保障广大师生生命安全，现提出以下意见：

一、落实消防安全责任。学校应当依法建立并落实逐级消防安全责任制，明确各级、各岗位的消防安全职责。学校法定代表人或主要负责人对本单位消防安全工作负总责。属于消防安全重点单位的学校应当确定一名消防安全工作"明白人"为消防安全管理人，负责组织实施日常消防安全管理工作，主要履行制定落实年度消防工作计划和消防安全制度，组织开展防火巡查和检查、火灾隐患整改、消防安全宣传教育培训、灭火和应急疏散演练等职责。学校应当明确消防工作管理部门，配备专（兼）职消防管理人员，建立志愿消防队，具体实施消防安全工作。教育行政部门要依法履行对学校消防安全工作的管理职责，检查、指导和监督学校开展消防安全工作，督促学校建立健全消防安全责任制和消防安全管理制度。公安消防部门依法履行对学校消防安全工作的监督管理职责，加强消防监督检查，指导和监督学校做好消防安全工作。

二、开展防火检查。学校消防安全责任人或消防安全管理人员应当每月至少组织开展一次校园防火检查，并在开学、放假和重要节庆等活动期间开展有针对性的防火检查，对发现的消防安全问题，应当及时整改。重点检查以下内容：一是消防安全制度落实情况；二是日常防火检查工作落实情况；三是教职员工消防知识掌握情况；四是消防安全重点部位的管理情况；五是消防设施、器材完好有效情况；六是厨房烟道等定期清洗情况；七是电气线路、燃气管道定期检查情况；八是消防设施维护保养情况；九是火灾隐患整改和防范措施落实情况；十是消防安全宣传教育情况。防火检查应当填写检查记录，检查人员和被检查部门负责人应当在检查记录上签名，检查记录纳入校舍消防安全档案管理。

三、开展防火巡查。学校应当每日组织开展防火巡查，加强夜间巡查，并明确巡查人员、部位。食堂、体育场馆、会堂等场所在使用期间应当至少每两小时巡查一次，对巡查中发现的问题要当场处理，不能处理的要及时上报，落实整改和防范措施，并做好记录。重点巡查以下内容：一是用火、用电、用气有无违章情况；二是安全出口、疏散通道是否畅通，疏散通道及重点部位锁门处在应急疏散时能否及时打开，安全疏散指示标志、应急照明是否完好；三是消防设施、器材和消防安全标志是否在位、完整；四是常闭式防火门是否处于关闭状态、防火卷帘下是否堆放物品影响使用；五是学生宿舍、食堂、图书馆、实验室、计算机房、变配电室、体育场馆、会堂、教学实验、易燃易爆危险品库房等消防安全重点部位管理或值班人员是否在岗在位。

四、加强消防设施器材配备和管理。学校应当按照国家、行业标准配置消防设施、器材，并依照规定进行维护保养和检测，确保完好有效。设有自动消防设施的，可以委托具有相应资质的消防技术服务机构进行维护保养，每月出具维保记录，每年至少全面检测一次。

五、规范消防安全标识。学校应当规范设置消防安全标志、标识。消防设施、器材应当设置规范、醒目的标识，并用文字或图例标明操作使用方法；疏散通道、安全出口和消防安全重点部位等处应当设置消防警示、提示标识；主要消防设施设备上应当张贴记载维护保养、检测情况的卡片或者记录。

六、开展消防安全教育培训。学校应当每年至少对教职员工开展一次全员消防安全培训，教职员工新上岗、转岗前应当经过岗前消防安全培训。所有教职员工应当懂得本单位、本岗位火灾危险性和防火措施，会报警、会扑救初起火灾、会组织疏散逃生自救。学校应当将消防安全知识纳入学生课堂教学内容，确定熟悉消防安全知识的教师进行授课，并选聘消防专业人员担任学校的兼职消防辅导员。幼儿园应当采取寓教于乐的方式对儿童进行消防安全常识教育。中小学校要保证一定课时对学生开展消防安全教育，并针对各学龄阶段特点，确定不同的消防安全教育的形式和内容。

七、开展消防演练。学校应当制定本单位灭火和应急疏散预案，明确每班次、各岗位人员及其报警、疏散、扑救初起火灾的职责，并每半年至少演练一次。举办重要节庆、文体等活动时，应制定有针对性的灭火和应急疏散预案。幼儿园和小学的演练应当落实疏散引导、保护儿童的措施。

八、严格落实责任追究制度。学校应当将消防安全工作纳入校内评估考核内容，对在消防安全工作中成绩突出的单位和个人给予表彰奖励。学校违反消防安全管理规定或者发生重特大火灾的，除依据消防法的规定进行处罚外，教育行政部门应当取消其当年评优资格，并按照国家有关规定对有关主管人员和责任人员依法追究责任。

教育部 公安部
2015年8月18日

公安部办公厅、教育部办公厅
关于印发《中小学幼儿园安全防范工作规范（试行）》的通知

（公治〔2015〕168号　2015年3月16日颁布）

各省、自治区、直辖市公安厅（局）、教育厅（教委），新疆生产建设兵团公安局、教育局：

　　为切实提升中小学、幼儿园安全防范水平，保障广大学生、儿童和教职员工的生命财产安全，维护良好的校园治安秩序，公安部和教育部共同研究制定了《中小学幼儿园安全防范工作规范（试行）》。现印发给你们，请结合工作实际，认真抓好贯彻落实。

公安部办公厅　教育部办公厅
2015年3月16日

中小学幼儿园安全防范工作规范（试行）
第一章　总　则

　　第一条　为进一步加强中小学、幼儿园安全管理工作，有效防范各类涉校案件和暴恐袭击事件，保障师生生命财产安全，根据《中华人民共和国义务教育法》《企业事业单位内部治安保卫条例》、中央综治办教育部公安部《关于进一步加强学校幼儿园安全防范工作建立健全长效工作机制的意见》《中小学、幼儿园安全技术防范系统要求》和有关规定，制定本规范。

　　第二条　本规范适用于各类中小学、幼儿园（以下统称学校）。其他未成年人集中教育培训机构或者场所参照执行。

第二章　人防建设规范

　　第三条　中小学校长、幼儿园园长是学校内部安全保卫工作第一责任人。

学校应当设立安全管理机构，配备专兼职安全保卫人员，聘用专职门卫和保安员，做好学校安全防范工作。安全管理机构设置、专兼职安全保卫人员配备、专职门卫和保安员的聘用、管理情况应报县（区）级教育行政部门和公安机关备案。

第四条 学校保安员应按照《保安服务管理条例》的规定择优聘用，实行由派驻的保安服务公司和学校双重管理，日常管理以学校为主。

第五条 学校保安员应当按照不低于以下标准配备：师生员工总人数少于100人的学校至少配1名专职保安员；100人以上1000人以下的学校，至少配2名专职保安员；超过1000人的学校，每增加500名学生增配1名专职保安员。寄宿制学校至少配2名专职保安员，在上述标准的基础上每增加300名寄宿生增配1名专职保安员。

第六条 保安员、门卫、安全保卫人员应当熟悉学校安全管理、治安保卫相关法律法规、安全标准和规章制度，熟悉掌握学校及周边治安特点及校园安全防范工作重点；值勤时应按有关规定着穿保安服或佩戴学校保卫人员标识，携带橡胶警棍等相应的安全防卫器械和应急处置装备，并熟悉使用方法。

第七条 学校安全管理机构应当组织门卫和保安员加强门卫管理，确保校门口24小时有人值守，其他出入口开启时有人值守，做好车辆、人员进出登记，防止未经许可人员进入学校；对学校重点部位及周边巡查每日不少于5次。

在学校上、放学时段，凡是有人员、车辆进出的校门口应当组织门卫和保安员在岗值守，维护人员、车辆出入秩序，做好安全巡查工作；组织教师和家长志愿者在学校及校门口开展护校工作。对发现的与违法犯罪有关的可疑情况及时报警，对正在发生的侵害师生的违法犯罪行为，迅速使用防卫器械先期处置。

第八条 寄宿制学校每栋宿舍楼应当至少设1名专职或兼职宿舍管理员（女生宿舍楼宿舍管理员须为女性）加强住宿学生管理，开展夜间巡查应不少于2次。寄宿制学校放学后及夜间时段，应至少有1名保安员在岗值勤。

第三章 物防建设规范

第九条 学校应当设置高度不低于2米的围墙或其他实体屏障，实行封闭式管理；学校出入口设置门卫值班室，配备必要的防卫性器械和报警、通讯设备，并建立使用保管制度。

第十条 学校门卫值班室应当按执勤人数配备以下防卫器械：防暴头盔（1顶／人）、防护盾牌（1副／人）、防刺背心（1套／人）、防割手套（1副／人）、橡胶警棍（1支／人）、强光电筒（1支／人）、自卫喷雾剂（1支／人）、安全钢叉2套。

第十一条 针对学校周边治安特点，设置相应的安全防控设施，强化校门及周边区域安全防范能力。

（一）按照行业标准《中小学与幼儿园校园周边道路交通设施设置规范》有关规定，在乡村以上道路学校门前两侧50—200米道路上设置限速和警示标志；在交通流量大的学校门前道路施划减速带、人行横道和交通信号灯。

（二）根据学校校门及周边50米区域治安、交通环境实际情况，因地制宜设置家长等候区域，设置隔离栏、隔离墩、减速带或升降柱等硬质防冲撞设施，确保师生出入安全，秩序井然。

第十二条 学校内部物防建设要求：

（一）学校视频监控室、财务室、实验室、计算机室等贵重物品和设备点、档案室、中考高考试卷保管室等保密资料存放点，有毒、有害、易燃等危险品存放场所的出入口应当安装防盗安全门，窗户应当安装金属防护栏等防护设施。水电气热等设备间应设置消防设施和防护设施，指定专人负责看管。

（二）校门和校内学生行进主要道路、教学楼和宿舍楼通道等部位、地段应当安装路灯，亮化率达100%。

（三）教学楼、学生宿舍、食堂等学生集中学习和生活场所应当按国家有关消防技术规范设置消防设施、配备消防器材，并定期检测更新，保持完好有效。安全出口、疏散通道、消防通道应保持畅通，按规定设置消防疏散指示标志和应急照明装置。学生宿舍未设置火灾自动报警系统设施的，应安装点式火灾报警探测器。

（四）学校应当在校内高地、水池、楼梯、电梯、落地玻璃门、在建工地等易发生危险的地方设置警示标志或者防护设施。

（五）校内应当根据需要设置规范的安全警示牌、交通标志标牌标线、交通信号灯、人行设施、分隔设施、停车设施和减速带等。

第四章 技防建设规范

第十三条 学校安全技术防范系统的设计、评审、施工、验收、使用和维护，以及系统中所使用的产品，应当符合国家现行相关法律、法规、国家标准、行业标准、地方标准的规定。

第十四条 学校技防设施安装要求：

（一）学校大门外一定区域内应由属地公安机关设置视频图像采集装置，采集及回放视频图像应能确保特别是夜间清晰显示监视区域内人员活动和治安秩序情况。

（二）学校应在大门口设置视频图像采集装置，采集及回放视频图像应能确保特别是夜间清楚辨别进出人员的体貌特征和进出车辆的车牌号。

（三）学校门卫值班室应设置一键式紧急报警装置，并与属地接警中心联网。

（四）教学楼、学生宿舍楼主要出入口、走廊，食堂操作间、配餐间、留样间内和储藏室的出入口，操场等人员聚集场所应安装视频图像采集装置。

（五）易燃易爆等危险化学品储存室、财务室、实验室等重要场所在安装视频图像采集装置的基础上应安装入侵报警装置。

（六）学校应设置安防监控室，对本单位的视频图像采集、报警、电子巡查及系统信息通过管理软件实现联动管理，视频图像采集系统和报警系统应接入公安机关监控和报警平台，暂不能联网的应预留接口，并符合相关信号采集与传输标准。

（七）学校重点部位和区域可根据需要设置电子巡查装置及其他技术防范措施。

第十五条　学校应当规划建设安全技术防范系统，并建立运行维护保障的长效机制。

（一）学校应设专人负责系统日常管理工作并制定应急处置预案。

（二）安防监控室应保证有人员值班，安全技术防范岗位工作人员应具备必要的安防与法律专业基础知识，并熟悉掌握系统运行维护基本技能。

（三）学校各部位的视频监控应不间断进行图像采集，保存时间应不少于30天。安全技术防范系统出现故障时，应在24小时内恢复功能，其间应采取有效应急防范措施。

第五章　督导巡查与责任追究机制建设规范

第十六条　属地教育行政部门要将学校安全防范系统纳入建设规划，加强指导、检查，协调相关部门加大安全防范投入，共同做好学校安全工作。

（一）指导学校建立健全并认真执行校园安全防范管理制度和应对突发事件的应急预案。制定学校安全工作考核目标，并纳入教育督导评估体系。

（二）定期组织专项督导，每学期至少深入学校开展1次全面的安全工作检查，每季度至少开展1次安全专项督查，对发现的问题及时督促整改。

（三）指导、监督学校贯彻落实《校车安全管理条例》，建立健全校车安全管理制度，落实校车安全管理责任，组织学校开展交通安全教育。

（四）指导学校按照《中小学公共安全教育指导纲要》《中小学幼儿园应急疏散演练指南》开展安全教育和应急疏散演练，确保每名学生至少每月接受1次专题安全教育，每学期至少召开1次以安全为主题的家长会。

（五）加强教师队伍管理，落实《中小学校岗位安全工作指南》，将安全工作纳入新进教师入职培训内容。

（六）责任督学要对学校及周边安全情况实施经常性督导，发现危及师生安全的重大隐患，应及时督促学校和相关部门处理。

第十七条　公安机关要加强学校安全防范工作指导、检查，强化学校周边治安管理和巡逻防控工作。

（一）在城市学校设立警务室或在周边治安复杂地段设立治安岗亭，落实警务责任并认真开展巡逻守护工作，提高快速反应能力，及时应对处置学校的报警求助。

（二）完善城市学校"护学岗""高峰勤务"机制，上、放学时段，校门50米内范围内应有专门警力开展巡逻，维护校园周边治安秩序、道路交通秩序。反恐防恐形势严峻、治安复杂地区学校上、放学时段，校门50米内范围内应有携带武器的民警或武警开展重点守护。

（三）将城市学校纳入网格化巡逻巡查，每日每校不少于2次。

（四）组织学校与周边邻近单位干部、社区（村）住户、商业摊点经营人员及学生家长、志愿者开展群防群治工作。

（五）定期梳理整治学校周边治安乱点，解决突出治安问题；加强校园周边高危人员排查管控，逐一登记建档，及时掌握其动态轨迹，有针对性地做好疏导、稳控等工作。

（六）每学期至少对辖区学校安保工作进行1次全面督导检查，至少每月进行1次警情通报。兼职法制辅导员每学期到学校开展1次以上法制安全教育，指导学校开展1次以上针对校园暴力事件、个人极端事件、地震、火灾或校车事故等的防范处置或应急疏散演练。

第十八条 学校不履行安全管理和安全教育职责，对重大安全隐患未及时采取措施的，有关主管部门应当责令其限期改正。拒不改正或者发生重大安全责任事故的，教育行政部门应当对学校主要负责人和其他直接责任人员给予行政处分；公安机关要按照《企业事业单位内部治安保卫条例》规定，对学校主要负责人和其他直接责任人员予以处罚；构成犯罪的，依法追究刑事责任。

教育行政部门、公安机关各级责任人应当认真履行职责，坚决遏制学校发生学生伤亡及影响恶劣的安全事故、刑事案件；对失职渎职的，依据相关规定给予纪律、组织处理；构成犯罪的，依法追究刑事责任。

对工作不重视、组织不得力、履职不到位，导致学校发生重大恶性案件和安全事故，造成重大损失和恶劣影响的单位，按照有关规定实施社会治安综合治理"一票否决"。

最高人民法院 最高人民检察院 公安部 民政部
关于依法处理监护人侵害未成年人权益行为若干问题的意见

（法发〔2014〕24号　2014年12月18日）

各省、自治区、直辖市高级人民法院、人民检察院、公安厅（局）、民政厅（局），解放军军事法院、军事检察院、总政治部保卫部，新疆维吾尔自治区高级人民法院生产建设兵团分院、新疆生产建设兵团人民检察院、公安局、民政局：

现将《关于依法处理监护人侵害未成年人权益行为若干问题的意见》印发给你们，自2015年1月1日起实施，请认真遵照执行。执行情况及遇到的问题，请分别及时报告最高人民法院、最高人民检察院、公安部、民政部。

最高人民法院 最高人民检察院 公安部 民政部

2014年12月18日

关于依法处理监护人侵害未成年人权益行为若干问题的意见

为切实维护未成年人合法权益，加强未成年人行政保护和司法保护工作，确保未成年人得到妥善监护照料，根据民法通则、民事诉讼法、未成年人保护法等法律规定，现就处理监护人侵害未成年人权益行为（以下简称监护侵害行为）的有关工作制定本意见。

一、一般规定

1.本意见所称监护侵害行为，是指父母或者其他监护人（以下简称监护人）性侵害、出卖、遗弃、虐待、暴力伤害未成年人，教唆、利用未成年人实施违法犯罪行为，胁迫、诱骗、利用未成年人乞讨，以及不履行监护职责严重危害未成年人身心健康等行为。

2.处理监护侵害行为，应当遵循未成年人最大利益原则，充分考虑未成年人身心特点和人格尊严，给予未成年人特殊、优先保护。

3.对于监护侵害行为，任何组织和个人都有权劝阻、制止或者举报。

公安机关应当采取措施，及时制止在工作中发现以及单位、个人举报的监护侵害行为，情况紧急时将未成年人带离监护人。

民政部门应当设立未成年人救助保护机构（包括救助管理站、未成年人救助保护中心），对因受到监护侵害进入机构的未成年人承担临时监护责任，必要时向人民法院申请撤销监护人资格。

人民法院应当依法受理人身安全保护裁定申请和撤销监护人资格案件并作出裁判。

人民检察院对公安机关、人民法院处理监护侵害行为的工作依法实行法律监督。

人民法院、人民检察院、公安机关设有办理未成年人案件专门工作机构的，应当优先由专门工作机构办理监护侵害案件。

4.人民法院、人民检察院、公安机关、民政部门应当充分履行职责，加强指导和培训，提高保护未成年人的能力和水平；加强沟通协作，建立信息共享机制，实现未成年人行政保护和司法保护的有效衔接。

5.人民法院、人民检察院、公安机关、民政部门应当加强与妇儿工委、教育部门、卫生部门、共青团、妇联、关工委、未成年人住所地村（居）民委员会等的联系和协作，积极引导、鼓励、支持法律服务机构、社会工作服务机构、公益慈善组织和志愿者等社会力量，共同做好受监护侵害的未成年人的保护工作。

二、报告和处置

6.学校、医院、村（居）民委员会、社会工作服务机构等单位及其工作人员，发现未成年人受到监护侵害的，应当及时向公安机关报案或者举报。

其他单位及其工作人员、个人发现未成年人受到监护侵害的，也应当及时向公安机关报案或者举报。

7.公安机关接到涉及监护侵害行为的报案、举报后，应当立即出警处置，制止正在发生的侵害行为并迅速进行调查。符合刑事立案条件的，应当立即立案侦查。

8.公安机关在办理监护侵害案件时，应当依照法定程序，及时、全面收集固定证据，保证办案质量。

询问未成年人，应当考虑未成年人的身心特点，采取和缓的方式进行，防止造成进一步伤害。

未成年人有其他监护人的，应当通知其他监护人到场。其他监护人无法通知或者未能到场的，可以通知未成年人的其他成年亲属、所在学校、村（居）民委员会、未成年人保护组织的代表以及专业社会工作者等到场。

9.监护人的监护侵害行为构成违反治安管理行为的，公安机关应当依法给予治安管理处罚，但情节特别轻微不予治安管理处罚的，应当给予批评教育并通报当地村（居）民委员会；构成犯罪的，依法追究刑事责任。

10.对于疑似患有精神障碍的监护人，已实施危害未成年人安全的行为或者有危害未成年人安全危险的，其近亲属、所在单位、当地公安机关应当立即采取措施予以制止，并将其送往医疗机构进行精神障碍诊断。

11. 公安机关在出警过程中，发现未成年人身体受到严重伤害、面临严重人身安全威胁或者处于无人照料等危险状态的，应当将其带离实施监护侵害行为的监护人，就近护送至其他监护人、亲属、村（居）民委员会或者未成年人救助保护机构，并办理书面交接手续。未成年人有表达能力的，应当就护送地点征求未成年人意见。

负责接收未成年人的单位和人员（以下简称临时照料人）应当对未成年人予以临时紧急庇护和短期生活照料，保护未成年人的人身安全，不得侵害未成年人合法权益。

公安机关应当书面告知临时照料人有权依法向人民法院申请人身安全保护裁定和撤销监护人资格。

12. 对身体受到严重伤害需要医疗的未成年人，公安机关应当先行送医救治，同时通知其他有监护资格的亲属照料，或者通知当地未成年人救助保护机构开展后续救助工作。

监护人应当依法承担医疗救治费用。其他亲属和未成年人救助保护机构等垫付医疗救治费用的，有权向监护人追偿。

13. 公安机关将受监护侵害的未成年人护送至未成年人救助保护机构的，应当在五个工作日内提供案件侦办查处情况说明。

14. 监护侵害行为可能构成虐待罪的，公安机关应当告知未成年人及其近亲属有权告诉或者代为告诉，并通报所在地同级人民检察院。

未成年人及其近亲属没有告诉的，由人民检察院起诉。

三、临时安置和人身安全保护裁定

15. 未成年人救助保护机构应当接收公安机关护送来的受监护侵害的未成年人，履行临时监护责任。

未成年人救助保护机构履行临时监护责任一般不超过一年。

16. 未成年人救助保护机构可以采取家庭寄养、自愿助养、机构代养或者委托政府指定的寄宿学校安置等方式，对未成年人进行临时照料，并为未成年人提供心理疏导、情感抚慰等服务。

未成年人因临时监护需要转学、异地入学接受义务教育的，教育行政部门应当予以保障。

17. 未成年人的其他监护人、近亲属要求照料未成年人的，经公安机关或者村（居）民委员会确认其身份后，未成年人救助保护机构可以将未成年人交由其照料，终止临时监护。

关系密切的其他亲属、朋友要求照料未成年人的，经未成年人父、母所在单位或者村（居）民委员会同意，未成年人救助保护机构可以将未成年人交由其照料，终止临时监护。

未成年人救助保护机构将未成年人送交亲友临时照料的，应当办理书面交接手续，并书面告知临时照料人有权依法向人民法院申请人身安全保护裁定和撤销监护人资格。

18. 未成年人救助保护机构可以组织社会工作服务机构等社会力量，对监护人开展监护指导、心理疏导等教育辅导工作，并对未成年人的家庭基本情况、监护情况、监护人悔过情况、未成年人身心健康状况以及未成年人意愿等进行调查评估。监护人接受教育辅导及后续表现情况应当作为调查评估报告的重要内容。

有关单位和个人应当配合调查评估工作的开展。

19. 未成年人救助保护机构应当与公安机关、村（居）民委员会、学校以及未成年人亲属等进行会商，根据案件侦办查处情况说明、调查评估报告和监护人接受教育辅导等情况，并征求有表达能力的未成年人意见，形成会商结论。

经会商认为本意见第11条第1款规定的危险状态已消除，监护人能够正确履行监护职责的，未成年人救助保护机构应当及时通知监护人领回未成年人。监护人应当在三日内领回未成年人并办理书面交接手续。会商形成结论前，未成年人救助保护机构不得将未成年人交由监护人领回。

经会商认为监护侵害行为属于本意见第35条规定情形的，未成年人救助保护机构应当向人民法院申请撤销监护人资格。

20.未成年人救助保护机构通知监护人领回未成年人的,应当将相关情况通报未成年人所在学校、辖区公安派出所、村(居)民委员会,并告知其对通报内容负有保密义务。

21.监护人领回未成年人的,未成年人救助保护机构应当指导村(居)民委员会对监护人的监护情况进行随访,开展教育辅导工作。

未成年人救助保护机构也可以组织社会工作服务机构等社会力量,开展前款工作。

22.未成年人救助保护机构或者其他临时照料人可以根据需要,在诉讼前向未成年人住所地、监护人住所地或者侵害行为地人民法院申请人身安全保护裁定。

未成年人救助保护机构或者其他临时照料人也可以在诉讼中向人民法院申请人身安全保护裁定。

23.人民法院接受人身安全保护裁定申请后,应当按照民事诉讼法第一百条、第一百零一条、第一百零二条的规定作出裁定。经审查认为存在侵害未成年人人身安全危险的,应当作出人身安全保护裁定。

人民法院接受诉讼前人身安全保护裁定申请后,应当在四十八小时内作出裁定。接受诉讼中人身安全保护裁定申请,情况紧急的,也应当在四十八小时内作出裁定。人身安全保护裁定应当立即执行。

24.人身安全保护裁定可以包括下列内容中的一项或者多项:

(一)禁止被申请人暴力伤害、威胁未成年人及其临时照料人;

(二)禁止被申请人跟踪、骚扰、接触未成年人及其临时照料人;

(三)责令被申请人迁出未成年人住所;

(四)保护未成年人及其临时照料人人身安全的其他措施。

25.被申请人拒不履行人身安全保护裁定,危及未成年人及其临时照料人人身安全或者扰乱未成年人救助保护机构工作秩序的,未成年人、未成年人救助保护机构或者其他临时照料人有权向公安机关报告,由公安机关依法处理。

被申请人有其他拒不履行人身安全保护裁定行为的,未成年人、未成年人救助保护机构或者其他临时照料人有权向人民法院报告，人民法院根据民事诉讼法第一百一十一条、第一百一十五条、第一百一十六条的规定，视情节轻重处以罚款、拘留；构成犯罪的，依法追究刑事责任。

26. 当事人对人身安全保护裁定不服的，可以申请复议一次。复议期间不停止裁定的执行。

四、申请撤销监护人资格诉讼

27. 下列单位和人员（以下简称有关单位和人员）有权向人民法院申请撤销监护人资格：

（一）未成年人的其他监护人，祖父母、外祖父母、兄、姐，关系密切的其他亲属、朋友；

（二）未成年人住所地的村（居）民委员会，未成年人父、母所在单位；

（三）民政部门及其设立的未成年人救助保护机构；

（四）共青团、妇联、关工委、学校等团体和单位。

申请撤销监护人资格，一般由前款中负责临时照料未成年人的单位和人员提出，也可以由前款中其他单位和人员提出。

28. 有关单位和人员向人民法院申请撤销监护人资格的，应当提交相关证据。

有包含未成年人基本情况、监护存在问题、监护人悔过情况、监护人接受教育辅导情况、未成年人身心健康状况以及未成年人意愿等内容的调查评估报告的，应当一并提交。

29. 有关单位和人员向公安机关、人民检察院申请出具相关案件证明材料的，公安机关、人民检察院应当提供证明案件事实的基本材料或者书面说明。

30. 监护人因监护侵害行为被提起公诉的案件，人民检察院应当书面告知未成年人及其临时照料人有权依法申请撤销监护人资格。

对于监护侵害行为符合本意见第35条规定情形而相关单位和人员没有提起诉讼的，人民检察院应当书面建议当地民政部门或者未成年人救助保护机构向人民法院申请撤销监护人资格。

31. 申请撤销监护人资格案件，由未成年人住所地、监护人住所地或者侵害行为地基层人民法院管辖。

人民法院受理撤销监护人资格案件，不收取诉讼费用。

五、撤销监护人资格案件审理和判后安置

32. 人民法院审理撤销监护人资格案件，比照民事诉讼法规定的特别程序进行，在一个月内审理结案。有特殊情况需要延长的，由本院院长批准。

33. 人民法院应当全面审查调查评估报告等证据材料，听取被申请人、有表达能力的未成年人以及村（居）民委员会、学校、邻居等的意见。

34. 人民法院根据案件需要可以聘请适当的社会人士对未成年人进行社会观护，并可以引入心理疏导和测评机制，组织专业社会工作者、儿童心理问题专家等专业人员参与诉讼，为未成年人和被申请人提供心理辅导和测评服务。

35. 被申请人有下列情形之一的，人民法院可以判决撤销其监护人资格：

（一）性侵害、出卖、遗弃、虐待、暴力伤害未成年人，严重损害未成年人身心健康的；

（二）将未成年人置于无人监管和照看的状态，导致未成年人面临死亡或者严重伤害危险，经教育不改的；

（三）拒不履行监护职责长达六个月以上，导致未成年人流离失所或者生活无着的；

（四）有吸毒、赌博、长期酗酒等恶习无法正确履行监护职责或者因服刑等原因无法履行监护职责，且拒绝将监护职责部分或者全部委托给他人，致使未成年人处于困境或者危险状态的；

（五）胁迫、诱骗、利用未成年人乞讨，经公安机关和未成年人救助保护机构等部门三次以上批评教育拒不改正，严重影响未成年人正常生活和学习的；

（六）教唆、利用未成年人实施违法犯罪行为，情节恶劣的；

（七）有其他严重侵害未成年人合法权益行为的。

36. 判决撤销监护人资格，未成年人有其他监护人的，应当由其他监护人承担监护职责。其他监护人应当采取措施避免未成年人继续受到侵害。

没有其他监护人的，人民法院根据最有利于未成年人的原则，在民法通则第十六条第二款、第四款规定的人员和单位中指定监护人。指定个人担任监护人的，应当综合考虑其意愿、品行、身体状况、经济条件、与未成年人的生活情感联系以及有表达能力的未成年人的意愿等。

没有合适人员和其他单位担任监护人的，人民法院应当指定民政部门担任监护人，由其所属儿童福利机构收留抚养。

37. 判决不撤销监护人资格的，人民法院可以根据需要走访未成年人及其家庭，也可以向当地民政部门、辖区公安派出所、村（居）民委员会、共青团、妇联、未成年人所在学校、监护人所在单位等发出司法建议，加强对未成年人的保护和对监护人的监督指导。

38. 被撤销监护人资格的侵害人，自监护人资格被撤销之日起三个月至一年内，可以书面向人民法院申请恢复监护人资格，并应当提交相关证据。

人民法院应当将前款内容书面告知侵害人和其他监护人、指定监护人。

39. 人民法院审理申请恢复监护人资格案件，按照变更监护关系的案件审理程序进行。

人民法院应当征求未成年人现任监护人和有表达能力的未成年人的意见，并可以委托申请人住所地的未成年人救助保护机构或者其他未成年人保护组织，对申请人监护意愿、悔改表现、监护能力、身心状况、工作生活情况等进行调查，形成调查评估报告。

申请人正在服刑或者接受社区矫正的，人民法院应当征求刑罚执行机关或者社区矫正机构的意见。

40. 人民法院经审理认为申请人确有悔改表现并且适宜担任监护人的，可以判决恢复其监护人资格，原指定监护人的监护人资格终止。

申请人具有下列情形之一的，一般不得判决恢复其监护人资格：

（一）性侵害、出卖未成年人的；

（二）虐待、遗弃未成年人六个月以上、多次遗弃未成年人，并且造成重伤以上严重后果的；

（三）因监护侵害行为被判处五年有期徒刑以上刑罚的。

41. 撤销监护人资格诉讼终结后六个月内，未成年人及其现任监护人可以向人民法院申请人身安全保护裁定。

42. 被撤销监护人资格的父、母应当继续负担未成年人的抚养费用和因监护侵害行为产生的各项费用。相关单位和人员起诉的，人民法院应予支持。

43. 民政部门应当根据有关规定，将符合条件的受监护侵害的未成年人纳入社会救助和相关保障范围。

44. 民政部门担任监护人的，承担抚养职责的儿童福利机构可以送养未成年人。

送养未成年人应当在人民法院作出撤销监护人资格判决一年后进行。侵害人有本意见第40条第2款规定情形的，不受一年后送养的限制。

教育部办公厅关于印发
《中小学幼儿园应急疏散演练指南》的通知

(教基一厅〔2014〕2号　2014年2月22日颁布)

各省、自治区、直辖市教育厅(教委),新疆生产建设兵团教育局:

为进一步落实国家对应急疏散演练的要求,加强对中小学幼儿园应急疏散演练工作的指导,提升学校应急疏散演练的组织和管理水平,我部研究制定了《中小学幼儿园应急疏散演练指南》,现印发给你们,供各地各校在日常安全管理和集中组织应急疏散演练时参考。

教育部办公厅

2014年2月22日

中小学幼儿园应急疏散演练指南

为加强对中小学幼儿园（以下简称学校）应急疏散演练工作的指导，提升学校应急疏散演练的组织和管理水平，强化师生安全意识和应急避险能力，培养学生终身受益的安全素养，特制定本指南。

一、编制依据

《中华人民共和国突发事件应对法》《国家突发公共事件总体应急预案》《国务院生产安全事故报告与调查处理条例》《教育系统突发公共事件应急预案》《中小学公共安全教育指导纲要》《中小学幼儿园安全管理办法》《学生伤害事故处理办法》等法律法规。

二、目的意义

本指南立足于提升应急疏散演练的实际效果，明确应急疏散演练的适用范围、基本原则，涵盖演练的准备阶段、实施阶段、总结阶段等全过程，供学校在日常安全管理和集中组织应急疏散演练时参考。通过实战型应急疏散演练，进一步增强师生安全意识，提高逃生自救能力，在发生紧急情况时，能有序、迅速地安全疏散，确保师生的生命安全。

三、适用范围

本指南对演练的各个环节、步骤提出了明确的指导性意见和规范性要求，适用于全国普通中小学幼儿园在开展针对地震、火灾、校车事故等的应急疏散演练时参考。

四、基本原则

（一）精心准备，科学组织。学校要确保参演师生的生命安全，严防拥挤踩踏事故发生。要提前谋划，提出预案及早做好相关准备工作，尽量避开雨雪等恶劣天气，在保证安全的前提下，通过科学、合理的组织，保证疏散演练既安全有序又有效快速。

（二）着眼实战，注重细节。演练要立足于模拟紧急事件发生时的真实情景，要着眼于提高学校应急指挥人员的指挥协调能力、各部门的应急处置能力和师生的应急避险、自救互救能力。学校要制定科学合理的演练方案并将其细化、落实到演练的各个环节，保障演练的整体组织及每个环节科学合理。

（三）明确目标，循序渐进。地震、火灾等灾害留给人们的逃生时间是有限的，一般是2分钟左右，应急疏散演练应明确最终的时间目标，原则上中学生2分钟以内，小学生3分钟以内完成。要从学校实际出发，设定合理的时间要求，通过经常性的演练逐步提升，最终达到设定的目标。

（四）立足实际，务求实效。演练要紧密结合学校自身实际，明确演练的主题，合理确定演练的时间、地点、参演人员、形式、内容、规模、疏散路线和保障措施等。要重视对演练效果及组织工作的评估、考核和总结，及时整改存在的问题，务求到达实效。

五、演练准备阶段

演练准备阶段应包括：制定演练方案，成立演练组织结构，演练前安全教育及其他准备工作。

（一）制定演练方案

应急疏散演练方案应根据学校自身性质、地理位置、周边环境、教职工和学生人数、校园内建（构）筑物类型和数量等实际情况，依据《国家突发公共事件总体应急预案》《教育系统突发公共事件应急预案》等相应应急预案制定。

演练方案一般应包括以下内容：演练主题、演练目的意义、演练时间和地点、参与演练人员、演练组织结构及人员分工、演练准备工作、疏散路线、演练流程、保障措施、善后处置和信息报告等。演练方案应做到：内容完整、简洁规范、责任明确、路线科学、措施具体、便于操作。

相关要求：

1. 应急疏散场所：通常利用操场、广场等设立应急疏散场所，应通风通畅，相对宽阔。应急疏散场所应远离高大建（构）筑物，与建（构）筑物的距离应大于其高度的三分之一；应避开有对人身安全可能产生影响的地段，如毒气体储放地、易燃易爆物或核放射物储放地、高压输变电线路等设施；避开陡坡等易发生地质灾害的地段；疏散场地应有方向不同的两条以上与外界相通的疏散道路。

2. 应急疏散通道：保持疏散通道、安全出口畅通，禁止占用疏散通道；禁止将安全出口和教室、实验室、宿舍等安全门上锁或堵塞；应将房间的老式内开窗户改成外开式或平移式窗户，一楼窗户的防护栏应符合消防要求，应急情况下防护栏能迅速打开。

3. 应急疏散路线：根据学生分布和建筑物结构，合理确定各班级疏散路线，合理分流。要建立规范、细化措施，保障大量学生在楼道相遇或意外情况发生等情况下不发生拥堵甚至踩踏。疏散路线要避免穿越公路、交通密集和易发生危险的路段。

4. 应急疏散用语：教职工在组织学生避险、疏散的整个过程中，应使用规范、简短、明确的疏散用语。

5. 应急警报信号：警报信号应具备很强的覆盖性、独立性和差异性，并考虑在断电等特殊情况下的备选方案。覆盖性：警报信号能有效地覆盖到学校的每个地点。独立性：在无法或不能及时采取广播等辅助手段的情况下，警报信号能独立向师生传递准确信息。差异性：与学校日常的铃声、广播声等声音要有所差异。避险信号和疏散信号也应有明显区分。

6. 疏散时间：从疏散信号发出到全体师生（除伤病师生外）疏散完成，原则上楼层较低（4层以下）、安全出口合理、通道通畅的学校应控制在2分钟之内。

7. 应急演练次数：中小学校每月至少要开展一次应急疏散演练，幼儿园每季度至少要开展一次应急疏散演练。应急疏散演练可与学校升旗、课间操、集体活动等相结合。在校生较多的城镇中小学、农村寄宿制学校要适当增加应急疏散演练的次数。应急疏散演练工作基础较好的学校要加强随机性应急疏散演练。在确保安全的基础上，有住宿学生和晚自习学生的学校要重点加强就餐时间、午休时间和夜间应急疏散演练。使用校车的学校，还应定期组织学生进行校车安全事故应急处理演练。可根据演练内容，以组、班或年级为单位进行小规模应急演练。

（二）建立演练组织机构

学校应根据演练方案的要求，建立健全演练组织机构。成立由校长、有关校领导及工作人员组成的演练指挥部（领导小组），全面负责演练活动的组织领导和协调指挥工作，同时落实每位成员在演练中的具体工作。设总指挥、副总指挥及相关成员。

主要职责：

1. 全面负责应急疏散演练工作。总指挥要亲自组织，现场指挥，确保演练效果。

2. 执行上级有关指示和命令，领导小组成员按其所在部门的职能、职责各负其责，认真做好应急疏散工作。

3. 合理划定学校及周边应急疏散场地（避险场所）、疏散通道，明确应急疏散信号，设立应急疏散指示标志，教育学生熟悉和掌握应急疏散方案。

演练指挥部应下设若干小组，明确职责，落实人员。

1. 组织协调组：负责演练方案的制定；演练过程的协调指挥；信息的上传下达、对外联系等。

2. 宣传报道组：负责安排演练前的宣传教育、演练的摄影、记录、计时、总结等。

3. 疏散引导组：负责科学编制和张贴学校应急疏散路线图、班级应急疏散路线等；引导、组织师生安全有序疏散；帮助伤病学生疏散并妥善安置；疏散完成后协助其他各组工作。

4. 抢险救护组：负责第一时间组织实施自救互救，抢救遇险师生，视情况抢救重要财产、档案等；检查学生身心状况、进行临时救治和必要的心理疏导；演练中发生意外事故，负责将受伤师生尽快运送到指定安全区域，并迅速联系急救中心或拨打120，在专业医务人员到达之前，救护组应对受伤师生采取必要的救助措施，为救治伤者赢得时间。预防次生灾害发生。

5. 后勤保障组：负责治安保卫工作，布设演练场地，维护演练秩序，拉响演练警报；通讯、标识、广播、救助等演练所需物资装备的准备；检查、恢复学校水电、通讯等后勤保障设施。

各小组应设立负责人，统一协调本组工作。各小组演练前应充分了解本小组职责，并将职责落实到每位成员；演练中按照职责开展工作，在疏散完成后各小组负责人应及时向总指挥进行反馈、汇报。学校可视演练主题和学校实际情况调整演练组织结构，以保证演练质量。

（三）演练前宣传教育

学校应根据演练的主题，在演练前要依托校园网、校园广播、宣传橱窗、板报等传播载体，通过专题会议、班、校会等多种途径和方式，向全校师生宣讲疏散演练方案，让师生明确演练的必要性和基本步骤，熟悉疏散程序、疏散信号、疏散路线、疏散顺序、疏散后的集合场地和时间要求等。有针对性地组织师生学习安全知识，掌握避险、撤离、疏散和自救互救的方法、技能。

（四）演练前师生身体问询检查

演练前要对师生身体情况做一次问询检查，凡有特异体质（先天性心脏病、癫痫等）的师生，演练前发烧、腿受伤等不宜进行紧张和奔跑活动的师生，要给予特殊考虑和安排。

（五）其他准备工作

1. 加强协调宣传工作。演练前学校应向教育主管部门报告。根据不同演练主题，教育部门、中小学要加强与公安、交管、地震、消防等部门的沟通协调，邀请专业人员到校指导，帮助学校完善方案，加强过程指导。学校可视情况通报相关部门和周边单位，并通过广播、网站、横幅标语等方式，预告演练的时间、地点、内容，避免发生误解、谣传和恐慌，保证演练安全顺利进行。

2. 印制演练相关文件。包括演练方案、演练人员手册、演练脚本等；酌情配备需要的装备器材，如：胸挂式应急工作证和指挥员、安全疏导员标志，手电、应急灯、口哨、对讲机、手持扩音器、医疗急救箱、灭火器材、警戒线等。

3. 张贴疏散线路图和指示标志。在每个教室、宿舍、办公室内或门后张贴应急疏散示意图，在教学楼、宿舍楼、办公楼、实验楼等场所疏导通道的适当位置张贴应急疏散示意图和到达避险场的指示标识，避险场所应设置标有文字说明的指示标识、平面图和疏散示意图。指示标识、平面图和疏散示意图应当清晰完整、简洁规范、美观大方。

4.准备演练器材。演练前后勤保障组要提出演练经费申请计划，根据需要购置或准备演练所需的烟雾发生器、警报器、场地标志等物品。

六、演练实施阶段

演练实施包括避险科目、疏散科目。一般情况下，防震疏散演练依次实施避险科目、疏散科目；消防疏散演练直接实施疏散科目；其他应急疏散演练应结合实际进行具体安排。学校可根据实际，酌情增加或强化医疗救护、卫生防疫、人员搜救、治安维护、火灾处置、危化品处置等科目及内容。

（一）避险科目

1.总指挥宣布演练开始，广播响起"现在地震来袭，实施紧急避险"，同时避险警报信号（电铃声、警报声、哨声等）响起，长鸣60秒。

2.听到信号后，在教室、实验室、宿舍的教职工应第一时间通知学生地震来袭，进行避震。在实验室等地点的教职工应迅速关闭火源、电源、气源等，处理好易燃、易爆、易起化学反应的物品等。

3.师生避险要求：保持镇静，头脑清醒；就近蹲或躺在课桌、实验台、床铺的旁边或承重墙的墙根、墙角；用手或其他柔软物品等保护好头部，尽量蜷曲身体，降低身体重心，缩小面积，不要靠近窗口，避开灯扇，避免被砸；视情况就近关闭火源、电源等。避险动作原则上在12秒内完成。

（二）疏散科目

1.火灾发生后或者地震暂停后，需要进行疏散时，广播响起"现在发生火灾（现在紧急避险结束），全体师生立即疏散"，同时，疏散警报信号（电铃声、警报声、哨声等）长鸣，长鸣60秒，停30秒，反复两遍为一个周期，时间共3分钟。

2.在教室、实验室、宿舍等地点的教职工立即告知学生"按照疏散路线，快速疏散",组织学生从前后门有序进行疏散,并且根据教室、实验室、宿舍等的位置,按照不同楼层,就近从疏散楼梯向下疏散。

3. 学生立即向避险场所疏散,要求:沉着冷静,服从指挥;所有学生应做到快速、猫腰、护头、掩鼻(遇到浓烟时,可利用衣服、毛巾或者其他可利用的东西捂住口鼻,并尽量降低行走姿势,以免烟气进入呼吸道。如果烟气特别浓而使人感到呼吸困难,可贴近墙边爬行,因为近地处往往残留清新空气);不拥挤,不推搡他人,不起哄,不高声喧哗,不争先恐后,不拉手搭肩,不嬉戏打闹,不弯腰拾物,不逆流而行;在拥挤的人群中,注意双肘撑开平放胸前,形成一定空间保证呼吸;当发现自己前面有人摔倒了,马上要停下脚步,同时大声呼救,告知后面的人不要向前靠近;当自己摔倒时,应尽快爬起;当被踩踏时,要两手十指交叉相扣、护住后脑和颈部,两肘向前,护住双侧太阳穴,双膝尽量前屈,护住胸腔和腹腔的重要脏器。

4. 中高层楼房消防疏散逃生的有关要求:在7层以上中高层建筑物进行消防疏散时,严禁乘坐普通电梯(有条件的可以乘坐消防电梯)或跳楼逃生;处在10楼以下的学生可视情况利用楼梯道走廊向下逃生;12楼以上的学生,可视情况用湿毛巾捂住口鼻后向天台奔跑或尽快寻找阳台等安全的地方躲避,等待专业人员的救援。有条件的学校可自备高空缓降器或救生绳,学生可以通过这些设施离开危险楼层,也可用身边的绳索、床单、窗帘、衣服自制简易救生绳,并用水打湿,从窗台或阳台沿绳缓滑到下面楼层,从而逃离起火层。

5. 疏散引导组在第一时间赶到指定位置(楼梯口、转角处、楼门口等)引导疏散,指挥学生保持秩序,控制速度,逐次疏散。同时视实际情况可喊"大家注意脚下,防止滑倒;保持秩序,不要拥挤;注意保护头部,小心坠物;有人摔倒了,大家小心;不要向回跑、不要捡东西"等提示语。帮助有困难的人员疏散。如出现拥挤摔倒等突发情况,负责疏散引导的老师应立即向指挥部报告,等险情排除后,再组织学生有序撤出。待学生疏散完毕后,方可撤离。

组织协调组做好演练指挥、协调等工作;宣传报道组做好演练的记录(摄像、摄影等)和计时等工作;后勤保障组做好报警等工作;抢险救护组做好伤员救治等工作。

6.学生疏散到避险场所后,应按照班级形成队列在指定位置站好,避免混乱。班主任或负责统计的人员进行班级、年级人员统计;抢险救护组检查学生身体、心理状况,进行临时救治、心理疏导;后勤保障组检查学校各项设施、物资等。完成后,各小组负责人及时向总指挥报告,并根据总指挥的指令采取下一步行动。

7.总指挥宣布演练结束。

七、演练总结阶段

(一)总指挥对演练进行现场总结讲评,内容主要包括演练组织情况,演练目标及效果,演练中暴露的问题及解决办法等。

(二)结合演练的主题和目的,可适当开展相应的安全教育。

(三)对演练场地进行清理恢复,回收整理演练物资装备。

(四)对演练进行总结评估,各部门和有关人员通过访谈、填写评价表、提交报告等方式,进行总结评估。有条件的学校可建立独立评价机制,聘请相关人员为整个演练进行测评。

(五)将演练文字及视频资料进行整理、保存。

教育部办公厅关于中小学幼儿园安全工作2013年第1号预警通知

(教基一厅〔2013〕3号 2013年3月2日颁布)

各省、自治区、直辖市教育厅(教委)、新疆生产建设兵团教育局:

随着春季到来,各类气象和地质灾害高发,社会安全事故隐患增多,为认真落实《教育部关于做好2013年春季开学工作的通知》(教办〔2013〕1号)精神,确保广大中小学生和幼儿园幼儿安全,现就有关工作通知如下:

一、积极预防和应对自然灾害。今年以来四川、辽宁、云南、广西等地相继发生多起4.5级以上的地震,给当地人民生命安全带来威胁。春季又是雾霾、雷击、暴雨、山洪、泥石流、山体滑坡等各类气象和地质灾害多发期。各地教育行政部门要针对本地容易出现的自然灾害,主动加强与气象、地质等部门的沟通,及时发布预警,指导学校提高防灾减灾能力,不断完善安全工作应急预案,及时采取有效措施,积极应对自然灾害。各地可根据重大气象和地质灾害预测信息,适当调整学生上课时间或地点,严防学生在学校和上下学路上遭遇灾害侵袭伤亡事故,保障学生在自然灾害中的安全。

二、严格落实校园安全防范措施。春季是学生伤害事故多发期。各地要落实校园人防、物防、技防措施和各项管理制度,特别是加强门卫、值班、巡逻工作,严防校外无关人员闯入校园。要加强与有关部门协作,充分发挥基层组织的作用,整合社会管理力量,全面形成校园安全工作合力。进一步强化校园周边有潜在暴力倾向的重性精神病人、可能实施极端行为的严重心理病人等各类易肇事肇祸重点人员的管控,严防涉校伤害事故。

三、努力保障学生上下学交通安全。非法校车、无证办园校车问题在一些地方仍然存在,安全隐患严重。各地要深入贯彻落实《校车安全管理条例》,充分发挥当地校车安全管理协调机制的作用,进一步推进校车安全管理工作,加强对学生接送车辆的安全监管，加强对校车驾驶人、随车照管人员的教育管理，加强对校车行驶路线的维修养护，严禁非法营运学生车辆和车辆超载、超速等现象，确保车况良好、驾驶员合格、路段安全、行驶合法。学校要教育提醒中小学生注意道路交通安全，自觉遵守交通安全法律法规，做到文明乘车、文明骑车、文明步行。要提醒家长提高安全意识，不送孩子乘坐存在安全隐患的车辆，共同维护中小学生、幼儿上下学安全。

四、加强防范学生溺水事故。春季气候转暖，冰雪开始融化，在冰面玩耍十分危险，因此在冰面、水边玩耍等学生溺水事故增多。各地教育行政部门要积极协调当地公安、安监、建设、水利、通讯等部门关注学生生命安全，建立预防溺水工作联动机制，排查学生上下学路边水域安全隐患，设立安全警示标识，加强重点水域的安全巡查与监管。学校要切实开展有针对性的预防溺水安全教育，强调冰面和水域的危险性，提高学生预防溺水安全意识，让每个中小学生都充分认识到预防溺水事关生命安全的严重性，让学生掌握在水中遇到紧急情况的自救自护知识。告知家长必须承担起监护人的责任，在节假日、周末和放学后加强对孩子的安全教育和监管。

五、深入开展安全教育和演练。各校要在新学期开学初，充分利用班团队会、升旗仪式、专题讲座、墙报板报、校园网络等方式，采取多种途径和方法，对学生开展交通安全、集体活动安全、食品卫生安全、防火、防盗、防溺水、防传染病、防拥挤踩踏、防校园伤害等安全知识以及预防自然灾害等安全教育活动。今年3月25日是第18个全国中小学生安全教育日，主题为"普及安全知识，确保生命安全"。各地教育行政部门要根据当地易发多发安全事故的规律和特点确定活动主题，有针对性地开展安全宣传教育和疏散演练活动，不断增强师生的安全意识和防范能力。

各地接到本通知后，要迅速把通知内容传达到本行政区域内每一所中小学和幼儿园，切实做好各项工作。

教育部办公厅

2013年3月2日

教育部办公厅关于近期连续发生数起幼儿园幼儿被遗忘在接送车内导致死亡事故的情况通报

(教基一厅〔2011〕8号 2011年9月21日颁布)

各省、自治区、直辖市教育厅(教委),新疆生产建设兵团教育局:

今年8月2日至9月13日,安徽安庆、海南三亚、海口、湖北荆州等地连续发生四起幼儿园幼儿被遗忘在接送车辆内导致死亡的恶性责任事故,造成5名3岁至5岁的幼儿死亡。这些事故的发生,对当事家庭造成巨大伤痛,社会反响强烈。这四起事故均系幼儿园接送车辆接幼儿到幼儿园后,跟车教师未清点下车幼儿人数导致关闭车门后,幼儿被遗忘在车内而窒息身亡。这说明个别地方对幼儿园安全特别是幼儿接送车辆安全管理麻痹大意,责任不落实,措施不到位,幼儿园安全管理还存在着严重漏洞和重大隐患。为坚决防止此类事故再次发生,特予以通报并再次提出如下要求:

一、立即组织开展一次幼儿园接送车辆及安全工作大检查。各地教育行政部门要联合公安交管等部门,采用自查、互查、联合检查、抽查等方式,对各级各类幼儿园的接送车辆开展一次专项检查,重点检查接送车辆车况、驾驶员资质及各项管理制度落实情况。同时要举一反三,积极协调有关部门,对幼儿园周边环境、校舍及活动场地、设备设施(含消防设施、玩具教具等)、饮食卫生、教职工(含临时工)任职资格及身心健康状况等方面进行认真细致的排查,发现不安全因素要立即采取措施及时消除隐患。

二、切实落实幼儿接送车辆教师跟车制度和收车验车制度。各地自备或租用车辆接送幼儿的幼儿园要针对幼儿缺乏基本安全意识和自我管理能力的特点,切实建立健全教师跟车制度和收车验车制度,跟车教师每天要负责在幼儿上下车时清点核对幼儿人数,车辆驾驶员每天要负责在收车锁门前检查车内幼儿是否全部下车，幼儿园园长及中层干部每天要对跟车教师和车辆驾驶员落实人数清点和车辆检查工作情况进行认真监督检查，各班级幼儿教师要负责在每节课特别是早晨第一节课上课前认真清点本班幼儿人数是否齐全、有无无故不上课者，严防将幼儿遗漏在车内导致窒息事故再次发生。

三、进一步强化对幼儿园教职工的教育和培训。各地教育行政部门要加强对幼儿园教职工（含临时工）的职业道德教育，结合本地实际，认真开展对幼儿园教职工（含临时工）的安全培训工作，切实提高幼儿园从业人员的安全意识和安全管理水平，坚决避免因管理疏漏和其他不当人为因素引发幼儿伤亡事故。

教育部办公厅

2011年9月21日

托儿所幼儿园卫生保健管理办法

（卫生部 教育部令第76号 2010年9月6日颁布）

《托儿所幼儿园卫生保健管理办法》已于2010年3月1日经卫生部部务会议审议通过，并经教育部同意，现予以发布，自2010年11月1日起施行。

卫生部部长 陈竺

教育部部长 袁贵仁

2010年9月6日

托儿所幼儿园卫生保健管理办法

第一条 为提高托儿所、幼儿园卫生保健工作水平，预防和减少疾病发生，保障儿童身心健康，制定本办法。

第二条 本办法适用于招收0~6岁儿童的各级各类托儿所、幼儿园（以下简称托幼机构）。

第三条 托幼机构应当贯彻保教结合、预防为主的方针，认真做好卫生保健工作。

第四条 县级以上各级人民政府卫生行政部门应当将托幼机构的卫生保健工作作为公共卫生服务的重要内容，加强监督和指导。

县级以上各级人民政府教育行政部门协助卫生行政部门检查指导托幼机构的卫生保健工作。

第五条 县级以上妇幼保健机构负责对辖区内托幼机构卫生保健工作进行业务指导。业务指导的内容包括：膳食营养、体格锻炼、健康检查、卫生消毒、疾病预防等。

疾病预防控制机构应当定期为托幼机构提供疾病预防控制咨询服务和指导。

卫生监督执法机构应当依法对托幼机构的饮用水卫生、传染病预防和控制等工作进行监督检查。

第六条 托幼机构设有食堂提供餐饮服务的，应当按照《食品安全法》《食品安全法实施条例》以及有关规章的要求，认真落实各项食品安全要求。

食品药品监督管理部门等负责餐饮服务监督管理的部门应当依法加强对托幼机构食品安全的指导与监督检查。

第七条 托幼机构的建筑、设施、设备、环境及提供的食品、饮用水等应当符合国家有关卫生标准、规范的要求。

第八条 新设立的托幼机构，招生前应当取得县级以上地方人民政府卫生行政部门指定的医疗卫生机构出具的符合《托儿所幼儿园卫生保健工作规范》的卫生评价报告。

各级教育行政部门应当将卫生保健工作质量纳入托幼机构的分级定类管理。

第九条 托幼机构的法定代表人或者负责人是本机构卫生保健工作的第一责任人。

第十条 托幼机构应当根据规模、接收儿童数量等设立相应的卫生室或者保健室，具体负责卫生保健工作。

卫生室应当符合医疗机构基本标准，取得卫生行政部门颁发的《医疗机构执业许可证》。

保健室不得开展诊疗活动，其配置应当符合保健室设置基本要求。

第十一条 托幼机构应当聘用符合国家规定的卫生保健人员。卫生保健人员包括医师、护士和保健员。

在卫生室工作的医师应当取得卫生行政部门颁发的《医师执业证书》，护士应当取得《护士执业证书》。

在保健室工作的保健员应当具有高中以上学历，经过卫生保健专业知识培训，具有托幼机构卫生保健基础知识，掌握卫生消毒、传染病管理和营养膳食管理等技能。

第十二条 托幼机构聘用卫生保健人员应当按照收托150名儿童至少设1名专职卫生保健人员的比例配备卫生保健人员。收托150名以下儿童的，应当配备专职或者兼职卫生保健人员。

第十三条 托幼机构卫生保健人员应当定期接受当地妇幼保健机构组织的卫生保健专业知识培训。

托幼机构卫生保健人员应当对机构内的工作人员进行卫生知识宣传教育、疾病预防、卫生消毒、膳食营养、食品卫生、饮用水卫生等方面的具体指导。

第十四条 托幼机构工作人员上岗前必须经县级以上人民政府卫生行政部门指定的医疗卫生机构进行健康检查，取得《托幼机构工作人员健康合格证》后方可上岗。

托幼机构应当组织在岗工作人员每年进行1次健康检查；在岗人员患有传染性疾病的，应当立即离岗治疗，治愈后方可上岗工作。

精神病患者、有精神病史者不得在托幼机构工作。

第十五条 托幼机构应当严格按照《托儿所幼儿园卫生保健工作规范》开展卫生保健工作。

托幼机构卫生保健工作包括以下内容：

（一）根据儿童不同年龄特点，建立科学、合理的一日生活制度，培养儿童良好的卫生习惯；

（二）为儿童提供合理的营养膳食，科学制订食谱，保证膳食平衡；

（三）制订与儿童生理特点相适应的体格锻炼计划，根据儿童年龄特点开展游戏及体育活动，并保证儿童户外活动时间，增进儿童身心健康；

（四）建立健康检查制度，开展儿童定期健康检查工作，建立健康档案。坚持晨检及全日健康观察，做好常见病的预防，发现问题及时处理；

（五）严格执行卫生消毒制度，做好室内外环境及个人卫生。加强饮食卫生管理，保证食品安全；

（六）协助落实国家免疫规划，在儿童入托时应当查验其预防接种证，未按规定接种的儿童要告知其监护人，督促监护人带儿童到当地规定的接种单位补种；

（七）加强日常保育护理工作，对体弱儿进行专案管理。配合妇幼保健机构定期开展儿童眼、耳、口腔保健，开展儿童心理卫生保健；

（八）建立卫生安全管理制度，落实各项卫生安全防护工作，预防伤害事故的发生；

（九）制订健康教育计划，对儿童及其家长开展多种形式的健康教育活动；

（十）做好各项卫生保健工作信息的收集、汇总和报告工作。

第十六条 托幼机构应当在疾病预防控制机构指导下，做好传染病预防和控制管理工作。

托幼机构发现传染病患儿应当及时按照法律、法规和卫生部的规定进行报告，在疾病预防控制机构的指导下，对环境进行严格消毒处理。

在传染病流行期间，托幼机构应当加强预防控制措施。

第十七条 疾病预防控制机构应当收集、分析、调查、核实托幼机构的传染病疫情，发现问题及时通报托幼机构，并向卫生行政部门和教育行政部门报告。

第十八条 儿童入托幼机构前应当经医疗卫生机构进行健康检查，合格后方可进入托幼机构。

托幼机构发现在园（所）的儿童患疑似传染病时应当及时通知其监护人离园（所）诊治。患传染病的患儿治愈后，凭医疗卫生机构出具的健康证明方可入园（所）。

儿童离开托幼机构3个月以上应当进行健康检查后方可再次入托幼机构。

医疗卫生机构应当按照规定的体检项目开展健康检查，不得违反规定擅自改变。

第十九条 托幼机构有下列情形之一的，由卫生行政部门责令限期改正，通报批评；逾期不改的，给予警告；情节严重的，由教育行政部门依法给予行政处罚：

（一）未按要求设立保健室、卫生室或者配备卫生保健人员的；

（二）聘用未进行健康检查或者健康检查不合格的工作人员的；

（三）未定期组织工作人员健康检查的；

（四）招收未经健康检查或健康检查不合格的儿童入托幼机构的；

（五）未严格按照《托儿所幼儿园卫生保健工作规范》开展卫生保健工作的。

卫生行政部门应当及时将处理结果通报教育行政部门，教育行政部门将其作为托幼机构分级定类管理和质量评估的依据。

第二十条 托幼机构未取得《医疗机构执业许可证》擅自设立卫生室，进行诊疗活动的，按照《医疗机构管理条例》的有关规定进行处罚。

第二十一条 托幼机构未按照规定履行卫生保健工作职责，造成传染病流行、食物中毒等突发公共卫生事件的，卫生行政部门、教育行政部门依据相关法律法规给予处罚。

县级以上医疗卫生机构未按照本办法规定履行职责，导致托幼机构发生突发公共卫生事件的，卫生行政部门依据相关法律法规给予处罚。

第二十二条 小学附设学前班、单独设立的学前班参照本办法执行。

第二十三条 各省、自治区、直辖市可以结合当地实际，根据本办法制定实施细则。

第二十四条 对认真执行本办法，在托幼机构卫生保健工作中做出显著成绩的单位和个人，由各级人民政府卫生行政部门和教育行政部门给予表彰和奖励。

第二十五条 《托儿所幼儿园卫生保健工作规范》由卫生部负责制定。

第二十六条 本办法自2010年11月1日起施行。1994年12月1日由卫生部、原国家教委联合发布的《托儿所、幼儿园卫生保健管理办法》同时废止。

教育部办公厅关于做好
新学年中小学幼儿园安全工作的通知

（教基一厅〔2010〕7号　2010年8月24日颁布）

各省、自治区、直辖市教育厅（教委），新疆生产建设兵团教育局：

今年以来，我国部分地区遭遇严重自然灾害，给许多中小学幼儿园造成安全隐患，亟待排查消除；一些地区还在持续发生的强降雨、泥石流，威胁着学生和幼儿的生命安全，必须积极应对；个别地方发生的恶性治安事件表明校园安全保卫工作还存在一些薄弱环节，仍需加强防范；秋季是交通、火灾等事故高发多发期，应当及早预防。新学年开学在即，各地对中小学幼儿园面临的安全形势应有清醒认识，对安全工作必须高度关注。为确保广大中小学生和幼儿园幼儿安全，现就做好新学年中小学幼儿园安全工作通知如下：

一、采取积极措施，切实应对自然灾害带来的危害。各地教育行政部门务必树立"安全第一"意识，于开学前会同有关部门，认真组织开展对本行政区域内所有中小学幼儿园安全隐患的排查整改工作，特别要对受洪水、泥石流冲击、雨水浸泡的校舍进行重点排查。存有高风险的学校要停用，须加固的校舍要加固，及时消除安全隐患。对正发生自然灾害的地区或校舍存在重大隐患的中小学幼儿园，各地要根据实际情况通过合理转移、对口帮扶、化整为零等有效途径，提供课本文具，解决实际困难，及时帮助受灾学校异地开学或灾区学生异地就读。

各地都要关注天气预报，密切与国土资源等部门联系，针对可能出现的极端天气，提前采取防范措施。灾区教育行政部门要协调卫生防疫部门采取切实措施，严格消毒，及时通风，注意监测，坚决预防传染病流行，杜绝食物中毒事故群发。

二、强化校园保卫，坚决防止不法分子入侵校园。各地教育行政部门要密切与综治部门、公安机关协调配合，按照《中央综治办教育部公安部关于进一步加强学校幼儿园安全防范工作建立健全长效工作机制的意见》（公通字〔2010〕38号），借鉴、总结和固化相关成功经验和好的做法，并因地制宜地加以完善创新，努力构建校园安全防范长效机制。特别要在当地政府统一领导下，按照"谁主办，谁负责"原则，尽快为所有中小学幼儿园配备保安人员。由于各种原因，保安暂不能及时配备到位的，必须采取其他严格的安全防范措施，确保每一所中小学幼儿园都有人管、有人看、有人巡、有人防。要严格落实门卫制度，严防因保安脱岗或管理疏漏而引发事故。

三、狠抓细节管理，努力降低秋季事故发生率。各地教育行政部门和中小学幼儿园要深入分析当地秋季易发、多发性事故的规律特点，不放过任何细节，及早部署落实各项安全防范措施。加强对秋游、军训、运动会等大型集体活动的组织管理，严防交通、溺水和其他意外伤害事故发生。进一步强化中小学幼儿园日常安全管理，特别要加强寄宿制学校的宿舍管理，避免发生食物中毒、严重火灾、拥挤踩踏等事故。暑假期间实施校舍维修、抗震加固等工程的学校，要进行室内装修污染检测，确保师生健康。

四、加强教育演练，普遍增强师生避险能力。各地教育行政部门和学校要充分利用教育部提供的《中小学安全工作指南》《春夏秋冬话安全》（秋季篇）等安全教育资源，结合本地本校实际，把应对自然灾害和防范校园伤害作为重点，在开学后普遍开展一次安全教育和演练活动。尤其要加强新生和新上岗教师的安全教育，全面提升师生应对危机的能力。

各地接本通知后，要迅速传达，切实落实，确保师生安全。请各省级教育行政部门在9月13日前将中小学幼儿园开学及相关安全工作情况书面报我部基础教育一司。

教育部办公厅

2010年8月24日

中央社会治安综合治理委员会办公室、教育部、公安部关于进一步加强学校幼儿园安全防范工作建立健全长效工作机制的意见

（公通字〔2010〕38号　2010年8月23日颁布）

各省、自治区、直辖市综治办，教育厅（教委），公安厅（局）；新疆生产建设兵团综治办、教育局、公安局：

为深入贯彻落实胡锦涛总书记等中央领导同志重要指示和全国综治维稳工作电视电话会议精神，进一步加强学校、幼儿园安全防范工作，建立健全维护校园安全长效工作机制，从根本上预防涉校涉园重大恶性案件事故的发生，确保校园及周边良好的治安秩序，特制定如下意见。

一、进一步加强学校、幼儿园安全防范工作的指导思想和工作目标

1. 指导思想。牢牢把握构建社会主义和谐社会的客观要求，以落实校园安全保卫工作责任制为核心，以强化校园安全防范工作薄弱环节为重点，以推进"平安校园"建设为载体，坚持标本兼治、重在治本，多管齐下、综合施策，进一步加强学校、幼儿园安全防范工作，建立健全维护校园安全长效工作机制，为教育事业科学发展和广大学生、儿童健康成长创造良好的社会治安环境。

2. 工作目标。学校、幼儿园内部安全管理制度更加完善，人防、物防、技防设施建设有效推进，自我防范能力全面提高；学校、幼儿园及周边安全隐患得到全面整治，治安管理和安全防范措施得到有效落实，危害学生、儿童人身安全的案件和事故得到有效遏制；校园安全防范工作的组织网络、工作机制和保障机制更加健全，校园安全防范工作的法制化、规范化、信息化、社会化水平全面提升。

二、大力加强学校、幼儿园内部安全管理工作

3. 落实学校、幼儿园内部安全管理责任。坚持"谁主管、谁负责""谁开办、谁负责"的原则，落实学校校长、幼儿园园长作为校园内部安全管理第一

责任人的责任；根据《企业事业单位内部治安保卫条例》的规定，将学校、幼儿园内部治安保卫工作纳入单位内部管理目标，建立健全各项安全管理制度，落实人防、物防、技防等安全措施。对公立中小学、幼儿园和经批准登记注册的民办中小学、幼儿园，要按照"谁审批、谁负责""谁主管、谁负责"的原则，由教育部门统一管理，明确监管责任；对各类校外活动场所、经批准登记注册的各类民办职业技能培训机构，教育部门要协同共青团组织、人力资源和社会保障等部门督促落实安全管理责任。对尚未批准登记注册的民办中小学、幼儿园、托儿所以及各类课外班，综治部门要协调当地乡镇、街道和有关部门担负起安全管理责任，督促主办方落实安全防范措施并抓紧按程序登记注册；凡由乡镇、街道以出租等形式提供土地、校舍支持或利用私人出租房屋举办幼儿园的，要按照谁出租谁负责的原则，由综治部门协调乡镇、街道和有关部门落实业主、房主的安全管理责任；对存在严重安全隐患，经多次整改仍不达标的，要依法予以取缔并妥善安置学生和儿童。

4. 调整充实学校、幼儿园内部保卫力量。学校、幼儿园应设置治安保卫机构，根据需要配备一定数量的专、兼职治安保卫人员，配备专职门卫，并将治安保卫机构设置和人员配备情况报县级公安机关备案。地方政府要落实专项经费，保障学校、幼儿园聘用保安人员。学校、幼儿园要根据需要，合理确定专业保安人员数量，于2010年秋季开学前配齐到位。保安人员要按照《保安服务管理条例》规定，经岗前培训合格后持证上岗。学校、幼儿园要建立健全保安人员管理制度，配备必要的装备器械，保障保安人员依法有效开展工作。

5. 完善落实学校、幼儿园内部安全管理规章制度。学校、幼儿园要落实每日值班制度，安排一定数量的教职员工担任治安员，参与校园内部安全管理和治安执勤；严格实行外来人员、车辆登记制度，内部人员、车辆出入证制度，小学、幼儿园家长接送制度；严格按照食品卫生管理的流程和要求规范食堂管理，非食堂工作人员严禁进入操作间；严格实行每月安全隐患自查制度，发现问题及时整改。对寄宿制学校、幼儿园，教育部门要协调人力资源和社会保障部门合理配备专门的生活管理和安全指导教师；寄宿制学校、幼儿园要实行住宿学生请假登记、夜间巡查等制度。

6. 加快学校、幼儿园技防设施建设。城市所有学校和幼儿园、农村中心小学以及其他规模以上学校和幼儿园，要在2010年秋季开学前配齐重点部位视频监控和报警设施。新建、扩建、改建学校、幼儿园时，要将安全设施纳入建设规划，做到同步设计、同步建设、同步投入使用。校园监控室要确保24小时有人值守，并认真填写值班记录。公安机关要加强对校园技防系统的指导及检查验收，督促技防从业单位定期对校园技防设施进行维护保养。条件尚不具备的，当地教育部门要会同综治、公安等部门研究提出意见，报告党委、政府，列入政府工作规划，推动尽快解决。

7. 加强安全防范教育培训和教师队伍管理。综治部门要组织法院、检察院和公安、司法等部门进一步落实选派政法干警、法律工作者担任中小学法制辅导员制度，确保在2010年秋季开学前全部配齐到位。法制辅导员要定期参加家长会，听取意见建议，督促家长做好学生、儿童的安全防范和安全教育工作。学校、幼儿园要按照国家课程标准和地方课程设置要求，将安全教育纳入教学内容，每学期开展一次以上以学生自身防护等为主题的安全防范教育，每周利用课间操组织一次学生疏散演练活动。教育部门要加强教师队伍管理，做好校园内部工作人员背景审查工作，严把准入关；要定期开展排查，发现有违法犯罪嫌疑的人员及时通报公安机关，并配合做好教育管控工作；对品行不端，不适合从事教育工作的人员，要及时调离并妥善安排。

8. 健全完善警校对接联动制度。公安部门要把校园视频监控系统和报警设施接入公安监控平台，把学校、幼儿园作为重点目标，进行实时监控。属地公安派出所要充分发挥图像监控系统的"视频巡逻"功能，密切与巡警和校园安保人员的实时联动联勤，确保一旦发生涉校涉园案件事故，警校双方能够快速反应，整体联动，高效开展案事件处置、伤员救治、秩序维护和现场控制等工作。

三、着力强化学校、幼儿园周边治安管理和防范工作

9. 积极推进学校、幼儿园周边警务室或治安岗亭建设。要落实公安派出所的属地责任，在治安情况复杂、问题较多的学校、幼儿园周边设置警务室或治安岗亭，密切与学校、幼儿园的沟通协作，整合各类安保力量，开展校园周边

治安秩序维护工作。公安机关内部相关职能部门要加强协作配合，定期派民警到校园周边警务室或治安岗亭开展工作。

10. 严密学校、幼儿园周边地区巡逻防控。公安机关要把学校、幼儿园周边地区的巡逻防控工作作为社会治安防控体系建设的重要一环，统筹安排警力，加强巡逻防控和治安盘查，震慑犯罪，增强师生安全感。要加大巡逻力度，最大限度地做到在上学放学时段校园门口"见警察"、学生、儿童途经主要路段"见警车"、校园周边地区"见警灯"。要坚持公安民警执勤与群防群治力量协助维护治安相结合、着装执勤与便衣执勤相结合、车巡与步巡相结合，建立完善动态科学的校园周边地区巡逻勤务制度。

11. 依法严厉打击涉校涉园违法犯罪活动。要坚持严打方针，严厉打击侵害师生、儿童生命财产安全的违法犯罪活动。对涉校涉园案件，公安机关要实行专案专人制度，快侦快破。对正在实施犯罪的，要依法采取一切必要的手段，果断加以制止；对已破案件，要及时固定证据，提请检察、审判机关提前介入，依法快捕、快诉、快审、快判。要把集中打击与经常性打击紧密结合起来，建立学校、幼儿园周边治安形势研判预警机制，对发现的苗头性、倾向性违法犯罪问题，及时组织开展打击整治行动；对校园周边流氓恶势力团伙，要坚持露头就打，防止发展蔓延；对敲诈勒索、抢劫抢夺等涉校侵财案件，要在严厉打击的同时，选取典型案例进行宣传，以震慑犯罪、增强群众防范意识。

12. 推行校车接送制度。要在有条件的地方实行校车接送学生、儿童制度，配备校车安全员，落实校车安全责任。严格校车安全检查和驾驶人资格审查，推动建立准运资格证制度，加强驾驶人交通安全教育。公安机关要加强定期检查和随机抽查，严厉查处校车超载、超速、疲劳驾驶等问题。要严格执行《校车标识》（GB24315—2009）标准，统一、规范校车外观标识涂装、校车标牌和校车停靠站标志标线的设置。

13. 建立学校、幼儿园周边地区安全隐患经常性排查整治工作制度。综治部门要把学校、幼儿园周边作为社会治安重点地区排查整治工作的重中之重，加强组织部署和检查考核，每学期至少开展一次学校、幼儿园清查检查；对农村、城乡接合部的学校、幼儿园和民办学校、幼儿园、托儿所以及各类课外班、青少年活动中心、素质教育基地等，要定期组织开展拉网式排查，切实把各种安全隐患排查清楚，逐一登记建档，分解任务，落实责任，限期解决问题。要坚决整治学校、幼儿园周边地区的黑网吧、"黄赌毒"等治安乱点和治安隐患，着力解决突出治安问题。要重点排查校园周边个体性矛盾纠纷以及精神病人和有严重人格缺陷的人，切实落实涉校涉园高危人员管控措施。

14. 广泛开展群防群治活动。坚持专群结合、依靠群众的方针，积极发挥乡镇、街道基层政权组织和村（居）民自治组织的作用，动员社会各方面力量做好校园周边地区安全防范工作。乡镇、街道综治部门要整合基层社会管理力量，组织广大党员干部、共青团员、民兵、青年志愿者、治安积极分子、离退休干部职工开展校园周边治安巡逻。有条件的学校、幼儿园可以在家长自愿的基础上，组建志愿队伍，轮流在学校、幼儿园门口执勤。

四、建立健全维护校园安全长效工作机制

15. 认真落实维护校园安全工作的责任。各地、各部门要把维护学校、幼儿园安全作为一项重要的政治任务，层层明确责任，层层抓好落实。要把维护校园安全的责任落实到乡镇、街道和社区、村委会、治保会等基层组织，落实到每一所学校、幼儿园和工作的每一环节。要大力宣传校园安全防范工作的方针政策，动员社会各界积极参与校园安全防范工作。宣传、推广地方、部门及学校、幼儿园的先进经验、创新做法。要加强对涉校涉园案件事件的新闻报道监督，正确引导舆论，努力形成全社会关心、保护学生、儿童生命安全的良好氛围。

16. 进一步强化各部门职责。各部门要按照中央综治委《关于印发〈各有关部门在学校及周边治安综合治理工作中的职责任务〉的通知》（综治委〔2002〕17号）精神，发挥职能作用，加强协作配合，形成工作合力。各级教育部门要明确专门机构和专职人员加强对学校、幼儿园安全防范工作的指导、检查，制定学校、幼儿园安全工作考核目标，将其纳入教育督导评估体系；要积极协调地方财政，加大对校园安全防范工作的投入力度；要认真履行学校及周边治安综合治理工作领导小组办公室的职责，推动各有关部门共同维护好学校、幼儿园及周边的治安秩序。各级公安机关要明确专门机构和专职人员负责学校、幼儿园安全保卫工作，加强对学校、幼儿园安全保卫工作的指导、督促；要将学校、幼儿园纳入治安保卫重点单位，落实工作措施，切实净化校园周边环境。各级综治部门要加强组织协调，推动各有关部门落实工作责任；要深化"平安校园"创建工作，把校园安全工作纳入社会治安综合治理领导责任制，细化实化硬性考核指标；县、乡两级综治委要把辖区内各级各类学校、幼儿园吸收为成员单位；要最大限度地整合社会资源，推动形成社会各界广泛参与、共同维护校园安全的工作局面。

17. 建立健全通报会商制度。各级综治部门每季度要牵头组织教育、公安等部门召开一次联席会议，分析研判校园及周边治安形势，针对校园及周边安全防范工作中存在的问题，逐一研究整改措施。对工作中遇到的重大问题，要研究提出工作意见和建议，及时报告当地党委、政府，着力推动问题解决。乡镇街道综治办、学校和幼儿园、公安派出所三方负责人每月召开一次碰头会，及时通报校园及周边治安情况，有针对性地采取防范措施。

18. 建立健全督导考核和责任追究制度。市、县综治、教育、公安部门每学期至少开展两次校园及周边地区安全检查和督导，通过采取明察暗访、抽查与全覆盖、定期与不定期相结合的方式，开展滚动检查，并及时在市、县范围通报检查情况，督促落实整改措施。对因地方工作不重视、组织不得力、保障不到位，导致发生涉校涉园重大恶性案件事故的，综治部门要坚决实施社会治安综合治理"一票否决"，同时依法依纪追究地方相关领导的责任；对因学校、幼儿园内部安全管理责任不落实、措施不到位，导致发生涉校涉园重大恶性案件事故的，要严肃追究校长、园长和当地教育部门领导的责任；对因学校、幼儿园周边地区治安秩序长期混乱、刑事治安案件频发，导致发生涉校涉园重大恶性案件事故的，要严肃追究辖区责任民警、派出所所长和所在县（市、区）公安局（分局）领导的责任。

中央社会治安综合治理委员会办公室 教育部 公安部

2010年8月23日

教育部办公厅关于做好
雨季中小学幼儿园安全工作的通知

（教基一厅〔2010〕4号　2010年5月10日颁布）

各省、自治区、直辖市教育厅（教委），新疆生产建设兵团教育局：

当前，我国南方强降雨天气明显增多，一些地区已进入了洪水、泥石流、山体滑坡等自然灾害频发和中小学生溺水、交通、校舍倒塌等事故的高发期。为确保中小学、幼儿园师生安全，现就做好雨季中小学幼儿园安全工作通知如下：

一、及时采取雨季各项预防措施。各地教育行政部门和学校要按照教育部近期召开的中小学安全工作视频会议和关于切实加强校园安全防范工作的总体部署，切实做好雨季中小学和幼儿园安全隐患的全面排查工作。尤其要加强对农村边远山区中小学、幼儿园，地处低洼地段、毗邻山脚的学校和幼儿园的安全排查，及时消除隐患。要主动配合有关部门，及时沟通信息，加强对雨季带来的各种自然灾害的监控，完善应急预案，做到防患于未然。

二、果断应对雨季带来的灾害。各地教育行政部门和学校要在当地政府统一领导下，结合实际，针对雨季时节发生灾害的具体情况，迅速启动相应等级应急预案，果断采取处置措施，必要时可转移疏散学生、停课调课，确保师生安全。

三、切实防范学生溺水事故。各地教育行政部门和学校要进一步加强对学生游泳安全的教育，要求不到非游泳水域游泳，发现同学溺水时，要呼叫成年人开展救助，防止因盲目施救而造成更大损失。要加强与有关部门、城乡社区的联系，完善学校周边和学生途经水域的警示标志，组织和动员全社会都来防止学生溺水事故的发生。

四、全力保障学生交通安全。各地教育行政部门和学校要针对雨季路面湿滑，交通事故易发情况，主动配合公安、交通等部门，加强对驾驶人员、校车和相关车辆的管理。进一步加强中小学生交通安全教育，做到不乘超载车，远离"黑校车"，确保学生上下学交通安全。

教育部办公厅

2010年5月10日

最高人民法院关于充分发挥
审判职能作用切实维护学校、幼儿园及周边安全的通知

（法〔2010〕193号　2010年5月10日）

各省、自治区、直辖市高级人民法院，解放军军事法院，新疆维吾尔自治区高级人民法院生产建设兵团分院：

近期，福建南平、广西北海、广东湛江、江苏泰州、山东潍坊等地先后发生暴力伤害中小学生、幼儿园儿童的恶性案件，给师生、家庭带来无尽痛苦，造成恶劣社会影响。中央领导同志对此高度重视，相继作出重要批示。胡锦涛总书记指出，"此类案件社会危害极大，必须高度重视。对犯罪分子要依法严肃处理。对受伤人员要精心治疗。对校园安全检查防范要切实加强。严防此类案件再次发生"。中央还专门召开会议研究部署该项工作。为落实中央领导同志的重要指示精神和中央的安排部署，现就有关工作通知如下：

一、要提高认识，切实增强维护校园、幼儿园及周边地区安全的责任感。当前，社会稳定工作面临的形势依然严峻复杂，福建南平等五地接连发生的五起针对小学生、幼儿园儿童和老师的恶性案件，严重破坏了学校教育秩序，严重影响了社会安全稳定。各级人民法院必须深刻领会中央的重要指示精神，充分认识加强学校、幼儿园安全的极端重要性和现实紧迫性，充分发挥审判职能作用，切实肩负起维护学校、幼儿园安全的政治责任，要把维护学校、幼儿园及周边安全作为深入推进社会矛盾化解、社会管理创新、公正廉洁执法三项重点工作的具体措施，认真抓好落实。

二、要妥善审理、执行好各类案件。全国各级人民法院要按照"为大局服务，为人民司法"的要求，充分发挥人民法院化解矛盾纠纷、维护社会稳定的职能作用，依法公正高效审理各类案件。要严惩各类严重刑事犯罪，加大对人民群众反映强烈的黑社会性质组织犯罪、毒品犯罪和侵犯财产类犯罪的打击力度，增强人民群众的安全感。坚持"调解优先、调判结合"，在案结事了上下

功夫，将调解工作贯穿于立案、审判、执行、申诉、信访等各个环节，全面加强刑事附带民事调解、轻微刑事案件和解、民事案件调解、行政案件协调、执行案件和解等工作，提高调解效率，注重调解质量，预防和避免矛盾纠纷激化。要妥善办理涉及校园人身损害赔偿、未成年人犯罪、学校、幼儿园教育设施建设等与教育和未成年人有关的案件，切实保护未成年人身心健康，维护良好的教育秩序。

三、要依法严厉打击侵害师生安全的违法犯罪活动。对于已经发生的侵害师生安全的恶性刑事案件，人民法院要提前介入，尽快熟悉案件情况。案件进入诉讼程序后，人民法院要严格遵守刑法、刑事诉讼法等法律及司法解释的规定，严把程序关、证据关、事实关和法律适用关，依法快审、快判，以震慑犯罪，安定人心。同时，要深挖作案动机，深入分析此类案件发生的原因和安全防范上存在的薄弱环节，及时向地方政府和有关教育行政部门提出司法建议，提高防范工作的针对性、实效性。

四、要积极参与社会治安综合治理。积极依托审判工作，从各类案件的审判、执行中，深入排查社会矛盾，及时发现可能影响社会稳定的苗头性、倾向性问题，依法妥善处理。坚持做好对被判处缓管免人员以及刑释解教人员的跟踪帮教工作，防止重新犯罪。积极配合有关部门解决刑释解教人员的实际困难。加强和规范监外执行工作，深入推进社区矫正试点工作，充分发挥社区矫正在教育改造罪犯、预防重新犯罪方面的重要作用。各级人民法院要深刻分析发生在学校、幼儿园恶性事件的成因和教训，认真总结规律和特点，要根据需要，深入到学校、幼儿园开展法制教育，增强安全防范意识、自我保护能力和法制意识。要积极参与党委、政府组织的社会稳定风险评估活动，加强自身工作的稳定风险评估机制建设，出台司法政策，审判、执行涉及多数群众利益案件，事先要进行风险评估，防止因工作不当引发影响社会稳定的问题。

五、要畅通民意沟通渠道。要通过各种行之有效的方式，广泛听取、认真分析各方面对人民法院工作的意见和建议，及时制定落实整改措施。要不断完善保障司法民主的机制和制度，拓宽民意沟通渠道、范围和方式，有序扩大公众对司法活动的参与。倡导法官进街道、社区、学校、厂矿等活动，认真倾听人民群众的诉求，及时掌握社情民意，对诉求合理合法的要尽快解决到位，对诉求不符合法律和政策规定的要耐心做好解释工作，对生活确有困难的要积极协助帮助解决，对有思想情绪的要注意教育疏导，坚决杜绝因工作态度、工作方法不当激化矛盾而酿成极端事件。

六、要加强组织领导。各级人民法院要认真贯彻落实科学发展观，正确处理改革发展稳定的关系，通过严格公正的审判活动为维护学校、幼儿园正常的教学秩序提供法制保障。各级人民法院的院长要切实承当起领导责任，强化责任分工，完善工作预案，依法认真处理好涉及学校、幼儿园及周边安全稳定的各类案件。对于因工作不重视、组织不得力、保障不到位，导致发生危及学校、幼儿园等重大恶性案件的，要追究相关领导和有关人员的责任。

本通知执行过程中有何问题，请及时报告我院。

2010年5月10日

教育部办公厅关于做好
冬季中小学幼儿园安全工作的通知

(教基一厅〔2009〕11号　2009年12月8日颁布)

各省、自治区、直辖市教育厅(教委)，新疆生产建设兵团教育局：

12月7日晚，湖南省湘潭市湘乡市私立学校育才中学学生晚自习下课，学生们在下楼梯的过程中，因避雨而有较多的学生涌向离学生宿舍较近的一个楼梯，一学生跌倒，引发拥挤踩踏，至目前为止，已造成8人死亡，26人受伤，另有8人在医院留观。入冬以来，我国已发生数起民办中小学校安全事故。另外，冬季是煤气(一氧化碳)中毒、交通事故、火灾、滑冰溺水等事故多发期。为确保广大中小学生安全，请各地教育行政部门做好以下工作：

一、切实加强民办学校安全管理。各地教育行政部门要加强对本行政区域内民办学校安全工作的指导，帮助学校完善各项安全管理制度，及时消除各种安全隐患。广大民办学校要强化日常安全教育和管理，尤其要加强对学生安全常识的教育，提高应对突发事件的能力，防止意外伤害事故的发生。要全面落实各项安全防范措施，为避免学生在躲避大雨等恶劣天气时引发拥挤踩踏等意外伤害事故，学校要采取错开人流、错班疏散等措施，确保师生安全。

二、坚决避免煤气中毒事故发生。仍采用燃煤取暖地区的教育行政部门要加强对中小学校的指导，要经常进行检查，确保教室、宿舍、办公室等室内取暖设施安全可靠。要根据寄宿制学校学生宿舍冬季燃煤取暖的现状，保持宿舍室内通风，必要时可采取深夜闭火等措施，防止一氧化碳积聚造成中毒。要让广大学生进一步掌握预防一氧化碳中毒的基本知识和方法，提高学生的安全防范意识，掌握一旦发生中毒时的基本应急处置方法。

三、切实保障学生交通安全。各地教育行政部门和学校要重视冬季交通安全，防范大雾、降雪及雪后路面结冰对学生上下学交通安全的影响，必要时可采取停止运行集体接送学生上下学车辆或适当调整上课时间等安全措施，同时要注意将此项措施提前告知学生家长。寄宿制学校要加强对学生的统一管理，在没有任何安全保障条件下不可让学生离校。要通知有条件的家长到校接学生回家。对交通运力比较困难的地区，当地教育行政部门要积极争取地方政府支持，统一为寄宿学生临时租用安全车辆返家，确保学生交通安全。

四、全面落实冬季防火各项措施。各地学校要严格落实消防安全制度，加强消防设施和器材的日常维护，保证其能够有效使用。保证疏散通道、安全出口和消防车通道畅通。重点加强寄宿制学校宿舍管理，组织开展火灾逃生演练，严禁使用易引发火灾的电器，要注意对电线电路等的安全检查，防止因其老化引起火灾。严禁中小学生自行到野外用火、玩火。

五、重视滑冰溺水事故防范。各地教育行政部门和学校要教育学生在上下学途中或节假日不擅自到结冰的江、河、池塘、水库上行走或滑冰。要通过手机短信、家长会等形式，提醒家长负责学生脱离学校教师管理时段的安全。要加强与有关部门、社区、村委会的密切联系，完善学校及周边水域结冰地带的安全警示标志。

教育部办公厅

2009年12月8日

中小学幼儿园安全管理办法

（中华人民共和国教育部令第23号 2006年6月30日颁布）

第一章 总 则

第一条 为加强中小学、幼儿园安全管理，保障学校及其学生和教职工的人身、财产安全，维护中小学、幼儿园正常的教育教学秩序，根据《中华人民共和国教育法》等法律法规，制定本办法。

第二条 普通中小学、中等职业学校、幼儿园（班）、特殊教育学校、工读学校（以下统称学校）的安全管理适用本办法。

第三条 学校安全管理遵循积极预防、依法管理、社会参与、各负其责的方针。

第四条 学校安全管理工作主要包括：

（一）构建学校安全工作保障体系，全面落实安全工作责任制和事故责任追究制，保障学校安全工作规范、有序进行；

（二）健全学校安全预警机制，制定突发事件应急预案，完善事故预防措施，及时排除安全隐患，不断提高学校安全工作管理水平；

（三）建立校园周边整治协调工作机制，维护校园及周边环境安全；

（四）加强安全宣传教育培训，提高师生安全意识和防护能力；

（五）事故发生后启动应急预案、对伤亡人员实施救治和责任追究等。

第五条 各级教育、公安、司法行政、建设、交通、文化、卫生、工商、质检、新闻出版等部门在本级人民政府的领导下，依法履行学校周边治理和学校安全的监督与管理职责。

学校应当按照本办法履行安全管理和安全教育职责。

社会团体、企业事业单位、其他社会组织和个人应当积极参与和支持学校安全工作，依法维护学校安全。

第二章 安全管理职责

第六条 地方各级人民政府及其教育、公安、司法行政、建设、交通、文化、卫生、工商、质检、新闻出版等部门应当按照职责分工，依法负责学校安全工作，履行学校安全管理职责。

第七条 教育行政部门对学校安全工作履行下列职责：

（一）全面掌握学校安全工作状况，制定学校安全工作考核目标，加强对学校安全工作的检查指导，督促学校建立健全并落实安全管理制度；

（二）建立安全工作责任制和事故责任追究制，及时消除安全隐患，指导学校妥善处理学生伤害事故；

（三）及时了解学校安全教育情况，组织学校有针对性地开展学生安全教育，不断提高教育实效；

（四）制定校园安全的应急预案，指导、监督下级教育行政部门和学校开展安全工作；

（五）协调政府其他相关职能部门共同做好学校安全管理工作，协助当地人民政府组织对学校安全事故的救援和调查处理。

教育督导机构应当组织学校安全工作的专项督导。

第八条 公安机关对学校安全工作履行下列职责：

（一）了解掌握学校及周边治安状况，指导学校做好校园保卫工作，及时依法查处扰乱校园秩序、侵害师生人身、财产安全的案件；

（二）指导和监督学校做好消防安全工作；

（三）协助学校处理校园突发事件。

第九条 卫生部门对学校安全工作履行下列职责：

（一）检查、指导学校卫生防疫和卫生保健工作，落实疾病预防控制措施；

（二）监督、检查学校食堂、学校饮用水和游泳池的卫生状况。

第十条 建设部门对学校安全工作履行下列职责：

（一）加强对学校建筑、燃气设施设备安全状况的监管，发现安全事故隐患的，应当依法责令立即排除；

（二）指导校舍安全检查鉴定工作；

（三）加强对学校工程建设各环节的监督管理，发现校舍、楼梯护栏及其他教学、生活设施违反工程建设强制性标准的，应责令纠正；

（四）依法督促学校定期检验、维修和更新学校相关设施设备。

第十一条 质量技术监督部门应当定期检查学校特种设备及相关设施的安全状况。

第十二条 公安、卫生、交通、建设等部门应当定期向教育行政部门和学校通报与学校安全管理相关的社会治安、疾病防治、交通等情况，提出具体预防要求。

第十三条 文化、新闻出版、工商等部门应当对校园周边的有关经营服务场所加强管理和监督，依法查处违法经营者，维护有利于青少年成长的良好环境。

司法行政、公安等部门应当按照有关规定履行学校安全教育职责。

第十四条 举办学校的地方人民政府、企业事业组织、社会团体和公民个人，应当对学校安全工作履行下列职责：

（一）保证学校符合基本办学标准，保证学校围墙、校舍、场地、教学设施、教学用具、生活设施和饮用水源等办学条件符合国家安全质量标准；

（二）配置紧急照明装置和消防设施与器材，保证学校教学楼、图书馆、实验室、师生宿舍等场所的照明、消防条件符合国家安全规定；

（三）定期对校舍安全进行检查，对需要维修的，及时予以维修；对确认的危房，及时予以改造。

举办学校的地方人民政府应当依法维护学校周边秩序，保障师生和学校的合法权益，为学校提供安全保障。

有条件的，学校举办者应当为学校购买责任保险。

第三章 校内安全管理制度

第十五条 学校应当遵守有关安全工作的法律、法规和规章，建立健全校内各项安全管理制度和安全应急机制，及时消除隐患，预防发生事故。

第十六条 学校应当建立校内安全工作领导机构，实行校长负责制；应当设立保卫机构，配备专职或者兼职安全保卫人员，明确其安全保卫职责。

第十七条 学校应当健全门卫制度，建立校外人员入校的登记或者验证制度，禁止无关人员和校外机动车入内，禁止将非教学用易燃易爆物品、有毒物品、动物和管制器具等危险物品带入校园。

学校门卫应当由专职保安或者其他能够切实履行职责的人员担任。

第十八条 学校应当建立校内安全定期检查制度和危房报告制度，按照国家有关规定安排对学校建筑物、构筑物、设备、设施进行安全检查、检验；发现存在安全隐患的，应当停止使用，及时维修或者更换；维修、更换前应当采取必要的防护措施或者设置警示标志。学校无力解决或者无法排除的重大安全隐患，应当及时书面报告主管部门和其他相关部门。

学校应当在校内高地、水池、楼梯等易发生危险的地方设置警示标志或者采取防护设施。

第十九条 学校应当落实消防安全制度和消防工作责任制，对于政府保障配备的消防设施和器材加强日常维护，保证其能够有效使用，并设置消防安全标志，保证疏散通道、安全出口和消防车通道畅通。

第二十条 学校应当建立用水、用电、用气等相关设施设备的安全管理制度，定期进行检查或者按照规定接受有关主管部门的定期检查，发现老化或者损毁的，及时进行维修或者更换。

第二十一条 学校应当严格执行《学校食堂与学生集体用餐卫生管理规定》《餐饮业和学生集体用餐配送单位卫生规范》，严格遵守卫生操作规范。建立食堂物资定点采购和索证、登记制度与饭菜留验和记录制度，检查饮用水的卫生安全状况，保障师生饮食卫生安全。

第二十二条 学校应当建立实验室安全管理制度，并将安全管理制度和操作规程置于实验室显著位置。

学校应当严格建立危险化学品、放射物质的购买、保管、使用、登记、注销等制度，保证将危险化学品、放射物质存放在安全地点。

第二十三条 学校应当按照国家有关规定配备具有从业资格的专职医务（保健）人员或者兼职卫生保健教师，购置必需的急救器材和药品，保障对学生常见病的治疗，并负责学校传染病疫情及其他突发公共卫生事件的报告。有条件的学校，应当设立卫生（保健）室。

新生入学应当提交体检证明。托幼机构与小学在入托、入学时应当查验预防接种证。学校应当建立学生健康档案，组织学生定期体检。

第二十四条 学校应当建立学生安全信息通报制度，将学校规定的学生到校和放学时间、学生非正常缺席或者擅自离校情况以及学生身体和心理的异常状况等关系学生安全的信息，及时告知其监护人。

对有特异体质、特定疾病或者其他生理、心理状况异常以及有吸毒行为的学生，学校应当做好安全信息记录，妥善保管学生的健康与安全信息资料，依法保护学生的个人隐私。

第二十五条 有寄宿生的学校应当建立住宿学生安全管理制度，配备专人负责住宿学生的生活管理和安全保卫工作。

学校应当对学生宿舍实行夜间巡查、值班制度，并针对女生宿舍安全工作的特点，加强对女生宿舍的安全管理。

学校应当采取有效措施，保证学生宿舍的消防安全。

第二十六条 学校购买或者租用机动车专门用于接送学生的，应当建立车辆管理制度，并及时到公安机关交通管理部门备案。接送学生的车辆必须检验用校车应当粘贴统一标识。标识样式由省级公安机关交通管理部门和教育行政部门制定。

学校不得租用拼装车、报废车和个人机动车接送学生。

接送学生的机动车驾驶员应当身体健康，具备相应准驾车型3年以上安全驾驶经历，最近3年内任一记分周期没有记满12分记录，无致人伤亡的交通责任事故。

第二十七条 学校应当建立安全工作档案，记录日常安全工作、安全责任落实、安全检查、安全隐患消除等情况。

安全档案作为实施安全工作目标考核、责任追究和事故处理的重要依据。

第四章　日常安全管理

第二十八条　学校在日常的教育教学活动中应当遵循教学规范，落实安全管理要求，合理预见、积极防范可能发生的风险。

学校组织学生参加的集体劳动、教学实习或者社会实践活动，应当符合学生的心理、生理特点和身体健康状况。

学校以及接受学生参加教育教学活动的单位必须采取有效措施，为学生活动提供安全保障。

第二十九条　学校组织学生参加大型集体活动，应当采取下列安全措施：

（一）成立临时的安全管理组织机构；

（二）有针对性地对学生进行安全教育；

（三）安排必要的管理人员，明确所负担的安全职责；

（四）制定安全应急预案，配备相应设施。

第三十条　学校应当按照《学校体育工作条例》和教学计划组织体育教学和体育活动，并根据教学要求采取必要的保护和帮助措施。

学校组织学生开展体育活动，应当避开主要街道和交通要道；开展大型体育活动以及其他大型学生活动，必须经过主要街道和交通要道的，应当事先与公安机关交通管理部门共同研究并落实安全措施。

第三十一条　小学、幼儿园应当建立低年级学生、幼儿上下学时接送的交接制度，不得将晚离学校的低年级学生、幼儿交与无关人员。

第三十二条　学生在教学楼进行教学活动和晚自习时，学校应当合理安排学生疏散时间和楼道上下顺序，同时安排人员巡查，防止发生拥挤踩踏伤害事故。

晚自习学生没有离校之前，学校应当有负责人和教师值班、巡查。

第三十三条　学校不得组织学生参加抢险等应当由专业人员或者成人从事的活动，不得组织学生参与制作烟花爆竹、有毒化学品等具有危险性的活动，不得组织学生参加商业性活动。

第三十四条 学校不得将场地出租给他人从事易燃、易爆、有毒、有害等危险品的生产、经营活动。

学校不得出租校园内场地停放校外机动车辆；不得利用学校用地建设对社会开放的停车场。

第三十五条 学校教职工应当符合相应任职资格和条件要求。学校不得聘用因故意犯罪而受到刑事处罚的人，或者有精神病史的人担任教职工。

学校教师应当遵守职业道德规范和工作纪律，不得侮辱、殴打、体罚或者变相体罚学生；发现学生行为具有危险性的，应当及时告诫、制止，并与学生监护人沟通。

第三十六条 学生在校学习和生活期间，应当遵守学校纪律和规章制度，服从学校的安全教育和管理，不得从事危及自身或者他人安全的活动。

第三十七条 监护人发现被监护人有特异体质、特定疾病或者异常心理状况的，应当及时告知学校。

学校对已知的有特异体质、特定疾病或者异常心理状况的学生，应当给予适当关注和照顾。生理、心理状况异常不宜在校学习的学生，应当休学，由监护人安排治疗、休养。

第五章 安全教育

第三十八条 学校应当按照国家课程标准和地方课程设置要求，将安全教育纳入教学内容，对学生开展安全教育，培养学生的安全意识，提高学生的自我防护能力。

第三十九条 学校应当在开学初、放假前，有针对性地对学生集中开展安全教育。新生入校后，学校应当帮助学生及时了解相关的学校安全制度和安全规定。

第四十条 学校应当针对不同课程实验课的特点与要求，对学生进行实验用品的防毒、防爆、防辐射、防污染等的安全防护教育。

学校应当对学生进行用水、用电的安全教育，对寄宿学生进行防火、防盗和人身防护等方面的安全教育。

第四十一条 学校应当对学生开展安全防范教育，使学生掌握基本的自我保护技能，应对不法侵害。

学校应当对学生开展交通安全教育，使学生掌握基本的交通规则和行为规范。

学校应当对学生开展消防安全教育，有条件的可以组织学生到当地消防站参观和体验，使学生掌握基本的消防安全知识，提高防火意识和逃生自救的能力。

学校应当根据当地实际情况，有针对性地对学生开展到江河湖海、水库等地方戏水、游泳的安全卫生教育。

第四十二条 学校可根据当地实际情况，组织师生开展多种形式的事故预防演练。

学校应当每学期至少开展一次针对洪水、地震、火灾等灾害事故的紧急疏散演练，使师生掌握避险、逃生、自救的方法。

第四十三条 教育行政部门按照有关规定，与人民法院、人民检察院和公安、司法行政等部门以及高等学校协商，选聘优秀的法律工作者担任学校的兼职法制副校长或者法制辅导员。

兼职法制副校长或者法制辅导员应当协助学校检查落实安全制度和安全事故处理、定期对师生进行法制教育等，其工作成果纳入派出单位的工作考核内容。

第四十四条 教育行政部门应当组织负责安全管理的主管人员、学校校长、幼儿园园长和学校负责安全保卫工作的人员，定期接受有关安全管理培训。

第四十五条 学校应当制定教职工安全教育培训计划，通过多种途径和方法，使教职工熟悉安全规章制度、掌握安全救护常识，学会指导学生预防事故、自救、逃生、紧急避险的方法和手段。

第四十六条 学生监护人应当与学校互相配合，在日常生活中加强对被监护人的各项安全教育。

学校鼓励和提倡监护人自愿为学生购买意外伤害保险。

第六章 校园周边安全管理

第四十七条 教育、公安、司法行政、建设、交通、文化、卫生、工商、质检、新闻出版等部门应当建立联席会议制度，定期研究部署学校安全管理工作，依法维护学校周边秩序；通过多种途径和方式，听取学校和社会各界关于学校安全管理工作的意见和建议。

第四十八条 建设、公安等部门应当加强对学校周边建设工程的执法检查，禁止任何单位或者个人违反有关法律、法规、规章、标准，在学校围墙或者建筑物边建设工程，在校园周边设立易燃易爆、剧毒、放射性、腐蚀性等危险物品的生产、经营、储存、使用场所或者设施以及其他可能影响学校安全的场所或者设施。

第四十九条 公安机关应当把学校周边地区作为重点治安巡逻区域，在治安情况复杂的学校周边地区增设治安岗亭和报警点，及时发现和消除各类安全隐患，处置扰乱学校秩序和侵害学生人身、财产安全的违法犯罪行为。

第五十条 公安、建设和交通部门应当依法在学校门前道路设置规范的交通警示标志，施划人行横线，根据需要设置交通信号灯、减速带、过街天桥等设施。

在地处交通复杂路段的学校上下学时间，公安机关应当根据需要部署警力或者交通协管人员维护道路交通秩序。

第五十一条 公安机关和交通部门应当依法加强对农村地区交通工具的监督管理，禁止没有资质的车船搭载学生。

第五十二条 文化部门依法禁止在中学、小学校园周围200米范围内设立互联网上网服务营业场所，并依法查处接纳未成年人进入的互联网上网服务营业场所。工商行政管理部门依法查处取缔擅自设立的互联网上网服务营业场所。

第五十三条 新闻出版、公安、工商行政管理等部门应当依法取缔学校周边兜售非法出版物的游商和无证照摊点，查处学校周边制售含有淫秽色情、凶杀暴力等内容的出版物的单位和个人。

第五十四条 卫生、工商行政管理部门应当对校园周边饮食单位的卫生状况进行监督，取缔非法经营的小卖部、饮食摊点。

第七章 安全事故处理

第五十五条 在发生地震、洪水、泥石流、台风等自然灾害和重大治安、公共卫生突发事件时，教育等部门应当立即启动应急预案，及时转移、疏散学生，或者采取其他必要防护措施，保障学校安全和师生人身财产安全。

第五十六条 校园内发生火灾、食物中毒、重大治安等突发安全事故以及自然灾害时，学校应当启动应急预案，及时组织教职工参与抢险、救助和防护，保障学生身体健康和人身、财产安全。

第五十七条 发生学生伤亡事故时，学校应当按照《学生伤害事故处理办法》规定的原则和程序等，及时实施救助，并进行妥善处理。

第五十八条 发生教职工和学生伤亡等安全事故的，学校应当及时报告主管教育行政部门和政府有关部门；属于重大事故的，教育行政部门应当按照有关规定及时逐级上报。

第五十九条 省级教育行政部门应当在每年1月31日前向国务院教育行政部门书面报告上一年度学校安全工作和学生伤亡事故情况。

第八章 奖励与责任

第六十条 教育、公安、司法行政、建设、交通、文化、卫生、工商、质检、新闻出版等部门，对在学校安全工作中成绩显著或者做出突出贡献的单位和个人，应当视情况联合或者分别给予表彰、奖励。

第六十一条 教育、公安、司法行政、建设、交通、文化、卫生、工商、质检、新闻出版等部门，不依法履行学校安全监督与管理职责的，由上级部门给予批评；对直接责任人员由上级部门和所在单位视情节轻重，给予批评教育或者行政处分；构成犯罪的，依法追究刑事责任。

第六十二条 学校不履行安全管理和安全教育职责，对重大安全隐患未及时采取措施的，有关主管部门应当责令其限期改正；拒不改正或者有下列情形之一的，教育行政部门应当对学校负责人和其他直接责任人员给予行政处分；构成犯罪的，依法追究刑事责任：

（一）发生重大安全事故、造成学生和教职工伤亡的；

（二）发生事故后未及时采取适当措施、造成严重后果的；

（三）瞒报、谎报或者缓报重大事故的；

（四）妨碍事故调查或者提供虚假情况的；

（五）拒绝或者不配合有关部门依法实施安全监督管理职责的。

《中华人民共和国民办教育促进法》及其实施条例另有规定的，依其规定执行。

第六十三条 校外单位或者人员违反治安管理规定、引发学校安全事故的，或者在学校安全事故处理过程中，扰乱学校正常教育教学秩序、违反治安管理规定的，由公安机关依法处理；构成犯罪的，依法追究其刑事责任；造成学校财产损失的，依法承担赔偿责任。

第六十四条 学生人身伤害事故的赔偿，依据有关法律法规、国家有关规定以及《学生伤害事故处理办法》处理。

第九章 附 则

第六十五条 中等职业学校学生实习劳动的安全管理办法另行制定。

第六十六条 本办法自2006年9月1日起施行。

教育部关于印发《关于进一步做好中小学幼儿园安全工作六条措施》的通知

（教基〔2005〕10号 2005年6月15日颁布）

各省、自治区、直辖市教育厅（教委），新疆生产建设兵团教育局：

现将《关于进一步做好中小学幼儿园安全工作六条措施》印发给你们，请结合当地实际，认真贯彻落实。

二〇〇五年六月十五日

附件：

关于进一步做好中小学幼儿园安全工作六条措施

根据中小学幼儿园（以下简称学校）安全工作中出现的新情况，为预防各类学生安全事故发生，进一步加强学生安全教育，做好学校安全工作，现提出六条措施如下：

一、积极配合当地公安机关认真落实《公安机关维护校园及周边治安秩序八条措施》，建立协同工作机制，制定工作方案，切实保障师生人身、财产安全。

二、迅速组织力量对学校周边地质和校舍情况进行排查，凡发现地质隐患的要迅速报当地政府妥善处置，对排查出的具有安全隐患的教室要停止使用，必要时可以临时停课。

三、每逢开学、放假前要有针对性地对学生集中开展安全教育，强化学生安全意识，特别是要以多种形式加强学生应对洪水、泥石流、火灾、地震等突发事件的应急训练，提高学生自救自护能力。

四、学校每学期要对校车安全保障、驾驶员资格等情况进行一次全面检查。严禁租用个人车辆接送学生，凡是用于接送学生的校车必须经交管部门审核合格。

五、寄宿制学校要配备教师或管理人员专门负责管理学生宿舍，落实夜间值班、巡查制度，坚持对寄宿学生实行晚点名和定时查铺。

六、杜绝将学校校园场地出租用于停放社会车辆，从事易燃、易爆、有毒、有害等危险品生产、经营活动，以及其他可能危及学生安全的活动。

各级教育行政部门要认真指导和督促学校落实安全责任制，对由于工作不落实而造成重大责任事故的要严肃追究相关人员的责任。

教育部办公厅关于加强
中小学幼儿园校车安全管理的紧急通知

(教基厅〔2005〕6号 2005年3月18日颁布)

各省、自治区、直辖市教育厅(教委),新疆生产建设兵团教育局:

近年来,随着中小学、幼儿园校车的大量增加,与校车有关的各类安全事故也明显增多。2005年3月8日,山东省临沂市经济技术开发区芝麻墩民办"小神童"幼儿园一辆经过非法改装的金杯牌面包车(核载10人),在运送22名师生(1名随车教师,21名儿童)离园回家途中突然熄火。驾驶员检修时违规操作,发生爆燃并迅速蔓延,导致车辆起火。虽经随车教师的奋力抢救,但是仍造成12名儿童死亡(5名当场死亡,7名抢救无效死亡)、5人受伤(4名儿童及随车教师),车辆完全烧毁。

这起事故教训极其惨痛,说明一些地方和学校在校车安全管理工作中仍然存在严重漏洞,中小学幼儿园校车的安全管理亟待进一步加强和规范。各地要从这起特大事故中认真吸取教训,举一反三,采取坚决措施,加强校车和租用车辆管理,严防类似事故发生。现将有关事项紧急通知如下:

一、各地要立即组织对辖区内中小学幼儿园的校车进行一次全面检查和清理,凡是不具备条件的地方一律停止由学校组织的统一接送。省级教育行政部门负责制定工作方案,限期完成。县级教育行政部门立即对辖区内中小学、幼儿园校车进行一次拉网式排查,登记造册,将校车管理纳入教育行政部门的监管范围;尽快制定当地校车安全管理办法;立即会同当地公安机关对所有校车进行一次全面的安全技术检查,对安全状况达不到要求,不具备校车条件的车辆要坚决停用,达到报废年限的立即予以报废,严禁故障车、拼装车、报废车上路。

二、中小学、幼儿园要根据本校校车的实际用途、运送师生数量和经济的承受能力选购或租用符合师生运送安全要求的车辆;租用车辆时必须与租用单位签订安全责任书，明确安全责任；不得购买或租用故障车、拼装车、报废车等作为校车使用。

三、中小学、幼儿园要建立校车定期保养、维护制度；要落实校车安全管理责任制；必须为校车购买第三责任险和乘坐险。中小学幼儿园要聘请具有多年实际驾驶经验、驾驶记录良好、身体心理健康的人员作为校车驾驶员；要建立和完善驾驶员安全管理和教育制度；要与驾驶员签订安全责任书。

四、各地县级教育行政部门要立即组织对辖区内校车驾驶员进行一次全面排查，重点检查从业资格、安全知识、驾驶经验和近年是否发生过重大交通事故等事项，对不符合条件的要坚决辞退。

五、各地要结合贯彻落实《教育部关于做好2005年中小学幼儿园安全工作的意见》精神和组织开展以"增强交通安全意识，提高自我保护能力"为主题的全国中小学生安全教育日活动，对广大师生全面进行一次交通安全专题教育，切实增强师生道路交通安全意识，自觉遵守各项交通规则，坚决拒绝乘坐超载车辆、无证无牌车辆，防止交通安全事故发生。

六、各地教育行政部门要会同公安机关组成督查组不定期对校车安全管理情况进行检查，对违反规定的要严肃追究相关责任人责任。

2005年3月18日

建设部关于切实加强
中小学幼儿园安全管理工作的通知

（建精〔2004〕202号　2004年11月19日颁布）

各省、自治区建设厅，直辖市建委及其有关部门，新疆生产建设兵团建设局，部机关各单位，部直属各单位：

为贯彻落实《中共中央国务院关于进一步加强和改进未成年人思想道德建设的若干意见》和《国务院办公厅关于切实加强中小学、幼儿园及少年儿童的安全管理工作和开展专项整治行动的意见》的精神，按照全国中小学和幼儿园安全工作电视电话会议的部署和要求，切实做好中小学幼儿园及少年儿童安全管理工作，确保专项整治行动取得明显成效，现将有关要求通知如下：

一、高度重视，加强领导

中小学生、少年儿童是祖国未来事业的建设者，是中华民族的希望，他们的生命安全和健康成长，涉及亿万家庭的幸福，对实现好、维护好、发展好广大人民群众的根本利益至关重要，为全社会所关注。中小学、幼儿园作为中小学生、少年儿童的学习场所，是加强社会主义精神文明建设的重要阵地，切实维护好中小学、幼儿园及其周边的环境，保证中小学生、少年儿童有一个安全、和谐、健康的学习环境，是关系到他们健康、茁壮成长的重大问题，是坚持以人为本、落实科学发展观的客观要求，是维护社会稳定的迫切需要，也是践行"三个代表"重要思想、构建社会主义和谐社会的必然要求。然而，近一段时间以来，连续发生多起涉及中小学、幼儿园及其少年儿童人身安全的恶性案件，造成极坏的影响，引起党中央、国务院领导的高度重视。各地建设主管部门一定要从讲政治、讲大局、讲稳定的高度，充分认识切实加强中小学、幼儿园及少年儿童的安全管理工作和开展专项整治行动的重要性和紧迫性，增强忧患意识和责任意识。要在地方政府的统一领导下，切实加强对本系统、本行业工作的组织领导，积极配合有关部门做好加强中小学、幼儿园及少年儿童安全管理工作和开展专项整治行动中建设系统承担的各项工作任务。

二、明确任务，抓好落实

根据《全国中小学、幼儿园及少年儿童安全管理专项整治行动实施方案》，建设系统在整治中小学、幼儿园周边环境和对校园安全隐患进行全面排查工作中承担着重要的任务。

一是要加强规划控制和严格管理并加大执法力度。城乡规划行政主管部门要加强对规划拟建的中小学、幼儿园以及其他社区青少年活动场所用地使用性质的规划控制，把其作为规划的强制性内容，禁止随意改变规划，擅自挪作他用。同时对上述用地周边一定范围内用地的使用性质进行规划控制，禁止审批可能对青少年思想道德教育和安全构成不良影响的建设项目。严格对现有中小学、幼儿园以及其他社区青少年活动场所用地的规划管理。凡可能对青少年思想道德教育和安全构成不良影响的书刊、音像、歌舞、录像、电子游戏、互联网上网服务等项目，一律不予审批；对已有的要配合有关部门进行清理和整顿。要加大对现有中小学、幼儿园以及其他社区青少年活动场所周边用地使用情况的监督检查，凡未经审批擅自设立的经营书刊、音像、歌舞、录像、电子游戏、互联网上网服务等项目，要依法进行查处。

二是为开展专项整治行动的有关检查项目提供标准规范，在今后制定、修订有关标准规范中认真考虑相关的内容。各地建设主管部门要为开展专项整治行动的有关管理机构提供下列检查依据：提供《中小学建筑设计规范》(GBJ99—86)、《普通中小学校建设标准（试行）》《饮用净水水质标准》(CJ94-1999)、《生活饮用水水源水质标准》(CJ3020—93)等相关标准规范。在下一步的制定、修订有关建筑设计、设施的检查和维护等的标准规范中，有关单位要认真考虑与中小学、幼儿园及少年儿童安全相关的建筑设施质量安全、卫生健康等内容。

三是要加强对中小学、幼儿园校舍工程建设质量安全的监督管理，建立工程质量责任追究制度，完善危房查勘鉴定制度。工程质量是中小学、幼儿园校舍安全的基本保障，各地要严格按照法定建设程序，依法进行中小学、幼儿园工程项目建设。严格按照强制性标准进行设计和施工，严禁使用不合格产品，不合格的工程决不允许交付使用，不符合强制性标准的校舍应当进行改造，使其满足强制性标准的要求。要建立工程质量责任追究制度，建立健全校舍安全预警体系和险情紧急处理预案制度，在当地政府的组织领导下，每年对中小学、幼儿园校舍进行安全检查和危房鉴定，做到定期检查、定期养护，及时修缮，确保校舍的安全和正常使用。在中小学、幼儿园周边施工的建筑工地，必须严格实行封闭式管理，以防少年儿童误闯误入。

四是要加强对中小学、幼儿园交通安全和水源安全的管理，依法加强对中小学、幼儿园周边市政基础设施的管理。各地城市公共客运主管部门要加强为中小学、幼儿园提供交通用车服务的经营者的监管。严禁不符合安全要求的经营者或个人从事此项经营活动。各地公交企业专门开辟对中小学、幼儿园交通线路，每次提供用车服务前进行安全检查，加强对司乘人员的培训，选择具有从业资格的优秀司乘人员为中小学、幼儿园提供服务。各地城市建设行政主管部门要会同卫生部门加强对中小学、幼儿园供水水质的监督管理，保证饮用水质符合饮用水标准，确保安全供水。各地燃气行政主管部门要加强对中小学、幼儿园供气和用气的安全管理，消除不安全隐患，宣传正确用气知识，确保燃气安全。城市建设管理监察行政执法部门要依法及时拆除中小学、幼儿园周边的各种违章建筑及易倒塌的危险建筑，配合工商等部门查处中小学、幼儿园周边非法经营的报刊摊点、音像摊点、娱乐场所、小卖部、饮食摊点等各种违法摊点和无照流动商贩，协助公安部门维持学校周边交通秩序，加强对流浪乞讨人员管理，对违章占道等行为进行查处和整顿。

三、各负其责，加强协作

在加强中小学幼儿园及少年儿童安全管理工作和开展专项整治行动中，各地建设主管部门要了解掌握该项工作的情况，深入一线，加强领导。特别对难点、重点问题，要及时研究予以解决。建设系统各有关部门要按照工作分工，各负其责，搞好协作，严禁互相推诿扯皮，保证各项工作落到实处。同时，要及时把开展专项整治行动的情况以书面材料报部精神文明建设办公室。

中华人民共和国建设部
2004年11月19日

教育部关于进一步
加强幼儿园安全工作的紧急通知

(教基〔2004〕15号　2004年8月16日颁布)

近日,北京、河南两地的幼儿园接连发生幼儿意外伤亡事故。8月4日,北京大学第一医院幼儿园传达室临时工持刀将15名在园幼儿和3名教师砍伤,其中,1名幼儿经抢救无效死亡,2名幼儿和1名教师重伤。8月10日,河南省济源市克井镇后沟河村村民非法开办的幼儿班发生房屋倒塌事故,目前有2名幼儿死亡,28名幼儿住院观察治疗。

上述意外事故的发生,给受害人家庭带来了巨大的精神创伤和无法弥补的损失,也引起了全社会的高度关注。学龄前儿童缺乏自我保护能力,为了防止类似事故再度发生,确保幼儿的健康成长和生命安全,现紧急通知如下:

一、各省级教育行政部门要高度重视幼儿园的安全工作,针对当前发生的重大安全问题,要严格要求各级幼教管理人员、幼儿园举办者和幼儿园教职工认真学习并详细了解国家关于幼儿园管理的法规和文件,首先做到知法守法,严格按规章办事。

二、近期,各省(自治区、直辖市、兵团)要逐级组织一次对幼儿园安全工作的大检查,要在当地党委、政府的统一领导下,教育行政部门和卫生、公安、消防等有关部门密切配合,采取自查、互查、联合普查、抽查等方式,对各级各类幼儿园的周边环境、房屋、室内外活动场地、设备设施(特殊仪器设备由质量监督部门检查)、食堂和饮食卫生、玩教具、消防设施、接送幼儿车辆、幼儿园教职工(包括临时工作人员)的任职资格和身心健康状况等方面进行认真排查,发现不安全因素,就地采取措施,及时消除隐患,严禁走过场,弄虚作假。对凡经过这次检查后仍出现问题的单位和负责人要追究责任,从严处理。

三、各省(自治区、直辖市、兵团)应根据有关法规,要求各级各类幼儿园,特别是民办幼儿园建立健全安全防护等各种规章制度,强化常规管理。各级教育行政部门要加强对幼儿园、学前班的管理,并建立幼儿园、学前班安全工作的行政人员责任制,要具体落实到岗位和人员。

四、要加强对幼儿园教职工的职业道德教育,建立健全各类人员的岗位职责,实行岗位责任制,严格工作纪律。幼儿园教职工的聘用应符合有关法规对其任职资格的规定,并按要求定期对教职工(包括临时工作人员)进行健康检查和岗位培训,对不适合岗位要求的人员应及时调离工作岗位。

五、幼儿园应建立严格的卫生保健制度,严格执行定期健康检查、卫生消毒、预防接种、传染病管理、饮食卫生管理、食品采购索证制度及卫生保健登记统计制度。依照国家的有关规定,配备保健室和食堂的设备设施,落实各项卫生防病与食品卫生管理措施。

六、加强对接送幼儿校车的管理。用于接送幼儿的校车应定期到公安车管部门进行安全检查,驾驶人员应有车管部门颁发的驾驶执照,在教育部门备案后,才能准许用于接送幼儿。

七、各级教育督导部门要把幼儿园安全工作作为教育督导工作的一项重要内容纳入年度督导计划,特别要对上述强调的关键环节加强督导检查。

八、通过检查合格的幼儿园应通过媒体向社会公布,接受家长和社会监督。检查结果应及时报上一级教育行政部门。各省级教育行政部门于9月30日前将本地幼儿园安全工作检查结果情况报送教育部基础教育司。国家教育督导团将于今年开展幼教专项督导并把幼儿园、学前班的安全工作作为重要督导内容之一。

2004年8月16日

学生伤害事故处理办法

(教育部令第12号　2002年6月25日)

第一章　总　则

第一条　为积极预防、妥善处理在校学生伤害事故，保护学生、学校的合法权益，根据《中华人民共和国教育法》《中华人民共和国未成年人保护法》和其他相关法律、行政法规及有关规定，制定本办法。

第二条　在学校实施的教育教学活动或者学校组织的校外活动中，以及在学校负有管理责任的校舍、场地、其他教育教学设施、生活设施内发生的，造成在校学生人身损害后果的事故的处理，适用本办法。

第三条　学生伤害事故应当遵循依法、客观公正、合理适当的原则，及时、妥善地处理。

第四条　学校的举办者应当提供符合安全标准的校舍、场地、其他教育教学设施和生活设施。

教育行政部门应当加强学校安全工作，指导学校落实预防学生伤害事故的措施，指导、协助学校妥善处理学生伤害事故，维护学校正常的教育教学秩序。

第五条　学校应当对在校学生进行必要的安全教育和自护自救教育；应当按照规定，建立健全安全制度，采取相应的管理措施，预防和消除教育教学环境中存在的安全隐患；当发生伤害事故时，应当及时采取措施救助受伤害学生。

学校对学生进行安全教育、管理和保护，应当针对学生年龄、认知能力和法律行为能力的不同，采用相应的内容和预防措施。

第六条　学生应当遵守学校的规章制度和纪律；在不同的受教育阶段，应当根据自身的年龄、认知能力和法律行为能力，避免和消除相应的危险。

第七条　未成年学生的父母或者其他监护人（以下称为监护人）应当依法履行监护职责，配合学校对学生进行安全教育、管理和保护工作。

学校对未成年学生不承担监护职责，但法律有规定的或者学校依法接受委托承担相应监护职责的情形除外。

第二章 事故与责任

第八条 学生伤害事故的责任，应当根据相关当事人的行为与损害后果之间的因果关系依法确定。

因学校、学生或者其他相关当事人的过错造成的学生伤害事故，相关当事人应当根据其行为过错程度的比例及其与损害后果之间的因果关系承担相应的责任。当事人的行为是损害后果发生的主要原因，应当承担主要责任；当事人的行为是损害后果发生的非主要原因，承担相应的责任。

第九条 因下列情形之一造成的学生伤害事故，学校应当依法承担相应的责任：

（一）学校的校舍、场地、其他公共设施，以及学校提供给学生使用的学具、教育教学和生活设施、设备不符合国家规定的标准，或者有明显不安全因素的；

（二）学校的安全保卫、消防、设施设备管理等安全管理制度有明显疏漏，或者管理混乱，存在重大安全隐患，而未及时采取措施的；

（三）学校向学生提供的药品、食品、饮用水等不符合国家或者行业的有关标准、要求的；

（四）学校组织学生参加教育教学活动或者校外活动，未对学生进行相应的安全教育，并未在可预见的范围内采取必要的安全措施的；

（五）学校知道教师或者其他工作人员患有不适宜担任教育教学工作的疾病，但未采取必要措施的；

（六）学校违反有关规定，组织或者安排未成年学生从事不宜未成年人参加的劳动、体育运动或者其他活动的；

（七）学生有特异体质或者特定疾病，不宜参加某种教育教学活动，学校知道或者应当知道，但未予以必要的注意的；

（八）学生在校期间突发疾病或者受到伤害，学校发现，但未根据实际情况及时采取相应措施，导致不良后果加重的；

（九）学校教师或者其他工作人员体罚或者变相体罚学生，或者在履行职责过程中违反工作要求、操作规程、职业道德或者其他有关规定的；

（十）学校教师或者其他工作人员在负有组织、管理未成年学生的职责期间，发现学生行为具有危险性，但未进行必要的管理、告诫或者制止的；

（十一）对未成年学生擅自离校等与学生人身安全直接相关的信息，学校发现或者知道，但未及时告知未成年学生的监护人，导致未成年学生因脱离监护人的保护而发生伤害的；

（十二）学校有未依法履行职责的其他情形的。

第十条 学生或者未成年学生监护人由于过错，有下列情形之一，造成学生伤害事故，应当依法承担相应的责任：

（一）学生违反法律法规的规定，违反社会公共行为准则、学校的规章制度或者纪律，实施按其年龄和认知能力应当知道具有危险或者可能危及他人的行为的；

（二）学生行为具有危险性，学校、教师已经告诫、纠正，但学生不听劝阻、拒不改正的；

（三）学生或者其监护人知道学生有特异体质，或者患有特定疾病，但未告知学校的；

（四）未成年学生的身体状况、行为、情绪等有异常情况，监护人知道或者已被学校告知，但未履行相应监护职责的；

（五）学生或者未成年学生监护人有其他过错的。

第十一条 学校安排学生参加活动，因提供场地、设备、交通工具、食品及其他消费与服务的经营者，或者学校以外的活动组织者的过错造成的学生伤害事故，有过错的当事人应当依法承担相应的责任。

第十二条 因下列情形之一造成的学生伤害事故，学校已履行了相应职责，行为并无不当的，无法律责任：

（一）地震、雷击、台风、洪水等不可抗的自然因素造成的；

（二）来自学校外部的突发性、偶发性侵害造成的；

（三）学生有特异体质、特定疾病或者异常心理状态，学校不知道或者难于知道的；

（四）学生自杀、自伤的；

（五）在对抗性或者具有风险性的体育竞赛活动中发生意外伤害的；

（六）其他意外因素造成的。

第十三条 下列情形下发生的造成学生人身损害后果的事故，学校行为并无不当的，不承担事故责任；事故责任应当按有关法律法规或者其他有关规定认定：

（一）在学生自行上学、放学、返校、离校途中发生的；

（二）在学生自行外出或者擅自离校期间发生的；

（三）在放学后、节假日或者假期等学校工作时间以外，学生自行滞留学校或者自行到校发生的；

（四）其他在学校管理职责范围外发生的。

第十四条 因学校教师或者其他工作人员与其职务无关的个人行为，或者因学生、教师及其他个人故意实施的违法犯罪行为，造成学生人身损害的，由致害人依法承担相应的责任。

第三章　事故处理程序

第十五条 发生学生伤害事故，学校应当及时救助受伤害学生，并应当及时告知未成年学生的监护人；有条件的，应当采取紧急救援等方式救助。

第十六条 发生学生伤害事故，情形严重的，学校应当及时向主管教育行政部门及有关部门报告；属于重大伤亡事故的，教育行政部门应当按照有关规定及时向同级人民政府和上一级教育行政部门报告。

第十七条 学校的主管教育行政部门应学校要求或者认为必要，可以指导、协助学校进行事故的处理工作，尽快恢复学校正常的教育教学秩序。

第十八条 发生学生伤害事故，学校与受伤害学生或者学生家长可以通过协商方式解决；双方自愿，可以书面请求主管教育行政部门进行调解。成年学生或者未成年学生的监护人也可以依法直接提起诉讼。

第十九条 教育行政部门收到调解申请，认为必要的，可以指定专门人员进行调解，并应当在受理申请之日起60日内完成调解。

第二十条 经教育行政部门调解，双方就事故处理达成一致意见的，应当在调解人员的见证下签订调解协议，结束调解；在调解期限内，双方不能达成一致意见，或者调解过程中一方提起诉讼，人民法院已经受理的，应当终止调解。调解结束或者终止，教育行政部门应当书面通知当事人。

第二十一条 对经调解达成的协议，一方当事人不履行或者反悔的，双方可以依法提起诉讼。

第二十二条 事故处理结束，学校应当将事故处理结果书面报告主管的教育行政部门；重大伤亡事故的处理结果，学校主管的教育行政部门应当向同级人民政府和上一级教育行政部门报告。

第四章 事故损害的赔偿

第二十三条 对发生学生伤害事故负有责任的组织或者个人，应当按照法律法规的有关规定，承担相应的损害赔偿责任。

第二十四条 学生伤害事故赔偿的范围与标准，按照有关行政法规、地方性法规或者最高人民法院司法解释中的有关规定确定。

教育行政部门进行调解时，认为学校有责任的，可以依照有关法律法规及国家有关规定，提出相应的调解方案。

第二十五条 对受伤害学生的伤残程度存在争议的，可以委托当地具有相应鉴定资格的医院或者有关机构，依据国家规定的人体伤残标准进行鉴定。

第二十六条 学校对学生伤害事故负有责任的，根据责任大小，适当予以经济赔偿，但不承担解决户口、住房、就业等与救助受伤害学生、赔偿相应经济损失无直接关系的其他事项。

学校无责任的，如果有条件，可以根据实际情况，本着自愿和可能的原则，对受伤害学生给予适当的帮助。

第二十七条 因学校教师或者其他工作人员在履行职务中的故意或者重大过失造成的学生伤害事故，学校予以赔偿后，可以向有关责任人员追偿。

第二十八条 未成年学生对学生伤害事故负有责任的，由其监护人依法承担相应的赔偿责任。

学生的行为侵害学校教师及其他工作人员以及其他组织、个人的合法权益，造成损失的，成年学生或者未成年学生的监护人应当依法予以赔偿。

第二十九条 根据双方达成的协议、经调解形成的协议或者人民法院的生效判决，应当由学校负担的赔偿金，学校应当负责筹措；学校无力完全筹措的，由学校的主管部门或者举办者协助筹措。

第三十条 县级以上人民政府教育行政部门或者学校举办者有条件的，可以通过设立学生伤害赔偿准备金等多种形式，依法筹措伤害赔偿金。

第三十一条 学校有条件的，应当依据保险法的有关规定，参加学校责任保险。

教育行政部门可以根据实际情况，鼓励中小学参加学校责任保险。

提倡学生自愿参加意外伤害保险。在尊重学生意愿的前提下，学校可以为学生参加意外伤害保险创造便利条件，但不得从中收取任何费用。

第五章 事故责任者的处理

第三十二条 发生学生伤害事故，学校负有责任且情节严重的，教育行政部门应当根据有关规定，对学校的直接负责的主管人员和其他直接责任人员，分别给予相应的行政处分；有关责任人的行为触犯刑律的，应当移送司法机关依法追究刑事责任。

第三十三条 学校管理混乱，存在重大安全隐患的，主管的教育行政部门或者其他有关部门应当责令其限期整顿；对情节严重或者拒不改正的，应当依据法律法规的有关规定，给予相应的行政处罚。

第三十四条 教育行政部门未履行相应职责,对学生伤害事故的发生负有责任的,由有关部门对直接负责的主管人员和其他直接责任人员分别给予相应的行政处分;有关责任人的行为触犯刑律的,应当移送司法机关依法追究刑事责任。

第三十五条 违反学校纪律,对造成学生伤害事故负有责任的学生,学校可以给予相应的处分;触犯刑律的,由司法机关依法追究刑事责任。

第三十六条 受伤害学生的监护人、亲属或者其他有关人员,在事故处理过程中无理取闹,扰乱学校正常教育教学秩序,或者侵犯学校、学校教师或者其他工作人员的合法权益的,学校应当报告公安机关依法处理;造成损失的,可以依法要求赔偿。

第六章 附 则

第三十七条 本办法所称学校,是指国家或者社会力量举办的全日制的中小学(含特殊教育学校)、各类中等职业学校、高等学校。本办法所称学生是指在上述学校中全日制就读的受教育者。

第三十八条 幼儿园发生的幼儿伤害事故,应当根据幼儿为完全无行为能力人的特点,参照本办法处理。

第三十九条 其他教育机构发生的学生伤害事故,参照本办法处理。

在学校注册的其他受教育者在学校管理范围内发生的伤害事故,参照本办法处理。

第四十条 本办法自2002年9月1日起实施,原国家教委、教育部颁布的与学生人身安全事故处理有关的规定,与本办法不符的,以本办法为准。

在本办法实施之前已处理完毕的学生伤害事故不再重新处理。

机关、团体、企业、事业单位消防安全管理规定

(公安部令第61号 2001年11月14日颁布)

第一章 总 则

第一条 为了加强和规范机关、团体、企业、事业单位的消防安全管理,预防火灾和减少火灾危害,根据《中华人民共和国消防法》,制定本规定。

第二条 本规定适用于中华人民共和国境内的机关、团体、企业、事业单位(以下统称单位)自身的消防安全管理。

法律、法规另有规定的除外。

第三条 单位应当遵守消防法律、法规、规章(以下统称消防法规),贯彻预防为主、防消结合的消防工作方针,履行消防安全职责,保障消防安全。

第四条 法人单位的法定代表人或者非法人单位的主要负责人是单位的消防安全责任人,对本单位的消防安全工作全面负责。

第五条 单位应当落实逐级消防安全责任制和岗位消防安全责任制,明确逐级和岗位消防安全职责,确定各级、各岗位的消防安全责任人。

第二章 消防安全责任

第六条 单位的消防安全责任人应当履行下列消防安全职责:

(一)贯彻执行消防法规,保障单位消防安全符合规定,掌握本单位的消防安全情况;

(二)将消防工作与本单位的生产、科研、经营、管理等活动统筹安排,批准实施年度消防工作计划;

(三)为本单位的消防安全提供必要的经费和组织保障;

(四)确定逐级消防安全责任,批准实施消防安全制度和保障消防安全的操作规程;

（五）组织防火检查，督促落实火灾隐患整改，及时处理涉及消防安全的重大问题；

（六）根据消防法规的规定建立专职消防队、义务消防队；

（七）组织制定符合本单位实际的灭火和应急疏散预案，并实施演练。

第七条 单位可以根据需要确定本单位的消防安全管理人。消防安全管理人对单位的消防安全责任人负责，实施和组织落实下列消防安全管理工作：

（一）拟订年度消防工作计划，组织实施日常消防安全管理工作；

（二）组织制订消防安全制度和保障消防安全的操作规程并检查督促其落实；

（三）拟订消防安全工作的资金投入和组织保障方案；

（四）组织实施防火检查和火灾隐患整改工作；

（五）组织实施对本单位消防设施、灭火器材和消防安全标志的维护保养，确保其完好有效，确保疏散通道和安全出口畅通；

（六）组织管理专职消防队和义务消防队；

（七）在员工中组织开展消防知识、技能的宣传教育和培训，组织灭火和应急疏散预案的实施和演练；

（八）单位消防安全责任人委托的其他消防安全管理工作。

消防安全管理人应当定期向消防安全责任人报告消防安全情况，及时报告涉及消防安全的重大问题。未确定消防安全管理人的单位，前款规定的消防安全管理工作由单位消防安全责任人负责实施。

第八条 实行承包、租赁或者委托经营、管理时，产权单位应当提供符合消防安全要求的建筑物，当事人在订立的合同中依照有关规定明确各方的消防安全责任；消防车通道、涉及公共消防安全的疏散设施和其他建筑消防设施应当由产权单位或者委托管理的单位统一管理。

承包、承租或者受委托经营、管理的单位应当遵守本规定，在其使用、管理范围内履行消防安全职责。

第九条 对于有两个以上产权单位和使用单位的建筑物，各产权单位、使用单位对消防车通道、涉及公共消防安全的疏散设施和其他建筑消防设施应当明确管理责任，可以委托统一管理。

第十条　居民住宅区的物业管理单位应当在管理范围内履行下列消防安全职责：

（一）制定消防安全制度，落实消防安全责任，开展消防安全宣传教育；

（二）开展防火检查，消除火灾隐患；

（三）保障疏散通道、安全出口、消防车通道畅通；

（四）保障公共消防设施、器材以及消防安全标志完好有效。

其他物业管理单位应当对受委托管理范围内的公共消防安全管理工作负责。

第十一条　举办集会、焰火晚会、灯会等具有火灾危险的大型活动的主办单位、承办单位以及提供场地的单位，应当在订立的合同中明确各方的消防安全责任。

第十二条　建筑工程施工现场的消防安全由施工单位负责。实行施工总承包的，由总承包单位负责。分包单位向总承包单位负责，服从总承包单位对施工现场的消防安全管理。

对建筑物进行局部改建、扩建和装修的工程，建设单位应当与施工单位在订立的合同中明确各方对施工现场的消防安全责任。

第三章　消防安全管理

第十三条　下列范围的单位是消防安全重点单位，应当按照本规定的要求，实行严格管理：

（一）商场（市场）、宾馆（饭店）、体育场（馆）、会堂、公共娱乐场所等公众聚集场所（以下统称公众聚集场所）；

（二）医院、养老院和寄宿制的学校、托儿所、幼儿园；

（三）国家机关；

（四）广播电台、电视台和邮政、通信枢纽；

（五）客运车站、码头、民用机场；

（六）公共图书馆、展览馆、博物馆、档案馆以及具有火灾危险性的文物保护单位；

（七）发电厂（站）和电网经营企业；

（八）易燃易爆化学物品的生产、充装、储存、供应、销售单位；

（九）服装、制鞋等劳动密集型生产、加工企业；

（十）重要的科研单位；

（十一）其他发生火灾可能性较大以及一旦发生火灾可能造成重大人身伤亡或者财产损失的单位。

高层办公楼（写字楼）、高层公寓楼等高层公共建筑，城市地下铁道、地下观光隧道等地下公共建筑和城市重要的交通隧道，粮、棉、木材、百货等物资集中的大型仓库和堆场，国家和省级等重点工程的施工现场，应当按照本规定对消防安全重点单位的要求，实行严格管理。

第十四条 消防安全重点单位及其消防安全责任人、消防安全管理人应当报当地公安消防机构备案。

第十五条 消防安全重点单位应当设置或者确定消防工作的归口管理职能部门，并确定专职或者兼职的消防管理人员；其他单位应当确定专职或者兼职消防管理人员，可以确定消防工作的归口管理职能部门。归口管理职能部门和专兼职消防管理人员在消防安全责任人或者消防安全管理人的领导下开展消防安全管理工作。

第十六条 公众聚集场所应当在具备下列消防安全条件后，向当地公安消防机构申报进行消防安全检查，经检查合格后方可开业使用：

（一）依法办理建筑工程消防设计审核手续，并经消防验收合格；

（二）建立健全消防安全组织，消防安全责任明确；

（三）建立消防安全管理制度和保障消防安全的操作规程；

（四）员工经过消防安全培训；

（五）建筑消防设施齐全、完好有效；

（六）制定灭火和应急疏散预案。

第十七条 举办集会、焰火晚会、灯会等具有火灾危险的大型活动，主办或者承办单位应当在具备消防安全条件后，向公安消防机构申报对活动现场进行消防安全检查，经检查合格后方可举办。

第十八条 单位应当按照国家有关规定，结合本单位的特点，建立健全各项消防安全制度和保障消防安全的操作规程，并公布执行。

单位消防安全制度主要包括以下内容：消防安全教育、培训；防火巡查、检查；安全疏散设施管理；消防（控制室）值班；消防设施、器材维护管理；火灾隐患整改；用火、用电安全管理；易燃易爆危险物品和场所防火防爆；专职和义务消防队的组织管理；灭火和应急疏散预案演练；燃气和电气设备的检查和管理（包括防雷、防静电）；消防安全工作考评和奖惩；其他必要的消防安全内容。

第十九条 单位应当将容易发生火灾、一旦发生火灾可能严重危及人身和财产安全以及对消防安全有重大影响的部位确定为消防安全重点部位，设置明显的防火标志，实行严格管理。

第二十条 单位应当对动用明火实行严格的消防安全管理。禁止在具有火灾、爆炸危险的场所使用明火；因特殊情况需要进行电、气焊等明火作业的，动火部门和人员应当按照单位的用火管理制度办理审批手续，落实现场监护人，在确认无火灾、爆炸危险后方可动火施工。动火施工人员应当遵守消防安全规定，并落实相应的消防安全措施。

公众聚集场所或者两个以上单位共同使用的建筑物局部施工需要使用明火时，施工单位和使用单位应当共同采取措施，将施工区和使用区进行防火分隔，清除动火区域的易燃、可燃物，配置消防器材，专人监护，保证施工及使用范围的消防安全。

公共娱乐场所在营业期间禁止动火施工。

第二十一条 单位应当保障疏散通道、安全出口畅通，并设置符合国家规定的消防安全疏散指示标志和应急照明设施，保持防火门、防火卷帘、消防安全疏散指示标志、应急照明、机械排烟送风、火灾事故广播等设施处于正常状态。

严禁下列行为：

（一）占用疏散通道；

（二）在安全出口或者疏散通道上安装栅栏等影响疏散的障碍物；

（三）在营业、生产、教学、工作等期间将安全出口上锁、遮挡或者将消防安全疏散指示标志遮挡、覆盖；

（四）其他影响安全疏散的行为。

第二十二条　单位应当遵守国家有关规定，对易燃易爆危险物品的生产、使用、储存、销售、运输或者销毁实行严格的消防安全管理。

第二十三条　单位应当根据消防法规的有关规定，建立专职消防队、义务消防队，配备相应的消防装备、器材，并组织开展消防业务学习和灭火技能训练，提高预防和扑救火灾的能力。

第二十四条　单位发生火灾时，应当立即实施灭火和应急疏散预案，务必做到及时报警，迅速扑救火灾，及时疏散人员。邻近单位应当给予支援。任何单位、人员都应当无偿为报火警提供便利，不得阻拦报警。

单位应当为公安消防机构抢救人员、扑救火灾提供便利和条件。

火灾扑灭后，起火单位应当保护现场，接受事故调查，如实提供火灾事故的情况，协助公安消防机构调查火灾原因，核定火灾损失，查明火灾事故责任。未经公安消防机构同意，不得擅自清理火灾现场。

第四章　防火检查

第二十五条　消防安全重点单位应当进行每日防火巡查，并确定巡查的人员、内容、部位和频次。其他单位可以根据需要组织防火巡查。巡查的内容应当包括：

（一）用火、用电有无违章情况；

（二）安全出口、疏散通道是否畅通，安全疏散指示标志、应急照明是否完好；

（三）消防设施、器材和消防安全标志是否在位、完整；

（四）常闭式防火门是否处于关闭状态，防火卷帘下是否堆放物品影响使用；

（五）消防安全重点部位的人员在岗情况；

（六）其他消防安全情况。

公众聚集场所在营业期间的防火巡查应当至少每二小时一次；营业结束时应当对营业现场进行检查，消除遗留火种。医院、养老院、寄宿制的学校、托儿所、幼儿园应当加强夜间防火巡查，其他消防安全重点单位可以结合实际组织夜间防火巡查。

防火巡查人员应当及时纠正违章行为，妥善处置火灾危险，无法当场处置的，应当立即报告。发现初起火灾应当立即报警并及时扑救。

防火巡查应当填写巡查记录，巡查人员及其主管人员应当在巡查记录上签名。

第二十六条 机关、团体、事业单位应当至少每季度进行一次防火检查，其他单位应当至少每月进行一次防火检查。检查的内容应当包括：

（一）火灾隐患的整改情况以及防范措施的落实情况；

（二）安全疏散通道、疏散指示标志、应急照明和安全出口情况；

（三）消防车通道、消防水源情况；

（四）灭火器材配置及有效情况；

（五）用火、用电有无违章情况；

（六）重点工种人员以及其他员工消防知识的掌握情况；

（七）消防安全重点部位的管理情况；

（八）易燃易爆危险物品和场所防火防爆措施的落实情况以及其他重要物资的防火安全情况；

（九）消防（控制室）值班情况和设施运行、记录情况；

（十）防火巡查情况；

（十一）消防安全标志的设置情况和完好、有效情况；

（十二）其他需要检查的内容。

防火检查应当填写检查记录。检查人员和被检查部门负责人应当在检查记录上签名。

第二十七条 单位应当按照建筑消防设施检查维修保养有关规定的要求，对建筑消防设施的完好有效情况进行检查和维修保养。

第二十八条 设有自动消防设施的单位，应当按照有关规定定期对其自动消防设施进行全面检查测试，并出具检测报告，存档备查。

第二十九条 单位应当按照有关规定定期对灭火器进行维护保养和维修检查。对灭火器应当建立档案资料，记明配置类型、数量、设置位置、检查维修单位（人员）、更换药剂的时间等有关情况。

第五章 火灾隐患整改

第三十条 单位对存在的火灾隐患，应当及时予以消除。

第三十一条 对下列违反消防安全规定的行为，单位应当责成有关人员当场改正并督促落实：

（一）违章进入生产、储存易燃易爆危险物品场所的；

（二）违章使用明火作业或者在具有火灾、爆炸危险的场所吸烟、使用明火等违反禁令的；

（三）将安全出口上锁、遮挡，或者占用、堆放物品影响疏散通道畅通的；

（四）消火栓、灭火器材被遮挡影响使用或者被挪作他用的；

（五）常闭式防火门处于开启状态，防火卷帘下堆放物品影响使用的；

（六）消防设施管理、值班人员和防火巡查人员脱岗的；

（七）违章关闭消防设施、切断消防电源的；

（八）其他可以当场改正的行为。

违反前款规定的情况以及改正情况应当有记录并存档备查。

第三十二条 对不能当场改正的火灾隐患，消防工作归口管理职能部门或者专兼职消防管理人员应当根据本单位的管理分工，及时将存在的火灾隐患向单位的消防安全管理人或者消防安全责任人报告，提出整改方案。消防安全管理人或者消防安全责任人应当确定整改的措施、期限以及负责整改的部门、人员，并落实整改资金。

在火灾隐患未消除之前，单位应当落实防范措施，保障消防安全。不能确保消防安全，随时可能引发火灾或者一旦发生火灾将严重危及人身安全的，应当将危险部位停产停业整改。

第三十三条　火灾隐患整改完毕，负责整改的部门或者人员应当将整改情况记录报送消防安全责任人或者消防安全管理人签字确认后存档备查。

第三十四条　对于涉及城市规划布局而不能自身解决的重大火灾隐患，以及机关、团体、事业单位确无能力解决的重大火灾隐患，单位应当提出解决方案并及时向其上级主管部门或者当地人民政府报告。

第三十五条　对公安消防机构责令限期改正的火灾隐患，单位应当在规定的期限内改正并写出火灾隐患整改复函，报送公安消防机构。

第六章　消防安全宣传教育和培训

第三十六条　单位应当通过多种形式开展经常性的消防安全宣传教育。消防安全重点单位对每名员工应当至少每年进行一次消防安全培训。宣传教育和培训内容应当包括：

（一）有关消防法规、消防安全制度和保障消防安全的操作规程；

（二）本单位、本岗位的火灾危险性和防火措施；

（三）有关消防设施的性能、灭火器材的使用方法；

（四）报火警、扑救初起火灾以及自救逃生的知识和技能。

公众聚集场所对员工的消防安全培训应当至少每半年进行一次，培训的内容还应当包括组织、引导在场群众疏散的知识和技能。

单位应当组织新上岗和进入新岗位的员工进行上岗前的消防安全培训。

第三十七条　公众聚集场所在营业、活动期间，应当通过张贴图画、广播、闭路电视等向公众宣传防火、灭火、疏散逃生等常识。

学校、幼儿园应当通过寓教于乐等多种形式对学生和幼儿进行消防安全常识教育。

第三十八条 下列人员应当接受消防安全专门培训：

（一）单位的消防安全责任人、消防安全管理人；

（二）专、兼职消防管理人员；

（三）消防控制室的值班、操作人员；

（四）其他依照规定应当接受消防安全专门培训的人员。

前款规定中的第（三）项人员应当持证上岗。

第七章 灭火、应急疏散预案和演练

第三十九条 消防安全重点单位制定的灭火和应急疏散预案应当包括下列内容：

（一）组织机构，包括：灭火行动组、通讯联络组、疏散引导组、安全防护救护组；

（二）报警和接警处置程序；

（三）应急疏散的组织程序和措施；

（四）扑救初起火灾的程序和措施；

（五）通讯联络、安全防护救护的程序和措施。

第四十条 消防安全重点单位应当按照灭火和应急疏散预案，至少每半年进行一次演练，并结合实际，不断完善预案。其他单位应当结合本单位实际，参照制定相应的应急方案，至少每年组织一次演练。

消防演练时，应当设置明显标识并事先告知演练范围内的人员。

第八章 消防档案

第四十一条 消防安全重点单位应当建立健全消防档案。消防档案应当包括消防安全基本情况和消防安全管理情况。消防档案应当翔实，全面反映单位消防工作的基本情况，并附有必要的图表，根据情况变化及时更新。

单位应当对消防档案统一保管、备查。

第四十二条 消防安全基本情况应当包括以下内容：

（一）单位基本概况和消防安全重点部位情况；

（二）建筑物或者场所施工、使用或者开业前的消防设计审核、消防验收以及消防安全检查的文件、资料；

（三）消防管理组织机构和各级消防安全责任人；

（四）消防安全制度；

（五）消防设施、灭火器材情况；

（六）专职消防队、义务消防队人员及其消防装备配备情况；

（七）与消防安全有关的重点工种人员情况；

（八）新增消防产品、防火材料的合格证明材料；

（九）灭火和应急疏散预案。

第四十三条 消防安全管理情况应当包括以下内容：

（一）公安消防机构填发的各种法律文书；

（二）消防设施定期检查记录、自动消防设施全面检查测试的报告以及维修保养的记录；

（三）火灾隐患及其整改情况记录；

（四）防火检查、巡查记录；

（五）有关燃气、电气设备检测（包括防雷、防静电）等记录资料；

（六）消防安全培训记录；

（七）灭火和应急疏散预案的演练记录；

（八）火灾情况记录；

（九）消防奖惩情况记录。

前款规定中的第（二）、（三）、（四）、（五）项记录，应当记明检查的人员、时间、部位、内容、发现的火灾隐患以及处理措施等；第（六）项记录，应当记明培训的时间、参加人员、内容等；第（七）项记录，应当记明演练的时间、地点、内容、参加部门以及人员等。

第四十四条 其他单位应当将本单位的基本概况、公安消防机构填发的各种法律文书、与消防工作有关的材料和记录等统一保管备查。

第九章 奖 惩

第四十五条 单位应当将消防安全工作纳入内部检查、考核、评比内容。对在消防安全工作中成绩突出的部门（班组）和个人，单位应当给予表彰奖励。对未依法履行消防安全职责或者违反单位消防安全制度的行为，应当依照有关规定对责任人员给予行政纪律处分或者其他处理。

第四十六条 违反本规定，依法应当给予行政处罚的，依照有关法律、法规予以处罚；构成犯罪的，依法追究刑事责任。

第十章 附 则

第四十七条 公安消防机构对本规定的执行情况依法实施监督，并对自身滥用职权、玩忽职守、徇私舞弊的行为承担法律责任。

第四十八条 本规定自2002年5月1日起施行。本规定施行以前公安部发布的规章中的有关规定与本规定不一致的，以本规定为准。